近代フランスの歴史

―国民国家形成の彼方に―

谷川稔/渡辺和行 編著

ミネルヴァ書房

近代フランスの歴史

——国民国家形成の彼方に——

目次

第Ⅰ部 国民国家の成立と展開

第Ⅱ部　もうひとつの近代フランス

序章　「近代フランスの歴史」が投げかけるもの

谷川　稔

コンコルド広場から凱旋門までシャン・ゼリゼを埋めつくすドゴール支持のデモ（1968年5月30日）。だが，この翌年4月，国民投票で敗れたドゴールは退陣した。

フランスという国は、ながらく思想や文化の点で西洋文明の最も良質の部分を代表するものと見なされてきた。その真偽のほどや功罪は別にして、このフランス・イメージは、今なお損なわれてはいない。現代の国際政治においてもフランスはドイツとともにEU・ヨーロッパ連合の中核を担いその推進力となってきた。いまや帝国と化しつつあるアメリカの世界戦略に対しても、自前の多極外交を展開し、多元的世界秩序の構築を唱え続けている。その一見華やかな文化大国のイメージとはべつに、フランス外交の頑固なまでの自立的姿勢はきわだっている。このじつに「しなやかで、したたかな」国は、どのような歴史をたどって形成されてきたのだろうか。本書はこの「文武両道の国」フランスの過去を一六世紀にまでさかのぼり、その近代国家形成がはらむ諸問題をさまざまな角度からとらえかえし、未来にむけて再考しようとする試みである。

国民国家空間のゆらぎ

こんにち近代フランスの歴史を学ぶことは、かつてのようにフランスという国民国家の枠組みを自明の前提として、その形成と発展の跡をたどるだけでは不十分である。二一世紀に入って、EUはさらに東・南方に拡大し、共通通貨ユーロのみならず独自の憲法を持とうとし、その政治・経済・文化の統合を加速している。このトランスナショナルな国家連合がますます存在感を増すなかで、既存のフランスという主権国家の枠組みは、さまざまなレヴェルでの譲歩を余儀なくされており、従来とは異なる多元的で重層的な地域空間に見合った再編が求められている。

たとえば、二〇〇三年に改正されたフランス憲法の第一条には、「共和国の組織は分権化される。」という新しい文言が付け加えられた。フランス革命以来、「単一にして不可分の共和国」として、中央集権的な行政区分原理を堅持してきたこの国にあっては、画期的な事件であった。これも、EU憲法にある地方自治の補完性原理（下方への権限委譲・住民に近接した次元での自己決定の補完）との整合性をとるための決断である。

もちろんフランスには、中世以来、独特の文化をもつ多くの地方空間があり、それらはパリを中心とした中央集権的な法制や行政組織のもとでも、今日までしたたかに存続してきた。西部のブルターニュ、南仏プロヴァンスのオック語文化圏、ドイツと東部国境を接するアルザスなどは日本でもよく知られた地域である。また一九八〇年代の地方分権化改革以降、レジオン（地域圏）や広域市町村共同体（コミューン連合）などのかたちで、この国家主権の分割・下方移譲がすでに機能しはじめてもいた。これらの地域共同体が、さらにEUという国家をこえた法的枠組みに支えられることによって、「〇〇地方人・フランス人・ヨーロッパ人」という重層的アイデンティティに、より現実味が増してきたといわれる。レジオンという地域圏は、絶対王政下のプロヴァンス（州）の今日的再生だという人もいる。近代フランスという国民国家空間は、じつはもともと、多くのマイノリティ文化を含んだ地域文化の重層的複合体なのであった。

いまひとつ、重要な現象として「外なるフランス」の内在化をあげねばならない。フランスやEUの憲法が適用される分権化空間には、レユニオン、グアドループといった海外県、ニューカレドニアなどの海外領土も含まれる。また、洗練されたフランス近代文明の栄華は、ハイチ、インドシナ半島、マグレブ諸国などに残した搾取の傷跡と無縁ではありえない。単一ならざるモザイク状のエグザゴン（六角形のフランス本土）に加えて、その外側でも、「文明化の使命」というオリエンタリズムの残滓が見え隠れする。今日それらはブーメランのように回帰し、移民の統合をめぐる深刻な問題として、旧植民地大国フランスのナショナル・アイデンティティを揺さぶっている。

フランスの近代という時代空間

これらの動向は、フランス史における近代という時代区分にも再考をせまっている。奇しくもフランス革命二〇〇年にあたる一九八九年にベルリンの壁が崩壊し、その二年後にはソ連邦が解体した。翌九二年にはマーストリヒト条約によってヨーロッパ連合が誕生する。この一九九〇年代初頭を境として、フランス近代史は新しい段階に入ったといってよい。かつては不倶戴天の国であったドイツとの和解を確固たるものとし、いまやヨーロッパ連合をともにリードする強力なパートナーシップを確立した。フランスとドイツの高校生が同じ歴史教科書で学ぶ時代がもうそこまでやってきている。フランス革命以後を同時代史として一括りにしてきた八〇年代までのフランス史の時代区分には根本的な見直しが必要だろう。

かりに、国民国家の形成、成熟、相克の時代を典型的な「近代＝中期近代」とするなら、その前後には、より分極的で重層的で、しかもトランスナショナルな時代である「近世＝初期近代」および「最現代＝後期近代」という歴史空間がひろがっている。これからは、この双方を常に視野に入れた、近代史の再解釈が求められるだろう。いいかえれば、それはフランスに限らず、変貌する世界の「今」を強く意識した近代史であり、同時に前近代ヨーロッパに関する繊細な理解をふまえた、脱一国史的近代史の再構築が要請されている。本書が通史と問題史の二部構成をとったのは、このような要請を意識したからであり、政治社会史を中心とした第Ⅰ部（通史）でも、そのことは常に念頭におかれているはずである。

とはいえ、時代区分の見直しをこのように表現することは、これまでのフランス近代史の叙述がすべて一国史に収斂していたかのような誤解を招きかねない。事実は、まったく逆である。フランス近代の歴史はとうてい一国規模にはおさまりきれず、一六世紀から二〇世紀なかばにいたるまで、常にヨーロッパ規模の、時には世界規模の広がりをみせていたからである。たとえばルイ一四世の膨張政策、フランス革命とナポレオン、二月革命と四八年ヨーロッパ革命、普仏戦争と両次世界大戦、植民地帝国の形成と瓦解など、枚挙に暇がない。極端に言えば、フランスにおける国民国家形成の歩みは、ときとしてヨーロッパのフランス化、あるいはフランスのヨーロッパ化を求める原理主義的膨張として現象することもあった。価値判断は別として、フランス近代史はヨーロッパ連合の前史としても読みうる、逆説的な国民国家形成史なのである。それゆえ、この逆説の国民国家フランスが直面している苦悩は、ＥＵ・ヨーロッパ諸国が等しく向きあっている未来への困難でもある。

国民国家フランスの普遍性

一九五八年に制定された第五共和政憲法第一条は、このように規定している。

「フランスは、単一不可分の、非宗教的で、民主的・社会的な共和国である。フランスは、出身、人種、宗教によって区別することなく、すべての市民が法律の前に平等であることを保障する。フランスはすべての信条を尊重する。」

その基本的精神は一七八九年の人権宣言にあり、「自由・平等・友愛」という標語も明記されている。これを要約すれば、①単一にして不可分の共和国、②非宗教的（政教分離の）共和国、③民主的・社会的共和国　という三原則になる。この三つの原則が、いま試練に立たされている。

「単一にして不可分な共和国」という原則が冒頭にあるのは、革命前のフランスでは、先に述べた多様な地域空間が身分制的編成原理と結合し、牢固たる断絶空間として立ちはだかっていたからである。中間集団を排して近代国民国家への統合を目指した共和政フランスは、たえずこの原則を確認し続けることにより、過去との決別を鮮明にしなければならなかった。前述のように、今日ではこれに地方分権性という第四の原則が加わり、フランスは、多様性のなかの統一という古くて新しい課題に再度取り組んでいる。

第二の非宗教性（ライシテ）は、カトリック教会との確執から生まれた原則だが、今日では、スカーフ事件に端を発した宗教シンボル禁止法にみられるように、イスラーム系移民の同化・統合問題として、ふたたび深刻さの度を増している。

第三の民主的・社会的共和国は、「自由・平等・友愛」に基づく、人類社会の普遍的目標と見なされた原理の具体化であったはずだが、これまた市場原理のグローバル化、経済効率至上主義のたえざる挑戦を受けている。たとえばＥＵは、一九九〇年代なかば以降、万人に就労機会を与えて「社会的排除」を克服しようという、社会民主主義的な雇用政策をかかげてきたが、事実上は弱者切捨ての新自由主義路線となって現象せざるをえなかった。このため、二〇〇五年五月フランスの勤労者は、ＥＵ憲法条約の批准にノンを投じて、失業や産業空洞化をもたらす自由経済の行き過ぎに待ったをかけた。

このように、フランスは日本とおなじく財政構造改革の圧力を受け続けながら、国民の反応は対照的である。しかもこの国の住民は、思い切った投票行動だけでなく、デモとストという直接行動を背景に、一定の労働条件と社会保障、そして手厚い文教政策を確保してきた。失業問題にも三五時間労働制によるワークシェアリングで対応しようとする。経済合理性にはなじまなくとも、それはフランスの政治文化のあり方なのである。ちなみに、二〇〇五年二月には高校生が一〇万人単位でデモをして、大学入試科目の削減を撤回させている。低所得者層から教育の機会均等を奪うからだという。この「マニフ（社会的抗議）の政治文化」はきわめてフランス的な伝統であり、それがいかにして形成されてきたか、はたして今後も維持しうるのか否かは、歴史と人間に課された重い問いである。

これら試練に立つ普遍的課題を、ジェンダーの視点から読み直してみればどうだろうか。フランスに限らず、人類の半ばを占める女性の歴史の不在は、ながらく近代史学の汚点であった。しかるに一九八〇年代以降の女性史のめざましい展開は、社会史や歴史人類学と手をたずさえて、近代社会の虚構性を抉り出してきた。一八世紀フランスの人権宣言は「男権宣言」にすぎなかったことも。だが、女性の参政権が遅れていたフランスでも、パリテ（男女同数代表制）の法制化によって、女性議員や女性閣僚は飛躍的に増加した。いまや男女共同参画社会という原則が法的にも整備されつつある。今度は女性の権利という視点を越えて、女と男の社会関係という切り口から初期近代を見すえ、今一度近代史全体を読み替える試みが期待される。

あえて繰り返しておこう。たしかにこの国が直面している社会的葛藤は、本書で見るように特殊フランス的な淵源をもっている。だが同時に、それらは国境を超えた広がりを帯びざるをえない。それらの課題は、じつはフランスとヨーロッパのみならず、二一世紀の世界が等しくのりこえねばならない共通の困難なのである。その意味で「近代フランスの歴史」は、普遍的かつ根源的な問いを私たちに投げかけている。本書の試みもまた歴史学の基本である「現在と過去との対話」、ひいては未来へのささやかな問いにほかならない。

参考文献

服部春彦・谷川稔編『フランス近代史――ブルボン王朝から第五共和政へ』ミネルヴァ書房、一九九三年。
谷川稔編『歴史としてのヨーロッパ・アイデンティティ』山川出版社、二〇〇三年。

扉図出典：Georges Duby（dir.）, *Histoire de la France, les temps nouveaux, de 1852 à nos jours*, Paris, Larousse, 1971.

第Ⅰ部

国民国家の成立と展開

第一章　〈アンシアン・レジーム〉のフランスとヨーロッパ

高澤紀恵

パリの混沌
大都市パリの混沌たる路上を風刺的に活写した版画。作者不詳。フランス国立図書館所蔵。

1666年の暦
若きルイ14世に大法官セギエが王立マニュファクチュア設立の王令を示している。フランス国立図書館所蔵。

1494	9.イタリア戦争始まる（～1559）
1515	1.フランソワ１世即位（～47），ヴァロア・アングレーム朝始まる
1516	8.ボローニャ政教協約
1545	12.トリエント公会議始まる（～63）
1559	4.カトー・カンブレジ条約。5.プロテスタントがパリで第１回全国教会会議開催
1562	3.８次にわたる宗教戦争始まる
1572	8.聖バルテルミの大虐殺
1589	8.アンリ４世即位（～1610），ブルボン朝始まる
1598	4.ナント王令発布，宗教戦争終結。5.スペインと和平。シュリーが財務卿に就任
1604	12.ポーレット法発布。東インド会社設立
1610	5.アンリ４世暗殺。ルイ13世即位（～43）
1614	10.パリで全国三部会開催（～15.2.）
1628	10.プロテスタントの拠点，ラ・ロシェル陥落
1630	11.「裏切られた者たちの日」，宰相リシュリューの権勢確立
1634	アカデミー・フランセーズ創設
1635	5.スペインに宣戦布告，三十年戦争に本格介入
1643	5.ルイ14世即位（～1715）。マザランが宰相に
1648	5.フロンドの乱始まる（～53）。ウェストファリア条約締結により三十年戦争終結
1656	2.パリ総救貧院設立
1659	11.スペインとピレネー条約締結
1661	3.マザラン没。ルイ14世の親政開始
1664	5.コルベールによる西インド会社創設，8.東インド会社再建
1667	4.民事王令発布。5.フランドル戦争始まる（～68）
1672	4.オランダ戦争始まる（～78）
1682	5.ヴェルサイユに宮廷が移転
1685	10.フォンテーヌブロー王令の発布によりナント王令廃止
1688	9.アウクスブルク同盟戦争始まる（～97）。国王民兵制の導入
1701	2.スペイン継承戦争始まる（～13）
1713	9.教皇「ウニゲニトゥス」を発布し，ジャンセニスムを弾劾
1715	9.ルイ15世即位（～74）。オルレアン公フィリップが摂政に（～23）
1720	5.「ローのシステム」破綻
1740	12.オーストリア継承戦争始まる（～48）
1751	『百科全書』刊行始まる（～72）
1756	5.七年戦争始まる（～63）
1757	1.ダミアンによるルイ15世暗殺未遂事件
1771	2.モプーの司法改革
1774	5.ルイ16世即位（～92）。8.チュルゴが財務総監に就任
1778	2.アメリカ植民地と攻守同盟，通商条約を締結
1786	8.カロンヌの財政改革案。9.英仏通商条約の締結
1787	2.名士会開催。8.パリ高等法院，トロワに追放

1 絶対王政の形成

王国の複合性

一五世紀から一六世紀に移る頃、フランス王国の境界はどのあたりに画されていたのであろうか。今日の感覚からすると奇妙なことであるが、この時期の王国の領域をくっきりと地図の上に印すことは、ほとんど不可能であった。フランス王国とは、なによりもフランス王を封建的主従関係の頂点、宗主と認める領域の集塊であり、それぞれの領域と王権のかかわりもまた、多様であったからである。ピレネーの北側では依然ナヴァール王国が独立を保っており、王国の中央部一帯には一五二三年まで、広大なブルボン親王家領があたかも国家の中の国家のように広がっていた。飛び地も存在した。南フランスには教皇の治めるアヴィニョンとヴナスク伯爵領があり、カレーもまた一五五八年までイングランド王家の飛び地であった。

たしかにこの時期王権は、大諸侯領や親王家領を次々に統合していく（図1-1参照）。しかし、それらの地域は、統合後も依然大きな自律性を保っていたことを忘れてはならない。一四七七年に力ずくでフランス王権のもとに組み込まれたブルゴーニュでは、王権は伝統的な法や慣習の尊重を約束していたし、ブルターニュ公国を併合したときにも（一五三二年）、王はまずブルターニュ公としてこの地の法と特権の擁護を三部会と協約した。フランス王国は、このように個々の地域の伝統を「特権」として保証しながら拡大したのである。王国が異なる文化や言語、慣習の複雑なモザイクから構成される所以である。いち早く集権化をすすめコンパクトな国家を建設したといわれるフランスであるが、ヨーロッパ近世国家を特徴づける複合性、集塊性の刻印は、この王国にも確かに刻まれていた。

王権は、こうした多様な諸地域をその一身に繋ぎ留めなくてはならない。だからこそ国王儀礼を通じて権威を高め、さまざまな方策をもちいて王権の強化をはかった。たとえば一五世紀中葉以来、各地方の慣習法を成文化する一方、併合した諸地域にも漸次高等法院を設置し、王を最終的淵源とする司法体系に包摂していった。この時期には、専門化した国務会議や国務卿、訴願審査官など後に重要な役割を果たす行政装置も形をとりつつあった。

一四九四年以降、四代のフランス王が野心を燃やしたイタリア戦争もまた、王権を強化する動因となった。戦費を調達するために、従来の直接税であるタイユ税に加えて塩税などの間接税が導入され、一五二三年には王領地収入と租税収入を一本化して統括する中央財務局が創設された。中世的な観念からすれば、王は、王領地からの収入ですべての必要をまかなうべきであり、王国全体へ課税することは戦時などの臨時措置にとどめるべきであった。しかし、イタリア戦争の膨大な戦費調達の必要が、はじめて王領地収入と租税収入を包括する一元的な国家財政を生んだのである。

フランソワ一世が教皇と結んだボローニャ政教協約（一五一六年）は、イタリア戦争の副産物という側面をもつ。この協約は王にフランス国内の約八〇〇の高位聖職位の人事権を与えたものであるが、フランス聖職者団に対する王の支配を強め、教皇の普遍的支配から相対的に自立したガリカニスム（フランス教会自立主義）の確立に大きく貢献した。王国の津々浦々に教区制度を張りめぐらし全信徒の魂をあずかるカトリック教会は、以後、王権に正統化の根拠を与え、臣民統合の支柱としてその重要性を増していく。たとえば王国中の教区司祭に洗礼記録を義務づけたヴィレル・コトレ王令（一五三九年）は、臣民の掌握に教会の利用をはかるものであった。この政策は、ルイ一四世期の民事王令（一六六七年）によって一層厳格に適用されることになろう。

こうした集権化の努力は、王国の抱える複合性とのせめぎあいのなかで続けられた。後にみるように、ルイ一四世の絶えざる対外戦争をとおして、国境線に囲まれた領域という観念が徐々に熟していくが、それでもアンシアン・レジームの末期まで、約六〇〇の地方慣習法と約二〇〇の局地慣習法が存続したように、強い帰属意識に支えられた地方の独自性はその生命を保ち続けるであろう。

宗教戦争の衝撃

フランス・ヴァロワ家とハプスブルク家の王朝的利害がぶつかりあったイタリア戦争は、一五五九年にカトー・カンブレジ条約によって終結する。しかしこの前後、カルヴァンによって新しいエネルギーを注入されたプロテスタンティ

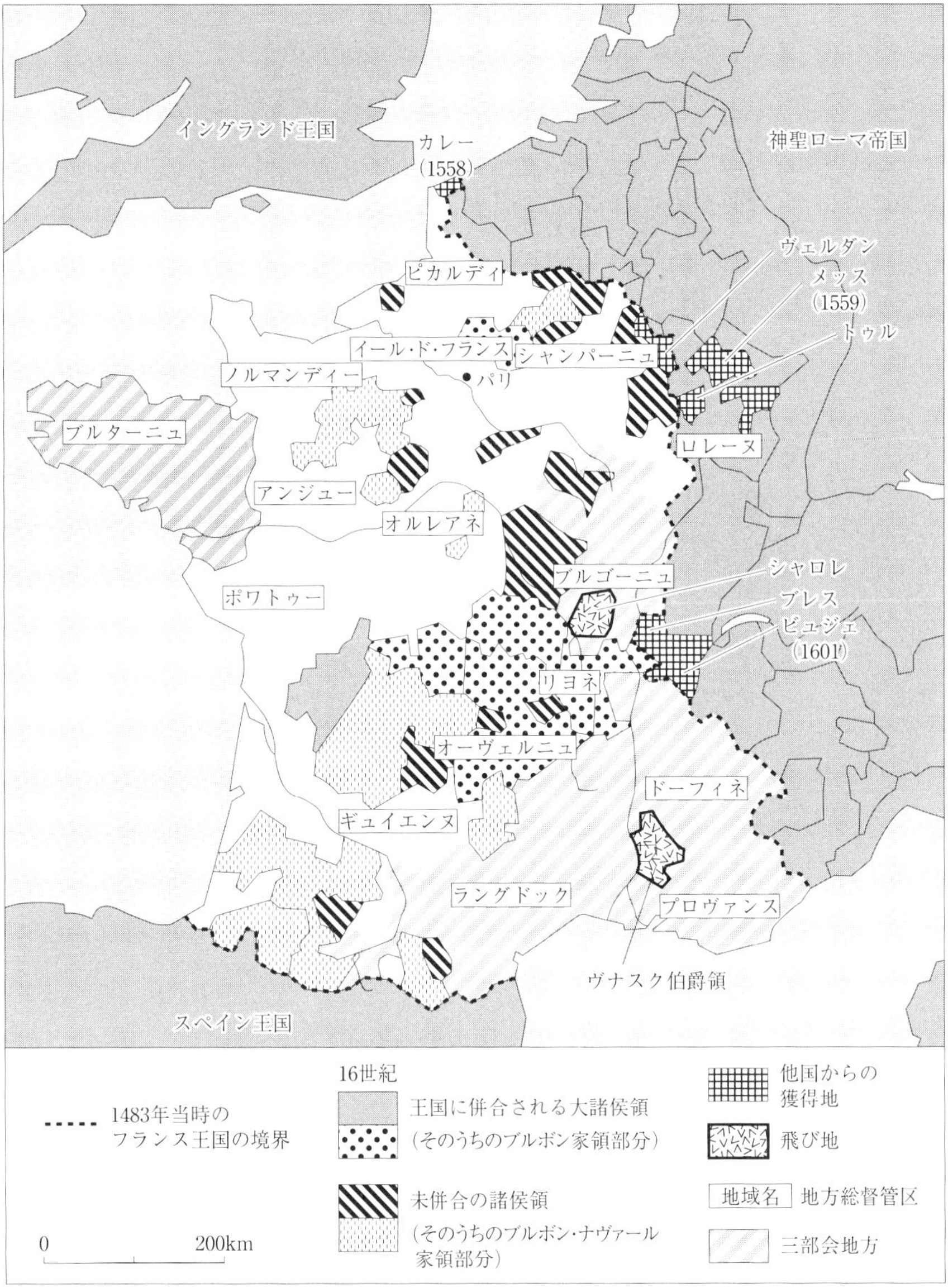

図1-1　16世紀のフランス

出典：Laurent Baurquin, *La France au XVIe siècle*, Paris, 1996より作成。

ズムが各地に急速にひろまり、新たな火種となっていた。一六世紀後半のヨーロッパは、カトリック対プロテスタントの宗教戦争の時代として推移する。ネーデルラントと並んでその主戦場となったのが、フランスである。

フランスのプロテスタントたちは、アンリ二世の厳しい弾圧政策にもかかわらず一五五九年には全国教会会議を開くまでに成長し、自分たちの信仰が政治権力によって公認されることを願っていた。しかし多くのカトリックにとって、彼らは根絶すべき異端である。折しもイタリア戦争終結を祝う祝賀の席でアンリ二世は不慮の死を遂げ、一五歳のフランソワ二世も一七カ月後に世を去った。次の幼いシャルル九世のもとで王権は宗教政策の転換を図る。強硬な弾圧政策から両派の宥和政策へと転じたのである。しかし、フランス全土に大巡幸をおこなったシャルルと王母カトリーヌ・ド・メディシスの努力にもかかわらず、弱体化した王権に両派を制御する力はなかった。一五六二年から三六年間、八次にわたる内乱がフランスを引き裂く。一五七二年、プロテスタントを襲った「聖バルテルミの大虐殺」によって、プロテスタントは王への忠誠を捨てた。彼らは、南フランスに一種の独立共和国を築く。かたや強硬派カトリックも一五八四年以降カトリック同盟を再結成し、王権との対決姿勢を強めた。この年、王弟アンジュー公が死去し、プロテスタントであるブルボン家のアンリが筆頭王位継承者になったからである。彼の王位継承権を認めたアンリ三世は、強硬派の一カトリック教徒によって一五八九年に暗殺され、ヴァロワ朝はここで断絶する。王位継承法にのっとり、ブルボン家のアンリがアンリ四世として即位した。しかし、カトリック同盟はプロテスタントの王をフランス王とは認めない。パリをはじめ各地で武装抵抗が続いた。一五九三年、アンリ四世がカトリックへの改宗を決意したことで、ようやく局面は変わった。武力でも優勢にたったアンリ四世は、一五九八年にスペインと和を結び、ナント王令を発して内乱は終結する。この王令は両派の妥協の産物であったが、人口の約一割を占めたプロテスタントはその信仰を許され、政治的、軍事的特権を認められた。プロテスタントは、ひとつの身分として王国のなかに位置づけられたのである。

三六年に及ぶこの内乱には、宗教的対立に加えていくつもの対立軸が交差していた。地方に根を張る大貴族を中心に、保護―被保護関係で結ばれた貴族たちが党派を形成し互いに覇を競った。世紀前半の王権の集権化政策に不満をいだく都市や諸地方の動きが、ここに複雑にからみあう。加えてカトリック同盟の背後にはスペインと教皇が、プロテスタントにはイギリスやドイツのプロテスタント諸侯の影がつきまとっていた。混沌とした状況のなかで、プロテスタントやカトリック同盟が王権への抵抗の論理として鍛え上げたのが、「暴君放伐論」である。貴族や三部会が王権を制約する制限王政への志向や、「真の宗教」を体現する教会の最重要視、国家の枠組みの相対化などをその特徴とする。カトリック同盟が、三部会の場でスペイン王女をフランス王位に選出しようと画策したのも、「真の宗教」の擁護を優先させるこの論理にたってのことであった。他方、こうした動きをアナーキーと断じ、諸外国の介入に危機感をいだく第三党派、ポリティーク派が生まれてきた。彼らは宗教問題よりも国家の統一と平和を最優先させる政治姿勢によって特徴づけられる。強化された王権のもとで秩序の回復を図ろうとする彼らのなかには、国家主権の理論を定式化したジャン・ボダンがいる。また信仰的にはカトリックにとどまりつつガリカニスムを奉じる人々も、この潮流に加わった。教皇や皇帝に向かってはフランスの独立を掲げ、内にあっては神から直接権限を委託された存在として王権の強化を主張するこのグループが、アンリ四世のまわりで来るべきフランスの主流を担うことになる。ヨーロッパ国際政治の焦点であったフランス宗教戦争は、王国分裂の危機のなかで主権国家の論理をくっきりと立ち上げた。フランスの場合、それは絶対王政という形をとって次の世紀に展開する。

ブルボン朝による秩序再建

ブルボン朝の祖となったアンリ四世は、プロテスタントからカトリックに改宗した経緯をもつだけに、詩歌や図像を駆使し、儀礼を通じて、聖王ルイに連なる正統なる王、平和と豊饒をもたらす良き王というイメージの流布につとめた。現実に、有能な財務卿シュリーを得た王のもとで、農業も商工業も順調に復興し、破産の危機にあった王国財政は再建に向かった。一六〇四年のポーレット法は、この努力のなかで生まれた。一定の年税と引き替えに国王官職の世襲保有を認めたこの法は、国庫に確実な収入をもたらした。加えて官職の購入を通じて富裕なブルジョワを王の行政機構に組み入れてひとつの社会集団とし、伝統的貴族（帯剣貴族）を牽制するという効果もあった。官職を家産とした彼らは、法服貴族への道を上っていくであろう。その代表格が高等法院を筆頭とする最高諸院の法官たちであった。一八世紀に王権を悩ませる高等法院の反抗は、こうした官職保有の仕組みによって可能となった。また王権は、主要財源であるタイユ税の配分や徴集を見直すために親任官僚を各地に派遣する一方、間接税の比率を上げ徴税請負制度への依存を強めた。この制度は、徴税請負人に一定地域の徴税権を与える替わりに必要な税額を国庫に前払いさせるものであった。

アンリ四世の治世は、一六一〇年、暗殺者の手によって突然に終わりを告げる。後継のルイ一三世は、わずか八歳の少年であった。それまで継承儀礼として機能していた先王の葬儀を待たずに、彼はすぐさま新しい王として高等法院に親裁座を開き、母マリ・ド・メディシスを摂政に決定した。この行為は、神秘的な血統こそが王位継承に重要であることを強調し、王のもつ立法権を誇示するものであった。しかし、こうして幕を開けたルイ一三世の治世は、必ずしも順調に推移したわけではない。まず、アンリ四世の集権化政策に不満を募らせていた大貴族が不穏な動きをみせる。摂政マリの国王政府は官職や多額の年金を与えて大貴族の懐柔を図ったが、国庫が底をついた一六一四年、王母の寵臣政治への非難が引き金となって、大貴族が反旗を翻す。地方総督としていまだ地方に強力な基盤をもつ彼らの要求の前に、王権は全国三部会の開催を余儀なくされた。しかし、王国改革を掲げたこの三部会では、官職売買への批判や不正に財を蓄える徴税請負人への不満が陳情書として提起されたものの、諸身分間の対立が解消されないままに終わった。一四世紀に起源をもつ全国三部会は、王権が動揺した宗教戦争期には五回も開催されて国政上重要な機能を果したが、この一六一四～一五年を最後に、以後一七八九年まで開かれることはない。三部会に準じた機能をもつ名士会も、一六二七年以後一六〇年の間招集されない。王権はこの間、さまざまな批判や抵抗にもかかわらず、諸身分に同意を求めることなく税を徴収し、統治をおこなう。絶対王政成立の一つのメルクマールといえるであろう。

ときに大貴族の叛乱と結び、国外の勢力と連携するプロテスタントの動きも、王権には危険な要素であった。一六二〇年、ルイ一三世がアンリ四世の故地ベアルンに侵攻したのを皮切りに、南・西部のプロテスタントへの武力攻撃が続く。一六二八年、イギリス大艦隊の援護にもかかわらず、難攻不落を誇ったプロテスタントの一大拠点ラ・ロシェルが陥落した。これが転機となり一六二九年、プロテスタントはナント王令で認められた軍事的、政治的特権を剥奪された。

王権にとって困難なこの時期に辣腕を振るったのが、不仲の王と王母の双方から信頼を得たリシュリューである。一六二四年に宰相の地位に就いた彼が真に権力を確立するのは、一六三〇年の「裏切られた者たちの日」に勝利した後であった。これはリシュリューを放逐しようとした王母マリとその一派が逆に宮廷を追われた事件であるが、単なる宮廷の陰謀劇ではない。背後には、外交、内政両面をめぐる政策対立があった。王母マリや国璽尚書マリヤックらは、カトリックの一体性を重んじ、外交政策においてはカトリック・ハプスブルク家との和平路線を選択する。国内のプロテスタントには強硬であり、一六一五年にルイ一三世とスペイン王女との結婚が実現したのは、この路線に沿ったものである。国内のプロテスタントには強硬である反面、対外戦争を避け重税を軽減する方向を目指した。王国改革を目指した彼らは「篤信派」と呼ばれる。かたやフランスの栄光を追求するリシュリューは、国内のプロテスタント信仰には寛容であるが、ハプスブルク家との厳しい対決を外交の基本線とする。内政においては、軍事費調達のために課税強化を可能とする体制を構築しようとした。それゆえ、リシュリューの権力が盤石となった一六三〇年は、フランスがハプスブルクとの全面戦争へと舵をきる決定的なターニング・ポイントともなった。

三十年戦争とフランス

一六一八年ベーメンの叛乱に端を発した三十年戦争は、神聖ローマ帝国を舞台に、全ヨーロッパを巻き込む国際紛争に展開していった。デンマークとスウェーデンが参戦し戦局は二転三転したが、一六三五年には、スペインと連携した皇帝側の優位が確立しようとしていた。フランスは、神聖ローマ帝国とスペインの両ハプスブルク家にぐるりと周囲を取り囲まれている。ルイ一三世とリシュリューは、ハプスブルクが勝利し、その覇権がヨーロッパに確立するのを座視するわけにはいかなかった。それまで北イタリアでスペインと戦い、反皇帝勢力に資金を援助してきたフランスであったが、一六三五年、遂に帝国への直接介入に踏み切った。しかしこの介入は、多くの人々にはスキャンダル以外のなにものでもなかった。カトリックのフランスが公然とプロテスタント勢力と手を組み、カトリック信仰を共にするスペイン、皇帝軍と戦うことを選択したからである。リシュリューがこの選択を正当化したのは、「国家理性」の名においてであった。以後、ヨーロッパの覇権をめぐる戦いを先導するのは、個々人の道徳律を越えた国家の論理であった。

フランスのこの露わな介入は皇帝側の優位を覆し、一六四八年のウェストファリア条約は、フランスに有利に締結された。スペインとフランスの戦争も一六五九年のピレネー条約で決着した。この間、一六四二年にリシュリューが、翌年にはルイ一三世が世を去った。しかし、幼い王ルイ一四世のもとで、新宰相マザランがリシュリューの政策を継承し、戦争を続行していた。二つの条約でいくつもの重要戦略拠点を得たフランスは、スペインから覇権を奪い、ついに列強首位の座を獲得した。一六六〇年のルイ一四世とスペイン王女の結婚は、この和平の帰結である。

他方、戦争が政治的至上命題になったこの三〇年間は、軍事費の膨張をもたらし、国内の財政―行政システムに大きな変化をせまることになった。一六三〇年まで安定的に推移してきた財政支出は、三〇年戦争に参戦した一六三五年には、一六三〇年の六倍という異常な突出を示している。翌三六年から六〇年までの平均支出をみても、常に三〇年以前の二倍を超える。この膨大な必要を満たすため、タイユ税の割り当てが見直され、新たに軍隊糧秣税や軍隊宿泊税が課せられた。間接税の増税や新官職の売却なども講じられた。さらに不足分は、公債の発行や短期借款といった「臨時財政措置」によって埋め合わされた。つまりは徴税請負人たちからの借金政策である。一六四三年以降、直接税にも請負制が導入され、国家財政が彼らに決定的に依存する体制ができあがった。すべての負担は過重な税となって臣民たちへ跳ね返る。地方三部会が直接税を徴集してきた諸地方も徐々にその特権を失い、国王役人直轄の徴税管区に再編されていった。こうした重税政策を強権的に遂行したのが、直接税の割り当て権や徴集権を与えられた地方長官である。高等法院官僚に代表される大半の官僚たちは、前述のように購入した官職を家産として保有する保有官僚である。そのため、王権に対して一定の自立性を持っていた。かたや彼ら地方長官は王が任免権を握る親任官僚である。王権の意志の代行者として、当初は臨時に各地に派遣されていた。しかし、三十年戦争の過程で、彼らが徴税管区毎に常駐するシステムができあがっていった。このシステムのもとで、小銃隊さえ用いてかつてない重税が苛酷に取り立てられた。当然これは、伝統的特権の侵害と受けとめられ、各地、各層に強い抵抗を引き起こした。一六二〇年代後半から広がりつつあった民衆蜂起は、一六三五年を契機に激しさを増す。地方特権の擁護を掲げ、増税と徴税請負人への憎悪に駆り立てられた蜂起に対し、王権は軍隊を送って徹底的に弾圧した。

一六四八年に始まったフロンドの乱は、戦時下に形成されたこうした財政―行政システムへの反発が引き起こしたものである。直接の引き金は、破産の危機に瀕した王権が、ポーレット法の廃止と官僚の俸給支払い停止を決めたことにあった。特権侵害を不服とした高等法院などパリの最高諸院の代表たちは、地方長官制や徴税請負の廃止、減税、最高諸院の権限重視といった一連の王国改革を求めた。一旦は譲歩の姿勢を見せた王権であったが、高等法院の中心人物ブルーセル逮捕という挙に出たことで、パリ市民の武装蜂起を招いてしまう。一六四四年以来の種々の新税に不満を募らせてきたパリ市民は、高等法院の主張を支持したのである。「高等法院のフロンド」と呼ばれる第一段階は、王権側の譲歩を獲得することに成功した。この後、マザランと対立するコンデ親王ら大貴族が、反政府闘争の前面に躍り出てくる。政治的権利の失墜に危機感を募らせた中小の帯剣貴族たちも、彼らのもとに参集した。「貴族のフロンド」と呼ばれる第二段階は、貴族たちによってそれぞれの領地や任地へ飛び火し、マザランを亡命に追い込んだ。しかし結局、貴族が求めた全国三部会開催の約束は果たされなかったし、高等法院、貴族、そしてパリやボルドーなどの都市民の不満や期待がひとつになることはなかった。一六五二年にパリが、ついで一六五三年にボルドーが制圧され、フロンドの乱は終焉を迎える。約五〇〇〇種ともいわれる反政府文書で敵役であったマザランは、一六五三年にはパリに帰還し権力の座に返り咲いた。廃止されていた地方長官制は再建され、マザラン腹心のフーケのもとで国庫は再び徴税請負人に握られた。戦時の臨時措置として導入された諸制度は、フロンドの乱の敗北により、恒常的な統治構造にしっかりと組み込まれていく。ヨーロッパ国際政治の文脈では、三十年戦争は主権国家システム成立の画期といわれる。それは同時に、フランス国内においては王権に広範な自由裁量権を与え、徴税機構をはじめ国家装置の発展を促す契機となった。

2 絶対王政の展開と矛盾

ルイ一四世の親政

一六六一年、マザランが没する。二二歳のルイ一四世は、以後宰相を置かず、主権者である王がみずから権力を振るい統治をおこなうことを選択した。絶対王政の最盛期、親政の始まりである。王がまず取り組んだのは、国政の中枢、最高国務会議の改組である。これまで列席の権利を持っていた王族や大貴族は排除され、王の意志にのみ基づいて、三名から五名の忠臣だけが席に着くことを許された。彼らの大方はつつましい出自の法服貴族であった。陸軍卿ル・テリエ、外務卿リオンヌ、それとフーケを追って財務行政のトップに立つ財務総監コルベールの三人が、親政を支える初期のメンバーであった。なかでもコルベールは、財政だけではなく、海軍、貿易、建設といった諸分野の責任を担い、ルイ一四世の親政を強力に推進した。芸術家を動員して「太陽王」のイメージの流布に貢献したのも、彼であった。有能かつ勤勉なコルベールのもとで、文官の最高位である大法官に替わって財務総監が国務会議の主席を占めるようになるが、これは国家機能の中心が司法から財政に移ったことを端的に示している。司法の守り手である高等法院と貴族によるフロンドの乱が失敗に終わったことの一つの帰結であろう。実際、高等法院は国王に異議申し立てをする建白権を奪われた。民事王令（一六六七年）と刑事王令（一六七〇年）に結実する司法改革を主導したのも、コルベールであった。

中央で国務会議が専門分化する一方、地方行政の担い手となったのが地方長官制である。彼らは穀物取引に目を光らせ、都市の自治に踏み込み、管区の情勢を刻々と財務総監に書き送る。親政期にその権限は一層拡大し、地方三部会や名門大貴族が就いた地方総督の権限を浸食していった。ルイ一四世の治世が終わる頃には、全国は三一の地方長官区に分けられ、王国全体を包摂するシステムになっていく。王国の中央集権化は一層の進展をみたわけである。とはいえ地方長官制を、過度に近代的な行政機構と思い描いてはならない。中央から任期つきで派遣された地方長官は、在地の名望家から補佐役を得、地方特権や個別状況に配慮してはじめて任務を全うできたのである。地方長官と地方総督、親任官僚と保有官僚が併存していくこと、そのバランスが地方毎に異なることにこそ、絶対王政期の特徴はある。

親政期には首都パリの掌握も進んだ。パリの治安に「無秩序」をみたルイ一四世は、ポリス改革によって、治安行政を司法からはじめて独立させ、新たに創設した警察代官に委ねた。「公共善」の名のもとに進められたこの改革は、都市を空間的に管理する途を開いた。内務大臣に匹敵する権限を与えられたこの役職は、警察総代官職と名前を改め、パリの人々の日常を監視する。一六九九年には、全国の主要都市にこの役職を設置することが定められた。

他方、ルイ一四世はフロンドの忌まわしい思い出のためかパリを好まず、ヴェルサイユに大宮殿を建設し、一六八二年には宮廷と王権の中枢機能を移転する。世界の中心である太陽を自らのシンボルとした王のまわりに、特異な宮廷社会が生み出された。そこでは「いたましいまでの厳格さ」に基づいて王の日常生活が儀礼化され、権力と権威の体現者である王権の理念が可視化された。かつてあれほど反抗的であった大貴族も、自分の領地や総督管区から離れ、国王の恩恵を求めてここに跪《ひざまず》く。国王によって馴致《じゅんち》された宮廷貴族が生まれる。すべての成員は、身分的階層に応じ、王の寵愛に応じて、この儀礼体系の中に織り込まれた。王はもはや公の場に姿を現さず、ここで紡がれたシンボルが、戴冠式や戦勝式といった国家儀礼を通して、また広場に置かれた騎馬像やメダル、版画などのメディアを通して社会の中に広められた。絶対王権は、このような象徴上の実践によっても支えられていたのであり、その意味でヴェルサイユ宮殿はひとつの統合装置としての意味をもっていた。

宗教政策にも、転換が見られた。ルイ一四世は、ガリカニスムを強化する一方、一六八五年にはナント王令を全面的に廃止した。プロテスタントの礼拝を禁じ、礼拝堂は破壊し、牧師を追放するという妥協の余地のない内容である。一般信徒の国外退去は禁止されていたが、二〇万にのぼる亡命者がイギリス、オランダ、ブランデンブルクなどのプロテスタント諸国に向かった。反フランスの国際世論が湧き起こる。亡命者がフランス経済に与えた損失はかつて考えられていたほど深刻ではないといわれるが、しかしその国際関係に与えた影響は深甚であった。翌年、対仏防衛を目的としたアウクスブルク同盟が結成される一つの条件ともなった。しかし、ルイ一四世にとってみれば、教会の統一を乱すプロテスタントは国家の統一を脅かす禍《わざわい》であり、その根絶は神から直接に権力を委ねられた王の栄光を高める行為に他ならなかった。一六八三年の対トルコ戦争に勝利し全キリスト教世界の英雄となった神聖ローマ皇帝へのライヴァル心も働いていたことであろう。ルイ一四世の峻厳な宗教政策は、カトリック内部の少数派ジャンセニストに対しても向けられた。神の預定と恩寵の絶対性を強調するジャンセニスムは、一六五三年にローマ教皇庁から異端宣告を受けるが、フランスでは高等法院官僚らエリート層に多くの信奉者を見いだしていた。その中心となったのが、パリの南西約二五キロにあるポール・ロワイヤル修道院である。ジャンセニストへの弾圧を強めてきたルイ一四世は、一七〇九年にこの修道院を警察総代官ダルジャンソンに急襲させ、翌年には礼拝堂から墓地にいたるまでを完全に破壊し尽くした。王権神授説にたつルイ一四世は、「ひとりの国王、一つの教会、一つの法」という標語を苛烈に実現しようとしたのである。しかし長期的にみれば、こうした宗教政策は後に見るように王権に対する批判の芽を育むことになろう。

覇権主義と絶えざる戦争

親政期はまた、絶えざる戦争の時代であった。「領土を獲得することは、王に最もふさわしい仕事である」と語ったルイ一四世は、五四年間の治世中、実に三七年を戦争に費やし、ヴェルサイユ宮殿は「戦う王」の表象で誇らかに満たされた。戦勝は王の威信を高め、その統合力を強めたのである。

ルイ一四世の戦争は、一六六七年のフランドル戦争に始まる。王妃マリ・テレーズの相続権の要求が、侵攻の理由であった。一年の後、アーヘン条約でフランスはリールなど一二の重要拠点を手中にする。一六七二年からは六年に及ぶオランダ戦争が続く。国際商業の覇権を握るオランダと高額の保護関税をかけて後を追うフランスの間には、熾烈な競争があった。加えてカルヴァン派のこの共和国は、反王権、反フランス文書の出版地であり、ルイ一四世にとっては政治的にも容認しがたい存在であった。しかし、堤防を決壊させたオランダ側の果敢な抵抗に加え、オランダ、スペイン、皇帝らが結んだ反フランス同盟を前に、ルイ一四世の大軍はこの小共和国を屈服させることはできなかった。七八年のナイメーヘン条約で、六七年の高関税を撤廃することを余儀なくされた。

しかし、その後も「統合政策」を進めフランドルやライン左岸への野心を捨てないルイ一四世の覇権主義は、周辺諸国の警戒心を再びよびさました。ナント王令が廃止された翌年の一六八六年、オランダ、スペイン、皇帝、スウェーデン、ドイツ諸侯の間でアウクスブルク同盟が締結され、八八年にはプファルツの相続問題を機にフランスとの戦闘が始まった（アウクスブルク同盟戦争）。同年末に反フランスの急先鋒、オランダのウィレム三世が名誉革命によってイギリス王になったことから、イギリスも対仏同盟に加わる。英仏がヨーロッパの覇権と海外植民地をめぐって鎬《しのぎ》を削る時代が始まろうとしていた。戦線は陸上、海上、植民地と拡大し、泥沼の消耗戦が続く。九七年のライスワイク条約でフランスは、サンドマングの領有を認められたが、ロレーヌの返還など大きな譲歩を余儀なくされた。一七〇一年には、スペインの継承問題を発端としてルイ一四世の最後の戦争が勃発する（スペイン継承戦争）。跡継ぎのいないスペイン・ハプスブルクの王カルロス二世は、ルイ一四世の孫フィリップを後継者に指名したが、フランス・ブルボン朝の強大化を嫌う皇帝、オランダ、イギリスはハーグ同盟を結んで阻止に動いた。海外植民地を巻き込んだ戦闘の末、一三年にユトレヒト条約が締結される。ヨーロッパ諸国は、フランス王位継承権の放棄という条件をつけて、フィリップをスペイン王フェリペ五世として承認した。しかし、フランスの払った代償は大きく、とりわけアカディアやハドソン湾などの海外植民地がイギリスに譲り渡された。

王朝の栄光を求め領土拡張を図ったルイ一四世の半世紀に及ぶ戦争は、オランダ、ついでイギリスとの苛烈な国際商業戦をその背景としていた。英蘭との競争に遅れをとっていたフランスは、国家主導の経済政策を強力に押し進め、これに対抗しようとした。コルベルティズムの名前で知られるように、その中心にいたのは海軍、海運担当の国務卿を兼任する財務総監コルベールであった。彼は、輸入禁止的ともいえる保護関税政策、特権マニュファクチュアの育成や規制強化による国内産業の育成策、さらに東インド会社、西インド会社を用いた海外植民活動の拡大政策を展開した。その基にあったのは、流通する貨幣の量は一定であり、国力は獲得した貨幣の多寡によって決定されるという当時の考え方、重商主義である。「全ヨーロッパ諸国との貨幣戦争」というコルベールの言葉が示すように、重商主義は経済的停滞期の攻撃的経済政策であった。

大規模な戦争の連続は、フランス社会にさまざまな影響を与えた。親政初期に六万であった軍隊は、世紀末のアウクスブルク同盟戦争の頃には一〇倍の六〇万にも達していた。いうまでもなくヨーロッパ最大の軍隊である。この間、軍の性質も変貌する。王の常備軍とはいえ、実質的には大貴族が支配する連隊の寄せ集めといった観を呈していたフランス軍は、指揮系統の明確な、より規律化された軍隊にうまれかわりつつあった。火器の使用に伴う「軍事革命」は、個々の戦士の名誉や勇気よりも、規律化された兵士を必要とするようになっていたのである。陸軍卿ル・テリエ、ルーヴォア父子のもとで軍事行政が整備され、制服の導入も始まった。暴力装置は、次第に王権の独占物となっていくのである。さらに、一六八八年には徴兵制度の先駆ともいわれる国王民兵制が開始された。任期二年の民兵を教区ごとに抽選で選ぶこの制度は、戦争による直接的な負担として民衆の生活に暗い影を投げかけた。そもそも膨大な戦費は、国家財政に過重な支出を強い、債務はとめどなく膨れあがっていった。増税によっても財政危機は解消されず、ついにアウクスブルク同盟戦争中に人頭税（カピタシオン）と呼ばれる新しい直接税の導入に踏み切った。これは、従来免税を主張してきた特権身分にも課税を求める画期的なシステムであったが、地域特権や身分特権の強固な壁にぶつかり十分な効果を挙げることができなかった。スペイン継承戦争中にも十分の一税（ディジエーム）を設けるが、同様の結末を迎える。王の栄光を希求する戦争は、結局は貧しい層に最も苛酷な負担を強いるものであった。一六九三年から九四年、一七〇九年から一〇年には、大規模な飢饉が疲弊した民衆を直撃し、多くの死者をもたらした。

しかしながら、反税蜂起が頻発したルイ一三世期に比べると、親政期の叛乱は相対的には少ない。一六七四年から七五年にルシヨン、ブルターニュなどで新たに導入された印紙税に反発する大規模な叛乱が起こったが、ほぼこの時期を境に反税蜂起は姿を消す。かつて反税蜂起に暗黙の了解を与えていた地方名望家は、徴税システムや官職から利益を得、公債の利子を受け取り、今や絶対王権との結びつきを強めていた。従順を求める絶対王政の政治文化は、彼ら名望家層には徐々に受容され、民衆との間に文化的断絶が生まれていたことも見逃せない。絶対王政と名望家層のこうした共犯関係が、反税蜂起を沈静化させ、人と財を大量に動員した王の戦争遂行を可能とした。

ルイ一五世の時代

一七一五年、大王と謳われ、自ら大王として生きたルイ一四世が没した。わずか五歳の彼の曾孫、ルイ一五世が王位につく。五九年に及ぶ彼の長い治世は、絶対王政というシステムが新しいうねりのなかで動揺をきたした時期であった。幼い王の摂政となったのは、ルイ一四世の甥に当たるオルレアン公フィリップである。自由思想家（リベルタン）として知られる彼は、宮廷をヴェルサイユからパリに移し、さまざまな面で先王の御代とは対極の体制を打ち立てようとした。王と少数の国務卿がすべてを決する先王の集権的システムにかわり、オルレアン公が主宰する摂政会議の下に財務、外務、軍事などの七つの評議会が置かれた。そのメンバーは先王によって権力中枢から排除された王族や名門貴族たちである。名門貴族の復権をかけたこのシステムは多元会議制と呼ばれるが、短命に終わった。

度重なる戦争で極端に悪化した国家財政を再建することも、摂政期の重要課題であった。この課題に金融面から取り組んだのが、スコットランドの財政家ジョン・ローである。彼は発券銀行を創設し、さらに植民地開発のための株式会社の設立によって銀行券を吸収しようとした。彼の方式（オペラシオン）は過剰な投機熱とインフレをもたらし、一七二〇年には最終的に破綻する。一七二六年に政府が通貨安定策を出して事態は収束にむかうが、「ローのシステム」が大きな混乱を招いたことは否めない。しかし、この間に国家の債務が減少し、植民地貿易をはじめ経済活動を活性化した点も見逃すべきではない。一七三〇年頃より、フランス経済は長期の停滞を脱し、好況に転じる。

一七二三年、ルイ一五世は一三歳となり成人に達して摂政期は終わる。最高国務会議をはじめルイ一四世期の諸制度が復活する。ルイ一五世はいまだ若く、教育係であったフルリーが事実上の宰相ともいうべき役割を果たす。フルリーがイニシアティヴをとった一七四〇年頃まで、政治は相対的な安定期を迎える。彼が勢力均衡を重んじて大規模な戦争を避けたことが、この安定に貢献した。コルベール期以来はじめて、国家財政は均衡を取り戻した。

とはいえ、王権と社会の関係はこの時期、確実に変化しつつあった。摂政オルレアン公の誕生に尽力した高等法院は、一七一五年、先王によって剝奪された王令登録権と建白権を回復した。この後、高等法院が登録を拒否する限り、王令は法としての効力を持つことはできない。強力な武器を取り戻した高等法院は、以後革命にいたるまでさまざまな局面で王権に抵抗する。両者の対抗はまず、ジャンセニスムをめぐって火を噴いた。一七三〇年、王権がジャンセニスムを糾弾する教皇勅書を「教会と国家の法」とするように高等法院に強要したことから、両者の確執は高等法院評定官の追放という事態へと発展した。一七世紀には高等法院官僚らエリートの間に広まったジャンセニスムであるが、一八世紀には民衆層にも熱狂的な支持者を増やしていた。それゆえ、ジャンセニスム問題は王権に対するさまざまな層の不満を結晶化させ、反王権の旗手として高等法院に広い支持を与える結果をもたらした。さらにジャンセニストがオランダとのネットワークを活用し、出版物を通じて世論に訴えるという戦術を用いたことから、幅広い人々が政治的事柄に関心をもち、自ら語りはじめた。世論という新しいファクターが登場してきたのである。

一七四三年、フルリーが没する。ルイ一五世の親政が開始されるが、当初人々が王に抱いた期待はすぐさま失望に変わった。転機はオーストリア継承戦争（一七四〇～四八年）にあった。プロイセン、スペインと組んでオーストリアの継承問題に介入したこの戦争で、フランス軍は軍事的には優位を保っていた。にもかかわらず、エクス・ラ・シャペル（アーヘン）条約でフランスはほとんど何も得ることができなかった。王の指導力のなさや、寵姫が政治に介入することへの不満も手伝い、かつて「最愛王」と謳われたルイ一五世に対する批判的言説が渦巻く。

一七五六年には新たな戦争が勃発する。プロイセンとオーストリアの確執に国際商業や植民地をめぐる英仏の対抗が重なった七年戦争である。フランスは長年ライヴァル関係にあったオーストリアと同盟関係を結び、ロシアと組んで、新興プロイセンや仇敵イギリスと戦った。しかし、結果はフランスにとって惨憺たるものであった。かたやプロイセンは強国の地位を確たるものとし、イギリスはパリ条約でカナダ、ルイジアナなどをフランスから獲得した。海外植民地争奪をめぐる英仏の第一ラウンドは、ここに決した。戦う王の表象は敗北にまみれ、王の威信は深く傷ついた。一七五七年に、ダミアンによるルイ一五世の暗殺未遂という衝撃的事件が起こったのも、このような状況と無縁ではない。

しかも二つの戦争によって、財政状況は悪化の一途をたどった。オーストリア継承戦争後の一七四九年に、財務総監マショーは、免税特権の有無にかかわらず、あらゆる収入に課税する二十分の一税を創設した。しかし、高等法院、聖職者、地方三部会といった特権諸団体からの反対や多くのパンフレットの攻撃にさらされ、王権はひとつひとつ譲歩を余儀なくされた。先行する人頭税、十分の一税のときと同様、王権は特権層への課税を可能とする新しい租税システムを打ち立てることに、またしても失敗した。

改革の失敗

財政問題が隘路にはまりこむなか、王権はこの危機的状況を座視していたわけではない。開明派官僚によって、従来の統治構造を抜本的に改革する試みが幾度もおこなわれた。たとえばモプーの司法改革である。前述の租税制度の改革にみるように、王権が新しい施策を生み出そうとする度に立ちはだかったのが、高等法院であった。王権による特権侵害に憤る広い反王権感情や地方主義が、高等法院に「特権と自由の守り手」という役割を与え、彼らの反抗を支えていた。一七七一年、大法官モプーは遂に、「不服従に身を委ねる」高等法院の改編に踏み切った。司法官職の売官制の廃止、管区の分割、裁判の無償化などを内容とし、反抗的な高等法院を馴致させて近代的官吏へ変成させることを狙ったものである。しかし一七七四年にルイ一五世が不人気のうちに没すると、その孫ルイ一六世は世論を気にしてこれを撤回してしまった。

大胆な経済・財政改革に取り組んだのは、ルイ一六世の財務総監チュルゴである。彼は、一七七四年九月、全国規模で穀物・小麦粉取引の自由化を断行した。しかし、折悪しくこの年は天候不順のために作柄が悪く、翌年にはパリ周辺では食糧暴動が広がった。小麦粉戦争と呼ばれたこの蜂起は、穀物価格の上昇を取引自由化のせいと受けとめたことに起因する。これを鎮圧したチュルゴは、高等法院の反対にもかかわらず、一七七六年一月、国王賦役の金納化や宣誓ギルドの廃止を決めた。各都市ではギルドのストライキがおこり、激しい反発がまきおこった。「自由の支配」は、独占、価格の上昇、品質低下をもたらす、というのがギルド側の言い分であった。高等法院も、特権擁護と身分制社会を維持する立場から反対の論陣を張った。実はルイ一五世期の末期にも開明派官僚が同様の方向性をもつ改革を試みたが、いずれも頓挫している。これらの改革は、啓蒙の時代が育んだ新しい経済政策であった。彼らは、諸規制を撤廃し農業の個人化を進めることで、自由な競争を促進し農業や商工業を成長させうると考えた。コルベール的重商主義とは決別し、自由放任による経済発展を目指したのである。実際チュルゴは、重農主義者や英仏の哲学者の著作に親しみ、ケネーと交際し、『百科全書』(一七五一~七二年刊)に寄稿した啓蒙の人であった。その改革プログラムは経済のみならず政治や社会の全般的改革を見通したものであった。しかしその一部が実行された時点で、ルイ一六世は孤立したチュルゴを罷免する。啓蒙専制国家へ転成する可能性を秘めたこの改革も、ここに潰える。

ネッケルによる地方行政改革も重要である。一七七七年から財政の責任を担ったのは、スイスの銀行家ネッケルであった。イギリスとの対抗上、フランスは七八年にアメリカ独立戦争への支援を開始したため、国家財政はまさに火の車であった。この危機を打開するためにネッケルが構想したのは、地方名望家を王権との新しい協力関係のなかに取り込み、行政に参与させることであった。具体的には、三身分から選ばれた地方議会を置いて、ここに地方長官の権限を移し、税の割り当てやコミュニケーション網の整備を委ねようというものであった。第三身分に第一、第二身分の二倍の定員をあて、頭数による投票方式を採用したこの改革は、従来の身分制を打破する革新性をはらんでいた。しかし、権限を侵害された地方長官や高等法院はこれに激しく抵抗する。一七八一年、ネッケルは解任され、この改革も頓挫する。

「上からの改革」の芽を幾度もつぶした王権は、「特権」に基づく社会構造を自らの手で改革することに失敗した。新しい社会に適合する統合システムを創出することができないまま、短いサイクルで財務総監を替えつつ迷走を続ける。八六年、国家の負債はついに限界に達した。時の財務総監カロンヌは、全身分を対象とする新税創設など大胆な財政改革案をルイ一六世に提出した。「地方議会」創設といった提案も再び取り上げられた。しかもカロンヌは、高等法院との軋轢を避けようと、一六二七年以来開かれなかった名士会の招集を決定した。一六〇〇年の間、臣民の同意を求めずに統治をおこなってきた絶対王政は、ここで決定的な破綻をみる。時代は革命へと雪崩をうって動き出していた。

3　ソシアビリテの諸相と文化の変容

生存の条件

第1、2節では、王権を中心とした政治過程からアンシアン・レジームの理解につとめてきた。ここでは、この時代に生きた市井の人々の日常的生活や彼ら、彼女たちが取り結んだソシアビリテ（社会的結合関係）へと視点を移してみよう。

そもそもこの時代のフランスには、どの位の人間が暮らしていたのであろうか。一六世紀から一八世紀初頭までの人口は、一八〇〇万から二一〇〇万までの間を周期的に増減しながら推移したと推定されている。しかし、中世においても約二〇〇〇万を上限とするこの状況は大きくは変わらない。何故であろうか。第一に、食糧供給の水準が一定であったからである。アンシアン・レジームの社会では、人口の約五分の四が農村に住み、約四分の三の人々が農業に従事していた。圧倒的に農業生産に依存する社会であった。しかしその技術は、一四世紀でも一七世紀でも大きな変化はない。常に休耕地を確保する二圃制や三圃制は耕地面積の増加を許さなかったし、農具も中世以来ほとんど木製のままであった。主要穀物である麦は収穫率が低く、小麦、大麦、ライ麦をあわせても一粒の種籾からよう五粒を越える水準であった。現代日本では米一粒から一〇〇粒近い収穫を得ていることを考えると、近世フランス農民の収穫率がいかに低い水準であったかがわかろう。「飼料がなければ家畜がいない。家畜がいなければ肥料がない。肥料がなければ収穫がない」と古い諺がいうように、この時代の農法は増産を阻む悪循環のなかにあった。

くわえて、食糧生産を担う農民たちには、領主への貢租、教会への十分の一税、国王への数々の税が幾重にも課せられ、通常の年でも生存ぎりぎりの食糧しか残されていなかった。しかも、一六世紀後半から一七世紀は寒冷な冬と多雨の夏が多く、全般に不順な気候が続いていた。気候不順はすぐさま不作につながり、農民たちを飢饉が襲った。繰り返される戦乱も、収穫前の畑を荒らし、移動する兵士によってジフテリア、腸チフス、天然痘などさまざまな伝染病が蔓延するきっかけとなった。なかでもペストは、一四世紀中葉以来一八世紀まで繰り返しヨーロッパ各地を痛めつけた。人口密度がたかく衛生状態の悪い都市は、とりわけ流行病の蔓延に弱く、農村よりも高い死亡率を記録した。飢饉、戦乱、流行病などに襲われた年には、通常の三、四倍を超える死者が出て、出生率を凌駕する。アンシアン・レジーム社会は、こうした危機に周期的に見舞われ、順調な年にわずかに増加した人口をなぎ倒した。

また、高い乳幼児死亡率も、人口抑制の要因であった。アンシアン・レジーム期の結婚年齢は概して高く、男性は二七〜二八歳、女性は二五〜二六歳と推定されている。避妊が宗教的なタブーであったこの社会では、遅い結婚は一種の産児制限という役割を果たしていた。夫婦いずれかの死によって婚姻関係が途切れることも多く、一夫婦あたりの子供の数は平均すると四人から五人の間であった。しかも、生まれた子供の四分の一は生後一歳未満で死亡し、さらに四分の一が成人前に世を去った。次の世代を生み出すところまで生き延びる子供の数は、夫婦二人に対して二人かよくて三人である。つまり世代の再生産率は一に近い。厳しい生存条件を生きるこの社会は、多産多死という人口動態上の特徴を備えていた。

このような社会にあっては、人々は身近な人の死を生涯に何度も経験しなくてはならない。自分の生をいつ絶たれるかわからない不確かさを生きねばならなかった。死に取り巻かれた生活のなかで、人々はおそれの感覚を研ぎ澄ました。リュシアン・フェーブルが「いつでも、どこにでもおそれがある」と述べたように、森の狼も、見知らぬよそ者も、孤独な死も、夜の闇も天変地異も、ことごとくおそれの対象であった。こうしたおそれの感覚は、この時代の宗教性に深い刻印を押した。

ソシアビリテと権力

厳しい環境を生きる人々にとって、最も確かな支えは人と人の絆にあった。マルク・ブロックがいうように「人間は他人と結びついてのみ労働したり、身を守ったりした」のである。まず、血縁的な絆がある。北フランスでは四分の三の、南フランスにおいても約半数の家族は、夫婦と子供だけから構成される核家族であった。しかし、奉公人や徒弟ら同じ屋根の下で働く者たちも、家父長の権限のもとに包摂される「家」の構成員とされた。家父長が妻子や奉公人を支配するこの「家」こそ、経営や労働の単位であった。ジャン・ボダンが「家族はすべての国家の真の源泉であり、その基本的構成要素である」と述べたように、政治社会を支える最末端と考えられたのは、個人ではなく「家」であった。

ところで、多産多死の社会では夫婦の一方が、あるいは双方が死去するという危険は常に高く、その意味で核家族はもろい基盤の上にあった。孤児の手当や縁談の世話、契約の立ち会いなど、さまざまな局面で助けとなったのが、親族である。また乳児の洗礼の際の代父母は、生涯にわたって援助を与えることを期待されていた。代父母制は、擬似的な血縁関係を創り出す仕掛けでもあったのである。

人々が取り結ぶ絆は、もちろん血縁関係だけではない。隣人たちの間で紡がれる地縁的絆や、職業や労働によって繋がる職縁的絆、祈りや祝祭を共にする宗教的絆、さらに年齢集団など、人々は多様で濃密なソシアビリテのなかに生きていた。自分たちの生を支え、秩序を維持するための独自の規範を共有していた。それらのあるものは非制度的な絆にとどまったが、多くは教区や村、都市、ギルドといった団体を制度的な枠組みとしていた。

こうした諸団体は、中世においては王権と無関係にも存在することができた。しかし、絶対王政は諸団体の伝統や慣行を王が授ける恩恵として、つまりは「特権」として保証し、その統治に組み入れていった。こうした団体を「社団」とよぶ。ルイ一三世期に『国王主権論』を著したカルダン・ル・ブレは、社団の創設を許可する排他的権利を国王主権の一つに数えている。ギルドを作り規約を認める権利も、大学や修道会創設の許可も、王権のみが与えうるというのである。絶対王政は、臣民のひとりひとりを掌握したわけではない。王権は社団が一定の自律性を持つことを前提につつ、社団を操作する権利の独占を図り、これを媒介とすることで統治をおこなったのである。財政的にみても、一七世紀に国庫の増大する必要に迫られた王権が頼みとしたのは、社団の信用力と税徴収力であった。社団としての都市や地方三部会は、王権よりも高い信用を持っていたからである。その意味でも絶対王政が存立する礎は社団にあり、各社団に配分する「特権」にあった。絶対王政が「特権の体系」といわれる所以である。一方、中世以来の「祈る人」「戦う人」「働く人」という伝統的な職能区分は、社会の実態を反映するものではなくなっていたが、王権によって法的な地位を与えられ「聖職者身分」「貴族身分」「第三身分」として国政のなかに組み込まれていった。たとえば、一六六六年以降にルイ一四世とコルベールが全国的に実施した「貴族改め」は、評判や仲間内の認知といった地域ごとに多様で曖昧な基準で生み出されてきた貴族を、王権が定義し、かつ認定した身分に編制しようとする試みであった。身分もひとつの社団として再編されたといえるであろう。

最後に、この社会で重要な役割を果たした縦の人脈関係についてふれておきたい。アンシアン・レジーム社会とは、社会的威信や名誉、品位が不均衡に配分され、しかもそれを当然と考える社会であった。階梯化されたこの社会では、社会的な上位者と下位者の間に自発的に恩顧と忠誠を交換する保護—被保護関係が築かれていった。中央や地方の官僚機構や軍隊の内部には、こうした人脈関係が網の目のように張りめぐらされていた。たとえば一六世紀に地方総督となった大貴族は、官職や年金の世話をすることで中小の貴族を被保護者とし、地方にみずからの勢力を築いた。また、ルイ一四世期のコルベール一門やル・テリエ一門が一族を顕職につけて互いに覇を競ったように、人脈関係は血縁関係とも複雑に織りあわされていた。ところで、時に抵抗の絆ともなる人脈関係を、王権は否定することはなかった。むしろ、ルイ一四世がヴェルサイユ宮殿に大貴族を集めたように、こうした人脈関係を頂点で統御することが図られた。また、王を頂点とする保護―被保護の網の目に地方エリートを組み入れることで、都市や地方の統治を円滑に進めようとした。社団に編制されることのなかった人脈関係も、王権にとっては操作の対象であった。

民衆文化とローカル・アイデンティティ

一六世紀のヨーロッパには、イタリアで始まった新しい文化の潮流が広まっていた。古典古代の知の再発見に誘われた人文主義である。ロッテルダムに生まれ、パリで学び、ケンブリッジで教え、バーゼルで暮らしたエラスムスの足跡が物語るように、それは汎ヨーロッパ的な広がりをもっていた。原典研究に向かった人文主義者の営みは、ギリシア語やヘブライ語研究に豊かな実りをもたらし、宗教改革をも胚胎する。しかし、これらはあくまでも一握りの知的エリートの運動であった。

とはいえ、人口の大多数を占める民衆たちが文化と無縁な存在であったわけではない。歴史家ミュシャンブレに倣い、文化を「ある集団の心的表象と日常実践の体系」ととらえると、民衆がもっていた固有の文化が見えてくる。文字に媒介されるエリートの文化とは異なり、民衆の「知」は、世代から世代へと身振りや語り言葉によって伝承される口承文化であった。そもそもアンシアン・レジーム期のフランスでは、フランス語を話す人々はパリ周辺を中心に人口の約三分の一程度であったといわれる。フランス王国では、オック語、バスク語、ブルトン語、フラマン語、イタリア語、ロマン語方言など多様な言語が語られていたのである。こうした言語状況ひとつをみても、地域や共同体の生活のなかで育まれる民衆文化がローカルな特性をもつのは当然であろう。たとえば人々の時間を刻んだ祭りである。春の復活祭に始まり、五月の祭り、聖ヨハネの火祭り、聖母被昇天祭、万聖節、クリスマス、カーニヴァル、四旬節を経て復活祭へと一年がめぐる。カトリック世界に共通するこうした大きな祭りも、その祝い方に地域ごとの個性が見られたが、くわえて聖人崇拝とつながるローカルな祭りが各地に多数あった。土地にゆかりの聖人が守護聖人として崇敬を集め、人々の絆を強めていた。村や都市は自分たちの守護聖人を戴き、聖人に捧げた祭りを共に祝う祝祭共同体でもあったのである。人々はそのなかで自分たちのアイデンティティを紡いだ。祭りの暦はフランス王国で一つであったわけではなく、人々に流れる時間は均質ではなかった。祭りのなかで、日常の秩序は逆転され、けがれは浄められ、酒と笑いのなかで共同体の絆が再確認された。共同体独自の規範を犯す者に対して暴力を伴う儀礼的な制裁（シャリヴァリ）がおこなわれたのも、祭りの時であった。それはときに叛乱へと転化した。祭りの所作は、容易に政治的抗議の作法に転用できたからである。フロンドの乱の渦中のボルドーで、カーニヴァルの贖罪山羊として処刑されたのはマザランの人形であった。一六七〇年まで多発した叛乱の基底には、こうした祭りの文化と自律的なソシアビリテがあった。

祭りには、一見キリスト教的な意味づけが与えられている。しかし、多くはキリスト教布教以前の豊饒儀礼や農耕儀礼の痕跡を残している。たとえば六月二三日の夜、大きな篝火をたいて悪霊をはらう聖ヨハネの火祭りに、異教の夏至祭との連関を指摘する研究者は多い。パリの人々は篝火の燃えかすを、お守りとして大切に持ち帰った。異教的、呪術的要素とキリスト教信仰との混在や聖と俗との混淆は、巡礼などの当時の宗教的実践には広く認められる民衆文化のもう一つの特徴であった。こうした民俗的な信心や粗野な振る舞い、荒々しい祭りの文化は、実は中世末まで、貴族や都市の支配層にも分かちもたれていた。その意味で彼らは、ローカルな民衆文化を一面では共有していたのである。

規範の再編

絶対王政の確立は、新しい政治文化の形成を伴っていた。「諸君、一言でいうと、余は服従されることを望む」と語ったのは、リシュリューである。彼が権勢をふるうパリで文学や演劇、美術がこぞってテーマとし、美徳の鏡として称揚したのは、アウグストゥスの君臨する帝政ローマであった。いわば、帝政ローマを参照系として、至高の王権のもとに規律と服従を重んじる新しい政治文化の創出が追求されたのであった。彼はまたフランス語の美化と統一を目的にアカデミー・フランセーズを設立し、言語においてもあるべき規範を提示した。政治社会の根幹である「家」の秩序も再編される。すでに一五五六年にアンリ二世は、男三〇歳、女二五歳以下の子供の結婚に親の同意を不可欠とし、同意をえないで結婚した子供を相続からはずす権限を親に認めた。本来教会の領域である結婚に王権が介入し、家父長権の強化が図られたのである。一六八四年には、親の子供に対する懲戒権を定めた王令も出された。「家」は王国の、家父長は国王のメタファーであることを考えると、こうした施策は全臣民の父たる国王の権威を高めることにもつながった。

一方、宮廷を中心として、礼儀正しく自己抑制にたけた理想の人間像がうまれ、騎士的なふるまいにかわる新たな文化モデルを提供した。一六世紀の終わりから王権は、貴族が名誉をかけておこなう決闘を禁じてこの慣習を有罪化してきたが、一六二七年には決闘をおこなった咎で、実際に二人の貴族が処刑されている。本来「戦う人」であった貴族が新しい文化モデルのもとで「文明化」される過程のできごとであった。自己の衝動を抑制し、規律を重んじるこうした文化モデルは、社会的上昇を願う都市のブルジョワ層にも受け入れられ、新しいエリート文化がうまれる。農村の民衆文化を粗野でいかがわしいものと見なす感性が登場したことで、エリートと民衆のあいだの文化的距離が広まっていく。

エリート文化の成立には、カトリック改革の進展も大いにあずかった。トリエント公会議（一五四五～六三年）に始まったカトリック改革がフランスで本格化するのは、一五九〇年代からである。この後約半世紀は、「聖人たちの世紀」と呼ばれるほどに宗教的情熱が高まった時代である。フランスのカトリック改革を主導したひとり、フランソワ・ド・サルの『信仰生活への導き』（一六〇九年）が一〇年間で四〇刷という成功をおさめたことからも、その広がりがわかるであろう。一六〇三年には、宗教戦争末期に国外追放となったイエズス会が復帰を許され、中・高等教育機関や宮廷に強い影響力をもつようになる。カルメル会、オラトリオ会といった新たな修道会も都市部に続々と創設され、カトリックの刷新に力を尽くした。彼らが建てたコレージュや神学校では、貴族や都市ブルジョワの子弟が学び、新しい宗教的感性を身につけたエリートたちが送り出された。トリエント的精神で育まれた聖職者が民衆の間に見いだしたのは、異教的な忌まわしい慣習や「不道徳」であった。農村の再布教に乗り出した彼らは、典礼や暦の統一を図り、個々の信徒に内面化された信仰と階梯化された秩序への服従を教えこんだ。他方、彼らの目に映った「不道徳な」習俗は厳しい取り締まりの対象となった。ローカルな祭りや巡礼、呪術的な慣行は攻撃され、信心会も教区司祭の監督のもとに再編された。エリートに支えられたこうしたカトリック改革の動きは、民衆文化との激しい葛藤をひきおこさずにはおかない。

この葛藤のなかで、魔女狩りの火が燃えさかる。悪魔の手先として魔女を告発する魔女狩りは、一五世紀末に体系化され ヨーロッパ中に広まった現象であるが、その最盛期は一六世紀末から一七世紀中葉にあった。この現象に対する解釈は歴史家によってさまざまであるが、ノルマンディやフランシュ・コンテなど民衆文化が激しく攻撃された周縁地域でとりわけ多くの犠牲者が生まれたことが確認されている。

王権と教会による規範の再編は、貧民への対応にも変化をせまった。中世以来、人々は貧民にキリストのイメージを重ね、貧民救済は贖罪のための慈善行為という宗教的な性格を帯びていた。しかし経済活動の進展は貧民の増加をもたらし、こうした貧民観は徐々に変貌をとげる。労働能力を基準に「良き貧民」と「悪しき貧民」に選別する見方がうまれ、さらには貧民は聖なる存在どころか「公共の安全」を脅かす存在と見なされるようになる。貧民救済は治安維持の問題となる。それゆえ、一五七九年のブロワ王令は、救貧施設の運営は聖職者ではなく、俗人がおこなうべきであると明言した。しかし、この領域に王権が直接関与するのは、ルイ一四世期以後のことである。一六五六年に、ルイ一四世によってパリ総救貧院が設立された。貧民だけではなく、浮浪者や狂人、売春婦ら治安を脅かすと見なされた人々に物乞いを禁じ、彼らを強制的に隔離するためであった。一六六二年には地方の全都市にも同様の施設を設立することが命じられる。フーコーのいう「大いなる閉じこめ」の時代がはじまっていく。この総救貧院設立の背後には、カトリック改革の熱気のなかで聖・俗エリートがつくった聖体会の活動があったという。カトリック改革と絶対王政が協働して、社会の規律化を押し進めた具体的事例といえるであろう。

実際、一六世紀末、とりわけ一七世紀以降に、定住地も仕事ももたず、社団的編制の外部に存在する放浪者が急増する。こうした事態を前に、放浪それ自体が犯罪行為と見なされるようになり、王権は騎馬警邏隊や警察代官を用いて取り締まりを強化する。社団からはみでたこうした存在は王権が直接に管理する対象となり、「ポリス」とよばれる新しい統治技術が鍛えられていく。もっとも、王権によるこうした規範の再編や規律化が、すべて思惑通りに実現したわけではない。浮浪者の取り締まりも、往々にして都市の協力をえることができずに十全な効果を発揮することができなかったし、なにより他者の援助にすがる貧困状態に容易に陥る民衆の強い反発を招いた。地方や民衆層の間には、絶対王政とカトリック改革による攻撃にもかかわらず、伝統的な規範や秩序観が根強く生き続けていたからである。

啓蒙と文化変容

「啓蒙の世紀」と呼ばれる一八世紀にはいると、社会をダイナミックに揺り動かすいくつもの変化がうまれてきた。まず、長い間停滞してきた人口が、増加に転じる。地域によるばらつきや短期的な危機はあったものの、一七四〇年代末から七〇年代にはとりわけ顕著な人口増が認められている。ルイ一四世の治世末期に約二二〇〇万であった人口は、革命前には二七〇〇万から二八〇〇万に達していた。何故であろうか。一八世紀の戦争が主に遠隔地で戦われ国内は平和を享受したこと、租税負担が相対的に軽減されたこと、医学の発展や防疫行政の進展により流行病の被害が減ったこと、新生児の生存率が高まったこと、気候が温暖化したことなど、いくつもの要因が複合的に作用し、死亡率を押し下げた結果と考えられている。人々は死へのおそれから徐々に解き放たれていった。また、人口増という現象も手伝い、一七三〇年代を境にフランス経済は好況期にはいる。農産物や工業製品の価格は上昇し、生産高が増加する。対外貿易も飛躍的な伸びをみせ、一七一五年から一七八九年までの間にその額は五倍に拡大した。対ヨーロッパ貿易が約四倍の増加であったのに対し、植民地貿易は一三倍を超える成長を示している。国際市場と結んだ麻織物・毛織物工業が農村に展開する一方、綿織物製造や捺染といった新しい産業も生まれてきた。

一七三八年に財務総監オリーが公道沿いの住民を動員する国王賦役を導入して全国の幹線道路の整備をすすめたことも、経済の成長に貢献した。馬車の通れる道路網が広がったことで、局地的飢饉には他地域から穀物を搬送して対応することが可能となった。人もモノも情報も、これまで以上の速さで伝達されるより広域的なネットワークが生まれつつあった。王令や地方長官の報告が、一層の速さでやりとりされて中央集権化が進む一方、手紙や出版物のかたちでさまざまな情報が王権のコントロールの外で広まった。

経済の拡大はまた、多くの人々を都市に引き寄せ、その成長を刺激する。人口二〇〇〇人以上の集落を都市とした場合、都市人口は革命前の約六〇年間に四〇％を超える伸びを示している。とりわけ、港湾都市や農村工業の中心となった都市が大きな繁栄を享受した。もちろん、こうした繁栄がすべての人々を等しくうるおしたわけではない。植民地貿易や金融業、また新しい産業によって、短期間で莫大な富を得る人々が現れる一方、賃金の上昇が価格の上昇に追いつかなかったため貧困にあえぐ人々がいた。革命前夜のパリでは、賃金生活者の八〇%と家内奉公人の八三%が、借金を余儀なくされていたという。社会的格差は、むしろこの時期に拡大した。都市化とは、空間的にも社会的にも、人々の流動性を高める動きであった。

経済的拡大と都市化の大きなうねりのなかで、新しいソシアビリテと文化が育まれた。これまでの地縁や職縁、あるいは血縁の枠をこえて、個々人の意志でさまざまな社交の繋がりが生まれてきた。たとえば一七世紀後半にあらわれたカフェは、コーヒー、砂糖を扱う植民地貿易の成長や新しい嗜好の広まりと共に一種の流行となった。ルイ一五世期にはパリだけで六〇〇軒をかぞえ、公式、非公式な情報を交換する場となった。教養ある婦人が私邸で主催したサロンもこの頃には活況を呈し、貴族や文人らが集う新しい知の発信地となった。また、「平等と友愛の理想」を掲げたフリーメーソンやイギリス風のクラブ、文芸協会など、さまざまなアソシアシオンが都市に叢生する。前世紀にも信心会といった自発的な結合がなかったわけではない。しかし、一八世紀のアソシアシオンは、世俗的で知的な活動を目的としていたところに特徴がある。都市自治体の機能低下にともない公的役割を失いつつあった都市ブルジョワたちはこうした活動に向かったし、都市で新たなソシアビリテを紡いだ貴族も、大貴族を中心とした保護─被保護関係から脱していく。新しいソシアビリテのなかで、人々は政治的な討議を始めるであろう。

都市への富と人の集中は識字率の向上にも貢献した。そもそも、カトリック改革は民衆教化のために初等教育を重視してきたが、一六九八年と一七二四年には、王権も全教区に初等教育のための学校を設立することを命じた。現実にはすべての子供が教育を受けられたわけではなかったが、一八世紀を通じて、とりわけ都市部で識字率が上昇する。一六八九年から九〇年に全国平均で男性の二九%、女性の一四%が署名能力を持っていた。しかし、その後一世紀の間に、その割合は男性四七%、女性二七%へと上昇している。読書能力と余暇、経済力を持った層の増大は、出版物の多様な需要を生みだし、筆一本で生計をたてる自立した著述家の存在をはじめて可能にした。王権による検閲は次第に形骸化する。大量の出版物を前に、人々と書物との関係は変化し、「知」は一部の人の神聖な占有物から解き放たれた。都市の一般民衆の関心領域も大きく広がり、安価な印刷物から新しい情報を入手した彼らは、居酒屋で、市場で、宗教政策や外交政策についてもさまざまに意見を交わした。王家のゴシップももはや例外ではない。むしろ、生まれつつある広範な世論の格好のターゲットであった。崇高なる王の表象にこうして亀裂が生じていく。

また一八世紀中葉を境に、都市を舞台に同棲や捨て子の増加、避妊の流行など性行動の変化が指摘されている。カトリック教会が課す厳格な性道徳が弛緩してきた証であろう。また歴史家たちによる遺言書の分析は、聖母信仰の衰えや死を前にした態度の変化を析出し、人々の関心が「あの世」から「この世」へと移ってきたことを教えている。とりわけ都市部では、教会離れが進行していたのである。

一七五〇年代、六〇年代をピークに啓蒙主義者たちの活躍を生みだし、また受容したのはこのような環境であった。普遍的理性への信頼に立つ啓蒙の精神は、タブーを設けることなく、あらゆる権威を批判の俎上にのせた。また、啓蒙思想は、抽象的思弁よりも地上における人間の幸福に奉仕する実践的、生産的知識を重んじた。そのような特徴を端的に示すのが、ディドロとダランベールを編集責任者とする『百科全書』の刊行である。そこには現在の文明に対する強烈な自負と進歩への楽観的信頼が流れていた。経済活動の自由を求める彼らにとって、特権をもつギルドといった存在はもはや取り払うべき対象であった。啓蒙の精神は、王権の中枢にいる人々にも影響を与え、絶対王政末期のさまざまな改革案に結実する。しかし、そのいずれもが失敗に終わり、体制の矛盾を深めたことは前節で見たとおりである。

一八世紀に進行したこうした一連の社会的、経済的、文化的変動は、カトリック教会を統合装置に組み込み、特権と社団を前提とした絶対王政の統合システムに、ゆっくりと、しかし確実なダメージを与えていった。

参考文献

イブ・マリー・ベルセ著、井上幸治監訳『祭りと叛乱――一六～一八世紀の民衆意識』新評論、一九八〇年。

ノルベルト・エリアス著、波田節夫ほか訳『宮廷社会』法政大学出版局、一九八一年。

フェルナン・ブローデル著、村上光彦訳『日常性の構造 物質文明・経済・資本主義一五〜一八世紀』二巻、みすず書房、一九八五年。

二宮宏之『全体を見る眼と歴史家たち』木鐸社、一九八六年（増補版、平凡社、一九九五年）。

ロベール・ミュッシャンブレッド著、石井洋二郎訳『近代人の誕生』筑摩書房、一九九二年。

二宮宏之『歴史学再考』日本エディタースクール出版部、一九九四年。

宮崎揚弘『フランスの法服貴族』同文舘、一九九四年。

ロジェ・シャルティエ著、松浦義弘訳『フランス革命の文化的起源』岩波書店、一九九四年。

ロバート・ダーントン著、関根素子・二宮宏之訳『革命前夜の地下出版』岩波書店、一九九四年。

ジャン・マリー・アポストリデス著、水林章訳『機械としての王』みすず書房、一九九六年。

木崎喜代治『信仰の運命——フランス・プロテスタントの歴史』岩波書店、一九九七年。

高澤紀恵『主権国家体制の成立』山川出版社、一九九七年。

安成英樹『フランス絶対王政とエリート官僚』日本エディタースクール出版部、一九九八年。

マルク・ブロック著、井上泰男・渡辺昌美訳『王の奇跡』刀水書房、一九九八年。

二宮素子『宮廷文化と民衆文化』山川出版社、一九九九年。

志垣嘉夫『フランス絶対王政と領主裁判権』九州大学出版会、二〇〇〇年。

フランソワ・ルブラン著、藤田苑子訳『アンシアン・レジーム期の結婚生活』慶應義塾大学出版会、二〇〇一年。

深沢克己『港町と文明——近世フランスの港町』山川出版社、二〇〇二年。

二宮宏之・阿河雄二郎編『アンシアン・レジームの国家と社会』山川出版社、二〇〇三年。

ピーター・バーク著、石井三記訳『作られる太陽王 ルイ一四世』名古屋大学出版会、二〇〇四年。

ウィリアム・ドイル著、福井憲彦訳『アンシャン・レジーム』岩波書店、二〇〇四年。

扉図出典：（上）Georges Dethan, *Paris au temps de Louis XIV 1660-1715*, Paris, Hachette, 1990.（下）Georges Dethan, *Paris au temps de Louis XIV 1660-1715*, Paris, Hachette, 1990.

コラムⅠ

絶対主義は神話か

高澤紀恵

歴史学上の概念は、それ自体歴史の産物である。「絶対主義」という概念も例外ではない。この言葉がフランス語の中に最初に登場したのは、一七九七年、フランス革命の渦中においてであった。君主がなんの制限も受けずに統治をおこなう政体を指し、立憲主義とは反対の体制、つまりは専制主義という意味であった。いうまでもなく、否定すべき悪しき体制という含意である。以後一九世紀を通じてこの言葉は、「自由」や「共和国」の対抗概念として定着する一方、王権神授説に立つ強大な王権が官僚組織と軍隊を用いて中央集権的な支配をおこなった時代というひとつの歴史像が形作られていった。

ところが近年、この概念がゆらいでいる。中央に保管された史料だけではなく地方文書を用いた実証研究の蓄積が、国王の官僚機構や軍制、また租税制度のもつ限界を明らかにしてきたからである。王権は何の制限も受けないどころか、その統合力に課せられたさまざまな制約が浮き彫りにされてきた。実際、絶対主義といっても、王権は理論的には「神の法」と「自然法」、そして王位継承や王国の不分割を定めた「王国基本法」の枠のなかに置かれていた。また実践においては、諸身分や高等法院に制約され、慣習や特権を尊重することを余儀なくされていた。いわば、「それほど絶対的ではない絶対王政」という矛盾に満ちた姿が見えてきたのである。その結果、「絶対主義」は歴史上の概念としてあまりに曖昧である、いやむしろひとつの神話にすぎないのだからこの概念をきっぱりと捨て去る時期にきている、という議論さえ生まれてきた。

しかし、一部の論者がいうように「絶対主義」は、単なる神話にすぎないのであろうか。一六世紀から一八世紀のフランスを考えるための有効性を失ったのであろうか。二つの理由で否といおう。

第一に、「絶対主義」という言葉自体は革命期の造語であったとしても、同時代人たちはしばしば「絶対性」をキーワードに権力を論じてきた。日本語ではなかなかピンとこないが、「絶対性」と訳される語はラテン語では「～より解き放たれる」という意味である。たとえば一六世紀の人、ジャン・ボダンが「主権とは国家の絶対的で永続的な権力である」というとき、「絶対的」とは「法の制約から解き放たれる」ことを指す。法を制定し、不要となった法を破棄する権限をもつ主権者は論理的に法の制約をうけることはありえない、と主張するのである。国家主権の中核に絶対的な立法権を置いた彼の議論は、主権者たる国王の立法権独占を正当化する議論に援用されていく。この時期、王権が「絶対性」を志向したという歴史的重みを看過すべきではないであろう。

第二に、主権国家成立の過程を問い直すという現代的な課題のなかで、「絶対主義」ないし「絶対王政」の形成は新たな意義を提起していると思われる。というのも、フランスにおいて国家主権を確立する過程は、王の一身に権力を集中する過程と軌を一にしてきたからである。ある歴史家が「絶対王政とは基本的に、その諸原則が国家の基礎をなすような厳密かつ完全な主権概念を拠り所としている」と語るとおりである。たとえば一四世紀以来、法学者たちはローマ法を援用しながら、帝権や教皇権と対抗的に王権の至高性を主張してきた。「王はその王国内では皇帝である」とは、王権の独立性を希求する彼らの志向を巧みに表現した命題といえる。国家主権を定式化した前述のジャン・ボダンの仕事も、この法学者の系譜のなかに位置づけることができる。さらに君主制体を称揚したボダン以降の理論家たちは主権概念を成熟させ、王の一身に権力を集中する根拠を提供する。リシュリユー期のカルダン・ル・ブレは、次のように語った。「国王はその王国においては唯一の主権者であり、幾何学において点を分けることができないのと同様、王の主権を分かつことはできない」と。『国王主権論』の著者のこの言葉は、主権国家形成の歩みが、「絶対王政」理念の進展とどれほど緊密に繋がっているかを如実に示していよう。また、主権を「唯一者に委ねられた至上の権限にして、唯一者に絶対的な命令権を与え、公の安寧と利益以外の目的をもたない」と規定したように、ル・ブレのもとでは「絶対的命令権」が強調され、行政的権力への移行も準備されていった。

もとより、ヨーロッパ各地で進んだ国家統合が、すべて絶対王政の形成にむかったわけでない。フランスの歩みに、特別な規範的意味があるというつもりもない。EUが東方に拡大した状況に刺激されて、近世史においてもヨーロッパを考える視界は大きく広がり、近世を通して共和主義的伝統がときに通奏低音として、ときに主旋律として響く新たなヨーロッパ像が提起されつつある。絶対主義を近代への移行に必然的な一段階と考える歴史観は、もはや後景に退いた。しかし、だからこそ私たちは、ヨーロッパ的広がりのなかで、フランスにおいて主権国家の形成が絶対王政という形をとったことの意味を問い直す必要があるのではないであろうか。「絶対主義」という概念を手放す前に、「絶対性」を志向した王権が、どのような葛藤のなかで新しい権力の編成をすすめたのかを考えるべきではないであろうか。

参考文献
谷川稔編『歴史としてのヨーロッパ・アイデンティティ』山川出版社、二〇〇三年。
小倉欽一編『近世ヨーロッパの東と西――共和政の理念と現実』山川出版社、二〇〇四年。

コラムⅡ

ボルドーのユダヤ人

高澤紀恵

　ボルドーは、ガロンヌ河に面した港町である。一二世紀中葉から百年戦争終結まで、大陸イギリス領の中心都市であり、イギリスの港町と緊密な関係を築いてきた。フランス王国に帰順した後も、親イギリス的で反抗的な都市としてしばしばフランス王権を悩ませ、フロンドの乱につづく一六七五年の叛乱は、ルイ一四世にこの町の伝統的特権の大幅な削減を決意させた。

　経済的な飛躍が、この頃から始まる。アンティル諸島との交易が本格化するからである。植民地産品の輸入と北西ヨーロッパへの再輸出は、ボルドーに急速な繁栄をもたらした。取引量は年平均四・一%という驚異的な成長を示し、人口も革命期には一一万を超えてフランス第三の都市となる。ボルドーは、ナント、ルアン、マルセイユとならんで対外貿易を担った「四港」と称せられるが、一八世紀におけるその膨張ぶりは群を抜いていた。

　この港町はまた、ユダヤ人を寛大に受け入れたことでも光彩を放っている。一四九二年にスペインを追われたユダヤ人の多くは、ポルトガルで改宗を迫られ「新キリスト教徒」として暮らしてきた。しかし一五八〇年にポルトガルがスペインに併合されると、新たな亡命者の群れが生み出された。フランス王国は一四世紀以来ユダヤ人の居住を禁じてきたが、一五五〇年にアンリ二世は「新キリスト教徒とよばれるポルトガル商人ら」の受け入れを正式に認めた。しかし、大西洋岸の諸都市にたどり着いた「ポルトガル人」は、ナントやルアンなどでは住民の敵意によって排斥され、実際彼らが定着できたのはバイヨンヌとボルドーの周辺に限られた。ロンドンやアムステルダムのユダヤ人コミュニティとの強力なネットワークを武器に、王権の承認のもとで貿易活動にも従事することができたボルドーのユダヤ人は、一六三六年の記録で約二六〇名であったが、一八世紀末には二～三〇〇〇名へと増加の一途をたどる。彼らの多くは「新キリスト教徒」の外皮の下でユダヤ教の教えを秘かに守ってきたが、一七世紀末から、とりわけ一八世紀には徐々にその信仰を公にすることが可能となった。彼らのなかから、植民地への物資供給を請け負って巨万の富を築き「ボルドーの王」と呼ばれたアブラハム・グラディスのような人物も現れた。彼の祖父が、一六八五年にトゥールーズで火刑に処せられたことを想起すると、「啓蒙の時代を最もよく象徴する町」一八世紀ボルドーでこの一族がつかんだ成功が、ひときわ重く感じられるであろう。

第二章　フランス革命とナポレオン帝政

谷川　稔／上垣　豊

革命広場（現コンコルド広場）でのルイ16世の処刑（1793年1月21日）

ジャック・ルイ・ダヴィド
「自らの手で戴冠する皇帝ナポレオン」
1804年12月2日の皇帝ナポレオン1世の聖別式と皇后ジョゼフィーヌの戴冠式のための習作。

1787	2.名士会招集，財政改革案に貴族の抵抗
1788	5.ラモワニョンの司法改革，高等法院から王令登録権剝奪。6.グルノーブル屋根瓦事件
1789	5.全国三部会開催。6.国民議会成立。7.バスチーユ攻略，農村の「大恐怖」。8.封建制廃止決議，人権宣言。10.ヴェルサイユ行進。11.教会財産国有化。12.アシニャ発行
1790	7.聖職者民事基本法。8.グレゴワールの言語調査。11.聖職者の公民宣誓で教会分裂
1791	6.ルシャプリエ法。国王のヴァレンヌ逃亡。7.シャン・ド・マルスの虐殺。8.ピルニッツ宣言。9.「91年憲法」可決，立憲議会解散。10.立法議会成立（～92）
1792	4.ジロンド派内閣，オーストリアに宣戦布告。8.八月十日の革命，王権の停止宣言。9.九月虐殺。戸籍の世俗化。離婚法。ヴァルミの戦い。国民公会成立（～95）。第一共和政（～1804）
1793	1.ルイ16世の処刑。2.第一次対仏大同盟。3.ヴァンデの反乱勃発。6.ジロンド派追放，モンターニュ派独裁，「93年憲法」成立。7.封建的諸権利完全廃止。9.恐怖政治始まる（～94）。一般最高価格法。10.ジロンド派処刑。非キリスト教化運動激化（～94春）。11.共和暦採用
1794	2.植民地奴隷制廃止。3.エベール派処刑。4.ダントン派処刑。6.最高存在の祭典。7.テルミドールのクーデタ，ロベスピエール処刑。11.ジャコバン・クラブ閉鎖
1795	4.ジェルミナルの蜂起失敗。バーゼル条約でライン左岸領有。8.「95年憲法」成立。10.ヴァンデミエールの王党派反乱。ドヌー法。国民公会解散，総裁政府成立（～99）。メートル法制定，度量衡統一
1796	3.ナポレオンのイタリア遠征（～97）。5.バブーフの陰謀発覚。11.ナポレオン，オーストリア軍に勝利
1797	5.「五百人議会」選挙で王党派進出。7.チザルピナ共和国成立。9.フリュクチドールのクーデタで王党派議員追放
1798	5.フロレアルのクーデタでジャコバン派議員追放。ナポレオンのエジプト遠征（～99）。12.第二次対仏大同盟
1799	6.プレリアルのクーデタ。11.ブリュメールのクーデタで統領政府成立。12.「共和暦第８年憲法」制定。ナポレオン第一統領に就任
1800	1.ヴァンデの反乱鎮圧。2.フランス銀行設立。6.マレンゴの戦い，オーストリアに大勝。10.スペインからルイジアナを購入
1801	7.教皇ピウス７世とコンコルダート締結
1802	3.アミアン条約で英仏講和。8.ナポレオン終身統領（～04)。「共和暦第10年憲法」制定
1803	5.イギリス，宣戦布告。ルイジアナをアメリカに売却
1804	1.ハイチ独立。3.民法典公布。5.ナポレオン皇帝に即位，第一帝政成立（～15）
1805	3.イタリア王国成立，ナポレオン国王に即位。8.第三次対仏大同盟
1806	7.ライン連邦成立。11.ベルリン勅令，大陸封鎖開始（～14）
1807	7.チルジット和約
1808	3.帝政貴族創設。5.マドリードに反仏暴動，「半島戦争」へ
1812	6.ナポレオンの大陸軍がロシアに侵入。10.フランス軍，モスクワを撤退
1813	10.ライプチヒの戦い，「諸国民戦争」に敗北
1814	4.ナポレオン退位。5.第一王政復古，ルイ18世即位。6.「憲章」公布
1815	3.百日天下。6.ワーテルローの戦い，ナポレオン退位。7.第二王政復古

1　「国民革命」としてのフランス革命

貴族の反抗による幕開け

それは、財政の「構造改革」に対する貴族たちの抵抗からはじまった。革命前夜、フランスの国家財政は破綻していた。ルイ一四世いらいのたび重なる対外戦争によって、すでに慢性的な赤字状態にあったが、アメリカ独立戦争への支援は事態をいちだんと深刻にした。戦費を膨大な公債発行によってまかない続けたため、累積利子だけで歳出の五〇%を超えるという破産状態に陥ったのである。もはや税制の抜本的改革、すなわち免税特権をもつ貴族や聖職者への課税は避けられなかった。それは、単なる税制改革にとどまらず、絶対王政の基本的な編成原理である「社団（特権）の体系」と、その根底にある身分制原理をも揺さぶりかねないものであった。

一七八七年二月、財務総監カロンヌは、国王の指名で各界の名士を集めた諮問会議「名士会」を招集し、すべての身分への課税を中心とした財政改革案の承認をもとめた。だが、ほぼ特権身分からなる名士会はこの改革案を拒否し、逆にカロンヌが混乱の引責で解任された。後任のブリエンヌは名士会を解散し、王令の登録権をもつパリ高等法院に新税案の登記を迫った。第一章で見たように、高等法院は王権に対抗する貴族の拠点である。彼らはオルレアン公の後ろ盾も得て王令を拒否し、新税の承認には一六一四年いらい開かれていない全国三部会の招集が必要だと主張した。

業を煮やした王権側は、翌一七八八年五月、軍隊を動員してパリ高等法院を包囲し、強硬派の評定官を逮捕したうえで、高等法院から王令登録権を剝奪する強圧的な措置に踏みきった。だが、この強硬策は貴族たちのいっそうの反発を招いただけでなく、全国の高等法院所在都市を中心に、第三身分住民をも巻き込んだ激しい抵抗運動を誘発することとなった。（たとえば、グルノーブルの屋根瓦事件）。彼らは国王の不認可を無視して独自に地方三部会を開き、全国三部会で論議されない限り新税には同意しないことを決議した。王権はこのような貴族と第三身分とが一体となった抵抗に譲歩せざるを得なくなり、ついに同年八月、全国三部会を翌八九年五月に招集することに同意する。ブリエンヌは辞任、ネッケルが復職して高等法院の改廃令を撤回した。絶対王政の統治機構に深刻な亀裂が走った瞬間である。

この一連の過程が貴族の革命と呼ばれるものであり、バスチーユ攻略に先立つ、ドラマのプレ・ステージであった。客観的にみれば、開明的官僚が提唱した経済危機の打開策である租税負担の平等化、国内関税の撤廃、穀物取引の自由化などの近代化改革に対して、特権貴族が身分制議会に拠って既得権をまもろうとした反動にすぎないとみることもできるが、より重要なのは、絶対王政がみずからの支持基盤によってその政治手法を拒否されたことにあるだろう。また第三身分は貴族の特権を擁護して抵抗を支持したのではなく、王権の強圧的手法に反発したからであり、全国三部会を通じての自己主張に改革の可能性をもとめたからにほかならない。両者の離反は三部会の構成と議決方式をめぐってただちに始まるであろう。こうして、経済危機から政治危機へ、革命のドラマの舞台装置ができあがった。

第三身分から国民へ

注目すべきことに、ルイ一六世は三部会招集の承認後、広く臣民にむけて現状改善に関する陳情を寄せるよう求めている。すでに一八世紀なかばにはサロンやクラブの言論活動が盛んであり、エリート文化人のあいだでは啓蒙思想を中心とした公論圏（世論）が成立していたが、このたびは三部会への代表選出にむけて全国各地で政治クラブが叢生し、無数のパンフレットや政論紙が刊行されはじめた。公論空間の飛躍的な拡大と深化である。この昂揚した雰囲気のなかで、高等法院貴族の主張する一六一四年の三部会にならった運営方式（身分別の討議と採決、各身分同数の代議員）が受け入れられるはずもなかった。王権は一七八八年一二月、「世論」のきびしい批判にも後押しされて、第三身分代表者数を倍増し、議決方法は三部会開催後の選択に先送りすると布告した。第三身分がこれに満足せず、合同審議と頭数による採決方式を主張し続けたのは周知のとおりである。

翌一七八九年一月下旬、三部会への代議員選挙規程が公示されると、百花斉放の選挙戦がはじまった。選挙人集会ごとに「善良な国王」への陳情意見書（建白書）のとりまとめが公式に要請されたからである。このとき農村小教区を含め全国各地で検討された意見書は、半年で六万通にのぼったといわれる。明らかに「社会の政治化」ともいうべき現象が、全国規模で起こっていた。パンフレット合戦にも一段と拍車がかかった。たとえば、シャルトルの司教代理シエイエスは、『第三身分とは何か』と題する小冊子において、第三身分こそ「国民」のすべてであり、いまこそ特権身分を排除して彼ら単独で国民議会を構成すべきである、と主張して大きな反響を呼んだ。第一身分である彼のような聖職者がみずから身分制議会を否定し、単なる税制改革にとどまらない国制の基本にかかわる問題提起を行いえたところに、革命前夜の流動的状況が読み取れよう。ちなみにシエイエスはパリの選挙区から第三身分代表として選出されている。

他方、貴族身分の意見書においても、もはや租税負担の平等化はやむを得ないとの認識が示されている。むしろ、既存の身分制秩序の維持という一点で、国王との暗黙の和解が成立していたとみてよい。三部会という時代錯誤的な場の再現が、王権と貴族の伝統的対立を緩和し、基本的対抗関係はさしあたり特権貴族と第三身分のあいだにあることを暴露したのは歴史の皮肉であった。

こうして五月五日、ヴェルサイユに全国から一一五四名の代議員が集まり、国王自らの主宰で三部会の開会が宣言された。会議は身分別審議を嫌った第三身分の抵抗で冒頭から紛糾し、一カ月以上の膠着状態が続いた。業を煮やした第三身分は六月一二日、シエイエスの主導で第三身分のみで共同資格審査に踏み切り、これに他身分代表を「招請」するという思い切った手に出た。第一身分一九名の合流を得た彼らは、一七日ついに「国民議会」を名のるにいたる。貴族の保守派と王権側はこれを認めず、二〇日には、親臨会議の招集を通告したうえで、国民議会の議場を閉鎖した。第三身分代表らはこの措置に抗議して近くの球戯場に結集し、憲法制定まで国民議会を解散しないという誓約を交わした。いわゆる「テニスコートの誓い」である。二二日には、議場をサン・ルイ教会に移した国民議会に聖職者が大量に合流し、王権にそむいた第一身分は約半数の一四九名にのぼった。また地方貴族の一部もこれに呼応した。

六月二三日の親臨会議で王権は、かつて高等法院貴族が拒否した以上の包括的な改革案を提示し、事態の打開をはかった。租税負担の平等化、王室用賦役の廃止、人身と出版の自由、州三部会への権限委譲、国内関税の廃止、司法改革などがそれであり、今回の合同採決の許可をも示唆した。ただし、ルイ一六世は改革案の革新性を自画自賛したうえで、ただちに国民議会なるものを解散し三部会に復するよう威嚇した。あくまでも身分制原理の枠内で啓蒙君主的改革を

「上から施す」という立場は崩さなかった。

ここはフランス革命の行方を左右する最初の岐路であった。この時点では第三身分の多数は、世襲王権はもとより国王の法案裁可権も否認してはいなかった。「第三身分が国民のすべて」というシエイエスより、「主権は王家と国民議会とのあいだで共有される」とみるミラボーの路線に近かった。論理的には妥協が成立する余地があり、穏健的な王政改革路線を歩む可能性は存在していた。だが、解散を迫った国王の威圧的態度が国民議会の強硬派を刺激し、彼らはこの改革案を拒否した。王権の実力行使は必至かと思われたが、自由主義貴族が割って入ってこの日の衝突は回避された。翌々日の二五日、オルレアン公ら四七人の貴族代表が国民議会に合流した。国王はさしあたり譲歩を重ね、二七日にはついに第一・第二身分の国民議会への合流を指示した。こうして七月七日には、憲法制定委員会が設けられ、国民議会は九日、「憲法制定国民議会」と改称する。

既成事実を黙認する国王の譲歩によって、一瞬、立憲君主政路線が承認されたかに思われた。身分制国家から国民国家へ、革命的な国制転換への道筋が平和裡に開かれたかにみえた瞬間である。だが、それは幻想であった。特権身分の合流を指示した前日の二六日、国王はひそかに、地方配備の軍隊をヴェルサイユとパリに集結させるよう手配していた。王権と側近貴族の譲歩は、信頼の置ける部隊による確実な武力制圧までの時間稼ぎにすぎなかった。すでにパリの治安は悪化しつつあり、国王直属の末端警察機構であるはずの「フランス衛兵」はしばしば住民サイドに立って不服従の態度を示していたからである。一一日の国務顧問会議は柔軟派のネッケルを罷免し、反攻に転じる決意を明らかにした。

パリ民衆運動の炸裂――アンヴァリッドへ、そしてバスチーユへ

ところで、一七八九年は春から食糧不足による騒動が全国で頻発していたが、首都も例外ではなかった。前年からの凶作と不況で、失業者があふれ、物乞い、浮浪の野盗化によって治安は極度に悪化していた。中・上層市民たちは自警団的な市民兵の組織化を試みねばならない状況にあった。こうした社会不安のなかで、パリの住民たちはヴェルサイユの動向を、固唾を飲んで見守っていた。地区ごとの三部会選挙人集会は自分たちが選出した代議員とたえず連絡を取り、

議場にもしばしば支援に赴いた。国民議会の強硬姿勢は、パリからの後押しに支えられていた。王権が議会を解散させるには、パリをも制圧しなければならなかった。「貴族が第三身分に報復するために六万の夜盗を集めてパリを襲わせる」といったたぐいのデマがまことしやかに飛び交うなかで、地方駐屯軍がパリを包囲しはじめた。住民の不安が頂点に達した七月一二日朝、ネッケル解任の報が伝えられた。

市内では武力抵抗のよびかけや抗議デモがおこり、外人傭兵治安部隊との小競り合いが各所で始まった。パニック状態に陥った民衆は、一二日夜半からパリ入市税を徴収する市門をつぎつぎと焼き討ちし、自衛の武器をもとめて銃砲店を襲った。政治権力の空白、もしくは二重権力状態が生じていた。他方、上層市民を中心とする地区の選挙人集会では、この空白を埋めるためコミューン議会の選出を決定し、あわせて治安維持の市民兵の編成にとりかかった。しかし国王軍と対峙するには武器・弾薬が決定的に足りない。下層の一般市民も全員の武装をもとめて市庁舎につめよる。

七月一四日朝、数万の群衆がアンヴァリッド（廃兵院）におしかけた。あまりの数に守備隊は抵抗せず、大量の小銃や大砲が市民軍と群衆の手にわたった。だが、アンヴァリッドだけでは弾薬が不足していた。群衆は東に向きを変え、今度はバスチーユ要塞へむかった。彼らはこのとき、バスチーユの攻略を考えていたわけではなく、単なる武器・弾薬の引き渡しと、民衆街区にむけた大砲を砲眼からはずすよう要求しに行ったにすぎなかった。市民代表団と要塞司令官ド・ローネー侯爵との交渉が長引くうち、苛立った群集と守備兵とのあいだで偶発的な衝突が起こり、民衆側に多数の死傷者がでたのがきっかけであった。フランス衛兵など国王側治安部隊が寝返り、八門の大砲が要塞に向けて砲列をしくなかで、激昂した群集が全面突入し、バスチーユ全体が陥落したのである。

九八人の死者と七三人の負傷者を出した民衆の怒りは占領後も治まらず、ド・ローネーは市庁舎前まで連行された後、群集に虐殺された。市長のフレッセルも裏切り者としてその場で射殺される。群集はふたりの首を切り取り、槍の先に刺して市中を練り歩いた。この凄惨な報復劇は、革命期にはその後も何度か繰り返される民衆的暴力の原型であるが、舞台となった市庁舎前のグレーヴ広場は、長年、残酷な公開処刑の場であったことも無視できない。

ともあれ、専制政治のシンボルとしてのバスチーユの陥落は、宮廷に大きな衝撃を与えた。正規軍を動員した国王が首都をコントロールできず、市民兵が制圧しているという事態は、王権の統治機能の深刻な麻痺を意味した。翌一五日、ルイ一六世は自ら議場に赴いて国民議会を承認し、彼らにパリの事態の収拾をゆだねざるを得なかった。軍隊の地方送還を約束し、ネッケルも復職させた。パリでは、すでに常設委員会が市長に天文学者バイイを選び、市政革命が宣言されていた。市民兵は国民衛兵と改称され、司令官にはラファイエット侯が就任する。一七日には、国王は亡命を勧めるアルトワ伯をふりきり、五〇名の国民議会議員をともなってパリ市庁舎を訪れた。国民衛兵が採用した赤・白・青の三色徽章を帽子につけてバルコニーに現れた国王に、パリ市民は「国王万歳」というより「国民万歳」の歓呼で応えた。王家の白色がパリ市の色である赤と青のあいだに挟まれた瞬間である。

農村の「大恐怖」と「八月四日の夜」

パリの民衆蜂起によって、ヴェルサイユの国民議会は危機一髪で救われた。しかも結果的に国王の降伏ともいえる譲歩を引き出した。バスチーユ攻略自体はさしたる意味をもたなかったが、その象徴的効果は予期せぬ広がりをみせ、ただちに多くの地方都市に波及した。パリにならって選挙人集会が市議会となり、国民衛兵を編成した。王権の求心性は薄れ、自律性を高めたコミューン（市町村自治体）が相互に連携し、フランスはあたかもコミューンの連合体に変貌したかのように思われた。都市民衆の突き上げが、「ブルジョワ・エリートの革命」を支えたわけだが、事態はさらに思わぬ展開をみせた。七月下旬から八月上旬にかけて、今度は農民の蜂起が各地で波状的に勃発し、あたかも伝染病のように全土に拡がっていったのである。パリの民衆を駆り立てた「貴族の陰謀」という風説が、農村ではさらに増幅されて伝わっていた。農民は日常的に、領主への賦役や貢租、さらには領主裁判権、罰令権、狩猟権、葡萄酒専売権などの領主特権の重圧下におかれていた。貴族への畏怖と屈辱感が、都市民衆以上に蓄積していたのは当然である。この年はすでに春から一揆が頻発していた。そこへ、パリでの民衆革命の情報とともに、都市を追われた浮浪や夜盗の群れが収穫前の田畑を襲う、それも貴族の差しがねという噂が流れた。恐怖に駆られた農民たちは武装してつぎつぎと領主の館を襲い、火を放ち、封建的諸権利の証文を焼き払った。「大恐怖」とよばれる全国的なパニック現象である。「自衛」のための先制攻撃ともいわれているが、あきらかに過剰な防衛反応であった。ジョルジュ・ルフェーブルはこれを「前方への逃走」とたくみに形容している。ここではむしろ、全国的な二重権力状況と、身分間の相互不信の根深さ、とりわけ農民の集合心性のありように留意しておきたい。

このような農民反乱に直面して、国民議会の貴族たちもまたパニックに陥っていた。一部で国民衛兵による鎮圧もこころみられたが、結局事態収拾のために妥協がはかられた。八月四日深夜に及んだ国民議会は、自由主義貴族みずからの提案によって封建的諸特権の廃止を決議した。ただし賦役や領主裁判権などの人格的特権は無償であったが、地代・年貢など物的所有権にかかわる部分は農民による買い戻しを条件としていた。とはいえ、この夜の議会は、奇妙な「犠牲提供合戦」さながらに、貴族の免税特権、教会十分の一税、官職売買制、州・都市の特権などの廃止、公職の全市民への開放などが、つぎつぎに表明され、それらは一一日までにすべて法令として議決されていった。「農民革命」の圧力によって法律上の「市民（ブルジョワ）革命」が成就したのである。まだ国王の裁可を必要としたとはいえ、絶対王政の基盤であった身分的・社団的社会編成原理が、「国民」の名のもとに明確に否定されたことだけはたしかであった。

人権宣言とヴェルサイユ行進

一七八九年八月二六日、国民議会は「人権および市民権の宣言」いわゆる人権宣言を採択した。「人は生まれながらにして自由であり、権利において平等である」（第一条）という規定に始まるこの宣言は、きたるべき憲法の前文に相当するものであった。自由、所有、安全の権利、および圧政への抵抗権はなにびとも侵すことの出来ない自然権である。ひとは他人を害さないかぎり、すべてをなしうる。思想も言論も行動も自由である。これらの権利と自由の範囲は、すべての主権の根源である国民がつくる法によって定められる。すべての市民は法の下で平等であり、その能力に応じて公職に就くことができ、また立法過程に参加することもできる。

「アンシアン・レジームの死亡証書」と呼ばれるこの人権宣言は、フランス一国のみならず、広く人類全体が享受すべき基本的人権のマニフェストとして、後世にはかりしれない影響を及ぼしている。その世界史的意味の功罪については後に見ることにして、ここでは、さしあたり同時代の歴史的文脈にそって把握しておきたい。八月四日の封建的特権の廃棄とおなじく、人権宣言もその具体的な法制化については先行き不透明であった。たしかに国民主権の理念が謳われてはいるが、その「国民」の範囲はあいまいなままであったし、この理念と相容れないはずの「主権者としての国王」、「世襲的執行権力としての国王」がいまだに存在していた。彼の裁可をぬきにしては、特権廃棄の諸法令も、憲法前文としての人権宣言も発効しない。現に、国王は一〇月に入ってもこれらを承認しようとせず、巻き返しの機をうかがっていた。国民議会内でも分裂が生じ、穏和派貴族から、憲法に国王の拒否権を認めるだけでなく、上院（貴族院）をふくむ二院制議会案が提起されるまでになっている。これに対して議会内外の急進派は国王と議会をパリに移転させ市民の監視下におくべきだという主張を強めていた。事態を打開したのは、またしてもパリ民衆運動であった。

食糧不足と物価騰貴がつづくなかで、一〇月五日、七〇〇〇人にのぼるパリの女たちが市庁舎で調達した槍や小銃を手に、パンを要求してヴェルサイユにむけて歩き始めた。すこし遅れて国民衛兵と武装市民の群集がおよそ二万人、国王と議会を実力でパリに連れて来るために、女たちの後を追った。いわゆるヴェルサイユ行進である。議場と宮廷に乱入した群集を前にして、ルイ一六世は内乱覚悟の武力鎮圧に踏み切れず、またしても譲歩を重ねた。王宮の小麦の放出を約束し、特権廃棄の諸法令と人権宣言に裁可を与えたのみならず、パリのチュイルリ宮殿への即時移住をも承諾した。翌一〇月六日、国王一家をのせた馬車は、パンと小麦を積んだ三万の群集・国民衛兵とともに、お祭りさわぎでパリに「帰還」した。国民議会もやや遅れてパリに移転する。この事件は、王権の完全な失墜をもたらしたかにみえるが、民衆の批判は「君側の奸」とオーストリア王室出身の王妃に集中し、不思議なことに「善良な国王」への信頼はなお失われてはいなかった。

九一年憲法と国王の逃亡

この時点では共和政はまだ日程にのぼらず、国民主権のもとでどのような立憲王政をつくっていくのかが当面の課題となった。国民議会は、人権宣言の具体化としての憲法制定にむけて、新生フランスのさまざまな建設事業に取り組んでいく。まず財政難を克服するために、八九年一一月教会財産が国有化された。一部が売却に付されるとともに、これを担保としてアシニャとよばれる債券が発行され、やがてそれらは紙幣として流通する。十分の一税をはじめ諸特権を失った聖職者身分は、九〇年七月の「聖職者民事基本法」によって国家の支配下におかれた。司祭は公選され、俸給も国家から支給される公務員的存在となった。これによりカトリック教会は社団としての性格を剝奪されたが、これらの措置は、次節でみるように地域住民を二分する大問題に発展する。

また行政区分については、八九年一二月、旧来の特権や慣習とむすびついた「州」や「地域」が廃止され、面積、人口などの点でできるだけ均質的な八三の県と、郡・小郡・市町村の下位区分からなる画一的な行政区画に再編された。高等法院を頂点とする旧来の裁判システムも廃止され、この新しい行政区分に応じた司法制度が導入された。官職売買制はもちろん廃止、地方行政・司法官僚も公選とされた。世襲貴族は九〇年六月廃止され、彼らも市民となった。

さらに九〇年から九一年にかけては、土地耕作の自由、ギルドの廃止（営業の自由）、貿易特権会社の独占権廃止、国内関税の撤廃、度量衡の統一、消費税の廃止と直接税体系の導入、さらには職人組合・政党などの中間団体の組織化を禁じるルシャプリエ法（九一年六月）などの法令がつぎつぎと成立し、八九年八月に定められた身分的・社団的結合の廃棄が具体化された。それはまた実業大ブルジョワのための経済的自由主義体制の確立をも意味した。これらの諸法令を集大成したものが、九一年九月三日に可決されたフランス最初の憲法、いわゆる九一年憲法である。

三権分立の一院制議会をもつこの憲法は、たしかに自由主義的な立憲君主政を目指すものであった。しかし、国民主権をになう国民の範囲はきわめて限定されていた。平等をうたったはずの前文、人権宣言とは裏腹に、参政権は一定以上の財産を持つ能動市民に限られた。その他の市民は民事上の権利のみを持つ受動市民とされ、女性や奉公人、使用人、植民地奴隷などとともに、選挙権を与えられなかった。女性の参政権からの排除については、女たちが先頭に立ったヴェルサイユ行進によって人権宣言が裁可されたという事実からして皮肉であるが、そもそも人権宣言にある「人間＝homme」とはもっぱら「男性＝homme」を指していた。オランプ・ド・グージュなどはこれを揶揄して『女の権利と女性市民権の宣言』（「女権宣言」）というパロディの請願書を著している。

能動市民とは二五歳以上のフランス人男性で、一年以上同一地に住み、三日分の労賃にあたる直接税を支払うものとされた。この能動市民はおよそ四三〇万人（成人男子の六割強）いたとみられるが、二段階の間接選挙であったため、選挙人を選ぶ権利しか持たない。その選挙人資格は一〇日分の労賃にあたる納税者とされ、四万三〇〇〇人（〇・六％）ほどと見積もられている。たしかに身分制はなくなったが、財産による差別が取って代わったことになる。この立憲君主政は、事実上有産者の寡頭支配であり、上層ブルジョワが自由主義貴族層との妥協をはかろうとする性格が濃厚であった。しかも限定的とはいえ、国王の拒否権が認められたのは、前後の政治状況からみて時代錯誤的な印象を否めない。

すでに、憲法成立に先立つ九一年六月に国王一家が亡命を企て、東フランスのヴァレンヌで捕捉されてパリへ連れ戻されるという、「ヴァレンヌ逃亡事件」が起こっていた。議会多数派は国王誘拐説で糊塗しようとしたが、国王の信望は完全に失われた。七月には民衆クラブが、国王廃位と共和政を要求する請願集会を主催するにいたった。この集会を解散させようとしてラファイエット率いる国民衛兵が発砲し多数の死傷者を出す。この「シャン・ド・マルスの虐殺」、すなわち有産武装市民による民衆運動の弾圧は、議会の立憲君主政派と民衆クラブとの亀裂を鮮明にした。他方、亡命貴族がコブレンツに集結して反革命の機会をうかがうなかで、八月にはオーストリア王とプロイセン王によるフランス国王支持のピルニッツ宣言が出された。王室と貴族の国際的ネットワークによる反攻機運が強まるにつれて、民衆のあいだで国王の存在と「貴族の陰謀」言説は一体化していく。九一年憲法は成立当初から状況に乗り越えられていたのである。他方、農民層も、封建的諸権利の有償撤廃を不満とし、封建地代の買戻しに応じないだけでなく、地代の支払い自体を拒否した地域も少なくなかった。そもそも経済的自由主義は「強者の論理」であり、失業と物価騰貴にあえぐ都市民衆や農民は、独自の「公正」感覚に拠って物価の統制や弱者保護の具体策を求めた。こうして紛争の火種が各地でくすぶり続けるなかで、憲法制定を果たした国民議会は解散し、一〇月一日、立法議会が発足する。

革命戦争の開始と王権停止

立法議会では、旧議員の再選が禁止されたため、七四五名の議員全員が新人であった。その党派構成をみておくと、穏健右派では、国民議会をリードしたバルナーヴやラファイエットが直前の八月に結成したフイヤン・クラブ系が約二六〇名を占めた。左派としては、そのフイヤン派への大量脱退によって共和派色を強めたジャコバン・クラブ系が一三〇名ほど、最左翼にはシャン・ド・マルスで弾圧されたコルドリエ・クラブほか民主派若干名が位置した。さらに無党派の中間層が三五〇名ほど存在した。前議員のバルナーヴやロベスピエールら有力者は議会外にとどまったため、議会の多数派工作と政局の主導権争いは錯綜した。立法議会でのジャコバン派は、議会内リーダーとして頭角をあらわしたブリソがリードしたのでブリソ派、もしくはジロンド県出身者が多かったためジロンド派と呼ばれるようになる。彼らの多くは、弁護士、公証人、文筆家、医師、学者など自由専門職が多く、政治的には民主（平等）主義にも一定の理解を示したが、他方ボルドーなどの海港都市大商人とのつながりもあり、経済的には自由主義の立場を堅持した。

九一年秋から九二年春にかけて立法議会と世論の焦点は、亡命貴族を支援する周辺諸国の武力干渉の危機にどう対応するかという問題に絞られた。後世の歴史家は、当時、外国の軍事介入の可能性は低く、「言葉上の威嚇」の域を出なかったとみている。だが、革命期の現実をつき動かしていたのは、たぶんに具体的事実というよりも「貴族の陰謀」に代表されるような言説の一人歩きであった。そこに党派内の権力闘争という要素も加わる。ブリソは、国内反革命の根を絶つためにも開戦やむなしの熱弁をふるい、ロベスピエールの反対論をしりぞけた。フイヤン派でも軍部の影響力増大をねらうラファイエットがバルナーヴの消極論を制し、また国王サイドは外国軍が革命派を一掃してくれる好機とみてこれを歓迎した。九二年四月二〇日、世論の昂揚をうけた議会はほぼ満場一致でオーストリアへの宣戦を布告した。これ以後フランスは、ナポレオン戦争終結の一八一五年まで、二三年間におよぶ対外革命戦争の泥沼に足を踏み入れることになる。

しかも、この戦局の行方が、その後の革命の性格を大きく左右した。まず、国王の予想どおり緒戦からフランス軍は敗北を重ねた。士官の多くが亡命し、訓練も装備も不足していた結果であったが、市民はフランス軍の敗北を、敵と通牒する貴族や将軍、そして国王の裏切りのためと受け取った。「裏切り者」を排除せよという激しい世論がまき起こった。ジロンド派内閣も、パリのすべての外国人を監視下におくこと、聖職者民事基本法への宣誓を拒否した反革命司祭を国外追放に処すこと、パリ近郊に地方国民衛兵二万人を集結させること、などの諸法案を通した。だが、これらに国王が拒否権を発動し、ジロンド派を罷免してフイヤン派内閣を指名すると、パリの民衆運動がまたしても火を噴いた。

七月に入って、プロイセン軍が国境に迫るなか、議会は「祖国は危機にあり」という非常事態宣言を発し、国民衛兵の総動員をもとめた。一方パリでは、四八セクション（地区）のうち四七までが国王の廃位をもとめる請願書を議会に提出した。逡巡する議会を尻目に、セクション集会を拠点として組織化された民衆運動、いわゆるサン・キュロット運動が前面に登場する。八月一〇日、武装したサン・キュロットと地方から集結した国民衛兵（連盟兵）は共同してパリ市庁舎を占拠し「蜂起コミューン（市評議会）」を宣言、ついでチュイルリ王宮を武力制圧して、議会に有無を言わさず王権停止を宣言させた。コミューンに拘束された国王一家は旧タンプル修道院の塔に幽閉される。この「八月一〇日の革命」によってついに王政が廃止された。立法議会は、新憲法制定のための新しい議会、国民公会の招集を布告した。ブルジョワ寡頭政の立憲君主政は終わりを告げ、フランス革命は新たな段階に入ったのである。

2　第一共和政の成立と革命独裁の行方

国民公会と中央権力闘争——ジロンド派・モンターニュ派・パリ民衆運動

九月下旬に国民公会議員が選出されるまでのあいだ、フイヤン派は去り、ジロンド派の立法議会と蜂起コミューンの二重権力状況がつづいた。コミューンの圧力の下で、議会は八月一一日には反革命容疑者の逮捕を全国の市町村に求め、一七日には八月一〇日の反革命容疑者を裁く特別重罪裁判所の設置を決定した。二六日には宣誓拒否僧を国外追放処分にし、従わないものはギアナ流刑とする法令をも決議した。しかし西部や南部を中心に、「革命的パリの独走」に反発する地方も少なくなかった。

また、国王の拘束で、残っていた貴族や士官も雪崩を打ったように亡命し、王室に連なる外国勢力も危機感を強めたため、戦局はいよいよ悪化した。九月二日、プロイセン軍がヴェルダンの要塞を陥落させ、パリに迫っているという報が伝わると、パニック状態に陥った民衆は、見境のない反革命狩りに走った。反革命容疑者が収容されていたとされる監獄を襲い、つぎつぎに略式処刑をおこなった。数日間で約一三〇〇人、その四分の三までは宣誓拒否僧や政治犯でもない一般の囚人であったといわれる。この九月虐殺とよばれる暴発ののち、パリ民衆は大挙して義勇兵を志願し祖国防衛戦に赴いた。九月二〇日、全国各地の義勇兵を主力とする「国民軍」が、ヴァルミの戦いでプロイセン・オーストリア連合軍をはじめて押し戻した。このヴァルミの「勝利」の翌二一日、国民公会が開会して王政廃止が決定され、明くる二二日にはフランス共和国元年が宣言されて、ここに第一共和政が成立する。二五日には「共和国は単一にして不可分である」という布告が採択された。南部のタルン県選出議員による「パリの影響力を八三分の一に縮小するべし」という地方分権的提案を斥けた結果であった。のちに先鋭化するジロンド派の連邦主義とモンターニュ派の中央集権志向との対立構図が早くもあらわになっていた。

国民公会の議員は、二一歳以上の男子による間接・普通選挙であった。今回も女性と奉公人は除外されたが、能動市民・受動市民という区別は無くなった。有権者数は約七〇〇万に増加したが、じっさいの投票者数はわずか七〇万にすぎなかった。国王拘束、戦局悪化という非常時での選挙であったため、フイヤン派はじめ立憲君主政派は蚊帳の外にあった。七四九名のうち、右派のジロンド派と見なされる議員は、諸説あって一四〇名弱から二〇〇名弱、左派のモンターニュ派は数一〇名から出発し、最大でも三〇〇名前後を超えなかったといわれている。平原派とよばれる中間派がほぼ過半数を占め続けていたことになる。数字があいまいなのは、結社禁止法があったことも手伝って、党議拘束のある今日の政党のような組織が発達しなかったからでもある。両派はともにジャコバン・クラブに属していたし、出身社会層も法律家などの専門職と地方行政職など中流ブルジョワが中心であり、民衆層に属する者はほとんどいない。これは公会議員全体にいえることである。他方パリ民衆運動の活動家たちは、議会とは距離を保ち、セクション集会やコミューンなど直接民主政的な場を拠点にして自律的に運動を展開していた。

したがって、ジロンド派とモンターニュ派の違いは、方法論、運動戦略上の問題に帰される。議会外民衆運動とくにパリのそれとの距離の取り方である。ジロンド派はどちらかといえば、個人の自由、経済上の自由主義に忠実であり、民衆の求める統制政策には懐疑的であったし、「パリの独走」にも警戒的で、分権的、連邦主義的な傾向を戦略的に選んだ党派だとされる。これに対してモンターニュ派は革命の防衛のためには、民衆運動との妥協や同盟を拒否しなかった。彼らの支持を得るためには多少の統制措置や生活上の保護政策も取らねばならないと考えた。パリの主導権についても、非常時には強力な中央集権体制が必要であるとし、民衆運動を取り込む戦略もあえて辞さなかった。これを理念的にいえば「自由」に軸足をおいたのがジロンド派、「平等」にも配慮したのがモンターニュ派ということになるかもしれない。ただし、じっさいは与党的立場にあったジロンド派がパリ民衆運動を強引に統制しようとして失敗したのに対し、野党のモンターニュ派はジロンド派追い落としに民衆運動をたくみに利用し、みずからが与党になれば、これを弾圧する側にまわったにすぎないとみる説もある。

ジロンド派公会の苦悶――革命の輸出・国王処刑・ヴァンデの乱

さて、国民公会の主導権をにぎったジロンド派ではあったが、つぎつぎと失点を重ねる。まず、対外戦争では、ヴァルミ以降戦局が好転し全土を解放した。ここまでは防衛戦争である。だが一〇月に入ると国境線を越えて攻勢に転じ、マインツ、フランクフルトを攻略した。一一月にはベルギーを占領したうえで、国民公会は「自らの自由を回復しようとするすべての国民に対して友愛と援助を惜しまない」と宣言した。革命の輸出宣言である。そしてつぎつぎと占領地区の併合にのりだした。これがイギリスの介入を招き、九三年二月には第一次対仏大同盟が結成され、戦局は一転した。

この反革命包囲網の形成に拍車をかけたのが九三年一月の国王処刑であった。前年一二月から国民公会で始まった国王裁判で、ジロンド派は国王の死刑執行に終始反対したが、即時処刑を主張するロベスピエールやサン・ジュストらモンターニュ派のまえに敗れた。モンターニュ派はジロンド派とちがってパリのコミューンや急進的クラブとも連携していた。この票決では、傍聴席でこれら民衆活動家が注視するなか、議員一人一人が意見を述べて口頭で賛否を表明するという、踏絵のような方式がとられた。ジロンド派の執行猶予案も否決されて、二一日、ルイ一六世は革命広場（今のコンコルド広場）でついに処刑された。刑吏の差し出す国王の首に、二万の群集は「国民万歳」と歓呼した。

国王処刑で退路を断たれたジロンド派内閣は、国内情勢でも苦境に立たされていた。アシニャ乱発によるインフレと食糧供給不足が続くなか、自由主義経済政策への不満は各地で民衆騒擾をひき起こしていた。財産の平等を説き土地均分法を主張するジャック・ルーら極左「過激派」も台頭してくる。他方、全面戦争を乗り切るために出された三〇万人の募兵令を拒否して、西部のヴァンデ地方で大規模な農民反乱が勃発した。カトリック信仰の厚い西部の農村では宣誓拒否僧が住民に支持され、「パリの暴走」に不満がくすぶっていた。三月一一日蜂起した農民に囲まれたマシュクールで五〇〇人以上の共和派が虐殺された。武装したヴァンデの民衆に王党派貴族の退役軍人が司令部に加わり、「神と王」が旗印にかかげられた。共和派の目には「貴族の陰謀」によるカトリック王党軍の反攻としか映らなかった。しかしジロンド派は有効な手が打てず、ヴァンデ戦争の凄惨な決着は、彼らが失脚する六月以降に持ち越された。

こうした相次ぐ内憂外患に、公会ではモンターニュ派寄りの強権的政策が多数派を制するようになった。のちにモンターニュ派が恐怖政治を敷くうえでの道具立ては、この時期に準備されたものである。たとえば三月には、反革命狩りの装置として革命裁判所や革命監視委員会を設置、四月には強力な執行機関となる公安委員会を設けた。五月には、経済的自由主義に反する穀物の価格統制令を発して民衆運動の要求にも譲歩した。ジロンド派は権力基盤が揺らぐなかで、モンターニュ派の有力者マラーを革命裁判所に告発し、エベールやヴァルレといったパリ・コミューンの活動家を逮捕するなど、民衆運動に強い影響力をもつ政敵を力で抑え込もうとした。これらは議会外民衆運動を刺激し、ことごとく裏目にでた。六月二日、セクション連合を中心とした武装サン・キュロットが国民公会を包囲するなかで、ジロンド派閣僚と二九人の主力議員の逮捕拘束が決議される。モンターニュ派の思惑通りにことは運んだ。

モンターニュ派独裁と恐怖政治

パリ民衆の直接行動を利用してジロンド派議員を追い落とし、権力を掌握したモンターニュ派であったが、フランス全土でこの「クーデタ」が歓迎されたわけではなかった。六月末には六〇県もの地方で「パリの独走」が非難された。脱出したジロンド派議員の巻き返しも手伝って、リヨン、マルセイユ、ボルドー、ニーム、トゥーロンなどの主要都市がパリに叛旗を翻した。ヴァンデの反乱軍もいちだんと攻勢を強めた。モンターニュ派の「パリ・独裁」対ジロンド派の「地方・連邦主義」という対立構図が、状況の所産として鮮明になった。

与党となったモンターニュ派は、なお緊張関係にあった農民運動とパリ民衆運動を懐柔しつつ、自己の権力の正統性を確立しなければならなかった。まず、農民向けには、国有地の小区画での売却、共有地の分割を許可し、領主権の無償廃棄を決定した。後者は前年八月の王権停止以後、農民のあいだで既成事実化していた現状の法的追認であった。また、穀物投機や買占めにたいする極刑を規定して都市民衆の要求を容れた。あわせて新しい憲法の制定を急ぎ、六月二四日の国民公会でこれを採択した。いわゆるジャコバン憲法、または九三年憲法とよばれるこの憲法は、人民主権を明記し、二一歳以上のすべての成人男子による直接普通選挙権を認め、すべての市民に労働権、教育権、公的扶助を受ける権利を規定するなど、社会福祉的な内容を盛り込んだ、当時としては画期的なものであった。さらに、人民による法律の批准権を規定し、「人民の権利を侵害する政府」に対して人民が蜂起するのは「神聖な権利であり、義務である」と抵抗権まで謳っている。だが、この「共和暦一年憲法」が国民投票という人民批准を受けて正式に公布されたのは八月一〇日であり、この時、革命政府そのものが崩壊の淵に立たされていた。

はじめて社会的デモクラシーに踏み込んだこの九三年憲法は、一八四八年革命の社会民主派がモデルとしたように、後世の社会運動に多大の影響を与えている。だが、内外の非常事態をまえにして、実施に移すのはおそらく困難であった。国民投票の賛成が一八〇万にすぎず、棄権四三〇万という数字がこの苦境を物語っている。モンターニュ派は、憲法の実施を棚上げし、公安委員会による革命独裁体制の構築という強硬路線を選択した。すなわち、全民衆の武装を要求するサン・キュロット運動を逆手に取って、八月二三日国民総動員令を布く一方、九月二九日には生活必需品全般にわたる上限価格令（最高価格令）を可決、食料徴発のための革命軍の結成などとあわせて、強権的な戦時統制経済体制をとった。こうして公安委員会と保安委員会に権力を集中した恐怖政治が始まる。

反革命容疑者法で予防拘束が合法化され、革命裁判が強化されたのもセクションの要求を容れたものであった。一〇月に入るとギロチンがフル稼働しはじめた。王妃マリ・アントワネット、ブリソ、バルナーヴ、ロラン夫人、ド・グージュらがつぎつぎと断頭台に送られた。革命前半期の黒幕オルレアン公フィリップ・エガリテも同様であった。他方、この恐怖政治の本格化とともに、民衆運動に対する統制も強化されていった。ヴァルレやルーを反革命容疑で拘束し、セクション革命委員会を保安委員会の監督下においた。反革命というレッテルは万能であった。

こうした民衆運動への介入が可能になるのは、一方で、内外の戦局が好転していったからである。総動員された共和国軍は侵入した外国軍を各地で撃退し、国内のフェデラリスト反乱も、マルセイユ、ボルドー、リヨンと着実に鎮圧していった。これらの地では、公会からの地方派遣議員を中心に報復のテロリズムが猛威をふるった。その最も凄惨な例がヴァンデの焦土作戦である。西部では、六月のモンターニュ派独裁開始以降、共和国軍がナントでの攻防戦を凌ぎきって反攻に転じた。八月一日国民公会はヴァンデの殲滅を指令する。これに対する四万のヴァンデ軍は、八万の住民とともも、イギリス軍の支援を求めて西部各地を転戦するが、一二月にはほぼ力尽きる。公会のジェノサイド指令は、九四年二月追い討ちをかけるようにして執行された。ヴァンデの地は焼き払われ、一万人以上の住民が老若男女を問わず殺戮された。生き残った人々の怨念はゲリラ活動となって潜伏し、ヴァンデのふくろう党とともに生き続ける。

この殺伐とした恐怖政治期において、平等主義の片鱗をわずかにみせてくれたのは、九四年二月の植民地黒人奴隷制の廃止決議であろうか。もっとも、九一年八月にサンドマングではじまった黒人奴隷蜂起に対する、人権宣言の無関心にくらべての話ではある。

粛清の果てに

地方情勢が沈静化すると、九三年末から九四年春にかけて、パリではモンターニュ派内部での権力闘争がはげしくなった。民衆運動に近い左派のエベール派と恐怖政治の緩和をもとめる右派のダントン派の抗争が表面化した。エベール派はこのころ「非キリスト教化運動」とよばれる、教会や聖職者への激しい破壊と攻撃に唱和していた。この「文化革命」については次節で詳論するが、「徳と恐怖」を説くロベスピエールは、このアナーキーな運動を嫌い、エベール派の無神論を非難した。ロベスピエールはまず彼らを切り捨てる。九四年三月、蜂起準備の廉で公安委員会に逮捕されたエベールらは、「外国からの陰謀の手先」として処刑された。セクションの活動家も今回は動かなかった。その一週間後、返す刀でダントン派が血祭りにあげられる。汚職容疑で摘発されたダントンらは、四月初頭、断頭台の露と消えた。

左右の分派を粛清したあと、ロベスピエール派はさらに権力を集中し、今度は民衆運動の徹底的な統制にとりかかる。パリのセクション活動家をつぎつぎに反革命容疑で逮捕し、彼らの民衆クラブをことごとく閉鎖に追い込んだ。六月には革命裁判をパリに集め、審理ぬきの略式判決方式を導入して粛清裁判の「簡素化」をはかった。パリでは、これ以後の約一カ月半で一三七〇余名もの政治犯が処刑されたという。それまでの一年分以上に相当する数値であった。しかし、この「恐怖」の加速は、ロベスピエール派の権力基盤の強化につながらず、逆に周囲の疑心暗鬼を増幅し、ロベスピエールの個人独裁への警戒心を強める結果となった。こうして、テルミドール九日（九四年七月二七日）、粛清対象になることを恐れた国民公会議員たちは、ロベスピエール、サン・ジュストほか五名の逮捕を決議する。ロベスピエールらはあきらかに孤立していた。当夜の攻防ではパリのコミューンや国民衛兵も一部をのぞいて彼らの側につかなかった。民衆運動への強圧的統制は、皮肉にもみずからの権力基盤を著しく狭めていた。なによりも戦局の安定が、もはやこれ以上の戦時独裁体制を必要としなくなっていた。翌二八日、ロベスピエールら二二人が断頭台にのぼっていく。全国で四万人ともいわれる恐怖政治期の「死者の怨霊」を背負って。

テルミドール派公会と総裁政府

テルミドールのクーデタ以降、フランス革命は穏当な着地点を求めていた。国民公会はなお一年三カ月存続し、この間は「テルミドール派公会」ともいわれる。議会多数派の平原派に旧ダントン派の残党を加えたテルミドール右派が主導し、これに反ロベスピエールの立場をとった旧モンターニュ左派がテルミドール左派として対峙した。議会外では、釈放されたコミューンやセクションの活動家たちが九三年憲法の実施を求めたのに対し、「ジュネス・ドレ（金ぴか若者組）」とよばれた白色テロ集団が、ジャコバン・クラブや民衆クラブにしばしば殴りこみをかける、といった反動的風潮も目立つようになった。

こうしたなかでテルミドール右派は革命独裁体制を解体し、戦時統制経済を解除していく。公安委員会の権限を縮小、革命裁判所を改組し、ジャコバン・クラブを閉鎖した。さらに一二月には最高価格令も廃止した。これにより、闇市場は縮小したがアシニャが暴落して物価が高騰した。これに抗議したパリの民衆は九五年四月（ジェルミナル）と五月（プレリアル）に武装蜂起し、「パンと九三年憲法を」と叫んで公会の議場に乱入したが軍隊によって鎮圧された。この二度の鎮圧過程で、旧モンターニュ左派議員のほとんどが投獄や流刑に処された。民衆運動の活動家たちも大量逮捕され、国民衛兵から一七〇〇人ほどが除籍された。こうして武装解除されたパリ民衆運動は壊滅的打撃をうけ、一八三〇年七月革命まで沈黙を余儀なくされる。かわって軍部が議会外の実力部隊として再三登場するようになった。

新憲法（共和暦三年の憲法）は九五年八月に採択された。この九五年憲法では、九三年の直接・普通選挙ではなく、九一年憲法に近い有産者による二段階間接・制限選挙制がとられた。選挙権は直接税納付者全員に緩和されたが、被選挙権はさらにきびしくなり三万人以下であった。ブルジョワ共和政の維持が基本であり、独裁体制を警戒して、法案を提案する五百人議会（下院）と法案の採否を決める元老院（四〇歳以上の二五〇人、上院）からなる二院制がとられた。行政権は、五人の総裁による集団指導体制となった。総裁は毎年一名改選され、両院も毎年三分の一ずつ改選する、という念の入れようであった。また王党派の復活を警戒して、新議会の三分の二は国民公会議員から選出するという政令が出された。これに激怒した王党派は選挙期間中の一〇月五日に、撤回をもとめて「ヴァンデミエール蜂起」を起こすが、包囲された公会は軍を投入して鎮圧した。この鎮圧を指揮して一躍名をあげたのがナポレオン・ボナパルトであった。

こうして国民公会は九三年憲法を実施しないまま解散し、九五年一〇月二七日、新憲法に基づいて総裁政府が成立した。この九五年憲法こそ、フランスで初めて実施された共和政の憲法であった。王党派の鎮圧に始まった総裁政府は、当初、宣誓拒否僧や帰国した亡命貴族たちにきびしい政策をとった。だが、イギリスやオーストリアと提携した王党派の活動はいぜん弱まることなく、他方、私的所有を否定し「財産の共同体」をとなえるバブーフら平等派の運動が台頭するなど、両極からの脅威に、総裁政府の路線はたえず左右に揺れ動いた。一七九六年アシニャが廃止され通貨危機が続くなか、五月にはその秘密結社「平等派の陰謀」が摘発され、バブーフ、ブオナロッティらが逮捕された。これを契機に、政府の路線は右旋回する。

一方で対外革命戦争は継続し、ボナパルトらのイタリア戦線を中心に快進撃を続けた。サルデーニャからサヴォワとニース、教皇領からアヴィニョンとヴナスク伯領をフランスに割譲させ、さらにイタリアのチザルピナ共和国をはじめとする「姉妹共和国」の建設を各地で推し進めた。共和派軍部の権威が高まるなか、九七年三月〜四月の「三分の一改選」では王党派が大半を占めるという事態が起こる。総裁バラスは、東部戦線のオシュ将軍とボナパルトが送ったオジュロー将軍の力を得てパリを制圧し、王党派議員の当選を無効として内五三名を流刑にした。追放された議員はあわせて一七七名に及び、総裁の一人バルテルミは逮捕、カルノーも逃亡した。王党派によるクーデタの動きに先手を打った「フリュクチドールのクーデタ」（九七年九月四日）である。議会内の対立が外部からの武力介入によって決済されたのは、九三年のジロンド派追放を想起させるが、前回は民衆運動であるのに対し、今回は正規軍の介入であり、しかも政府の要請による反議会クーデタであったことは見逃せない。二年後の「ブリュメール一八日」を暗示するものであった。

このあと総裁政府が左旋回すると、今度はネオ・ジャコバン派が進出した。九八年五月の選挙で彼らが大勝するや、議会は予め採択した特別審査立法によって、約一〇〇名のネオ・ジャコバン派議員の当選を無効とした。「フロレアルのクーデタ」とよばれるこの政変は、議会がみずから国民代表制を踏みにじるものであった。政府と議会が憲法を無視した権力闘争を繰り広げる一方で、軍部の権勢は着実に増大していった。フリュクチドール以後も、カリブ・大西洋貿易の失地をヨーロッパ・地中海圏で挽回すべく、「対外革命戦争」はベルギー・ライン左岸の併合、スイス・ローマ進軍からエジプト遠征へと、戦線を東へ拡大し続けていく。この過程で軍はさらに強化されて文民統制の枠をはずれ、議会や政府との力関係が逆転する。

一七九九年、第二次対仏大同盟が結成されてフランス共和国はあらたな危機に直面した。将軍ナポレオンは、ブリュメール一八日から一九日（一一月九日〜一〇日）にかけて、総裁シエイエスと組んでついに軍事クーデタを敢行し第一統領の座についた。一二月、統領政府の新憲法が国民投票にかけられたとき、ナポレオンらは、「市民諸君、革命は当初の原理のうえにしっかりと根をおろした。したがって革命は終わったのである！」と宣言した。たしかに民衆蜂起による革命はひとまず終焉した。国内秩序も回復した。だが、革命原理の実体化はまだ終わってはいない。その任務はナポレオンと一九世紀の諸革命が継承していくことになる。

3　文化と習俗の革命

打倒対象としての「カトリック的フランス」

前節までは、政治事件史を軸に革命のドラマを概観してきた。いきおい「上から」の視点、国政レヴェルの権力闘争に偏りがちとなったが、この節では目線をすこし「斜めに」ずらし、広義の社会史的視角からフランス革命をとらえなおしてみたい。住民の日常の生活文化やモラル（習俗）にかかわる点ではなにが変わったのか、あるいは革命政治はそれらをどう変えようとしたのか、という問いである。さしあたり、住民の生活規範に深くかかわったカトリック教会の状況をてがかりに、革命期の民衆教化をめぐる諸問題を整理しておこう。

カトリックはフランスの国教であった。大革命以前、人々は望むと望まざるとにかかわらず人生の節目ごとに、洗礼、初聖体拝領、堅信礼、婚姻、終油といったカトリックの秘蹟を施され、それらのデータが教区簿冊に克明に記録された。それらは今日の戸籍簿に相当した。全国を網羅していたカトリック教会の教区ネットワークとそれを管轄する司祭たちは、いわば役所の機能も代行していたわけである。とりわけ一六六七年の民事王令以降、洗礼・結婚・埋葬の執行とその記録管理が司祭の任務と定められ、教区簿冊と小教区網の公的性格はいちだんと明確になった。諸々の王令もミサの祭壇から教区民に告知された。カトリック教会は絶対王政の行政機構に組み込まれ、民衆に最も近い末端でそれを支える存在であった。

人々にとって教会の意味はこれだけにとどまらない。カトリック教会は施療院や捨て子養育院の経営、貧民救済事業といった種々の社会福祉活動に携わっていた。なかでも重要なのは教育機関としての役割である。イエズス会やオラトリオ会がコレージュを経営し、エリート教育を担っていただけでなく、教区ごとに「小さな学校（プチト・ゼコール）」

が置かれ、民衆の子弟に初歩的な読み・書き・計算が教えられていた。ただしその主たる目的は祈り、聖歌、教理問答、聖人伝の暗唱など、良きカトリック信者となるべき作法の習得にあった。教会はまた成人の日常生活にも深くかかわった。司祭は教区民たちの助言者であると同時に、告解や日曜ごとのミサを通じて彼らの生活規範をこと細かに点検する道徳統制者の役割をも演じていた。要するに、アンシアン・レジーム期のカトリック教会は王権の行政的末端機構であると同時に、民衆教化の要石、いわば文化統合の中心的担い手であった。

ところで、大革命前夜のフランスでは、すでに人々のキリスト教離れが進み、カトリック教会の権威は低下していたという説がある。たしかに一八世紀後半以降、啓蒙思想の普及とともに都市ブルジョワ層を中心とした脱キリスト教化の傾向が見て取れる。だが、このいわゆる長期的トレンドにおける世俗化現象を一面的に過大評価することは、事態の本質を見誤ることになる。世俗化は、主として都市部の、それも特定の社会階層に顕著な現象であること、また南仏などプロテスタントの比率が高く、独自の政治文化をもった地域についての傾向でもある。少なくとも農村を中心とする大多数の住民は、意識するとしないにかかわらず、先述のような宗教的リズムの刻まれた日常的空間と時間を自明の前提として生きていた。じつはフランス革命とは、この伝統的な日常生活のリズムを断ち切ろうとする試みだったのではないだろうか。つまり社会史的にみたフランス革命は、人々の心性を規定してきた伝統的モラルを解体し、新しい生活スタイルを創出しようとする「習俗の革命」ではなかったか。そう考えれば、革命期にカトリック教会と聖職者たちが、なぜあれほど執拗に運動の打倒対象とされたのかも頷けよう。

教会財産の国有化と修道会の統廃合

とはいえ、革命の初期に教会が示した協力的態度は、聖職者たちのその後の運命を考えると、信じがたいほどであった。まず一七八九年八月四日、「大恐怖」にかられて封建的権利を自発的に放棄した教会は、十分の一税の廃止にも同意した。これは自前で維持してきた聖堂、学校、神学校などの経費、さらには施療院、捨て子養育院、貧民救済など諸事業の財源を一夜にして喪失し、国庫に全面的に依存することを意味した。しかし当の国庫は累積赤字で底をついていた。逆に、九月末には国庫補塡のため、教会が所有している金銀製の聖器や装飾品を、礼拝儀式に必要なものを除いて、すべて供出することに同意した。さらに一一月二日には、修道院を含む全教会財産の国有化によって国庫を救うという提案が可決されるにいたった。しかも、この法案の提案者はオータンの司教タレイラン、聖職者議員自身であった。およそ三〇億フランと見積もられたこの教会資産を担保に、抵当証券のような紙幣アシニャが発行された。皮肉にも、教会は自らを告発する革命政権の台所を、以後一〇年間も支え続けることになった。このような措置がたいした抵抗もなく実施されたのは、七月一四日以降のパニックに加えて、教会財産に対して王権が広範な処分権を行使することは、国教主義の延長線上にあり、イギリス、オーストリアはじめ、多くの先例があったからである。

翌九〇年二月、国民議会は実体を伴わない大部分の男子修道会に統廃合を命じた。ただし教育や医療に携わる修道会は例外とされた。修道僧の強制的還俗を含むこの措置は特権や財産の剝奪とはちがい、宗教それ自体への行政権力による侵害を意味したが、これまたほとんど抵抗なしに実施された。それというのも、修道院統廃合の気運は教会内部でも革命以前からくすぶっていたからである。問題は、教区聖職者の組織体系にまで世俗の手が及んだところから始まる。

聖職者民事基本法と教会分裂

国民議会は一七九〇年七月一二日、世俗の行政権力の手で教会の粛正と再編をはかる聖職者民事基本法を採択した。この法案は四部から成り、後に制定される憲法の一部を構成するものであった。改革のポイントはまず教区の再編統合である。従来一三五あった司教区は、革命後新しく導入された行政区分である県にあわせて八三に削減され、一八名いた大司教も一〇名にとどめられた。市町村の小教区は人口にあわせて再編された。聖職者の位階制も単純化し、聖堂参事会員をはじめとする有名無実化した役職と聖職禄はすべて廃止された。教区の再編にともなう新しい聖職者の任用は能動市民による選挙人方式、つまり俗人による選出とされた。叙任をローマ教皇にもとめてはならないことが特に強調された。聖職者は国家から給与を支給される公務員的存在となり、任地への居住義務が厳しく定められた。つまり教会の管理は各地方行政当局にゆだねられることになった。これらは、宗教的秩序を新しい市民的秩序によって再編しようという試みであり、ガリカニスムの論理的帰結でもあった。事実、この法の基本的条項はそのままナポレオンの政教協約（一八〇一年）に引き継がれている。

問題を紛糾させたのは、この法令が聖職者の公民宣誓すなわち憲法（民事基本法はその一部を成す）への忠誠宣言を義務づけていたことである。国民議会は一七九〇年一一月、翌年一月末までに宣誓しない僧侶は解任されるという法令を布告した。これを契機に各地で対立抗争が持ちあがった。一三五名の司教のうち宣誓に応じたのはタレイランら七名のみであった。教区で直接民衆に接する司祭や助祭でもおよそ二万四〇〇〇名あまりの者が宣誓を拒否した。つまり、大部分の司教と約半数近くの教区司祭が失格した。そのため九一年春までの日曜ごとに、各地で司祭任用の住民選挙がおこなわれた。こうして、宣誓を受容した聖職者（宣誓僧）を中心に「立憲教会」体制が成立した。しかし宣誓拒否僧の多くは自己の正統性を主張して任地を離れず、各地で立憲教会派ときびしく対峙し続けた。

聖職者の公民宣誓や新任僧の選挙は、革命後に発足した県や郡といった地方行政当局の手でおこなわれたという点でも、きわめて象徴的な儀式であったことに注目したい。それは、全教区民が注視するなかで、「村の司祭」にアンシアン・レジームやローマ教皇との絶縁を迫り、革命への忠誠を強要する踏絵であった。従来、教区共同体の要としてモラル・ヘゲモニーを掌握してきた司祭がこの踏絵に屈服する姿は、教区住民に少なからぬ動揺をきたした。地域によっては、宣誓拒否僧を支持し、儀式の執行にやってきた役人を排除したり、宣誓拒否を僧侶に強要するケースさえあった。たとえば西・南部、中央高地、アルザスなどの地域では、宣誓した僧は無資格僧と見なされ、「ユダ、背教者」などと罵倒されたのにたいして、宣誓拒否僧は聖人扱いでもてはやされた。拒否僧自身も「立憲派僧侶のおこなう秘蹟は無効であるばかりか悪魔の業であり、彼らのミサに出席したり告解したりすることは地獄行きを意味する」と教区民を扇動した。これらの行動は結果的に革命に敵対し、王党派に与するものとならざるを得なかった。こうして、基本法への宣誓の強制は、ヴァンデの乱をはじめとする反革命に大きな部隊を提供するきっかけとなったのである。

一方、パリを中心とした、革命派が盛んで比較的脱キリスト教化が進んだ地域では、宣誓を渋る僧侶に対して民衆が組織的圧力をかけ、決断を強制したところも少なくない。たとえばパリのサン・シュルピス教会の司祭は、押しかけた民衆に「宣誓か、それとも縛り首か」と迫られたし、モーゼル県やエーヌ県などでも、槍や鎌をもった群集が宣誓拒否した司祭に「異端」宣告して追放した。このように、まったく相反する教区の反応は、図2-1にみられるような「ふたつのフランス」を顕在化させた。公民宣誓をめぐるこの構図は、その後の革命の進行につれていっそう鮮明になり、以後二〇〇年に及ぶフランスの政治地勢図を基本的に規定することになった。

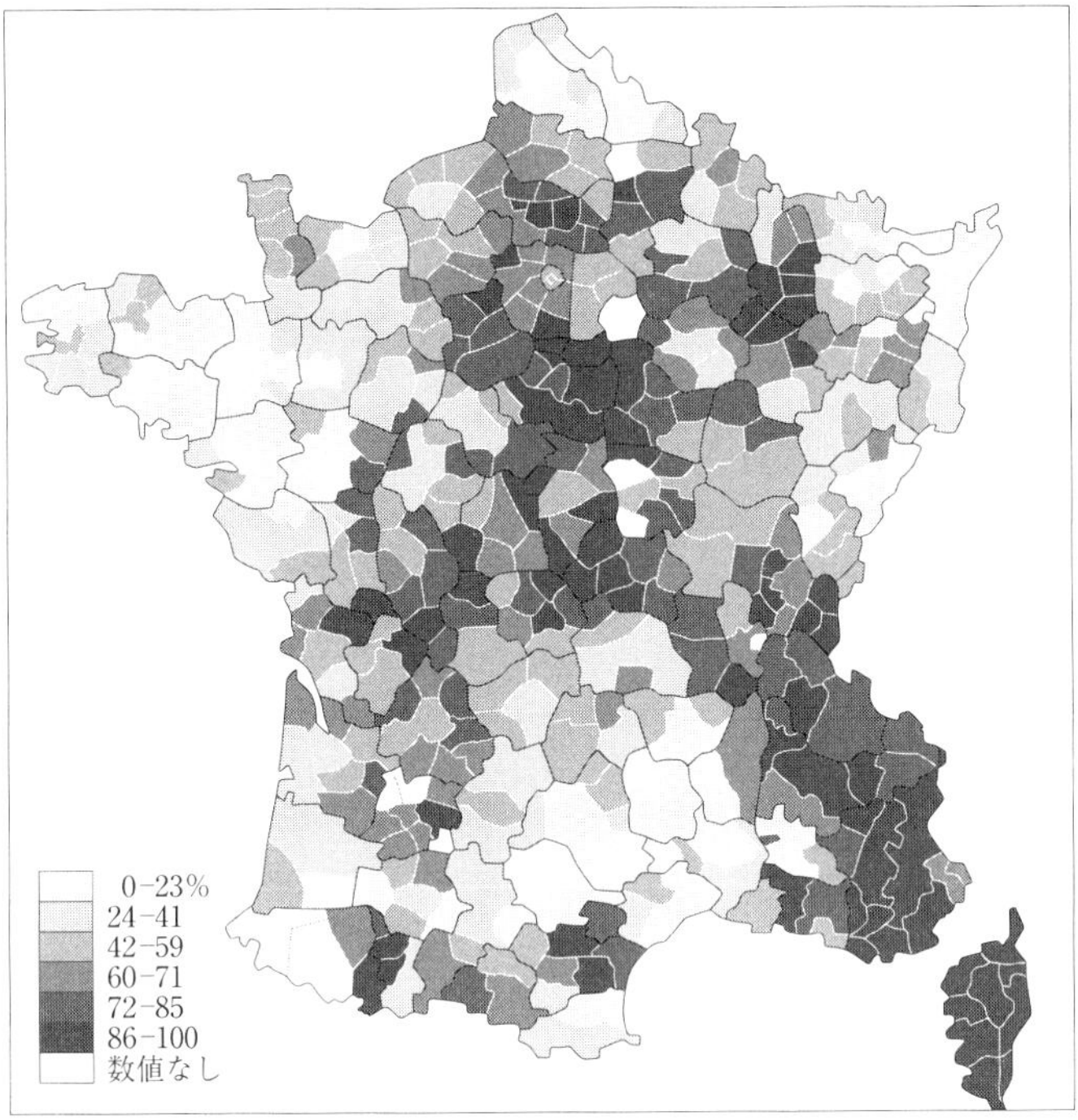

図2-1　1791年の宣誓僧の全国分布

出典：C. Langlois, T. Tackett, M. Vovelle (éd), *Atlas de la Révolution Française*, t. 9, Paris, 1966.

もとより、この儀式の受けとめ方も地方ごとに千差万別であって、革命の進行に対する地域の温度差を如実に反映したものとなっている。宣誓式が「強要」ではなく、両者に歓迎されたところも一部では見受けられる。いずれにせよ、宣誓の受容と拒否の諸形態は、聖職者個々の信念もさることながら、むしろそれまでの聖職者と教区民との相互関係によって規定されたのであり、地域ごとの宗教的心性の在りようが問われたのであった。ここには、長期構造の心性史と短期の事件史との劇的な出会いが見いだせよう。

戸籍管理の世俗化と強制的聖職放棄

一七九〇年の春にフランスの多くの村は一種の自治体革命を経験したわけだが、聖職者民事基本法と公民宣誓はこの流れをいちだんと加速した。十分の一税の廃止と教会財産国有化によって、地方聖職者はすでに経済的自立の基盤を奪われていた。公民宣誓はこれに追い打ちをかけるかのように、司祭たちの精神的権威を失墜させ、彼らの農村社会における「名士性」を貶しめた。さらに、新しい司祭が議員選挙と同じ方式で選ばれたことの意味はいっそう重大であった。彼らは「聖性」を失った公務員的存在にすぎず、もはや伝統的な意味での信者の畏敬の対象とはなりえなかった。さらに、その後の革命の進行は、立憲派司祭に残された公的機能をつぎつぎと奪っていった。国王のヴァレンヌ逃亡、対外革命戦争の開始、王権停止と続く政治過程の深刻化に比例して、聖職者への視線は一段ときびしくなっていた。なかでも九二年九月の共和政移行前夜に施行された戸籍の世俗化と離婚に関する法令は、立憲教会の存立基盤を根底から揺り動かすものであった。教区簿冊という名の戸籍簿の管理によって、かろうじて面目を保っていた立憲派僧たちは、もはや公務員的役割さえ奪われてしまった。同日のヴァルミの勝利の影に隠れて見逃されがちなこの法の施行こそ、社団国家の解体と社会システムの世俗化を告知する重大事件であった。これ以後、結婚や家族の正統性を規定するものは民事契約（世俗国家）だけとなり、人びとは公的にはもはや、教会のふところのなかで生まれ、結婚し、あの世に召されることはなくなった。また離婚法の制定は、カトリックで禁じられていた離婚や再婚を可能にしただけでなく、聖職者の結婚さえ合法化した。教会法は完全に蹂躙されたのである。

共和政に移行し、国家機構の世俗化に拍車がかけられた以上、聖職者はもはや無用の長物となった。いやむしろ、「迷信」によって人々の市民としての自覚を妨げる障害物、反革命的存在とさえ見なされるようになった。宣誓拒否僧のほうはすでに、内外の反革命に通じる存在として訴追され、テロ（九月虐殺）や、国外追放、流刑の対象になっていた。約三万二〇〇〇人の拒否僧が国外に去った。一方、革命に忠誠を誓ったはずの立憲派僧に対しても、九三年にはいって国王処刑、ヴァンデの乱と続く緊迫した情勢のもとでは容赦なかった。一七九三年秋から九四年春にかけて、つまり共和暦二年に激しく展開された「非キリスト教化運動」では、制度としての教会だけでなく、聖職者という存在そのものへの攻撃にまで及んだ。すなわち聖職放棄の強要である。

九三年一一月、コミューンの活動家たちに連行されたパリ大司教ゴベルは、赤帽を被らされて国民公会の演壇に立った。彼は自らの叙任状と十字架、司教用の杖と指輪を壇上に置き、革命が成った以上自由と平等の宗教以外に国民的宗教はもはや不要である、と僧籍離脱を宣言した。聖職者議員たちが次々とこれに倣った。公会の議場で放棄を拒否し、勇気ある信仰告白をおこなった司教はグレゴワールただひとりであった。これ以後、聖職放棄の波は地方でも急速に拡がっていった。聖職放棄の強制には立憲派僧（すなわち教区僧二万六五四二人）の約半数強にあたる一万三〇〇〇〜五〇〇〇人が応じている。非教区僧を加えた聖職者全体では一万六〇〇〇〜二万人。自発的放棄者は約一〇％と推計されている。教区聖職者は革命前の四分の一に落ち込み、立憲教会体制は骨抜きにされた。各地の聖堂も閉鎖され他の用途に転用された。

聖職放棄にはしばしば妻帯の強制が伴った。僧侶の独身制はカトリック的偏見の産物であり、聖職者と市民とのあいだを隔てる神秘的障壁と見なされた。つまり、聖職者たちは結婚によって市民的習俗への同化を証《あか》しせねばならなかったのである。このとき、およそ六〇〇〇人の僧がカトリックの教会法では許されない所業に手を染めた。偽装結婚などでその場を切り抜けた者も含まれていたが、聖職放棄といい、妻帯といい、信者の面前で背教と瀆神のセレモニーを演じさせられる姿は、公民宣誓以上に消し去り難い不信を民衆の集合的記憶に刻みこんだ。「聖職者の死と、市民としての再生」はこのようにしておこなわれた。

空間と時間の世俗化

非キリスト教化運動では、聖職者個人への攻撃の他に、教会施設への物理的暴力を伴った。多くの教会が閉鎖されて「理性の神殿」に転用された。革命初期にもおこなわれた教会の銀器や装飾品の没収が戦費調達の目的でさらに激しくなった。また、鐘楼の鐘が没収され、共和国防衛のための砲弾として鋳直された。さらには、いたるところで聖人像の首が刈られたり引きずり降ろされたりした。イコノクラスム（聖像破壊）あるいはヴァンダリスム（蛮族的破壊運動）と呼ばれる「民衆的暴力」の展開である。このほか、瀆神的な火刑とマスカラード（仮装行列）がしばしば熱狂を誘った。聖人像やローマ教皇を模した人形が火あぶりの刑に処され、聖書やミサ典書、祭壇布などとともに、聖職放棄僧の叙任状が炎に投じられた。僧侶たちがロバの背に後向きにまたがって行進させられる姿は、まさしくシャリヴァリ的民衆儀礼を彷彿させるものであった。

還俗僧であり、また派遣議員でもあったジョゼフ・フーシェの発した墓地令（一七九三年一〇月）では、共同墓地の十字架までが撤去され「死は永遠の眠りである」と記された墓碑銘だけが死者を見守ることと規定された。死生観の徹底した世俗化である。以後、死と埋葬は一段と私的領域に移行していくことになる。共同墓地や教会から狩りだされた十字架は火刑の薪となって消えた。告解所も十字架に劣らず憎悪の対象となった。それらは運び出されて哨舎にされるか燃やされた。告解が住民の日常生活に対する司祭の干渉として嫌われていたことを物語る事例である。

還俗強制によって聖職者を解体し、イコノクラスムによって教会施設を蹂躙した非キリスト教化運動の波は、ついには地名の変更、つまり日常的空間表象の世俗化にまで及んだ。ロワ（王）やシャトー（城）のついた地名が君主政、封建制を連想させるものとして廃止されたのはもちろん、キリスト教の聖人にちなんだサン（聖）を冠した地名も世俗的内容のものにとって代わられた。たとえば、シャルルロワ（シャルル王）はシャールリーブル（自由の戦車）となり、サン・テチエンヌはアルムヴィル（武装せる都市）に、といった具合である。ここでも地域的対立の構図は生きており、全国で一様に改変されたわけでないが、パリ盆地やフランス南東部では市町村名だけでなく、街路や広場、公共建造物の名称にいたるまで一変してしまったといわれる。たとえば、パリのシテ島はイール・ド・ラ・フラテルニテ（友愛の島）、モンマルトル（殉教者の丘）はモン・マラー（マラーの丘）というふうに改変された。新しい地名によく用いられた名辞には、自由、平等、共和国、市民、国民といった公民的なものや、マラー、ルペルチエ、シャリエ、バラ、ヴィアラなど革命に殉じた英雄たちが共和国の新しい聖人として命名された。さらに、ヴォルテールやルソーとならんで、古典古代に範をとったブルートゥス、テルモピレー、マラトンなどもよく用いられ、南仏のサン・トロペはエラクレス（ヘラクレス）と改名された。古代の復権はいわばキリスト教的中世の否定であった。これに対して、ジロンド派の反乱に与したリヨンはヴィル・アフランシ（解放された都市）、同じくマルセイユがヴィル・サン・ノン（名無しの都市）とされたのはみせしめである。こうした地名変更のねらいは、旧体制との訣別を視覚的にも明確にし、新しい「市民的空間」を創り出そうとする試みにあった。

地名変更を「空間の世俗化」とすれば、一七九三年一一月のグレゴリウス暦の廃止は「時間の世俗化」である。グレゴリウス暦には復活祭に代表されるキリスト教の大祭や聖人祝祭日がふんだんに盛り込まれているだけでなく、一日ごとに守護聖人の名が織り込まれていた。そもそも七日に一日の休日は天地創造の神が七日目に休息したという旧約聖書の神話に基づいている。人々の日常生活のリズムには、キリスト教的モラルが無意識的に刻みこまれていたのである。共和暦の発足が、過去との断絶と新たな生活習慣の創出を意味するならば、時間をも革命しなければならない。共和暦の作成を託された公教育委員会はそう考えた。自然科学的合理性に則った時間の世俗化による共和主義的モラルの形成が課題であった。彼らはまず共和暦元日を共和政発足の一七九二年九月二二日と定め、一年一二カ月をすべて平等に三〇日に分割した。残りの五日は「サン・キュロットの日」と命名し、市民が祝祭をおこなう補助日にあてた。ひと月は十進法に基づいて、十日単位の旬日で三分割され、各旬末日を休日とした。各月には葡萄月、霧月、霜月、といった季節感を織り込んだ名称をあて、秋は—aire、冬は—ose、春は—al、夏は—dor と三カ月ごとに脚韻を踏む、洒落た構成をとっている。また各日には、聖人の代わりに農産物や家畜、農耕具などの名称を割り当てた。ちなみに、共和暦一月一日（旧暦九月二二日）は、「葡萄月（ヴァンデミエール）第一旬日、第一日、葡萄の日」となる。これは、自然と農作業のリズムを基調にするという考え方によっている。

「公教育」の改革

時間と空間を非キリスト教化したうえは、キリスト教的規範に取って代わる、新たな共和主義的公民教育の確立が課題となる。すでに一七九二年八月までに、教会施設での公教育は禁止され、教育修道会の活動も停止していた。世俗の学校教育の確立は焦眉の急であった。タレイランやコンドルセをはじめとする、数多の教育改革プランが提出され、公教育委員会を中心に議論が百出した。一七九三年五月三〇日に初等学校設置法（ブキエ案）が採択され、同年末にはその無償・義務教育案も可決された。

この間の論議で最も注目されるのが、王党派のテロに倒れた「革命の殉教者」ミシェル・ルペルチエの「国民学寮」案である。ルペルチエはこれまでの公教育論議が知育偏重に陥っていることを批判し、子供の生活習慣全体を陶冶することを目指す全寮制の初等学校の創出を提起する。共和国の市民にふさわしい新しい身体的・道徳的習慣を形成するためには、五歳から一二歳までのすべての子供を、古い習慣に染まっている親の影響力から隔離して「共和国の鋳型に投げ込む」ことが必要だと説く。スパルタ教育の一種である。この強烈な徳育偏重モデルは、ロベスピエールやダントンの支持を受けたにもかかわらず、結局陽の目を見なかった。実施に莫大な費用を要し財政的に不可能であったこと、また当時の子供は貴重な労働力でもあり、親から奪うのは下層民の生活基盤を危うくする、などの反対論が多数を占めたからである。事実、通学制の初等学校法ですら財政難と人材不足のため、革命期にはほとんど有名無実に終わっていた。

しかし、ルペルチエ案に代わって採択されたブキエの改革案においても、徳育重視の立場は維持された。ブキエは公教育の概念を拡張的に捉え、教育対象を子供から成人にまで拡大する法案を提起した。徳育の場は就学義務化された初等学校のみならず、一般市民を対象とする政治集会、演劇、国民祭典などが広く公教育の体系のなかに組み込まれていた。とりわけ、国民祭典を徳育の一環としてとらえる見方は、すでに一七九〇年七月の連盟祭以来広く浸透しており、一連の市民祭典は単なる娯楽ではなく、「再生」のための「真の学校」と見なされていた。国民学寮のように子供を隔離して教化するには、財源だけでなく一世代ほどの時間を必要とする。祭典は大人をも対象とする手っ取り早い実物教育の手段なのであった。

理性の祭典から最高存在の祭典へ

理性崇拝の祭典は、一連の非キリスト教化キャンペーンの儀式化であり、いわば総仕上げであった。教育改革論議の沸騰とほぼ時を同じくする一七九三年一一月一〇日、ノートルダム聖堂の内陣中央に山（モンターニュ）がしつらえられ、その頂上にギリシア風の神殿が設けられた。四隅にはモンテスキュー、ヴォルテール、ルソーらの胸像が建てられ、神殿の中からは「自由と理性の女神」に扮したオペラ座の女優が現れる。赤いボンネットをかぶった女神は、白いドレスに青のマント、黒檀の槍を手にして緑の玉座に着く。アジテーターが、「狂信はいまや正義と真理に決定的に席を譲った。今後司祭は存在せず、自然が人類に教えた神以外に神は存在しないであろう」と宣言すると、革命賛歌が聖堂いっぱいにこだました。あとは、群衆が狂喜乱舞する祝宴の場と化した。以後数カ月間、理性の祭典はパリの各教会をはじめ、諸県の主要都市で即興演劇のようにくりひろげられた。メルシエによれば、その多くは民衆が反宗教劇を酒肴に痛飲し、熱狂的に乱舞するカーニヴァルのような様相を呈したという。偶像破壊とマスカラードの体系化とも言えるこの革命祭典が、伝統的なフォークロワとしての祝祭と出会い、たがいに融合した瞬間である。

しかし、霊魂不滅を信じる「廉潔の士」ロベスピエールにとって、革命祭典はこのように無神論的でアナーキーなものであってはならなかった。それは、カーニヴァルのような前近代的民俗の再生ではなく、「新しい人間」、共和主義的公民を創るための公教育の一環なのであった。単一にして不可分な共和国の基盤は徳性を備えた民衆にある。その徳性は信仰無くして育まれ得ない。無神論はアリストクラティックであり、もし神が存在しないなら、それを創り出さねばならない。ロベスピエールは、画家ダヴィドに立案させ、九四年六月八日パリ各所に数十万の観衆を動員して「最高存在（神）」の祭典を挙行した。国民衛兵を配して整然と執り行われたこの祭式では、「無信仰」を象徴する怪物の像が焼かれると「叡知」の像が姿を現し、その横には「美徳の司祭」ロベスピエールが厳かに立つ、という理神論的な演出が施されていた。

理性の祭典では、エベール派の呼びかけがあったとはいえ、サン・キュロットの活動家たちや民衆の統制されない民俗的エネルギーの発露が見られたのに対して、最高存在の祭典は、エベールやダントンを粛清した「テルールの司祭」の指令によって周到に練られた、目的意識的な市民宗教の儀式であった。たしかにそれは、新しい政治文化の創造という点では運動の頂点を示すものと言えるだろう。だが、同時にそれは、民衆運動のエネルギーの奔流を抑制し、公民道徳の秩序にキャナライズしようとする性格を合わせもっていた。そしてロベスピエールはこの試みに成功した。しかし、それはまた革命運動を支えていた下からのエネルギーをも収束させる結果となった。二カ月足らずのうちに訪れた彼の失脚とともに、一連の壮大な「文化革命」の波も急速に退潮しはじめる。テルミドール期から総裁政府期には、まだ革命祭典や市民宗教の名残りがみられるが、それも根づかず、しだいに散発的なものとなっていった。

「習俗の革命」は成ったか？

さて、「習俗の革命」ははたしてどの程度達成されたのだろうか。実験の定着のみを基準として考えれば評価は分かれる。たとえば「革命的」に変更された地名はどうだろうか。それらは、政局の右傾化とともに旧に復され、復古王政期には痕跡を残すのみとなった。時間の世俗化も定着しなかった。共和暦は公的には第一帝政の一八〇五年末まで一三年余り存続したが、民衆生活に浸透したとは言い難い。総裁政府の一時期には、旬末の休日（旬日節）を強制したり、旧来の日曜日や守護聖人の日に結婚式を挙行することを禁止したりしたが、長期に遵守されることはなかった。このことは、人々が「時間の世俗化」に抵抗したというよりも、従来の暦の生活テンポがほとんど生理的リズムとして身体化されており、一朝一夕に適応できなかったからだと思われる。また、春夏秋冬というサイクルをもつグレゴリウス暦は農事暦にも適合しており、祝祭日もその自然的リズムに合わせて設定されていた。共和暦が農本主義を打ち出しながら、一年が秋から始まる不自然さを免れなかったのは皮肉であった。さらに、一週七曜に代わる旬日の導入は休日の削減につながったし、杓子定規な適用は、守護聖人日に因んだ多くの休日をも奪うものであった。十進法の合理性は数学的合理性ではあっても、そのままでは日常生活の生理的（身体的）合理性に抵触せざるを得なかったのである。メートル法を中心とする度量衡の統一が革命後も定着したのと、好対照であった。

しかし、カトリック教会の社会的地位については、統領政府期まで回復されなかった。たしかに九五年二月には私的空間での「礼拝の自由」をみとめる法令が規定されている。これは初の政教分離の明文化ともいわれるが、「信教の自由」の容認というよりも、主に財政上の理由から、立憲派教会に特別の地位を認めずいっさいの国家援助もおこなわない、というネガティヴな趣旨によるものであった。新たな宣誓強制や弾圧も断続的におこなわれ、分裂したカトリック教会の状況はテルミドール以後も深刻であった。なによりも、非キリスト教化運動を頂点とする革命期の受難は、教会に当分のあいだ回復不能に近い人的打撃を与えた事実は否定できない。三万人を超える聖職者が亡命、聖職放棄、妻帯などによって持ち場を離れ、その多くは再び戻ってこなかった。しかも新しい聖職者を養成する機関（神学校）が一〇年以上も閉鎖されたため、帝政期の復権に続く復古王政下の再キリスト教化があったとはいえ、一九世紀前半の教会は欠員補充もままならなかった。王政復古なった一八一五年には、司祭のいない小教区が全国に傷跡を残し、それらの地域では長期的な脱キリスト教化傾向が定着していった。一方で、宣誓拒否や革命への抵抗が地域的アイデンティティを覚醒し、以後の政治的スタンスを深く規定したブルターニュのようなケースも少なくない。それらは二〇世紀後半にまで及ぶフランス政治風土の地域偏差の原型を形づくったのである。

これらの現象は、総体として宗教的実践の後退をうながし、宗儀に対するジェンダー格差をも助長した。すなわち復活祭での聖体拝領を男性が忌避する傾向が加速され、「女は教会、男は居酒屋」という、一九世紀におけるソシアビリテ（社交）の場の分化が鮮明になった。革命はまた、日常生活サイクルの中心としての教会の比重を著しく減殺した。都市部をはじめとする、世俗婚、世俗葬の増大は、人々の結婚や死生観の変化を物語る。さらに重要なのは、地方自治体と戸籍法の定着が教会の戸籍業務からの撤退を余儀なくし、その公的地位の後退を決定的にしたことである。これらの変化を綜合すると、大革命の一〇年は、アンシアン・レジーム下からすでに始まっていた長期波動における脱キリスト教化現象に強烈なインパクトを与えてそれを加速し、一部で再キリスト教化や地域主義の覚醒といった反応を伴いながらも、癒しがたいトラウマを残したと言える。

ただ、「モラルの教師」としての教会が公的社会に復権するための手がかりはまだ残されていた。それは初等教育の領域であった。先に見たように、テルールの高揚のなかで見通しもなく法制化された徳育偏重モデルは、ほとんど実体化する暇もなくテルミドールで崩壊した。総裁政府下の一七九五年一〇月、「九五年憲法」の一環として公教育組織法（ドヌー法）が成立し、ようやく教育法制の混乱に一応の終止符が打たれた。しかしこの法令は教育の機会均等と無償制からはほど遠く、初等教育も有償となり、しかも中高等教育とのあいだには大きな断絶が設けられた。重点はもっぱら中央学校の整備にあった。ドヌー法自体は一八〇二年ナポレオンによって廃止されたが、それは結果として一九世紀のエリート主義的複線教育体系の確立を準備するものとなった。他方、無償でも義務でもない初等学校は整備されることなく放置された。コンコルダートで教皇庁と和解したナポレオンは、やがて教育修道会の復活さえ承認するにいたる。結局のところ、第一共和政と帝政は、エリート教育では世俗系システムを生み出したが、初等教育の世俗化は放棄した。このことは、二〇世紀末まで続く反教権闘争に大きな火種をのこす結果となった。そのかぎりでは、習俗の革命は未完に終わった。教育の世俗化をめぐる国家（共和派）と教会との熾烈なヘゲモニー争いは、一九世紀フランス史に鮮烈な通奏低音を提供することになる。

最後に、徳育の問題とはべつに、革命期の言語状況と国語統一政策にもふれておかねばならない。当時グレゴワールがおこなった言語調査では、農村を中心とする一二〇〇万の住民がフランス語を母語とせず、正確なフランス語話者は三〇〇万人程度であったという。当時の人口は二七〇〇〜二八〇〇万人と見積もられるが、この調査の数値は、パリの革命家たちが地方オルグに赴いたとき、彼らの前に立ちはだかった地方言語の壁がいかに大きかったかという事実を物語っている。革命政府による新しい法令の布告は、地方言語に翻訳されねば民衆に届かなかった。そのため反革命のレッテルは地方言語にも貼られた。九四年一月、後に総裁政府をリードするバレールは、国民公会でこう演説している。「われわれは政府や習俗や思想を革命した。さらに言語も革命しよう。連邦主義と迷信はブルトン語を話す。亡命者と共和国への憎悪はドイツ語を話す。反革命はイタリア語を、狂信はバスク語を話す。これら災いをもたらす誤謬の道具を打ち砕こうではないか。」この集権的な文化統合政策は、おのずから地方文化やマイノリティの抑圧につながった。この意味でも初等教育世俗化の立ち遅れは、「単一にして不可分の共和国」への道をさらにいっそう困難なものにしたのである。

（谷川　稔）

4　ナポレオン帝政とヨーロッパ

統領政府

一七九九年一一月九日から一〇日にかけて、総裁政府は打倒され、将軍ナポレオン・ボナパルトが権力を掌握した。

これが世に言うブリュメールのクーデタである。一二月二二日には新しい憲法が発布され、ナポレオンが第一統領となった。共和暦第八年憲法によって強力な執行権をもつ統領政府が樹立された。形式的には三人の統領の合議制であったが、圧倒的な権限を有した第一統領が実質的には統治することになる。立法機関としては三院が設置されたが、元老院は法案の違憲性を審議する権限が与えられたにすぎず、実質的には護民院と立法院の二院制であった。護民院には法案への投票権はあったものの、発議権、修正権はなく、立法院にあったのは投票権だけで審議権さえなかった。このように立法機関の権限は脆弱で、執行権力、特に第一統領の権力の圧倒的な優越は明白であった。もう一つ重要な機関として忘れてはならないのは国務院である。国務院は法律、内政、軍事などの専門家から構成され、統領を補佐して法案や行政庁の命令案作成にあたった。体制の成功は国務院のメンバーの有能さに負うところが大であった。

総裁政府下の経験を踏まえ、選挙による政治的激変を防止するため選挙制度も改変された。男子二一歳以上の普通選挙によってまず市町村の名士リストが作成され、このリストに登録された名士の互選で県名士リスト、さらにその互選で全国的な名士リストが作成され、最後のリストから政府に従順な元老院が護民院と立法院の議員を選ぶことになった。一八〇二年八月の憲法改正によって、リスト方式から選挙会方式に変わるが、市民は候補者を提案するにとどまり、選挙の原理の内実が失われていることに変わりなかった。人民投票制度が残されたが、百日天下の時を含めて三回実施されただけで民主主義からほど遠く、「外見的デモクラシー」にすぎなかったと言えるであろう。

革命の相続人

ナポレオンは一七九九年一二月に声明文を出し、そこで「フランス革命は終わった」と宣言した。しかし、この種の宣言は革命が始まって以来何度も出されており、この段階ではまだ革命終結の意思表明にすぎず、どのような形で終わるかもわからなかった。ナポレオンの声明文は、反革命派、ジャコバン派、対仏大同盟に対して和平を促すメッセージであったが、相手を交渉の場に引きずり出すためにも軍事力の誇示が必要であった。

ナポレオンが最初に取り組まなければならなかったのは国際的孤立や国内の無秩序状態という革命の負の遺産の解決

であった。第一統領は交戦国との和平交渉を再開した。マレンゴの戦勝（一八〇〇年六月一四日）の後、一八〇一年二月九日のオーストリアとのリュネヴィルの和約を手始めに翌年にはイギリスとのアミアンの和約など各国と和平を結び、これによってフランスには一〇年ぶりに平和がもたらされた。また、亡命者の帰国を促し、一八〇二年四月二六日には全般的な恩赦を布告するなど国民和解の政策をとった。他方、一八〇〇年一二月二四日に起こった爆弾テロ事件を口実にジャコバン派と王党派を弾圧したように和睦に応じない国内の反対派は容赦なく弾圧したり、治安を乱す疑いのある者を首都から遠ざけたりした。警察による厳しい監視体制によって、犯罪も減り、治安は安定した。だが言論・出版・集会の自由などの公的諸自由が失われた代償は大きかった。新聞のみならず検閲は文学、演劇にも及び、政府が政治宣伝として絵画などを活用したこともあいまって芸術活動は衰退した。特に演劇に対する規制はきびしく、オペラ座を含めパリの劇場ではレパートリーが決められていた。

ナポレオンはフランス革命によって生じた宗教的分裂を克服するため、カトリック教会との和解にのりだした。北イタリアでの軍事的プレゼンスを背景に一八〇一年七月一五日、ローマ・カトリック教皇庁との間でコンコルダート（政教協約）が締結された。この協約によって、在俗聖職者は国家から俸給を受け取ることになり、代わりに教皇は革命期に没収された教会財産の返還を求めないことに同意した。たしかにコンコルダートの締結は啓蒙思想の継承者を自認するイデオローグと呼ばれる一群の政治家、学者の反発を招いた。しかし帝政期を含めて政府はあらゆる宗教権力から独立しており、この意味で非宗派的であり、革命期の宗教政策をかならずしも否定するものではなかった。一八〇二年にはカトリック教は「フランス人多数派の宗教」とされ、プロテスタントの二宗派（カルヴァン派とルター派）と、公認宗教の間の平等が法律によって規定された。さらに一八〇六年にはユダヤ教が公認宗教と認められている。また革命期に廃止された修道会は一八〇〇年末以降、個別に認可する形で復活を認めたが、認可されたのは教育や看護にあたる女子修道会が中心で、イエズス会の復活は許されなかった。

同時にナポレオンは行政、司法、財政機構改革を行った。直接税徴収を国家が掌握して税収を安定化させ、フランス銀行（一八〇〇年）を設置して独占的に銀行券を発行させた（一八〇三年）。官吏は選挙の原理にかわって、国家元首による任命制となり、ピラミッド型の中央集権的組織に再編された。特に大事なのは地方行政の要に、第一統領によって任命される県知事を設置した（一八〇〇年）ことであろう。県知事の職務は相当部分アンシアン・レジームの地方長官の職務を継承していたが、特権的中間団体が革命期に解体されていたため、中央集権化は格段に効率的なものとなった。

ナポレオンは近代的所有権と家父長的な家族の擁護を中心にすえて、革命後の社会の再編にとりかかった。これを最もよく示すのは一八〇四年三月二一日公布の民法典（「ナポレオン法典」）であろう。民法典によって封建制の廃止と国有財産売却の撤回不可能性が確認されると同時に、私的所有権の絶対、労働の自由、人身の自由、法の前での平等、信仰の自由などが宣言された。このようにナポレオンはフランス革命の社会経済的成果や革命が樹立した近代市民的社会関係を基本的に継承し、制度化することで、ブルジョワジーを中心としたフランス革命の勝者の要求に応えたのである。

ナポレオンの権力はブルジョワジーと裕福な農民層の同盟に依拠していた。売却された国有財産の購入、さらには困窮した貴族が手放した土地の購入を通じて、土地所有農民は相当増加した。封建的特権の廃止により、アンシアン・レジーム期よりも負担も軽くなった農民にとって、農産物価格が高騰したナポレオン時代は帝政末期を除いて「黄金時代」であった。ナポレオン神話が浸透していくのはこの農民層であった。また、ナポレオン時代にはのべ二〇〇万人の兵士が徴兵され、九〇万人が戦死したが、この兵士の主たる供給源でもあった。

図2-2　1801年のコンコルダート締結

ナポレオンは反革命反乱を鎮圧し国内に平和をもたらすために宗教問題を解決しようとした。

出典：*Les Collections de l'Histoire*, no. 20, juillet 2003.

シャルルマーニュの継承者

ブリュメールのクーデタによってただちに独裁体制が確立したわけではなかった。クーデタそのものもシエイエスなど総裁政府の一部の幹部との共謀によるものであった。シエイエスはクーデタ直後に権力闘争に敗れ政界を去るが、議会や軍隊の中にもナポレオンの支配に抵抗する勢力は残っていた。ナポレオンは、第一統領の権限を利用して大臣を入れ替え、イデオローグなどの反対派を議会から排除し、軍隊を粛清しながら権力基盤を強化させていった。こうして一八〇二年八月二日に元老院決議により終身統領に就任し、王党派の陰謀事件を鎮圧したあと、権力を永続化させるため帝政樹立へと向かうのである。だがナポレオンはアンシアン・レジームへの復帰という印象を避けるように腐心していたことを忘れてはならない。王党派の陰謀事件に関与していたことを理由に一八〇四年三月二一日に王族のアンギャン公が銃殺刑にされたが、これはナポレオンが自ら「弑逆者《しぎゃく》」となることによって体制を支える共和派を安心させるねらいがあったという。またブルボン君主政との違いを際立たせるため、注意深く「王」の称号を避け、百合の紋章の代わりにメロヴィング朝の蜜蜂と古代ローマの鷲を帝政のシンボルとした。「皇帝」という称号にはフランスによって併合された領土も含めた領域に対する主権者の意味がこめられていた。

一八〇四年五月、元老院決議によって帝政が成立し、世襲制を含めた帝政の樹立は人民投票にかけられ、九九％の圧倒的多数の賛成で批准された。さらに同年一二月二日、パリのノートルダム大聖堂で、ローマ教皇ピウス七世を招いて聖別式が執り行われた。帝政そのものは法的には元老院決議と人民投票による批准で十分であったが、ナポレオンは自らをシャルルマーニュに似せてフランス君主政の伝統を踏まえた壮大な儀式によって帝政に威厳を与えようとしたのである。しかし、ルイ・ダヴィドに描かせた絵画は別にして儀式自体はかならずしも成功せず、民衆の熱狂も呼ばなかった。しかも共和派からは王権神授説への回帰が懸念された。帝政成立後も、共和政的な要素を払拭することは容易にはできなかった。共和暦が廃止されたのは一八〇六年一月一日のことであり、共和国という表現は一八〇七年まで公文書や貨幣で使われていた。このような共和政的要素の存続は、ナポレオン支配の正統性への疑念と深く結びついていた。ヨーロッパ支配が頂点に達した一八一〇年、ナポレオンはオーストリア皇女マリ・ルイーズと結婚して、アンシアン・レジームの君主政原理にいっそう頼ろうとするが、帝政の永続化には役立たなかった。軍事的敗北による帝政の崩壊は、ナポレオンの権力の最終的なよりどころが軍事力であったことを示している。

名望家とエリート

ナポレオンは旧身分や地方的な対立などを超えた新しい支配階層の育成にとりかかった。この支配階層は「名望家」と呼ばれ、地主であることが共通点であり、ブルジョワジーを中心に旧貴族や富裕化した農民も含まれていた。ナポレオンは納税額と政府に対する支持という二つの尺度に基づいて名望家リストを県知事に作成させ、これらの名望家を県会、郡会、市町村会の地方の諸制度に編入させた。こうして創出された名望家は七万人から一〇万に及び、男子二一歳以上の人口のうち、一〜二％を代表していた。大部分は地主であるが、一部の軍人や官僚がつけ加えられた。国家権力の介在によって地方の新しい支配階層が確定されていったのである。

さらにレジオン・ドヌール勲章（一八〇二年）と帝政貴族の創出（一八〇八年）によって全国的なレベルの名望家層の創出が目指された。帝政貴族はアンシアン・レジームの貴族と革命以後台頭した新しいエリートの融合を目指したものであった。約三六〇〇の爵位が創設されたが、叙爵された者のなかにはモンモランシー、モンテスキューなどの名門大貴族に並んで政治家フーシェ、画家のダヴィドといった帝政を支えた名士が並んでいる。叙爵された者を職業別で見れば大半は軍人で、続いて高級官僚が多かった。社会層別ではブルジョワジーが過半を占めているが、実業ブルジョワの叙爵はすくなく、一八〇九〜一〇年以降増加するにすぎない。なお叙爵は身分的特権はともなわず、公文書の上では「貴族」という言葉は注意深く避けられ、授与されたのは貴族身分ではなくあくまで「爵位」であった。

ナポレオン時代、立身出世の一番の早道は軍隊に入り、軍功をたてることであった。士官は名望家の社会のなかで一定の地位を得ていた。ただし、一兵卒から士官になる可能性は革命期に比べて減少している。理工科学校や各種兵学校への入学が士官になる道として推奨されたが、高学費を払うことができるのはエリート階層に限定されていた。士官は交際関係を監視され、結婚も規制を受けたが、俸給は悪くなく一定の安楽さを享受できた。将軍になれば知事の俸給の五倍をとり、爵位を授与された。だがナポレオンは国家機構の重職に士官を用いることはほとんどなかった。彼は文官による行政を好み、陸軍の行政を改革し、兵士の昇進を将軍の恣意から中央行政のコントロールのもとに置いた。他方、軍隊は帝政の諸制度の原型として役立った。官吏は軍隊的な厳しい規律に服し、わずかな過ちでも厳しく処罰された。

軍隊のモデルは教育にも適用された。一八〇二年にフランス革命期に作られた中央学校を廃止し、代わりに国立の中等学校リセを設置した。リセは官僚と士官、すなわち国家機構の将来の幹部を養成する役割が与えられた。リセではアンシアン・レジーム期のコレージュと同様に古典人文学が重視されたが、生徒に軍服に似せた制服着用の義務を課し、学校生活に軍隊的な規律が導入されることになった。また一八〇六年に中等教育以上の教育を管轄する教職員の自律的団体である帝国ユニヴェルシテが創設され、〇八年にはバカロレアなどの学位授与権と、教育に対する独占的な監督・規制の権限がこの機関に与えられた。帝国ユニヴェルシテは軍隊と同様位階制をとり、士官と同様にリセの教授は制服着用が義務づけられ、厳格な規律を課されていた。

ヨーロッパ支配とその崩壊

フランス革命期と帝政期を通じてフランスの主要な敵国はイギリスであり、ナポレオン時代の戦争は一八世紀に始まる両国の覇権争いの最終局面でもあった。ナポレオンはイギリスに対する経済的な立ち遅れを国家主導で取り戻そうとし、イギリスからの工業技術の導入など積極的にフランス工業の保護育成政策をとり、かつての植民地帝国の復活を試みた。ナポレオンが権力の座に着いたとき、フランスの海外領土はアンチール諸島、セネガル、インド洋のなかのいくつかの領土だけになっていた。しかもカリブ海の砂糖植民地サンドマング島では黒人奴隷の蜂起がおこり、一七九四年に黒人奴隷制が廃止されていた。彼は失われた植民地をアミアンの講和で取り戻すことに成功した。そして一八〇二年に奴隷制廃止を撤回し、サンドマングに大軍を派遣した。しかし遠征は失敗し、逆に一八〇四年ハイチ共和国の独立を招いてしまう。また、一八〇三年にルイジアナ植民地をアメリカ合衆国に売却しているが、長期的に考えればフランスにとって大きな損失であった。

一八〇三年、アミアンの講和が破れてイギリスとの戦争が再び始まった。一八〇五年一〇月二一日、トラファルガー沖の海戦でイギリス軍に敗北し、イギリス上陸作戦を断念した。だが、ナポレオンは大陸では優位に戦いをすすめ、同年一二月二日、アウステルリッツの戦いでロシア・オーストリア連合軍に勝利し、一八〇六年一〇月一四日イエナとア

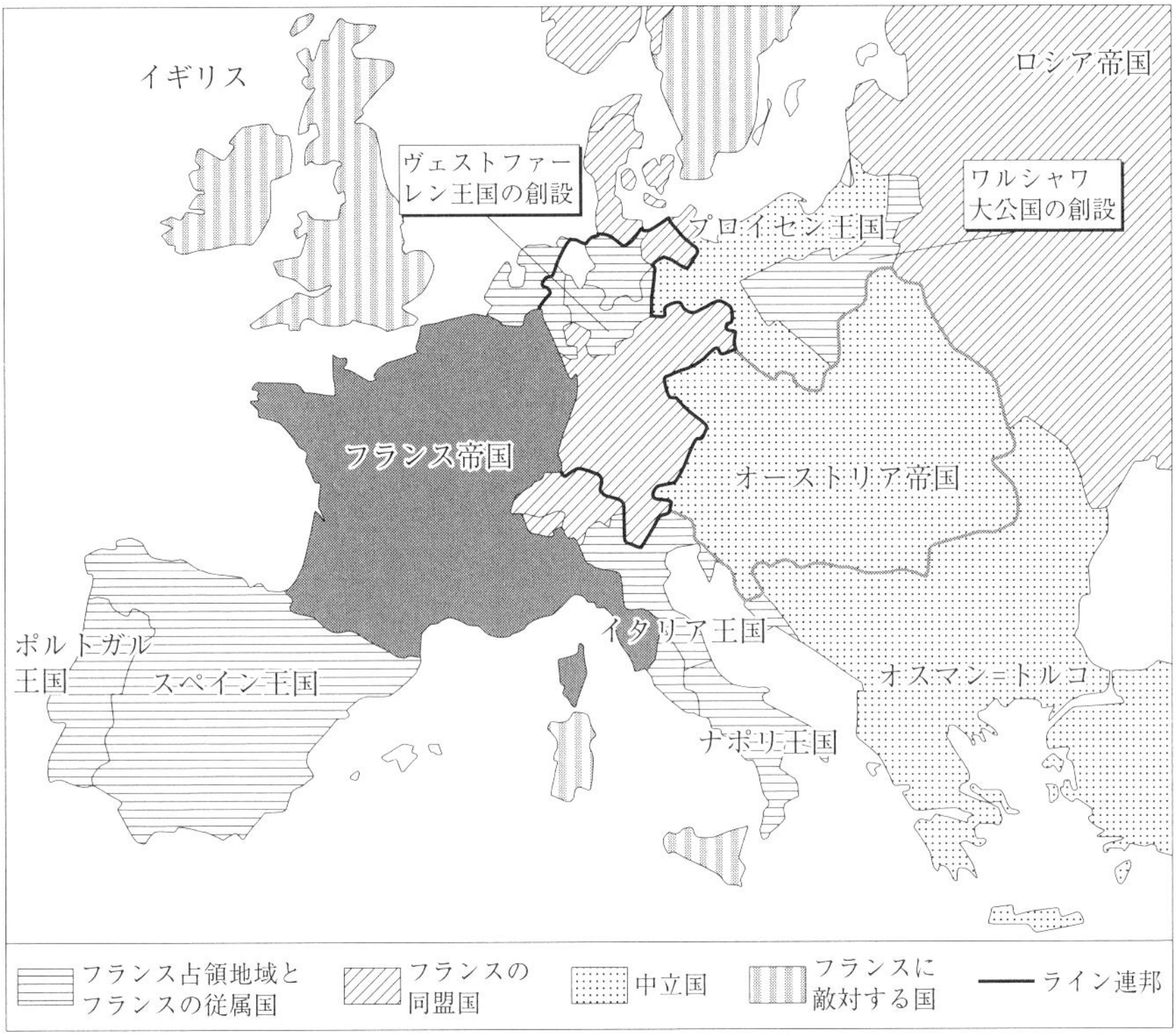

図2-3　1807年のチルジット和約後のヨーロッパ

出典：François Furet, *La Révolution: de Turgot à Jules Ferry: 1770-1880*, Paris, 1988, p. 231.

ウエルシュタットでプロイセン軍を敗北させた。こうして、フランス帝国は北海の大陸側のすべての海岸線とバルト海の海岸線の一部をコントロールできるようになった。直後の一八〇六年一一月二一日、ナポレオンはベルリンでイギリス諸島の封鎖令を出した（「ベルリン勅令」）。いわゆる大陸封鎖である。大陸封鎖によってフランスは同盟国にイギリス商品やイギリス経由の商品の輸入禁止を強制した。ナポレオンは工業化が始まったばかりでまだ競争力に乏しいフランス工業を保護し、大陸の市場を確保すると同時に、工業製品のはけ口を失ったイギリスが過剰生産となり、ついには社会的経済的な危機に陥ることを期待していた。しかし、イギリスとの密貿易を完全には取り締まることはできなかったうえ、フランス工業はかならずしも大陸において競争力の点で優位にたっていなかったため大陸を市場として確保できなかった。逆にイギリスはフランスだけでなく他の大陸諸国の海外領土を征服したり、ポルトガルなどの海外領土の権益を獲得していった。

大陸封鎖令を出した後、一八〇七年にはポーランドに侵攻し、同年七月にロシア、プロイセンとチルジットの和約を結び、フランスの影響下にワルシャワ大公国が誕生した。一八一〇年には大陸の列強のほとんどがナポレオンの支配を受け入れるようになった。フランス帝国は一三〇県を数え、併合地域はハンブルクからスペインのバルセロナ、アムステルダムからローマまで拡大した。さらにその周りにライン連邦（一八〇六年七月に結成）、自分の親族や副官を国王にすえたナポリ、オランダ、ヴェストファーレン、イタリアの各王国が従属国として取り巻いていた。ナポレオンの支配はゆるぎないように見えたが、すでに崩壊の兆しが見えていた。兄ジョゼフを国王として送り込んだスペインではゲリラ活動がいっこうにやまなかった。教皇ピウス七世との関係は悪化し、一八〇九年教皇によるナポレオンの破門へと発展した。ナポレオンは教皇の逮捕、フォンテーヌブローへの幽閉（一八一二年）でこれに応酬したが、カトリック教徒の間には反ナポレオン意識が広がっていった。

一八一〇年一二月、ロシア皇帝はフランスからの輸入品に課税し、イギリス船舶に港を開くことを決定した。これに対して、一八一二年ナポレオンは総数六〇万の兵を率いてロシア遠征に向かった。遠征軍はフランス兵のほか、ドイツ、ポーランド、イタリア兵が加わり、まさしく多国籍軍であった。しかしこの遠征は無残な失敗に終わった。ナポレオンの致命的な誤りは、この戦争がロシア民衆にとって祖国防衛戦争となっている点を考慮しなかったことにある。他の諸国でもナショナリズムの高揚が見られた。プロイセン、オーストリアが反ナポレオンにまわり、ライン連邦諸国にも動揺がひろがった。一八一三年一〇月のライプチヒの戦い（「諸国民戦争」）でナポレオンは決定的な敗北を喫し、対仏同盟軍は翌年一月フランスに侵入した。三月三一日パリが占領され、四月六日、ナポレオンはパリ近郊のフォンテーヌブローで退位し、エルバ島に流された。

ナポレオンの大陸支配はあくまでフランスとナポレオンの個人的な利害のためにおこなわれたものである。しかし、一八世紀から続いている一連のヨーロッパ再編の動きのなかで考えてみると別の面が見えてくる。フランス民法典はベ

図２－４　フランス民法典の普及

出典：Dimitri Casali (dir.), *Napoléon Bonaparte*, Larousse, 2004, p. 121.

ルギー、ライン左岸、ポーランド、イタリアなどでその後も使われたし、大陸封鎖のために海岸線に沿って作られた税関吏のネットワークも経済統合を進めた点で評価できるであろう。ナポレオンは連邦制を構想していたわけではないし、建設された諸国はいずれも中小規模で国民国家の原理にたって諸邦を統合したわけでもないが、ナポレオンは意図せずしてドイツやイタリアなどの統一を準備したといえよう。一八一四〜一五年にウィーン会議が開催され、ナポレオン没落後の新しいヨーロッパ国際秩序が議論される。自由主義と国民主義の運動を抑圧するためにも国際的な連携が必要な時代になっていた。こうしてナポレオンの大陸支配はヨーロッパの統合に新しい段階を画すことになったのである。

（上垣　豊）

参考文献

ジャック・ゴデショ著、平山栄一訳、『反革命──理論と行動 1789-1804』みすず書房、一九八六年。

柴田三千雄『パリのフランス革命』岩波書店、一九八八年。

河野健二編『資料 フランス革命』岩波書店、一九八九年。

フランソワ・フュレ著、大津真作訳『フランス革命を考える』岩波書店、一九八九年。

リン・ハント著、松浦義弘訳『フランス革命の政治文化』平凡社、一九八九年。

柴田三千雄『フランス革命』岩波書店、一九八九年。

立川孝一『フランス革命──祭典の図像学』中公新書、一九八九年。

遅塚忠躬『ロベスピエールとドリヴィエ』東京大学出版会、一九八九年。

ルイ・セバスチアン・メルシエ著、原宏編訳『一八世紀パリ生活誌』岩波文庫、一九八九年。

ルネ・セディヨ著、山崎耕一訳『フランス革命の代償』草思社、一九九一年。

ミシェル・ヴォヴェル著、谷川稔・天野知恵子・平野千果子・田中正人訳『フランス革命と教会』人文書院、一九九二年。

岡本明『ナポレオン体制への道』ミネルヴァ書房、一九九二年。

本池立『ナポレオン──革命と戦争』世界書院、一九九二年。

服部春彦・谷川稔編『フランス近代史——ブルボン王朝から第五共和政へ』ミネルヴァ書房、一九九三年。

フランソワ・フュレ／モナ・オズーフ著、河野健二・阪上孝・富永茂樹監訳『フランス革命事典』全二巻、みすず書房、一九九五年。

森山軍治郎『ヴァンデ戦争——フランス革命を問い直す』筑摩書房、一九九六年。

柴田三千雄・樺山紘一・福井憲彦編『フランス史2——16世紀～19世紀半ば』山川出版社、一九九六年。

谷川稔『十字架と三色旗——もうひとつの近代フランス』山川出版社、一九九七年。

松浦義弘『フランス革命の社会史』山川出版社、一九九七年。

ジョルジュ・ルフェーヴル著、高橋幸八郎・柴田三千雄・遅塚忠躬訳『一七八九年——フランス革命序論』岩波文庫、一九九八年。

アレクシス・ド・トクヴィル著、小山勉訳『旧体制と大革命』ちくま学芸文庫、一九九八年。

五十嵐武士・福井憲彦『アメリカとフランスの革命』中央公論社、一九九八年。

浜忠雄『ハイチ革命とフランス革命』北海道大学図書刊行会、一九九八年。

リン・ハント著、西川長夫・平野千果子・天野知恵子訳『フランス革命と家族ロマンス』平凡社、一九九九年。

谷川稔・北原敦・鈴木健夫・村岡健二『世界の歴史22　近代ヨーロッパの情熱と苦悩』中央公論新社、一九九九年。

ティエリー・レンツ著、福井憲彦監修、遠藤ゆかり訳『ナポレオンの生涯』創元社、一九九九年。

服部春彦・谷川稔編『フランス史からの問い』山川出版社、二〇〇〇年。

杉本淑彦『ナポレオン伝説とパリ——記憶史への挑戦』山川出版社、二〇〇二年。

浜忠雄『カリブからの問い——ハイチ革命と近代世界』岩波書店、二〇〇三年。

安藤隆穂編『フランス革命と公共性』名古屋大学出版会、二〇〇三年。

竹中幸史『フランス革命と結社——政治的ソシアビリテによる文化変容』昭和堂、二〇〇五年。

ティモシー・ブラニング著、天野知恵子訳『フランス革命』岩波書店、二〇〇五年。

小井高志『リヨンのフランス革命——自由か平等か』立教大学出版会、二〇〇六年。

天野知恵子『子どもと学校の世紀——一八世紀フランスの社会文化史』岩波書店、二〇〇七年。

扉図出典：（上）Georges Duvy (dir.), *Histoire de la France, dynasties et révolutions de 1848 à 1852*, Larousse, 1971.
（下）Thierry Lentz (dir.), *Le Sacre de Napoléon*, Paris, 2003.

コラムⅢ

フランス革命の意味
——「神話」の行方——

谷川　稔

未完に終わったとはいえ、フランス革命が近代史上最大の事件であったことは疑いえない。それはまず「単一にして不可分」の近代国民国家を生み出す画期となった。ナポレオン期における集権的官僚機構の再編、徴兵制による暴力装置の国家独占、統一民法典の編纂などの政治統合は、すべて革命期の地ならしをへて実現されたものである。国制史的にいいかえれば、フランス革命は絶対王政という既存の国家システムを解体し、身分的・地域的特権と社団的社会編成に基づく社団国家から、市民的平等と国民主権をたてまえとする立憲制国民国家への転換に、決定的役割を果たした政治革命であった。さらに「ネイションの物語」になぞらえれば、それはフランス国民＝公民を創り出そうとした文化統合の試みであり、いわば習俗の革命であった。文化統合の完成は、本書でみるように、一〇〇年後の第三共和政期まで待たねばならなかったのだが、その淵源は良くも悪くも革命期にもとめられる。再生をキイワードとする習俗の革命は、フランス革命の奥行きを示すものであると同時に、その危うさを象徴するものでもあった。「新しい人間」の創造という理想は、「政治は人間を変えうる、変えるべきだ」という信念の表出であり、一歩まちがえば全体主義イデオロギー注入のための具に転化しかねなかった。また、言語統一政策にみられるように、均質的文化空間の創出を目指した集権的政策は、地域文化や少数言語などマイノリティ文化の抑圧を伴った。国民統合は一種の線引きでもあり、統合の強化は排除の強化と表裏一体であったことも忘れてはならない。

もっと重要なことは、このナショナル・レヴェルの変革が、革命戦争とナポレオン戦争を通じて国境を越え、ヨーロッパ各地にあたかも聖戦のようなひろがりをみせたことである。一九世紀のなかば過ぎ、トクヴィルはこのように評している。「フランス革命はフランスの改革というよりも人類の再生を目指していたふしがある。そのため宣教活動を生み出し、宣伝活動を開始した。それはかつて人々を恐怖に陥れた宗教革命の様相を呈しかねなかった。いや、むしろ、それはある種の新しい宗教となった。じつにこの宗教には神もなく、礼拝もなく、また来世もないけれども、イスラーム教と同じく、全地上をみずからの兵士、布教者、殉教者であふれさせた未完の宗教となった」と。すなわち、フランス革命は一国の変革にとどまらず、ヨーロッパ各地でナショナリズムを喚起し、自由主義・民主主義運動を後押しする革命神話を提供した。バイエルンやプロイセンの国制改革、ベルギーの独立、イタリア、ドイツの統一等々は、フランス革命とその延長上にあるナポレオン支配や二月革命のインパクトなくして語りえない。まさに、宗教改革以来のヨーロッパ革命であった。

さらには、大西洋をはさんだハイチをはじめラテン・アメリカ諸国の独立を誘発し、いわゆる大西洋革命の震源ともなった。二〇世紀に入ってからも、バスチーユ攻略、人権宣言などフランス革命の記憶は、世界各地の民主化運動や革命運動で形を変えてよみがえる。それはソ連邦崩壊までの二〇〇年間、民主主義のいわば原理主義的布教活動の原点となり、ある種の永続革命、世界革命の性格を帯び続けたのである。もっとも、それは普遍主義の意匠をこらした西欧文化帝国主義の侵略的イデオロギーとしても機能し続けたのだけれども。このような世俗宗教的ともいえる革命神話が世界中に広まった背景として、フランス革命の民衆性と暴力性、そしてそれゆえに払われた犠牲の大きさという要素を無視できない。それは史上初ともいうべき、民衆的暴力の主体的かつ持続的介入によって成立し維持された革命であった。ちなみに、この間の死者は、ヴァンデ内戦とナポレオン戦争をもあわせると二〇〇万人、両次大戦を合算した数値にほぼ匹敵する。

一方、フランス革命はながらくブルジョワ革命とよばれてきたが、近年これに留保を求める説も多い。たしかにこの革命は一九世紀に遅れてやってくるフランス産業革命の露払い的役割を果たした。すなわち革命は、封建制の残滓を一掃し、商品の生産・流通に関する諸規制を撤廃して国内市場の一円性をもたらした。また私的所有権の不可侵と経済活動の自由を確立し、フランス資本主義が全面展開するうえでの法的前提条件をつくりだした。ただし、それは資本家＝実業ブルジョワが革命の担い手であったとか、彼らを政治的支配階級に押し上げたという意味ではない。政権の重要な担い手は非実業ブルジョワであったし、民衆運動の動機は、「反封建領主・反貴族」であると同時に、「反資本家・反自由経済」でもあった。むしろ革命期の混乱は工業生産や貿易を停滞させ、短期的にみれば資本主義経済の発展をあきらかに阻害した。フランス革命は、多くの担い手の意に反して国民国家の一要素である国内経済統合を、結果的にもたらしたとみるべきかもしれない。なによりも革命はフランス植民地帝国の崩壊をきたし、イギリスとの経済的覇権争いで最終的敗北を喫する要因となった。資本主義的世界システム論の主唱者ウォラーステインも、フランス革命の混乱とナポレオン戦争の敗北が大英帝国のヘゲモニー確立に貢献したとみる。彼はまた、フランス革命が「近代世界システム史上初の、意義ある反資本主義的システム運動」つまり強力な民衆運動をひき起こしたことをも重視する。この運動自体は失敗に終わったとはいえ以後の反システム運動の精神的基礎となり続けたのであり、これはフランス革命がブルジョワ革命でなかったがゆえの現象だと解釈している。今日風に言えば、反グローバル化運動の原点であったのかもしれない。

コラムⅣ

ナポレオン伝説

上垣　豊

凱旋門、大聖堂、サクレ・クール寺院と壮麗な建物にはことかかないパリの街であるが、そのなかでもナポレオンが眠るアンヴァリッドの金色に光るドームは独特の威容を誇っている。まわりには軍事博物館、士官学校などがあり、一帯はあたかもフランス・ナショナリズムと軍国主義のメッカのごとくである。観光客もフランス共和国の偉人を祀ったパンテオンよりもアンヴァリッドのほうが圧倒的に多い。革命神話はナポレオン伝説の前では影が薄いようだ。

文学・芸術のなかでもナポレオンは英雄として礼賛されてきた。バルザック、スタンダール、ユゴーなどフランスの文学者が心酔しただけではない。ハイネ、バイロン、トルストイなど英雄ナポレオンを礼賛している外国の文学者は少なくない。だが、フランスのみならず世界中でもナポレオンの人気が根強いのは、フランス革命という近代社会を産み落とした大激動のなかで登場し、革命後のフランスで権力を掌握したことが与って大きい。西川長夫氏が指摘しているように、ナポレオン伝説は近代社会の誕生にかかわる伝説であった。伝説のなかで称えられるナポレオンの功績はそれをよく示している。フランス革命の諸原理の擁護、党派的利害を超えた国民の和解と統合、近代フランスの創設、軍事的栄光、ヨーロッパ統合の先駆、等々。功績はナポレオンが独り占めし、ミラボー、ダントン、ロベスピエールも、その前座をつとめたにすぎないかのようである。

伝説といっても古来の民間伝承とは違い、ナポレオン伝説は多分に人為的に創造されたものであった。プロパガンダの重要性を認識していたナポレオン自身の自己宣伝が伝説形成に大きな寄与をした。早くも一七九七年のイタリア戦役の時に軍報を通じて自己宣伝をおこなったが、これがナポレオン伝説の誕生の時だとされている。その後も新聞、教理問答、絵画を通じて自己の神話化をおこなっていった。特にルイ・ダヴィド、グロ、アングルなどの新古典主義の画家の果たした役割は大きい。ナポレオンが没落した後も、新聞、雑誌、絵画、流行歌、等々の媒体を通して伝説は広められた。またナポレオン伝説は帰郷した退役軍人などによって農民に伝えられた。ただし、こうした帝国陸軍の老兵士のイメージそれ自体、ベランジェのシャンソンやシャルレなどの版画によって創造された面があるのは否めない。退役した農民兵士の実際の生活はわずかな恩給で暮らさざるを得なかったため貧しく、伝説によって信じられているほどには政治的に活動していなかった。

　ナポレオン伝説の歴史はナショナリズムの歴史でもある。一八一五年にナポレオンが没落すると兵士の命を容赦なく使い捨てる「人食い鬼」「悪魔」などと断罪する暗黒伝説が流行した。だが一八二一年ナポレオンの死去を契機に再びナポレオンを礼賛する黄金伝説が支配的となっていった。ナポレオンを礼賛する回想録が数多く出版されるが、なかでも重要なのはナポレオンの口述筆記をラス・カーズがまとめた『セント・ヘレナ回想録』である。ナポレオンは自由主義とナショナリズムを一身に体現する英雄となった。一八三〇年の七月革命の後、ヴァンドームの円柱の頂に皇帝の銅像が蘇り、一八四〇年には遺骸がセント・ヘレナ島から返還された。こうしたナポレオン伝説の高揚をうまく利用し帝政を復活したのが甥のルイ・ナポレオンである。

図Ⅳ-1　ルーヴル宮のスイス人警護兵に勲章を見せびらかす旧従軍兵士

戦争で手足を失った元兵士の姿は19世紀の図像の中ではなじみのものである。

出典：（テオフィル・ジェリコの1819年作のリトグラフに基づく）*Collections de l'Histoire*, no. 20, p. 83.

　ところが、第二帝政下で皮肉なことにナポレオン伝説は衰退した。ナポレオン伝説が再びよみがえるのは一八八〇年代末以降、対独復讐熱が高揚する時期である。ナショナリスト右翼の論客バレスは熱狂的なナポレオン崇拝者であったことが知られている。さらに一九二一年、第一次世界大戦のナショナリズムの高揚がまだ冷めていないなか、ナポレオン没後百周年記念の祝賀行事が盛大に営まれた。

　その後、ナポレオン伝説は一九六〇年以降、新しい局面を迎える。ドゴール派はナポレオンに大変好意的であり、ドゴールとナポレオン王子の関係は友好的な関係にあったことが知られている。一九六九年には大規模な全国シンポジウムが開催されているが、これは前年に起こった「五月革命」の影響を打ち消すのが目的の一つであったと言われている。

　ナポレオンは伝記、歴史小説、テレビ・ドラマ、演劇の主人公として現在も健在である。それにしても自由と民主主義を基本原理としているはずの現代社会でなぜ英雄が好まれるのであろうか。それはフランス革命がナポレオン独裁に帰着した問題と重なっている。ナポレオン伝説は大衆民主主義の時代における英雄崇拝の問題を提起しているのである。

第三章　カトリック王政からブルジョワ王政へ

上垣　豊

イエズス会の出発

アンリ・モニエのデッサン。1828年，マルティニャック内閣が出した政令によってイエズス会は追放された。イエズス会士がモリエール，パスカル，モンロジエなどと書かれた紙爆弾を浴びている。空を飛んでいる鳥，左下に見える七面鳥はイエズス会士を表す。足元のマスクと鞭もイエズス会風刺につきものの標章である。

七月革命の市街戦で活躍した職人労働者

「おおそうだ，炭焼き職人がご主人様だ」というタイトルのリトグラフ。七月革命のバリケード戦では共和派に率いられたパリの職人労働者が主要な役割を果たした。しかし，彼らの労働条件に関する要求は革命後に樹立された政府によって無視された。

1814	4.ナポレオンが退位。5.ルイ18世パリ入城。6.憲章公布。日曜休業を義務づける王令
1815	3.ナポレオンの百日天下（～6.）。6.ワーテルローの戦い。7.ルイ18世復位（第二王政復古）。8.選挙でユルトラ（過激王党派）が大勝，「またと見出しがたい議会」。9.リシュリュー内閣成立。12.ネー将軍の処刑
1816	9～10.選挙で政府与党勝利
1817	2.都市部に住む商工業者に有利な選挙法（レネ法）成立
1820	2.ベリー公暗殺事件
1821	5.ナポレオン死去。12.ユルトラ派の内閣成立
1824	9.シャルル10世即位
1825	4.瀆聖禁止令，「亡命貴族の10億フラン法」。5.聖別式
1826	4.長子相続法案が貴族院で否決される
1828	1.マルティニャック内閣成立。6.イエズス会の追放
1829	8.ポリニャック内閣成立
1830	1.『ナシオナル』紙の創刊。7.アルジェ占領。7.27.～29.七月革命（栄光の三日間）。8.ルイ・フィリップ即位。11.ラフィット内閣成立（～31.3.）
1831	2.パリで反教権主義暴動。3.市町村議会に選挙制を導入する法律。4.新選挙法。11.リヨンの絹織工の蜂起
1832	6.パリで共和派が蜂起
1833	6.初等教育に関する法（ギゾー法）
1834	4.結社法改悪
1835	9.出版の自由を制限する諸法
1836	2.チエール内閣成立（～9.）
1837	9.歴史記念物委員会の設置
1840	3.第二次チエール内閣成立。7.東方問題でフランスが孤立。10.スールト内閣成立。外相にギゾー。12.ナポレオンの遺骸がパリに帰還
1842	2.ウジェーヌ・シューの『パリの秘密』が新聞に連載される（～43）
1843	7.ミシュレとキネの共著『イエズス会士』が刊行
1847	7.改革宴会のキャンペーン始まる

1　復古王政

ブルボン王政復古

一八一四年一月にフランスに侵攻した対仏連合軍は、三月三一日にパリに入城した。四月二日、元老院はタレイランを首班とする暫定政府の樹立と皇帝廃位を決議し、ナポレオンはついに四月六日フォンテーヌブローで退位した。事態の急変に対して、それまで帝政を支えていた名望家に動揺が走り、帝政を見捨て、新しい体制の樹立へと向かったのである。ところで、ナポレオン退位後のフランスの体制については王政復古が既定の路線となってはいなかった。連合国は必ずしもブルボン王政復古を支持していたわけではない。ブルボン王政復古にロシア皇帝などが同意したのは、正統主義の原理を掲げたタレイランの力が大きかった。そして彼の背後には、王政復古と引き換えに個人的利害と国民主権などのフランス革命の成果を守ろうとしていた元老院議員の多数派がいた。

五月三日、ルイ一八世が、反革命の旗印であった百合の紋章のついた白旗のはためくなか、パリに入城し、六月四日、憲章（シャルト）を公布した。この憲章は、法の前の平等、所有権、出版の自由などフランス革命の社会的経済的成果をおおむね認めたものであった。イギリスをモデルに、世襲の議員からなる貴族院と選挙によって選ばれる代議院の二院制がしかれたが、代議院の選挙権は年三〇〇フラン以上の直接税を払う三〇歳以上の男子に限定され、有権者はわずか九万人であり、地方行政には選挙制は導入されなかった。国王は行政権、司法権、法案の発議権をもち、神聖不可侵で無答責とされ、緊急大権が認められていた。しかしまがりなりにも議会政治が定着していく点は評価されるべきであろう。復古王政が依拠しようとした社会層は、大地主を中心とした名望家層であり、レジオン・ドヌール勲章の維持や帝政貴族の爵位を認めるなど、大枠としては帝政がすすめた新旧名望家の融合政策を継承した。新設された貴族院のなかにも旧元老院議員がかなり残っており、貴族院の構成にも新旧エリートの融合政策を見てとれる。ユニヴェルシテの公教育体制、地方行政などナポレオンが整備した行財政制度も基本的に受け継がれている。

だが憲章は反革命の精神によって貫かれていた。憲章前文ではアンシアン・レジーム期での王政改革との連続性は語られても、フランス革命による断絶は「過去の傷跡」としてしか触れられていない。ルイ一八世は憲章をモプーの改革と同様に王国基本法を維持する枠内での部分的修正としてしか考えておらず、あやうく勅令と銘打つところであったという。特に宗教政策面での復古性は顕著で、公認宗教の信仰の自由は認められたものの、カトリック教が国教の地位に戻り、王権神授説に立って国民主権を否定した。

政府はカトリック的フランスの再建を目指して、日曜休業の義務化を法制化し、聖体の祝日に行列が通る沿道のすべての家に飾りつけを命じた。九月には革命期に没収され、国有化された亡命者の財産のなかでまだ未売却の部分を元の所有者に返還することを決定した。元亡命貴族のなかからは売却ずみの国有財産までも返還する声が強まり、国有財産取得者の不安を募らせた。そして翌一五年一月二一日、数日前に掘り起こされたばかりのルイ一六世とマリ・アントワネットの遺骸をサン・ドニ修道院に埋葬する贖罪の儀式がおこなわれた。このようにフランス全体が「革命の誤り」を償うように促されたのである。

百日天下から自由主義的改革へ

ブルジョワジーは急速に第一王政復古に失望していった。さらに兵士を大量に除隊させ、一四年一二月一六日の王令によって多くの士官を予備役に回し、そのうえ俸給を半額にしたので、かつて帝政の支柱であった軍隊の不満を募らせた。こうしたなかでナポレオンは一五年三月一日エルバ島を脱出し、さしたる抵抗もうけずに三月二〇日にパリに入城し、権力を掌握した。これがいわゆるナポレオンの百日天下の始まりである。

ナポレオンは権力の座に返り咲いてから、自由派の思想家バンジャマン・コンスタンに新しい憲法草案を起草させ、「帝国憲法付加法」として制定した。この新しい憲法は名望家の支持を得るために自由主義的な内容になっていた。だが、ヨーロッパの国際秩序はナポレオンの権力復帰を容認しなかった。六月一八日連合軍はワーテルローの戦いでナポレオン軍を破り、ナポレオンは大西洋に浮かぶ英領の孤島、セント・ヘレナ島に流されることになった。七月八日に再びルイ一八世がパリに帰還する（第二王政復古）。第一王政復古で失敗したルイ一八世を危ぶむ声が連合国のなかにも強くあったが、それをおしきって亡命先のベルギーのガンからパリにルイ一八世が再び戻ることができたのは、ワーテルローの英雄、ウェリントン将軍の後押しが大きかった。フランス側ではタレイランとフーシェがウェリントンの意向を受けて第二王政復古の準備をおこなった。

六月末から八月末にかけて南部では「信仰騎士団」などの王党派の秘密結社が暗躍し、白色テロルが荒れ狂い、カトリック民衆によってプロテスタントを含めたボナパルト派の住民数百名が殺害された。領土の三分の二が外国軍によってまだ占領されているなかで実施された八月末の代議院選挙で百日天下に加担した自由派は壊滅し、タレイラン内閣を批判するユルトラ（過激王党派）が大勝した。この議会は「またと見出しがたい議会」と呼ばれている。ユルトラはカトリック教に基づき、貴族を頂点とする階層化された社会への郷愁を抱いていた。青年時代にフランス革命を経験し、辛酸をなめた彼らは啓蒙思想を拒絶し、教会財産の回復と聖職者の教育への影響力の強化を主張していた。九月末にルイ一八世によってタレイランが更迭され、リシュリューが首相に任命された。一〇月から年末にかけて一連の反動立法が成立した。たとえば裁判所に逮捕状を請求しなくても不敬罪や国家反逆罪の被疑者の一時拘留を可能にする法案や臨時即決裁判所設置法案が可決されている。陸軍省、内務省を中心に六万人以上の官吏が罷免され、アカデミー・フランセーズでも一一人が追放されている。こうしたなかでナポレオンの副官ネー将軍が一二月に処刑された。

しかし、内閣は議会の行きすぎをおさえようとした。警察大臣ドカーズは国王にユルトラの主張は王朝にとって危険な貴族反動の思想であり、議会に反対してブルジョワジーの利害にかなう政策をとるべきだと説得した。議会と政府のこの抗争のなかで国王は内閣を支持した。一八一六年九月、ルイ一八世によって解散され、九月二五日～一〇月四日の選挙でユルトラは敗北し、政府与党が議会多数派となった。一七年末には首相を除き、帝政に仕えた人々が大臣をはじめ政府のすべてのポストを占め、ユルトラの県知事も徐々に更迭されたので、ナポレオン流の中央集権化はかえって強められることになった。この時期には都市部に住む商工業者に有利な新選挙法（レネ法、一八一七年成立）など自由主義的な立法が成立しているが、これらを立案したのはロワイエ・コラール、ギゾーら純理派と呼ばれる人々であった。このようにして短期間ではあるが、革命後の新しいフランスを代表する勢力が政治を主導することになる。レネ法のもとで実施された選挙で、ユルトラは議席を後退させ、逆にラファイエット、バンジャマン・コンスタン、さらには「弑逆者」グレゴワールら左翼反対派が議会に進出していった。

玉座と祭壇の同盟

だが自由主義的改革の時期は短かった。ヨーロッパの国際情勢も不利に作用した。一八一九年からドイツなどで自由主義的、国民主義的運動の高揚があっただけに、列強からフランスにおける自由派の進出が強く警戒された。そのなかで、一八二〇年二月一三日、王弟アルトワ伯の次男、ベリー公の暗殺事件がおこった。ブルボン王家は子宝に恵まれず、王統の存続は四年前に結婚していたベリー公に託されていた。公妃はすでに懐妊しており、秋に男子を出産することになるが、この事件を契機に政治反動がおこり、事前検閲が復活し、高額納税者には二度投票をおこなう権利を与える「二重投票法」が成立する。

一八二一年一二月にはヴィレールを中心とする初のユルトラ内閣が成立した（ヴィレールが首相となったのは翌年一二月）。ヴィレールによって自由派やボナパルト派の官吏が罷免され、聖職者が情報提供や官吏のポストへの推挙をとおして大きな権勢をふるった。パンテオンは礼拝に戻され、ヴォルテールとルソーの遺骸が撤去された。一八二四年の代議院選挙ではユルトラが大勝した。代議士の半数以上は亡命貴族であり、新議会は「再び見出された議会」と呼ばれた。同年九月一六日ルイ一八世が死去し、ユルトラの首領である弟のアルトワ伯が即位して、シャルル一〇世を名乗った。それまで比較的慎重な政治姿勢を維持していたヴィレールであったが、シャルル一〇世の圧力を受けて復古的反動的政策を実施していく。

ヴィレールは、フランス革命の時に財産が没収、売却された亡命貴族に対して賠償する法案を一八二五年四月に成立させた。いわゆる「亡命貴族の一〇億フラン法」である。自由派から激しく非難されたが、賠償額は没収された財産の額に応じて決められたため、皮肉なことに自由派であってもルイ・フィリップ、ラファイエットら大貴族は巨額の賠償金を得た。そのこともあってユルトラはこの法律に必ずしも満足しなかった。いずれにせよ国有財産の問題が最終的に解決し、一〇〇万人以上いた国有財産取得者の財産が今後保証されることになった意義は小さくない。

　フランス革命で打撃をうけたカトリック教会組織も徐々に回復した。王政復古以来、全国各地で伝道活動が展開され、フランス革命の罪を悔い改めるように住民に迫った。この伝道活動は政治的な性格を帯びており、イエズス会などの宣教師は信者に「国王万歳！　ブルボン家万歳！」と叫ばせた。たとえば一八二五年、人口三万人のブザンソンでおこなわれた伝道では七週間にわたり、何十人もの聖職者が動員されている。だがすでに政治的に右であった地域で成功を収めたにすぎず、それ以外のところではカトリック教会への反感をかえって強めただけであった。またユルトラ政府の意向とは関係なく、国家機構は伝道活動には警戒的であり、たえず警察による厳しい監督や県知事による警告、非難の対象となっていた。プロテスタント共同体が存在している地域や労働者の多い地域を抱える県知事は、騒擾発生の危険性を特に危惧していた。同年四月には瀆聖《とくせい》禁止令が成立している。聖体のパンの入っている聖なる器に対する瀆聖の場合は死刑、聖体のパンに対する直接的な瀆聖の場合、

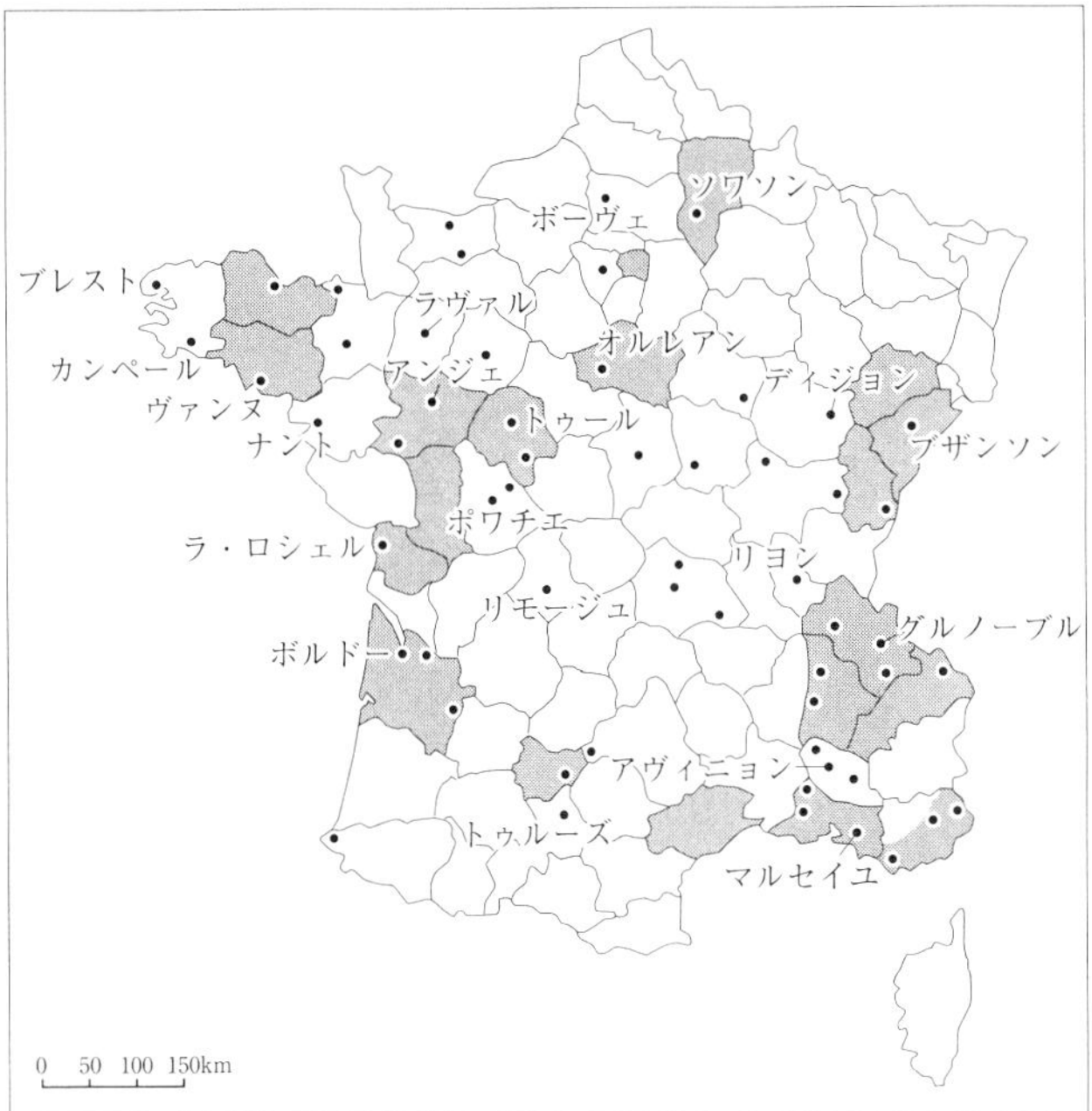

•　重要な伝道活動がおこなわれた県庁所在地あるいは郡庁所在地

▒　農村地帯で活発に伝道活動が展開された県，あるいは地域

図3-1　復古王政初期における主要な伝道活動（1815〜20年）

出典：Gaston Bordet, *La Grande Mission de Besançon*, Paris, 1998, p. 41.

こぶしを切り取った上で死刑にされると規定されていた。法律が実際に適用された例はないが、不必要に教会に対する反感をつのらせる結果となった。

同じ一八二五年五月二九日に、シャルル一〇世は古くからの君主政の伝統に従って、「革命という近年生じた傷をふさぐ」事業の総仕上げとしてランス大聖堂で聖別式を挙行した。この儀式の根幹は塗油式、すなわちランス大司教によって王が塗油をうけ、聖別される点にあった。まさしく王権神授説にのっとった儀式であった。シャルル一〇世は大司教の手で戴冠し、しかも祭壇の前で平伏し、教会への王権の従属ぶりを世論に印象づけた。五月三一日には瘰癧《るいれき》病患者に触れる触手儀礼までとりおこなわれている。

パリに帰ってきた王に対する民衆の反応は冷ややかであった。聖職者が儀式において幅を利かせた点に人々は反感を覚えたのである。ちょうどそのころ、「コングレガシオン」という名のイエズス会に操られた秘密結社が暗躍し、政治を支配しているという神話が流布した。スタンダールの『赤と黒』（一八三〇年）にもこの神話の影響が認められる。このイエズス会神話の流布に最も寄与したのは元亡命貴族モンロジエであった。彼はユルトラであったが、ガリカニスム的伝統に忠実であり、イエズス会を嫌っていた。モンロジエの主張どおり、名前こそ違っていたが、ヴィレール首相やモンモランシー公などのユルトラの大物政治家が加入し、白色テロルの際にも活躍した秘密結社「信仰騎士団」が政治に影響力をふるっていた。また「信仰騎士団」の活動とは別に、ユルトラと聖職者の多数派の間に協力関係が広がっていた。このようにカトリック教会の政治的影響力の拡大への憂慮はユルトラを含めた王党派の分裂をもたらした。ベランジェ作のイエズス会を批判するシャンソンが流行したのもこのころである。自由派は勢いづき、宗教裁判所や竜騎兵による新教徒迫害などの例をあげ、反教権主義を軸にしたキャンペーンを展開していく。

翌一八二六年、相続による分割で大土地所有が細分化されるのを恐れた政府は「長子相続法案」を提出した。代議院は通過したものの、貴族院が均分相続を定めた民法典の歪曲を拒絶し、歓喜したパリはイルミネーションに輝いた。政府は続いて印紙税の引き上げによって出版の自由をいっそう規制する法案を出したが、これも貴族院の抵抗にあって日の目をみなかった。一八二七年末の選挙ではギゾーを会長とする「天は自ら扶くる者を扶く」という団体に支援された自由派が勝利し、翌年ヴィレール首相は辞職に追い込まれた。

その後中道右派のマルティニャック内閣が成立し、イエズス会をはじめとした無認可修道会経営のコレージュを閉鎖においこみ、出版に対する事前検閲を廃止するなどしたが、左右両翼からの攻撃にながくは耐えられなかった。代わって一八二九年八月に成立したポリニャック内閣はかつてなく不人気な陣容であり、議会の支持は最初から期待できなかった。シャルル一〇世に長く仕え、最も忠実であったポリニャックは不寛容なカトリック信者であり、マリ・アントワネットの寵愛をうけた女官の息子でもあった。また陸軍大臣にはワーテルローの戦いの直前に帝国陸軍から脱走したことで悪名高いブルモン将軍が就任した。

一八三〇年一月三日に、タレイランと銀行家ラフィットの後援をえて自由派の新しい新聞『ナシオナル』紙が創刊された。編集者の一人にはアドルフ・チエールがいた。チエールは同紙上で「君臨すれども統治せず」という有名な定式をうちだし、議会多数派と国王との対立を解決し共和政の再現を防止するために、イギリスの名誉革命を例にオルレアン家への王朝の交替を提案した。代議院は三月、内閣を不信任とする勅語奉答文を二二一名の賛成で可決した。シャルル一〇世は議会を解散したが、六月末から七月初めにかけておこなわれた総選挙では反政府派が勝利し、その数は二七四議席に達した。こうして王権と議会多数派が対決し、それぞれ憲章を根拠に譲ろうとしない事態に立ちいたった。憲章には君主主義的解釈と議会主義的解釈という相容れない解釈が可能であり、国王と議会が衝突した場合の解決策は憲章には明記されていなかった。

七月二五日、シャルル一〇世は憲章の緊急大権条項を根拠に、出版の自由の停止、議会解散、大地主をいっそう優遇する選挙法改悪を骨子とする王令（七月王令）を出した。国王による事実上のクーデタであった。アルジェリア遠征の最初の成功である、アルジェの占領（七月五日）のニュースがパリに伝わったばかりであり、政府はこれが国王の人気回復につながるものと期待していた。

2　七月王政

七月革命

七月二七日から二九日までの三日間（栄光の三日間）、パリは蜂起する。フランス革命期のブルジョワジーと民衆の同盟が再現された。蜂起側の死者は約八〇〇人、負傷者は四〇〇〇人近くにのぼっている。現在バスチーユ広場にある「七月の円柱」は七月王政期に犠牲者の市民をたたえて建立されたものである。シャルル一〇世と王家は八月半ばに亡命を余儀なくされる。これが三度目の亡命であり、そして再び故国の土を踏むことはなかった。また七月革命は反教権主義的な革命でもあった。聖職者は身の危険にさらされ、数名の司教が亡命し、神学校があらされたり、十字架が引き抜かれたりした。

自由派のブルジョワジーがパリ市政を掌握し、再びパリ市庁舎に三色旗が翻った。ラファイエットが再発足したパリ国民衛兵総司令官となり、秩序維持にあたった。七月三一日、ラファイエットに伴われて、ルイ・フィリップが市庁舎のバルコニーに現れ、民衆の歓呼をうけ、新しい国王として認知された。共和政もしくは帝政の復活の可能性もあったが、権力を握った自由派の指導層はヨーロッパの国際環境を考慮してオルレアン家への王朝の交替を選択し、タレイランをロンドン大使におくりこんでイギリス政府の承認を得た。八月九日には代議院がおかれているブルボン宮で代議士と貴族院議員を前に、ルイ・フィリップは改正された憲章を遵守すると宣言し、玉座にのぼった。聖職者の介在もなく、聖書さえもちこまれていなかった。フランス革命の原理に即した即位式であったといえよう。

一八三一年の選挙法改正によって選挙資格が直接税二〇〇フランと緩和されたものの、有権者は二〇万人程度（体制末期には二五万人）であり、当時のフランスの人口が約三五〇〇万人であったことを考えれば、復古王政と同様に厳しい制限選挙であった。しかし、体制が依拠しているイデオロギーはまったく異なっていた。神授権は否定され、七月王令の根拠となった緊急大権条項も廃止された。発議権が両院議員にも与えられた。特に宗教面での変化は著しい。カトリック教は国教の地位から再び「フランス人多数派の宗教」へと戻され、一八三一年二月八日の法律によってユダヤ教にも宗教予算が配分されるようになった。パンテオンも再び公民的礼拝の場となり、キリストの像は法廷から消え、神の名も公文書からはなくなった。体制は再び非宗教化されたのである。体制が依拠する原理の交替はシンボルの交替のなかに鮮明に現れる。自由の女神が議場によみがえり、完成されるエトワール凱旋門にも姿を現すことになる。コンコルド広場、アウステルリッツ橋など革命と帝政にゆかりのある地名も復活した。七月王政は時がたつにつれて保守化していくが、一七八九年の原理を否定することはなかった。この点ではギゾーとチエールの友人で純理派に属するシャルル・ド・レミュザが「革命党派の人間」を自認していたことは注目してよい。

ブルジョワ王政

また七月革命はブルジョワの革命でもあった。七月王政を代表する政治家ギゾーは、自らが率いる政府を「中産階級の政府」と見なしていた。代議士のなかで貴族の占める割合は低下し、一八三一年に貴族院の世襲制も廃止され、翌年には貴族の爵位の詐称を罰していた刑法典の条項が廃止された。このようにして名望家のなかにさらに世襲的な特権階層が存在することは許容されなかった。ところでギゾーにとって問題であったのは単にブルジョワジーを指導階級にすえることではなく、政治的な能力を有する市民を一つの政治階級として構成することであった。ギゾーの目からみて中産

図3-2　コンスティテュショネル（立憲派新聞）の事務所（ドーミエによるリトグラフ，1833年，『カリカチュア』紙に掲載）

体制派の『コンスティテュショネル』の編集者がレジオン・ドヌール勲章をつけた太ったブルジョワとして描かれている。同時に，当時の新聞の不安定さも表現されている。新聞は高価なため部数も限定され，新聞社の経営はきわめて困難であった。広告収入で価格を抑え，新聞連載小説を掲載する新しいタイプの大衆新聞が初めて登場するのは1836年のこと。

出典：François Furet, *La Révolution*, Paris, 1988, p. 349.

階級は脆弱で未熟なままであった。ギゾーはブルジョワジーにその歴史的使命を教え、統治階級にふさわしく再構成しようとしたのである。一八三一年三月二一日の法律によって市町村議会に選挙制が導入され、約二八〇万人の有権者が誕生した。こうして「民主主義の学校」、地方自治が導入された。注目すべきは高額納税者だけでなく、弁護士などの専門職や法律によって認可された学会会員などにも選挙資格が与えられたことである。代議士の選挙資格を定めた一八三一年の法律の文面からは削除されたものの、政府の提出した法案では博士や学士の学位取得者なども有権者として考えられていた。このように選挙権の資格としてギゾーは富だけでなく、個人の教養や一定の職業も考慮に入れていた。

七月王政はしばしば金融大ブルジョワが支配したといわれる。金融界の頂点にはオート・バンクと呼ばれる富裕な個人銀行家が位置した。実際王政成立に大きな貢献をしたラフィットは大銀行家であり、また初期に首相をつとめたカジミール・ペリエも大銀行家の出であった。ギゾーはしばしばオート・バンクの筆頭格ユダヤ人の銀行家ロートシルト（ロスチャイルド家の一族）と会食し、その代理人を外交で利用していたほどである。

王室もまた変化した。宮廷も相当縮小され、王室費はシャルル一〇世時代の三分の一に減らされた。「市民王」と称されたルイ・フィリップはより開放的な王室を演出しようとして、初期にはパリの街を普通の市民のように散歩するなどのパフォーマンスもしてみせていた。しかし、貴族は宮廷によりつかなくなってしまった。神のご加護もなくなり、「成り上がり者」が出入りする宮廷の威信はかえって低下し、ルイ・フィリップはカリカチュアでしばしば「西洋梨」の顔で描かれ揶揄の対象となった。

議会政治の内実

七月王政を樹立した自由派、すなわちオルレアン派は革命後すぐに二つに分裂していく。ひとつは「運動派」とよばれ、革命の徹底を目指し、ベルギー、ポーランドなどの独立運動、国民主義的運動への積極的な支援、介入を望んだ。もう一つのグループ、「抵抗派」はこれ以上の革命の急進化を防ぎ、七月革命はシャルル一〇世のクーデターに対する防衛行動であり、あくまでも合法的な王朝の交替であると主張した。民衆運動の圧力によって、一八三〇年一一月二日にラフィットを首班とする運動派主体の内閣が成立する。しかし、翌三一年二月中旬にパリで反教権主義的暴動がおこり、パリ大司教館などが襲撃され、抵抗派に攻撃の種を与えた。さらにオーストリアに対抗して北イタリアに軍を派遣しようとして国王と対立し、三月一二日に内閣は瓦解した。

以後、政権は七月王政崩壊まで抵抗派ないし、その流れを汲む党派によって一貫して担われていくことになる。政府は一八三一年末に起こったリヨンの絹織工の蜂起、三二年六月のパリの共和派の蜂起を弾圧して、危機をのりきった。さらに三四年四月に結社法を改悪、三五年九月には七月に起こった国王襲撃事件を口実に出版の自由を制限する一連の法を成立させた。こうして民衆運動を力でねじふせながら体制は次第に保守化していく。

一八三四年の選挙で政府与党は大勝したが、治安の回復と選挙勝利は抵抗派の分裂をもたらした。チエールは純理派のギゾーらと袂を分かち、中道左派を形成する。議会勢力としてはさらにその左に運動派の流れを引く王朝左派が位置した。この党派の指導者はオディロン・バロである。

チエールには確固たる政治理論や政綱があったわけではないが、ジャーナリスト出身の政治家らしく世論の動向に敏感であった。彼は一八三六年と四〇年の二度、短期間ではあるが首相をつとめ、二度とも対外的なナショナリズムをあおって民衆の支持を取りつけようとした。特に一八四〇年三月に首相に返り咲いた後、彼はイギリス政府と交渉してナポレオンの遺骸の返還を実現している。同年一二月にナポレオンの遺骸はフランスに戻るが、その時はすでにチエールは政権の座にいなかった。東方問題で強硬姿勢をとり国際的な孤立をまねき、さらにヨーロッパでの戦争にそなえてパリ要塞建設計画をすすめ、国王と衝突して一〇月末についに更迭されていたからである。

その後スールト内閣が成立するが、この内閣を実質的に率いていたのは外務大臣ギゾーである。対英協調を軸とした対外平和、国内の秩序と繁栄、これが内閣の基調であった。野党の分裂と七月王政末まで続く好況に支えられ、内閣は七月王政期で唯一の長期安定政権となった。七月王政末の一八四六年の選挙でも与党は議席を増やしている。しかし、この多数派は幾分人為的なものであった。たしかに選挙における買収、投票結果の改竄などの不正はまれであったが、八割以上の代議士が四〇〇票たらずで当選し、一〇〇票未満で当選した代議士もおり、こうした小さな選挙区では政府が圧力をかけるのは比較的容易であった。また代議士は国家から俸給を受ける官吏を兼ねることができたので、この種のポストを政府が多数派工作に用いていた。選挙戦では港湾関係の公共事業、砂糖産業の保護、鉄道、郵便事業、道路の問題が勝敗の帰趨を決めた。選挙権の拡大なしには野党、特に王朝左派に政権獲得の可能性がなくなるなか、利益誘導型選挙がはばを効かしていった。

3　立憲王政期の文化と社会

貴族とブルジョワ

七月王政は名望家支配の時代といわれる。農村社会のトップには名望家、大地主が位置していた。大名望家はしばしば不在地主で、経営は執事にまかされていた。官僚や専門職のブルジョワが次に位置したが、彼らも通常地主であった。専門職では地位の高い順から公証人、弁護士、医者、薬剤師などがいた。『ボヴァリー夫人』に登場する薬剤師はその典型である。名望家は通常すでに地方で影響力のある名家の相続者であった。だが、全国的な政治に関与していなければ地元での影響力も保持できなくなっており、国家権力との距離が名望家の差別化をもたらした。だから名望家は議員などの公職につこうとした。西部や南部などでは、貴族と農民が収穫のときに一緒に食事をとり、貴族がお祈りの集会を指導している世界がまだ存続していた。しかし、多くの地方では国有財産を取得した農村ブルジョワが台頭し、貴族と聖職者はかつての優位を失っていった。

名望家層は一枚岩にまとまっていたわけではない。ブルボン長子系に忠実な正統王朝派貴族やカトリックの名望家は体制に必ずしも統合されたわけではなかった。政治的対立の他にも貴族とブルジョワの社会的対立もなお深刻であった。全体として貴族とブルジョワにはまだ財産の面で格差があり、身分をこえた通婚を含めて社会的に分離したままであった。チエール夫人は裕福なブルジョワの娘であったが、その富にもかかわらず、社交界は当初夫人にはきわめて冷淡であった。当時のブルジョワは息子の教育には金をかけても娘に十分な教育をほどこす金銭的余裕に乏しかった。そのためにブルジョワの奥方は貴族の主宰するサロンに招かれるにふさわしい教養を有していないことがしばしばあった。こうした対立と差異を反映して、七月王政期のパリの社交界は分裂していた。サン・ジェルマン街の正統王朝派貴族、サン・トノレ街の大ブルジョワも受け入れた自由派大貴族、ショセ・ダンタンの金融ブルジョワジー、マレ地区のより伝統的なブルジョワの四つの社交界はそれぞれ別個にサロンを開き、交流しあうことは少なかった。

サロンとは別の、ブルジョワ固有のソシアビリテとして、サークルが七月王政下に普及して行った。サークルはイギリスのクラブをまねたもので平等主義的で同時に男性だけの世界であった。通常カフェの一室を借りて定期的に集まり、読書やビリヤード、トランプなどの遊戯、雑談をして過ごした。特別に政治的であったのではないが、一般に自由主義的傾向があり、新聞などがおかれていたので新しい思想に触れる機会が提供されていた。民衆のほうもまたサークルを模した多機能型の集まりをつくり、そこを媒介に共和主義思想が伝わっていく。サークルはこうしてブルジョワの民衆に対するヘゲモニーの確立に寄与したのである。

ロマン主義時代の文化

文化芸術の面では新古典主義が衰退し、ロマン主義が全盛期を迎える時代である。ところでロマン主義はヨーロッパ・レベルでは国民意識の覚醒とフランスから輸入された新古典主義への拒否と軌を一にしていた。ナポレオンの没落によって、イギリスとのヘゲモニー争いに敗北したフランスは文化面でも優位を失ったのである。ロマン主義はドイツやイギリスで先行して流行し、フランスには一八二〇年前後、特にスコットランドの小説家ウォルター・スコットの歴史小説『アイバンホー』の翻訳などを契機に風靡しはじめる。ロマン主義では過去と伝統が重んじられ、中世が再評価された。フランスの初期のロマン主義は政治的には保守反動に与したが、一八二五年から二七年にかけて自由主義に移行した。絵画の面ではチエールの友人ドラクロワが、七月革命を描いた『民衆を率いる自由の女神』を一八三一年の官展に出品している。その後もベルリオーズが国家の依頼を受けて作曲し、一八四〇年代にはユゴーがアカデミー・フランセーズに選出されている。こうしてロマン主義は体制公認の芸術となっていった。

国民的過去への関心は歴史学や考古学の隆盛をもたらし、本格的な遺跡の発掘と文化遺産の保存運動が始まった。ノルマンディーでは遺跡の発掘が地方の愛好家の手で進められ、一八二四年には考古学関係の学会が創設された。一八二一年には古文書学校が設立されるなど徐々に歴史学の制度化もすすんでいく。七月王政下に入ると、ギゾーは地方の名望家を奨励して学会を作って地方の歴史の掘り起こしにあたらせるように県知事に促し、一八三七年に古代ローマの遺跡やゴシックの教会など歴史建造物の保存と、全国的規模でのリストの作成にあたる歴史記念物委員会を政府の機関として設置した。この委員会のおかげで保存・修復された記念建造物は相当な数にのぼるが、対象となったのは中世の宗教建築が一番多かった。これは中世を重視するギゾーの国民史構想を反映していた。

ギゾーは七月王政の教育改革でも主導的な役割を果たした。一八三三年には人口五〇〇人以上の各市町村に（五〇〇人未満の自治体は近隣自治体と共同で）初等学校の開設を義務づけた法律（ギゾー法）が成立した。ギゾーは教員の養成と待遇改善など教育水準の向上と教育条件の改善に努めた。このようにして、国家は教育による国民の文化的統一の事業を一段と強化した。七月王政末期には未就学児童が三分の一以上を超えていたが、それでも相当の前進であった。ギゾー法では、聖職者を教員として雇うことも認められたため、初等教育についてはユニヴェルシテの独占は破れることになった。実際、ギゾー法以降、修道会の初等教育への進出が顕著となる。

民衆教育については政府はカトリック教会に譲歩したが、エリートを養成する中等教育の場合、そう簡単にいかなかった。一八四〇年以降、ユニヴェルシテによる中等教育の独占をめぐって激しい闘いが繰り広げられた。モンタランベールを先頭にしたカトリック勢力は、「教育の自由」を旗印にカトリック教の原則に基づいた宗教教育を子供にほどこす親の権利を求めて激しいキャンペーンを展開した。ギゾーは初等教育と同様に中等教育に関してもカトリックに妥協的な解決策を模索していた。しかし、これに対してコレージュ・ド・フランス教授のミシュレ、キネを先頭に大学教員、反教権的な自由派、共和派がはげしく抵抗し、懸案事項の解決は引き延ばしになった。

情報文化の伝達のうえで、画期的であったのは新聞の発達である。七月王政期には広告で収入を補い、新聞連載小説を掲載する安価な大衆紙が登場した。部数はまだわずかであったが、カフェなどで新聞を読むことができた。アレクサンドル・デュマやウジェーヌ・シューの連載小説が流行したのもこの頃である。議会での論戦、ジャーナリズム、学会、地方アカデミーの発展などによって、サロンの役割は相対的に低下した。もっとも、中小ブルジョワの間にも貴族のまねをしてサロンを開くことが流行したので、ソシアビリテとしてのサロンはむしろ拡大した。一種のスノビスムであるが、洗練された文化の普及に寄与したとも評されている。

「社会問題」と体制の危機

都市の人口は農村からの流入によって急増していった。なかでもパリはフランスのなかでは突出した巨大都市で、一九世紀半ばには一〇〇万人を超えるようになった。このなかで七月王政期に入ると貧困、スラム化など都市問題がクローズアップされた。ブルジョワは労働者を「野蛮人」「未開人」と見なし、貧困と犯罪、労働階級と「危険な階級」とを同一視し、犯罪の延長線上に暴動や革命をとらえていた。社会関係予算はのびず、かえって社会から排除されたものや社会規範からの逸脱者を増大させた。医者や公衆衛生学者によって一連の社会調査がおこなわれ、パリをはじめ多くの都市で公衆衛生政策がおこなわれ始める。

図3－3　初等学校の授業風景
1842年，レオポルド・シブール作。フランス国立教育博物館製作の絵葉書より。
出典：INRP, Musée national de l'Éducation.

立憲王政期はきたるべき産業社会にふさわしい社会編成の模索がさまざまにおこなわれた時期である。フランス革命により封建的社会制度は崩壊したものの、新しい社会編成原理はまだ確立せず、始まったばかりの工業化が社会的混乱を一層悪化させ、アンシアン・レジーム期と質的に異なる民衆の窮乏、社会環境の劣悪化がもたらされた。このようななかで、初期社会主義と総称される一群のユニークな社会思想が開花し、サン・シモン、フーリエといった思想家が活躍した。初期社会主義は一八四〇年代に成熟期を迎える。一八四〇年には労働争議が頻発し、社会問題がジャーナリズムで話題にされ、ウジェーヌ・シューの社会小説が好評を博し、ルイ・ブラン、エチエンヌ・カベ、プルードンなどの社会主義者の著作があいついで出版された。「社会主義」という新しい言葉が社会を改革するための種々の提案を指すために使われはじめていた。

一八四六年末に経済危機が勃発した。危機は前年夏のジャガイモの不作と四六年夏の小麦とライ麦の不作がきっかけで始まった。穀物価格が上昇し、食糧購入さえままならなくなった民衆は手工業品や衣料品を買い控えるようになった。これは農業恐慌が商工業恐慌を引き起こす旧型恐慌のフランス史上最後のものであった。危機は金融面に広がり、預金の取り付け騒ぎがおこり、地方の小銀行や貯蓄金庫の多くは破産した。市場町、農業定期市の開かれている町を中心に全国で騒擾が起こった。学位をとっても職を得られない青年が増加し、「患者のいない医者」「訴訟のない弁護士」がよく話題になり、小ブルジョワはそれまでの生活を維持できなくなってきた。ブルジョワ、下級官吏、専門職の人々は政府の無能を批判し始めた。二月革命前夜において共和派の代議士はわずか数名であった。しかし知識人、学者の体制離れはすでに進行していた。

一八四七年七月、野党は会食の形をとって集会を開く「改革宴会」の運動を開始した。選挙改革と議会制度改革の実現のため、オルレアン派の野党の議員と共和派とが共闘を組むようになった。運動は次第に急進化し、共和派のアラゴやルドリュ・ロランが脚光を浴びていった。しかし九月から首相になったギゾーはまったく譲歩しようとしなかった。ギゾーはすでに事なかれ主義の保守政治家でしかなく、自由主義的改革の旗手であったかつての姿はそこにはなかった。

参考文献

ジャン・ロム著、木崎喜代治訳『権力の座についた大ブルジョアジー』岩波書店、一九七一年。

河野健二編『資料　フランス初期社会主義――二月革命とその思想』平凡社、一九七九年。

喜安朗『パリの聖月曜日――一九世紀都市騒乱の舞台裏』平凡社、一九八二年。

谷川稔『フランス社会運動史――アソシアシオンとサンディカリスム』山川出版社、一九八三年。

西川長夫『フランスの近代とボナパルティズム』岩波書店、一九八四年。

阪上孝編『1848――国家装置と民衆』ミネルヴァ書房、一九八五年。

前川貞次郎『フランス革命史研究――史学史的研究』創文社、（一九五六）一九八七年。

モーリス・アギュロン著、阿河雄二郎・加藤克夫・上垣豊・長倉敏訳『フランス共和国の肖像――闘うマリアンヌ一七八九～一八八〇年』ミネルヴァ書房、一九八九年。

アラン・コルバン著、山田登世子・鹿島茂訳『においの歴史――嗅覚と社会的想像力』藤原書店、一九九〇年。

アラン・コルバン著、福井和美訳『浜辺の誕生――海と人間の系譜学』藤原書店、一九九二年。

ルイ・シュヴァリエ著、喜安朗・木下賢一・相良匡俊訳『労働階級と危険な階級』みすず書房、一九九三年。

小田中直樹『フランス近代社会1814-1852』木鐸社、一九九五年。

柴田三千雄・樺山紘一・福井憲彦編『フランス史2――16世紀～19世紀半ば』山川出版社、一九九六年。

中谷猛『近代フランスの自由とナショナリズム』法律文化社、一九九六年。

アラン・コルバン著、小倉孝誠訳『音の風景』藤原書店、一九九七年。

谷川稔『十字架と三色旗――もうひとつの近代フランス』山川出版社、一九九七年。

谷川稔・北原敦・鈴木健夫・村岡健二『世界の歴史22　近代ヨーロッパの情熱と苦悩』中央公論新社、一九九九年。

服部春彦・谷川稔編『フランス史からの問い』山川出版社、二〇〇〇年。

アンヌ・マルタン＝フュジエ著、前田祝一・前田清子訳『優雅な生活――〈トゥ＝パリ〉、パリ社交集団の成立1815-1848』新評論、二〇〇一年。

槇原茂『近代フランス農村の変貌――アソシアシオンの社会史』刀水書房、二〇〇二年。

ピエール・ノラ編、谷川稔監訳『記憶の場――フランス国民意識の文化＝社会史』全三巻、岩波書店、二〇〇二～〇三年。

原聖『〈民族起源〉の精神史――ブルターニュとフランス近代』岩波書店、二〇〇三年。

赤司道和『一九世紀パリ社会史――家族・労働・文化』北海道大学図書刊行会、二〇〇四年。

小倉孝誠『「パリの秘密」の社会史――ウージェーヌ・シューと新聞小説の時代』新曜社、二〇〇四年。

扉図出典：（上）Michel Leroy, *Le mythe jésuite*, Paris, 1992, p. 54.
（下）Jean Michel Gourdan, *Le peuple des ateliers: Les Parisiens du XIXe siècle*, Paris, 1992, p. 125.

コラムⅤ

カトリック復興

上垣　豊

七月革命の後、カトリック教会は政府への影響力を失い、両者の関係は冷却化する。しかし、カトリック教会がそのまま衰退していったと考えると大きな間違いになる。復古王政期にはカトリック教会と権力との密接な関係が激しい反教権主義を生んだが、革命後、権力との関係が弛緩し、政治的により中立的になったことがかえってカトリック教会には幸いした。

七月革命直後、自由主義の波はカトリックの世界にも及び、キリスト教信仰とフランス革命以後の近代世界との和解を試みるカトリック自由主義という新しい潮流が生まれた。このグループは復古王政期には過激なウルトラモンタン（教皇権至上主義者）として知られていたラムネによって率いられ、一八三〇年一〇月には「神と自由」をスローガンとする新聞『アヴニール（未来）』を創刊した。しかし『アヴニール』の教義は一八三二年八月一五日のローマ教皇回勅「ミラーリ・ヴォス」によって否認され、やがてラムネは教会を離れていく。だが、彼の弟子たちは教会にとどまり、政治的には諸党派からの独立を保ちながら、この時期のカトリック復興に貢献した。聖職者ではラコルデール、俗人では中等教育の自由を実現する運動のリーダー、モンタランベールらがその代表である。

転換点は一八三〇年代に起こった。一八三五年にラコルデール神父がパリのノートルダム大聖堂で四旬節の説教をおこない、大成功を収めている。これはブルジョワの宗教回帰を示す象徴的事件であった。政府の姿勢も変わってきた。一八三三年の初等教育に関するギゾー法はその一つの表れであるが、一八三六年頃から政府の宗教予算も上昇に転じる。こうしたこともあって司教区付聖職者の数は一八三〇年には約四万六〇〇〇人だったのが四八年には約四万七〇〇〇人に増加した。聖職者の若返りがすすみ六〇歳以上の比率も二九％から五・六％へと減少した。カルメル会、ベネディクト会、ドミニコ会、カルトジオ会、トラピスト会、カプチン会などの修道会の再建、創設もすすんだ。異端審問で評判の芳しくなかったドミニコ会が再建できたのは中世を賛美するロマン主義の流行とラコルデールの名声のおかげであった。なかでも女子修道会の発展は目覚ましかった。修道女の数は一八〇八年に一万二三〇〇人だったのが、一八六一年に一〇万五〇〇〇人、一八八〇年には一三万人以上になり、人口比では一九世紀末でスペインやイタリアを上回っていたという。看護婦、教師として社会に出て活動する修道女の評判はよく、彼女たちの活動は社会に認知されていった。

一九世紀のフランス・カトリシスムの特徴のひとつは「女性化」がすすんだことである。カトリック教会は社会の再キリスト教化のために戦略的に女性を重視した。俗人女性は慈善活動をおこない、家庭の中では子どもへの宗教教育をほどこすように奨励された。男性の教会離れがすすむなかで、社会の再キリスト教化に果たした女性の役割は小さくなく、上流、中流階層の女性の間では教育女子修道会の活動によって宗教への回帰が進んだといわれている。教会組織、信者だけでなく、信仰の上でも女性化は進行した。聖母マリア信仰がカトリック教会によって推進されたことも見逃せない。一連の聖母マリア出現の奇蹟はこの時代のマリア信仰と関連が深い。一八三〇年パリのバック街、一八四六年にはドーフィネ地方のラ・サレットに聖母マリアが出現した。そして一八五四年にはついに教皇が聖母無原罪の御宿りの教義の宣言をだし、その四年後の一八五八年にピレネー地方のルルドでの聖母出現の奇蹟が起こるのである。このように、七月王政期に始まるマリア信仰の高揚はフランス最大でかつ世界的にも有数の巡礼地を生み出すことになった。

当時深刻化していた社会問題への取り組みも忘れてはならない。さまざまな俗人の慈善団体が作られるが、そのなかでも最も重要なのは一八三三年に自由派カトリックのフレデリック・オザナムによって創設された聖ヴァンサン・ド・ポール協会である。この現在も活動を続けている団体は、その後の俗人参加の慈善事業のモデルとなっている。七月王政期には一部にせよ社会問題に関心を寄せる司教も現れた。本格的な社会カトリシズムの始まりは一九世紀末であるが、この時期にカトリックの側が労働者への取り組みを始めている点は注目してよい。七月革命の時とは違い、二月革命後しばらくの間、カトリック教会と民衆の関係は良好であったが、このような取り組みが背景にあったからである。

カトリック教会と七月王政の間で一番問題になったのは教育問題であった。中等教育は別にして、初等教育においては政府は一八三三年のギゾー法によってカトリックにいくつかの利点を与えた。この法律によって初等学校で宗教教育が義務づけられた。初等学校の授業開始と終了時にはお祈りがあげられることになり、教師は生徒に教理問答を教え、ミサに連れていくことになった。学校教育への修道会の浸透も始まっている。特に初等教育ではキリスト教学校修道会（ラサール会）の施す教育が無償であったことも手伝って人気があった。

こうしたカトリック復興の成果については評価が分かれるところであろう。宗儀の上での男女間、地方間のコントラストが強まり、二つのフランスの対立が深刻になっただけともいえるかもしれない。だが第二帝政に入るとカトリック教会の社会的影響力はさらに強まり、反教権派はカトリックのフランスが大革命から生まれた近代的フランスを呑み込んでしまうのではないかと深刻な危惧を抱くようになるのである。

コラムⅥ

「時代のメシア」アソシアシオン

谷川　稔

一八三〇年代から四〇年代のフランスでは、産業革命によってひき起こされた社会問題に対する処方箋を競い合うかのように、さまざまな社会改革プランが提起されている。初期社会主義と総称される彼らの基本的スタンスは、経済活動の個人主義や自由競争への反対である。レッセ・フェールや自助の原理は弱肉強食の論理であり、貧富の格差をさらに拡大し、貧困や無知を固定化するものだと主張する。社会的弱者の救済は、個人の努力ではなく、なんらかの社会的協同組織（アソシアシオン）によってしか果たしえないと考える、そういう意味での「社会」主義である。

これらの主張で最も有力なのはサン・シモン派であった。彼らは「一般銀行制度」によって競争と敵対をやめさせ、人と人を信用体系で結ぶ「普遍的アソシアシオン」の輪を全ヨーロッパに広げていくことを主張した。彼らの協同社会は科学者、産業家、芸術家などの有能者（エリート）によって指導され、産業発展に適合的な国家形成の核となるものであった。そこではサン・シモンが『新キリスト教』で説いた世俗宗教的モラルが紐帯とされており、単にプラクティカルな産業主義ではない。サン・シモンの死後、高弟アンファンタンは、自らを西方世界を象徴する男性メシアと位置づけ、東方世界の象徴とされる女性メシアを発見するため、サン・シモン教団をひきいて東方遠征を敢行している。東西両世界が融合する場と位置づけられたエジプトで、スエズ運河を建設するためだという。荒唐無稽なカルト集団のように思えるが、彼らは大真面目であった。この教団には、やがて政・財・官界で活躍することになる多くのインテリが参加していただけでなく、高名なフェミニスト女性らも多数加わっていた。単なる逸脱行動ではない、一種の時代精神が感じ取れよう。サン・シモン派のアソシアシオン論はまた、資金不足に悩んでいた企業家たちから社会問題に関心を寄せる学生・知識人層にいたるまで、幅広い支持をあつめた。クレディ・モビリエの創設者ペレール兄弟やシュヴァリエらは第二帝政期の産業界、政界をリードした。彼ら実業派サン・シモニアンの主張は社会主義というより、むしろ国民経済の合理的再編という時代の課題に適合していた。その意味では、彼らのサン・シモン主義はカトリックの国フランスの「資本主義のエートス」だったと見るむきもある。

カトリック的社会主義の祖といわれるビュシェも一時期サン・シモン派に属していた。しかし、サン・シモン派の主張が多分に集権的、権威的傾向を宿していたのに対し、ビュシェのいう労働者生産協同組合の形成は、国家よりも労働者自身のイニシアティヴを重視するものであった。彼のアソシアシオン論は、印刷工コルボンを中心とする『アトリエ』紙に集う職人・熟練労働者グループに支持された。彼らは、七月王政をプロテスタント的エゴイズム、すなわち富の不平等を拡大、放置するレッセ・フェール体制だと批判し、「社会的共和国」のもと自主管理的な労働者アソシアシオンによって搾取のない社会を実現しようと呼びかけた。カトリック的献身と友愛のモラルがこのアソシアシオンの紐帯とされる。一方、この時期のカトリック聖職者からも、ラムネ、ラコルドール、オザナムら民主派カトリックとよばれる急進派が出て社会問題に接近している。また、産業都市をかかえた司教座のほとんどが、資本家の横暴を批判し労働者保護の社会立法を主張していた。七月王政の拝金主義が共通のターゲットになりえたのである。ちなみにビュシェはカトリックとロベスピエールのあいだに禁欲的モラリスムという共通項を見いだしてフランス革命を称揚した。彼自身は聖職者ではなかったが、パリ大司教アフルとは親交があった。二月革命での共和派とカトリックの同盟は偶然ではなかったのである。

他方、ユートピア的共同体の建設によって搾取のない平等な社会をつくろうとする運動も盛んであった。エチエンヌ・カベの提唱するイカリア共同体、シャルル・フーリエのファランステールなどがそれである。カベ派の共産主義は、秘密結社ではなく普通選挙権運動を通じた民主的共和国という合法的手段によって「友愛と平等の全国的アソシアシオン」を展望し、四〇年代には『ポピュレール』紙を中心に、都市の職人的労働者のあいだに浸透した。これに対して壮大な宇宙論を唱えるフーリエは、労働の問題を道徳ではなく、情念の解放というきわめてユニークかつ今日的な視点でとらえていた。この両派もイエスと原始キリスト教を高く評価し、プロパガンダにカルト的言辞を多用している。二月革命後にはともにアメリカに新天地をもとめ、コンシデランの率いるフーリエ派はテキサス、カベ派はイリノイへと旅立っている。アンファンタンのサン・シモン教とあわせて考えるとこの時期が「世俗宗教あるいはカルトの時代」といわれるのはもっともである。

『労働組織論』の著者で、史上初の社会主義閣僚となったルイ・ブランもアソシアシオン論者であった。競争＝無秩序な生産に諸悪の根源をもとめる彼は、民主的政府が「社会作業場」を組織し、職種ごとに漸次、単一のアソシアシオンに統合して生産の制御をはかろうと主張した。国家を「貧者の銀行」に見立てる彼の構想は大工場のプロレタリアを射程におさめていた点や、賃金の絶対的平等などに特色があった。こうして、サン・シモン派の一般銀行制度からルイ・ブランの社会作業場にいたるまで、七月王政下に叢生したフランス社会主義は、なんらかの意味でアソシアシオンの形成を唱えた。アソシアシオンはまさに時代のメシア的公式であり、フランス社会主義の原点なのであった。

第四章　社会共和国の夢から産業帝政へ

谷川　稔

1848年５月15日事件（議会に乱入する民衆）

オスマン化とパリの下水道
セヴァストポール大通りの下を流れる下水幹線渠を視察する内務相。ヴァランタン画。

1848	2.二月革命でルイ・フィリップ亡命，臨時政府成立，第二共和政（～52)。リュクサンブール委員会。3.男子普通選挙法。10時間労働制。4.制憲国民議会選挙で穏健共和派圧勝。5.臨時政府に代わって執行委員会体制成立。5月15日事件。6.国立作業場閉鎖に抗して六月蜂起。11.第二共和政憲法成立。12.大統領選挙でルイ・ナポレオン圧勝
1849	4.ローマ共和国への軍事干渉。5.立法議会選挙，秩序党圧勝。7.ローマ共和国占領
1850	3.ファルー法成立（公教育への教会の進出)。5.選挙資格制限法
1851	12.ルイ・ナポレオンのクーデタ，立法議会解散と普通選挙復活宣言。ユゴー亡命
1852	9.クレディ・モビリエ設立（～70)。11.人民投票で帝政復活承認。12.ナポレオン3世即位。第二帝政成立（～70）
1853	7.セーヌ県知事にオスマン就任（～58)，パリの都市改造に着手
1854	3.クリミア戦争に介入（～56）
1855	5.パリ万国博覧会
1856	2.クリミア戦争終結，パリ講和会議
1858	1.青年イタリア党員オルシーニによる皇帝暗殺未遂事件。6.清と天津条約
1859	2.サイゴン占領，インドシナ侵略の開始。4.スエズ運河建設着手。5.イタリア統一戦争に介入，オーストリアに宣戦。6.ソルフェリーノの戦い。7.ヴィラフランカ条約で単独講和
1860	1.英仏通商条約。パリ市域20区に拡大。3.サルデーニャからサヴォワとニースを併合。10.清と北京条約締結。11.憲法修正，自由帝政への転換。
1862	4.メキシコに宣戦布告。6.ヴェトナムでコーチシナ併合。8.ロンドン万博に労働者代表団派遣
1863	6.メキシコシティー占領。 8.カンボジアを保護領化
1864	5.労働者の団結権承認。9.下関砲撃。ローマから軍の撤退
1867	2.メキシコから撤兵，マクシミリアン処刑。4.パリ万国博覧会（～11.）
1868	5.出版法，新聞発行自由化。6.公開集会法，集会の自由化
1869	5.立法院選挙，野党の進出。9.立法院権限の拡大，「議会帝政」への転換。11.スエズ運河開通
1870	1.オリヴィエ内閣成立。5.人民投票で「議会帝政」承認。7.プロイセンに宣戦布告，普仏戦争（～71)。9.ナポレオン3世スダンで降伏，国防政府成立，共和政宣言（第二帝政崩壊）

1　二月革命と第二共和政

赤旗か三色旗か

前年までの社会不安がようやく小康状態を得たかにみえた一八四八年二月二四日、一八年近く続いた七月王政は民衆運動の激発によってあえなく崩壊した。きっかけは改革宴会に対する政府の武力介入であった。二月二二日、王朝左派のオディロン・バロと『ナシオナル』派の共和主義者たちの呼びかけによって、パリ第一二区で改革宴会が開かれる予定であった。当時の一二区は労働者が多く住む街であり、大革命いらい民衆蜂起の伝統を誇っていた。騒擾への拡大を懸念した政府はこの集会を禁止し、主催者側も衝突を恐れて延期を決定した。しかし、急進派学生や共和派結社の活動家たちは禁令をついてデモを敢行し、下院の開かれているブルボン宮を取り囲んだ。市内各所で銃砲店や衛兵所が襲われ、憲兵隊との小競り合いがはじまる。一夜あけた二月二三日、パリの要所はバリケードで埋まった。

パリ国民衛兵の多くが改革派支持もしくは非介入の態度をとったためルイ・フィリップはあわててギゾーを解任したが遅かった。同日夜、国民衛兵の合流をえて意気あがるデモ隊が、赤旗をなびかせてキャプシーヌ街にさしかかったとき、正規軍がこれに一斉射撃をあびせた。数十名の死者を出したデモ隊は血にまみれた若い女性の死体に松明をかざしながら葬送行進をつづける。この「キャプシーヌ街の惨劇」は文字どおり民衆運動の火に油を注いだ。翌二四日朝には蜂起はさらに拡大し、市庁舎やチュイルリ宮があいついで民衆の手におちた。王宮になだれこんだ民衆は玉座を窓から放り出し、バスチーユ広場まで運んで焼き払った。大革命の記憶がまた蘇える。

ルイ・フィリップは亡命し、デュポン・ド・ルールを首班とする臨時政府が成立した。詩人のラマルチーヌ、『ナシオナル』派のマラスト、アラゴ、『レフォルム』派のフロコン、ルドリュ・ロランらが中心となって共和政を宣言した。ラマルチーヌやアラゴらは共和主義者ではなかったが、民衆運動の圧力のなかでにわかに共和主義者を自称するようになった。この日和見共和主義者たちを総称して「翌日の共和派」という。だが、この政治革命それ自体は、蜂起した民衆をとりまく諸問題をなんら解決するものではなかった。民衆は大ブルジョワに果実を横取りされた七月革命を忘れてはいなかった。銃を手にした労働者たちは、共和政が真に民衆のためのものなら赤旗を国旗にして証《あか》しせよと新閣僚たちにつめよった。しかし結局、彼らはラマルチーヌの弁舌に翻弄され、三色旗を共和国の国旗とする布告を受け容れた。もっとも「翌日の共和派」の方も民衆の突き上げによって、社会主義者ルイ・ブランと機械工アルベールを臨時政府に加え、労働権と生活権を保証する布告の承認を余儀なくされた。二月の共和政も大革命と同様、議会内政治集団の老獪さと民衆運動の暴発的エネルギーとの微妙な政治力学的バランスの上に立つ、かりそめの均衡にすぎなかった。

リュクサンブール委員会と国立作業場

この均衡のあやうさは労働権と「労働の組織化」をめぐってただちに露呈された。臨時政府は労働者むけの社会政策としてふたつの機関を設けた。ひとつは「労働者のための政府委員会」（通称リュクサンブール委員会）であり、もうひとつは国立作業場である。だが、前者はルイ・ブランを委員長としたものの、予算も権限も持たない諮問機関であり、労働組織化省の設置を要求する民衆の圧力をかわすためのものでしかなかった。後者も、名前こそルイ・ブランの社会作業場を思わせるが、小手先の失業対策にほかならなかった。

とはいえ、労使の代表と政府委員からなるリュクサンブール委員会は、史上初の産業三部会として評価する向きもある。雇主の頑強な抵抗の前にほとんど実効をあげられなかったが、まがりなりにも労働時間の短縮（パリ一〇時間、地方一一時間）や労働下請け制の廃止を決定し、労使紛争の調停にもあたった。六月には、本来の任務である労働組織化の具体的プランを報告書にまとめ議会に提出している。だが、すでに社会的共和派が大きく後退したあとであり、日の目を見ることなく葬られた。ちなみにこの報告書は、①経営不振の企業から施設を買収して社会作業場を設立、②鉄道・鉱山などの国有化、③農業コロニーによる失業者の吸収、④国営バザールによる商品流通の国家管理、⑤国立銀行による信用貸し付けの民主化、などを骨子としている。ほぼルイ・ブランの『労働組織論』をひきうつしたものであった。

国立作業場のほうは、失業労働者にその職能とは無関係に公共土木事業を割り当て、一日二フラン（仕事にあぶれても一・五フラン）を支給する、というものであった。これは地方の失業者を引き寄せた。三月末に二万八三五〇人であった登録労働者数は、五月にはパリの人口の一割にあたる一〇万人を超え、国家財政上深刻な負担となった。臨時政府は、革命によってさらに悪化した財政を再建し、破産の続出した金融パニックから脱却するために国民割引銀行網の創設に取り組みはじめていた。その財源確保のためもあって四五％もの直接税の増税（四五サンチーム税）をおこなったばかりであった。この増税に悩む地方民衆の不満は、パリの国立作業場労働者とそれを支えていると誤解されたルイ・ブランら社会民主派にむけられていった。

十字架と三色旗

かりそめの均衡はもうひとつあった。カトリック教会と共和派の同盟である。二月革命が勃発したとき、聖職者たちは大革命期の反教権的テルールがまたもや吹き荒れるのではないかとの不安に駆られた。さきの七月革命のさいは、僧服を着て街を歩くことさえできなかったのである。ところが、事態はまったく逆に進行した。たとえば、二月二四日チュイルリ宮を襲った群衆は、国王の礼拝堂から十字架と聖杯を運びだし、王宮近くのサン・ロック教会へデモ行進した。掠奪のためではなく、十字架を世俗的な市民王ルイ・フィリップの手から、それにふさわしい神聖な場所に移そうというのである。街路では「キリスト万歳！　自由万歳！　ピウス九世万歳！」という歓声が響きわたった。蜂起した民衆は、バリケード市街戦で瀕死の重傷を負った者に秘蹟をさずけてもらおうと聖職者を探しまわった。パリ大司教アフルは自ら病院や施療院を訪れ、終油の秘蹟を執り行っている。このようなパリ民衆と教会との交歓に続いて、三月初旬にはアフルが臨時政府を表敬訪問し、共和派とカトリックとの友好関係ができあがる。ラマルチーヌは「一八四八年の革命はキリスト教の発露」だと語った。

すでにみたように、カトリック教会は七月王政の野党であった。司教教書でもレッセ・フェール体制をしばしば「金権的エゴイズム」として批判し、政府に社会政策を要求していた。一方、世俗宗教性の濃厚な社会主義者や社会的共和派の原始キリスト教礼賛を考え合わせれば、この同盟はあながち不自然ではなかったのである。三月二〇日、シャン・

ド・マルスを埋め尽くした数千の民衆が歓呼するなかで、三色旗をつけた「自由の木」の植樹祭典がおこなわれ、司祭がおごそかに聖別した。その後一週間、パリの街区という街区で、さらには全国の町や村で、同様の祭典がくりひろげられた。十字架と三色旗の蜜月の頂点であった。

だが、この蜜月は長続きしなかった。七月王政の金権体制批判については共和派と手を組めた教会だが、モラル・ヘゲモニーをめぐる対抗関係については隠しようがなかった。共和派の目指す初等教育改革（無償・義務化、教員の待遇改善）は、教会系学校を民衆教化の梃子と考えるカトリックと真っ向から対立するものであった。臨時政府の公教育相イポリット・カルノーが、初等教員を共和主義的公民教育の伝道者、すなわち「新しい共和国の使徒」と位置づけた時点ですでに両者には亀裂が走っていた。四月の制憲議会選挙で司祭と教師がくりひろげたプロパガンダ合戦はそれを決定的にしたのである。

臨時政府は憲法制定国民議会の選挙に、六カ月以上同一市町村に居住する二一歳以上のすべての男性に投票権を与える政令を布告した（三月五日）。これにより、有権者数は七月王政下の二五万人からいっきょに九〇〇万人に増加する。しかし、社会的共和派の悲願ともいうべき普通選挙制の導入は、皮肉にも彼らを権力から遠ざけることになった。投票率八四％、八八〇名の当選者中、彼らが確保したのはおよそ一〇〇名にすぎなかった。急進的パリの独走に、地方の農村的フランスがブレーキをかけたとされる。臨時政府の内務相ルドリュ・ロランは地方に派遣委員を送りこみ、師範系教師をも動員して選挙干渉をおこなったが、司祭や地方名望家の壁を崩すことができなかった。もちろん、当時のずさんな選挙管理や投票システムの不備にも原因はあった。被選挙資格は二五歳以上であったが居住期間の制限はなく、複数の選挙区から立候補できた。投票は、複数候補が列記されたいくつかの候補者リストのなかから選ぶという、今日では考えられないような方式がとられた。また投票日の四月二三日は復活祭の日曜日にあたっていた。午前中のミサのあと司祭や村長を先頭に村人たちが列をなして投票所に向かい、しかも一体となって同一リストに投じるといった光景が全国でくりひろげられた。教会と地方名望家の影響力がフルに発揮されるシステムであった。こうして成立した制憲議会は、臨時政府にかえて、アラゴ、ガルニエ・パジェス、マリ、ラマルチーヌ、ルドリュ・ロランの五名からなる執行委員会を任命した。ルドリュ・ロランが残ったとはいえ、二月の均衡は秩序志向の「翌日の共和派」に大きく傾いた。議会には正統王朝派とオルレアン王朝派をあわせて約二八〇名が選出され、パリの労働者と社会的共和派への包囲網はいちだんと狭められていった。

六月蜂起

議会の多数派を占めた「翌日の共和派」にとって、社会問題とはなによりもまず金融恐慌からの脱出であり、産業資本の育成に好適な国民的信用体系を確立することであった。四八年三月にフランス銀行が改組され、中小企業家むけの低利貸し付けをおこなう国民割引銀行が全国六七の都市に設立されたことによってその道は開かれた。あとは秩序と生産を回復し、産業の時代にふさわしい国民経済を確立することだけであった。国立作業場が秩序と財政のいずれの再建にとっても、障害以外のなにものでもなくなった以上、早晩解体されるのは避けがたかった。制憲議会に失望した共和派民衆クラブやリュクサンブール派の労働者たちは、五月一五日、ポーランド独立支援を叫んで議場に乱入、議会の解散を宣言したうえ市庁舎で新しい臨時政府の樹立を宣言したが、国民衛兵に鎮圧された。この五月一五日事件によってアルベール、ブランキ、バルベスら著名なリーダーが軒並み逮捕され、ルイ・ブランも関連を追及されて亡命した。このとき、国立作業場の労働者たちが約一万四〇〇〇人もデモに参加したことは、与党の穏健共和派に衝撃を与えた。六月二一日、公共事業相トレラは、国立作業場に登録する一八歳から二五歳までの労働者全員に対し、兵役につくか、地方の土木工事につくか、どちらかを選んで待機せよという布告に署名した。コルボンやコンシデランは議会でこの法案に反対し、国立作業場を生産協同組合に再編することを提案したが一蹴された。ちなみにこの布告の提案者は、後に公教育相となる王党派のファルーであった。六月二二日夜、政府との折衝が決裂し退路を断たれた労働者たちは「パンか、銃弾か！　自由か、死か！」と叫んでぞくぞくと集結した。翌二三日には、パリの東部一帯に巨大なバリケードの山が築かれた。数次の経験を生かして技術の粋をこらした銃眼付きのバリケードはさながら要塞のようであったという。

翌二四日、議会はラマルチーヌらの執行委員会体制に見切りをつけ、共和派将軍ウジェーヌ・カヴェニャックを行政長官に任命し全権を委ねた。彼はアルジェリアを制圧した将軍として勇名を馳せていた。パリの国民衛兵をあてにできないことを見抜いていた彼は戒厳令をしき、冷徹に軍事的見地から対処した。地方から六万の部隊を集結し、バリケードや民家に直接砲撃するという、かつてない乱暴な戦法で二六日までに蜂起を完璧におさえこんだ。政府軍の押収した銃は一〇万、即時銃殺者一五〇〇、ほかに死者一四〇〇、逮捕者二万五〇〇〇。社会共和国の夢は無残に潰えた。六月のバリケードの残骸は労働者や民衆に、とうぶん癒すことのできないトラウマを残した。選挙による議会共和政とブルジョワ共和主義者に対する、彼らの不信感は抜きがたいものになった。のみならず、ブルジョワもまた所有階級としての一体感を否応なく意識させられた。現場に居合わせたトクヴィルは、『回想録』のなかで、この戦闘は所有権をめぐる階級闘争であり、単なる政治革命ではなく命がけの社会革命にほかならなかったと分析している。立場は異なるが、カール・マルクスの認識と基本的に一致するものであった。

第二共和政憲法とルイ・ナポレオンの登場

六月の恐怖は「社会秩序の維持」を合言葉に諸党派を再結集した。正統王朝派、オルレアン派にカトリックが同盟して「秩序党」が結成され、「翌日の共和派」の多くがこれと親和関係をむすぶようになった。右傾化した議会から全権委任された将軍カヴェニャックが一二月の大統領選挙まで政権を担当する。フランスはこの共和派将軍の、軍事独裁的体制によって秩序を回復した。一一月四日、第二共和政憲法はこの政権のもと、七三九対三〇票という圧倒的多数で採択された。しかし、ともに直接普通選挙でえらばれる一院制議会と大統領制を基本とする新体制は、立法府と行政府が独立的でありすぎたため、両者の対立を調整するすべをもたなかった。大統領の再選が認められていないこととあわせて、第二共和政が短命に終わる原因はこのあたりにもあった。

一二月一〇日の大統領選挙では、ナポレオン一世の甥ルイ・ナポレオンが圧勝した。この勝利は偶然ではなかった。『貧窮の絶滅』の著者であり、「六月」に手を汚していないルイ・ナポレオンは、ブルジョワ共和派の政府に失望した労働者には、カヴェニャックよりはるかに「ましな」革新系候補と映った。また、農民にとってナポレオンという名はフランスの栄光と権威の思い出であり、地方の保守的な名望家支配に終止符を打ってくれる希望の星であった。農民たちは四五サンチーム税の共和国にはうんざりしていた。農民の投票行動はかならずしも、マルクスが形容したような「分割地農民の保守性」を意味するものばかりではなかった。

また、適当な候補者をたてられなかった秩序党にとっては、政治経験の少ないルイ・ナポレオンは共和派カヴェニャックよりはるかに御し易い人物と映った。プルードンの言うように、「ボナパルトの名は、大衆にとっては革命の希望として、祭壇や玉座の政党にとっては反革命の希望として出現した」のである。一八四〇年にセント・ヘレナからナポレオンの遺骸が凱旋し、アンヴァリッドに安置されて以来、民衆のあいだに国民的カリスマを待望するナポレオン伝説が根強く浸透していたことも彼を後押しした。選挙の結果は、ルイ・ナポレオン五五三万票（七四・二%）、カヴェニャック一四五万（一九・五%）、ルドリュ・ロラン三七万、ラスパイユ三万七〇〇〇、ラマルチーヌとシャンガルニエ将軍はさらに少ない惨敗であった。

共和主義者なき共和政

一二月二〇日、大統領に就任したルイ・ナポレオンは、王朝左派のバロを首相に、ファルーを公教育相、そしてオルレアン派の将軍シャンガルニエを陸相に任命した。第二共和政下で正式に機能した最初の内閣が、共和主義者を排除した王党派連合政権であったのはなんとも皮肉というしかない。制憲議会ではまがりなりにも共和主義者が多数派を占めていたため、一種の二重権力状況が表面化するが、これも翌年五月の立法議会選挙で決着がつけられた。右派を結集した秩序党が、五三%の票を得て四五〇議席（七五〇議席中）を占めたからである。与党の穏健共和派は一二%弱、七〇数議席しか獲得できず完敗に終わった。ただ、左派の連合体「山岳派」の民主・社会主義者（デモ・ソック）たちは健闘し、三五%の得票と二一〇議席を確保した。憲法制定のイニシアティヴをとってきた中道派が壊滅し、政治の左右両極化という構図が明らかになった。だが、この山岳派も一カ月後には解体される。イタリアでは二月革命に触発されてローマ共和国が成立していたが、秩序党政権はヴァチカンを擁護して干渉軍を派遣した。山岳派はこれを憲法違反だと弾劾し、パリを中心に大デモを組織する。六月一三日彼らの示威行動はバリケード戦にまで転化するが民衆の支持は薄く、あえなく鎮圧された。ルドリュ・ロランがイギリスに亡命したのをはじめ、山岳派の議員団は壊滅した。ここに「共和主義者なき共和政」という形容矛盾の体制ができあがったのである。

身軽になった秩序党政権はクラブや集会を禁止し、出版印紙税を復活させて言論を統制した。ストももちろん禁止された。一連の反動立法の最たるものは、一八五〇年三月の教育立法、ファルー法の制定である。これによって聖職者が初等教育のヘゲモニーを公的にも掌握するようになっただけでなく、ユニヴェルシテの一元的管理下にあった中等教育にまで進出することが認められた。イエズス会の出番がまためぐってきた。ファルー法は共和主義的教員に対する弾圧にも威力を発揮した。この時期、選挙戦やデモへの加担を理由に、師範学校出身教員の四〇%近くがなんらかの懲戒処分を受けている。のちの第三共和政下の世俗教員に特徴的な反教権主義的態度には、このファルー法の記憶が刻みこまれている。さらに一八五〇年五月三一日には選挙資格の定住期間制限を六カ月から三年に改定した。普通選挙の原則はそのままであったが、移動の激しい労働者層から選挙権を奪うことが目的であった。これによりパリの労働者の四〇%が投票権を失った。

一方、大統領ルイ・ナポレオンは秩序党議会の反動立法から距離をとって中立をよそおい、選挙権の居住制限法の撤廃を提起するなど、民衆サイドに立つ政治家として自己をアピールした。しかし、大統領の任期は四年で再選が禁止されていたため、一八五二年三月に予定されていた議会との同時選挙を最後に、彼は権力の座からおりることを余儀なくされていた。このため、再選禁止条項の修正をねらうルイ・ナポレオンは、精力的に全国遊説をこなして議会の横暴を直接民衆に訴えかけた。世論を味方につけたと判断した彼は、議会に修正案が否決されると満を持してクーデタに打って出る。

「フランス国民の名において国民議会は解散された。普通選挙は復活した。フランス国民は選挙集会に招集されよう。第一師団管区に戒厳令を命じる。」一八五一年一二月二日の朝、この布告のもとにパリ市内は軍の制圧するところとなった。シャンガルニエやチエールらはすでに未明に逮捕され、ユゴーやボダンら共和派議員もバリケードで抵抗を呼びかけたが、労働者、民衆の反応は冷ややかだった。翌一二月三日、立法議会の解散によって一八四八年憲法は失効した。形式的には、第二共和政はもう一年続くが、事実上この時点で幕は降ろされたといってよい。一二月二一日の人民投票は、投票率八三％、賛成九二％という圧倒的支持をクーデタに与えた。

2　第二帝政の光と影

ボナパルティスムの統治構造

かつて一世を風靡した階級史観にあっては、第二帝政は反人民的な独裁国家だと見なされていた。それは、ブルジョワジーがすでに単独で国民を統治する能力を失い、しかも労働者がまだ政権を掌握する能力を身につけていない一時期に、この階級均衡のすき間をぬって、ルイ・ナポレオンが保守的な小土地所有農に依拠して独裁権力を掌握した、過去復帰的な反動体制だと見なされる。いいかえれば、過渡期に成立したきわめて例外的な国家だとされていた。この「第二帝政＝悪玉論」ともいうべき見方は、マルクス主義史家だけでなく、第二帝政がたおれたあとに成立した第三共和政の歴史家や、ナポレオン三世のクーデタに反対して亡命していたユゴーら同時代の作家たちによっても共有されていた。しかし近年ではこのような見方は影をひそめ、理論的にも実証的にも第二帝政像は一新されたといってよい。そもそもマルクス自身のボナパルティスム論は、例外国家や階級均衡をさほど重視していたわけではない。力点はむしろ第二帝政期における国家機構の完成と国家の相対的自立におかれていた。つまりマルクスは、膨大な官僚機構や常備軍、警察機構などが整備されると、ナポレオン三世のように「取るに足りない人物［マルクス］」でも、外見上は超階級的で中立的な国家権力をよそおいながら国民統合を実現できることを強調していたのである。

他方、実証的研究の蓄積は、すでにふれたようにナポレオン三世を「取るに足りない人物」とは見ていない。たとえば、彼が大統領選で得た七四％、五五〇万票のうちわけを見てみると、「保守的農民層の支持」というテーゼは完全にくつがえされる。彼の得た農民票は保守的な地域というより、むしろ農村蜂起の多発する急進的な地域でより高い数値を記録している。彼はまた、農村部だけでなく都市部でも支持された。しかもパリを見てみると六月蜂起の拠点地区である労働者街のほうがブルジョワ地区より高率をマークしている。この傾向は、クーデタ後の人民投票（投票率八三%、賛成九二%）でも、また帝政復活承認の人民投票（七八二万票、賛成九六・五%）でも同様であった。ルイ・ナポレオンが民衆から圧倒的に支持された背景には、彼自身の歴史認識や政策路線が時代のニーズに適合したという側面も無視できない。彼は、現下の政治的対立と経済的混迷に終止符を打つには「強力な統治」が必要であること、またその統治の権威の源泉は大衆にあることを訴えた。そして、人民的原理と権威の原理の融合に基づいて、フランスの栄光、それもナポレオン一世のような軍事的栄光ではなく産業的・市民的栄光を実現すべきことを早くから主張していた。ナポレオン三世はすくなくともマルクスのいうような「取るに足りない人物」ではなく、『貧窮の絶滅』の著者として「馬上のサン・シモン」と形容されるような社会政策的センスを持ち合わせていたのである。クーデタも通常の意味での権力簒奪ではなく、現職の大統領が憲法の規定を超えて政権の固定化をはかったものであった。保守派が多数を占める議会に抗して普通選挙の回復を訴え、民主主義の否定というよりは、その回復を大義名分としたクーデタであった。いわば、普通選挙の申し子として権力の座についたナポレオン三世は、執行権の優越する第二帝政の統治構造の一角に、普通選挙制に基づく議会と人民投票制を位置づけている。国民主権原理と権威的個人統治の結合体である、このような統治構造は人民投票型民主主義あるいは権威的民主主義と呼ばれ、近代ブルジョワ国家の一形態と見なされている。

もっとも、第二帝政下の普通選挙を過大に評価してはならない。そこでは官選候補制がとられ、当局の選挙干渉も尋常ではなかった。また、政策決定の多くは官僚機構に依拠した内閣・国務院・知事など皇帝直属の行政機関にゆだねられ、議会によるフィード・バック機能はきわめて限定されていた。もうひとつの看板である人民投票も帝政発足後は、体制末期の一八七〇年五月にただ一度おこなわれたきりだった。つまり立法院選挙だけが体制への信任投票として機能していたといえよう。

そもそも政治的自由という点では、第二帝政を単一の時代として論じるにはやや無理がある。前半の一八五〇年代は、共和派への徹底した弾圧、出版言論の統制、通信物の検閲制、治安警察の増強など、警察国家的色彩が濃厚なので権威帝政と呼ばれている。この時期の教育政策や宗教政策には、カトリック、王党派との妥協が目立ち、教会勢力の復権をもたらした。支持基盤の伝統的性格ともあわせて、「専制的」の誇りは免れない。だが一八六〇年代に入ると、経済の自由主義化に符節をあわせるかのように政治的自由化政策が導入される。議会に法案の審議権だけでなく上程権が認められたのをはじめ、言論統制が緩和されて反政府ジャーナリズムが開花し、労働者の争議権や民衆の公開集会までが容認された。さらにカトリックとの距離を取って共和派系の文相を起用し、脱教会的な教育改革に取り組ませたりした。この自由帝政とよばれる後半期をも、単なる集権的抑圧体制と見なすのは困難である。むしろ第二共和政末期や第三共和政初期に比して「民主的」だったという評価さえある。また権威帝政下の民衆がこの体制に大いなる不満を抱いていたかというと、かならずしもそうではない。人々はむしろ騒擾と動乱にあけくれる時代に倦《う》んでいた。さしあたり秩序と平安をもたらしてくれる体制を選択したとみられる。

産業帝政下の繁栄

第二帝政は、政治的には両義的な性格を帯びていたが、経済的・文化的には大いなる繁栄期とみてよい。一九世紀なかばのフランスは産業革命の完成期にあたり、かつてない高度成長を記録している。ナポレオン三世の政策はこの時代の波をうまくとらえ、「産業帝政」と呼ばれる経済的繁栄をフランスにもたらした。それを最も象徴するのは鉄道建設事業の本格的展開である。周知のように、フランス産業革命の黎明期をリードしたのは、綿・絹工業を中心とする繊維産業であった。一八二〇年代から三〇年代にかけてのことであるが、この時期にはまだ製鉄などの重工業部門は端緒についたばかりであった。一八四〇年代に入ってこの状況は変化し始める。すなわち一八四二年の鉄道法以来、鉄の需要が飛躍的に伸びて、製鉄業の量的拡大と技術革新が進行した。第一次鉄道ブームが起こり、営業路線も一八三〇キロメートルに延びている。ただし、このブームは一八四七年恐慌にまきこまれて一時期頓挫していた。

帝位についたナポレオン三世は、産業近代化路線の柱として、鉄道・道路建設をはじめとする公共土木事業と金融システムの改革をかかげ、まず鉄道関連事業の再編に着手した。一八五七年には、七月王政期に三三あった鉄道会社を六社に整理統合し、パリを中心に放射線状にひろがる全国幹線網の整備をいっそう押し進めた。たとえば、パリからリール、ベルギーへとつながる北部鉄道は、繊維産業、製鉄業、炭鉱業の中心地と首都をつなぐ大動脈となったし、PLM鉄道はパリ、リヨン、地中海をつなぐ最長路線に成長した。投機が集中して第二次鉄道ブームが巻き起こり、営業キロ数も一八五一年の三六二七キロメートルから一八七〇年には一万七九三三キロメートルと、五倍近くに飛躍している。関連産業への波及効果はもとより、流通経路の拡大は全国市場への展望を切り開くものとなった。ちなみに、鉄道網のさらなる展開は第三共和政下の一八八〇年代に引き継がれ、このときの地方幹線網の整備が第三次鉄道ブームを呼んで、全国ネットワークをほぼ完成させたのである（図4-1参照）。

第二帝政はまた、こうした産業振興を支える新しい金融機関の育成にも意を用いた。一八五二年にはクレディ・フォンシエ（不動産信用銀行）とクレディ・モビリエ（動産銀行）が設立されたが、とりわけ後者は元サン・シモニアンのペレール兄弟によるものであり、皇帝みずからが後ろ盾となって産業投資を促進した。このクレディ・モビリエの活動に刺激されて、六〇年代にはクレディ・リヨネ（一八六二年）、ソシエテ・ジェネラル（一八六四年）といった新しいタイプ

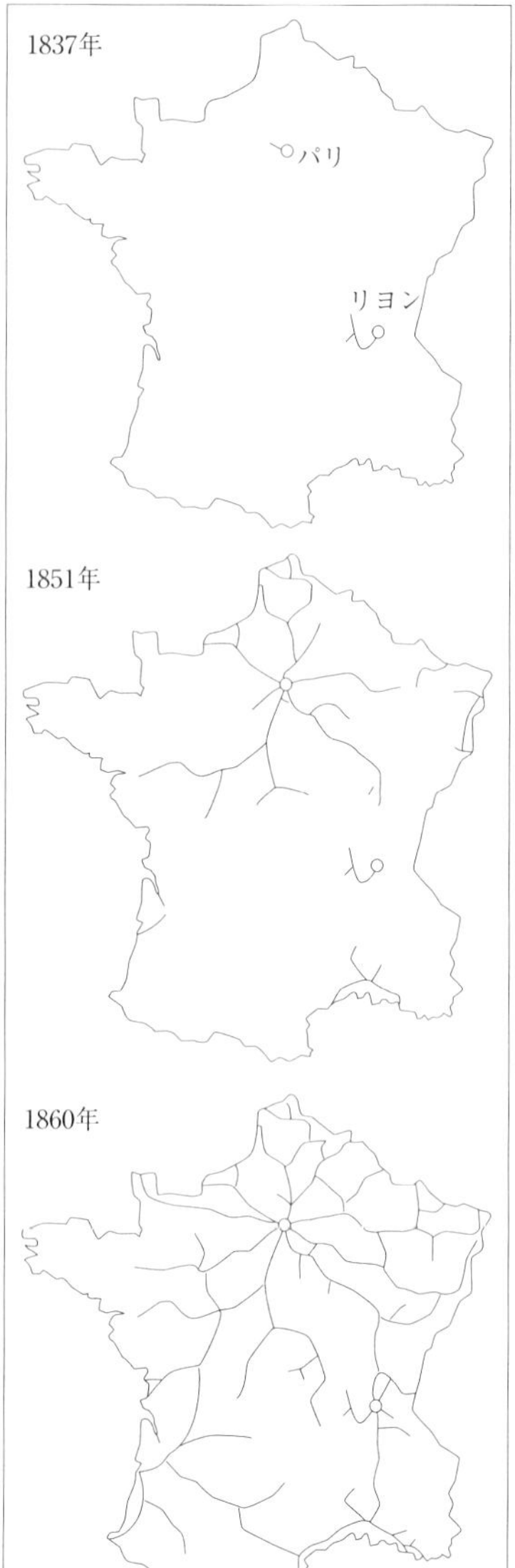

図4-1　フランスにおける鉄道網の発達

出典：谷川稔『フランス社会運動史』山川出版社，1983年，54頁。

の銀行〔混合銀行〕がこれに続いた。おりからのカリフォルニア金鉱発見にともなって、フランス銀行の金準備が増大したことも、これらの金融制度改革を後押しし、信用の膨張と好況をもたらす背景となった。

ナポレオン三世の経済政策のなかで、もうひとつ見逃すわけにいかない重要な改革として、一八六〇年の英仏通商条約の締結がある。フランスにかぎらず大陸のヨーロッパ諸国は工業力においてイギリスにひけをとっていたため、長いあいだ高率の保護関税政策によって自国産業を守らざるをえなかった。だが、ナポレオン三世と自由貿易派には、それがかえって産業構造の近代化を遅らせ、フランスの国際競争力を弱めているのではないか、という認識があった。おりからのイタリア政策の失敗によってぎくしゃくしていた対英関係の修復をはかろうという政治的動機も伏在した。産業界では激しい反発があったが、彼は、側近の元サン・シモニアン官僚、ミシェル・シェヴァリエの提言をいれ、電撃的に英仏通商条約の締結にふみきった。フランスは輸入禁止措置の撤廃、関税率の大幅な引き下げに応じ、イギリスも葡萄酒関税の撤廃で応えた。翌年には、ベルギー、プロイセンとも同様の二国間通商条約を締結した。これにならうかのようにイギリス、イタリアなども相互に自由貿易的通商条約を結んだので、ここにヨーロッパ主要国間での自由貿易ネットワークともいうべき体制が成立した。さらに一八六五年、フランスを中心としてイタリア、スイス、ベルギーの四カ国が通貨管理協定を結び、「ラテン通貨同盟」を結成したことも特筆されてよい。

もちろん、この自由貿易体制が永続的なものとなりえなかったことは周知のとおりである。一八七三年以降世紀末まで西ヨーロッパ諸国をおそった大不況をまえにして、八〇年代には瓦解し、フランスも九二年にはメリーヌ関税とよばれる保護関税体制に逆戻りすることになる。とはいえ、ナポレオン三世の決断以降二〇年近くも、ヨーロッパ諸国間でこうしたシステムが機能し、少なくとも第二帝政期のフランスの経済繁栄を支えたことは紛れもない事実である。

「フランスの栄光」をもとめて

政治的安定に経済的繁栄、これに外交的栄光がくわわれば体制はまず安泰である。ナポレオン三世は一八五四年、イギリスを誘い、オスマン帝国と軍事同盟を結んでロシアと戦った。このクリミア戦争を制したセヴァストポリ港の陥落に国民は湧きかえった。五六年二月、パリ講和会議をリードしたナポレオン三世は帝国の威信を内外に誇示することに成功した。一連の外交的成功は、帝政の支配の正統性を国民に証《あか》しする儀式でもあった。彼の外交路線の基本は、伯父の失敗を教訓にイギリスとの友好関係を保ちつつ、ロシア、オーストリアに対抗して「大陸の雄フランス」の地位を確固たるものにすることである。自然国境説としての「ライン左岸」の獲得も標的のひとつであった。そのために、イタリアをはじめとする各地のナショナリズムや民族主義運動を支援してオーストリア、ロシアを牽制した。たとえば、一八五九年にオーストリアがピエモンテの動きを制圧にかかると、皇帝みずから軍をひきいて干渉にのりだし、ソルフェリーノでオーストリア軍を撃破した。このイタリア統一運動への支援は、国内の共和主義者からも支持され、国際的な威信を高めた。しかし、この行動は同時にヴァチカンへの攻撃を意味し、国内のカトリック勢力の離反を招くことになる。しかも、その直後にピエモンテの強大化をおそれてオーストリアと単独講和を結ぶという無定見な行動は、再び共和派の憤激を呼んだ。彼のナショナリズムへの支援は便宜的なものであったが、イタリア政策の動向はとりわけ支持層の利害に連動したため、内政の基本路線に直接はねかえる両刃の剣となった。

これに対して、ヨーロッパ以外の諸大陸への進出は、帝政への国民的支持をとりつけるのに役立った。フランスがアフリカやアジアを侵略して植民地帝国の基礎をかためていったのは他ならぬこの第二帝政期であった。一八五〇年代のアルジェリアでは民族反乱が続いたが、ナポレオン三世はこれに乗じてサハラ、カビリアを占領、フランス人入植者（コロン）がつぎつぎと原住民の土地を奪っていった。チュニジアやモロッコ、セネガルに対しても財政借款などを梃子に手をのばした。アジアでは一八五六年のアロー号事件でイギリスの誘いに応じて中国に出兵している。この英仏連合軍は六〇年には北京に迫り、壮麗な円明園を廃墟と化した。北京条約で一方的な通商上の利権を獲得したのは周知のとおりである。五八年には鎖国日本から強引に開港を引き出して日仏修好通商条約を結んだ。またインドシナ半島では、一八五七年にアンナン（安南）を征服、六二年にコーチシナ併合、六三年にはカンボジアを保護領化した。第二帝政下で、フランスの植民地面積は三倍にも拡大している。

一方、アメリカ大陸への進出は誤算であった。一八六二年、メキシコの自由主義的革命政権が外国債の利子支払い停止を宣言したのを口実に、フランスはイギリス、スペインをさそって兵を送った。合衆国が南北戦争の渦中で介入できない状況にあったのも計算されていた。しかし、メキシコのファレス政権の抵抗は頑強で、遠征軍は風土病にも悩まされ、イギリス、スペイン両国は早々に軍を引き上げた。だが、ナポレオン三世の中央アメリカへのこだわりは、サン・シモン教的夢想にもとづくものであったため容易には引き下がれなかった。彼はかねてより、中央アメリカに運河をつくってふたつの大洋をむすび、この地にカトリックのラテン帝国を築きあげるという壮大な構想をもっていた。もちろん新大陸の巨大な市場と豊富な資源がフランス産業を支える、という現実的利害にも裏打ちされていた。ちょうどおなじころ、元サン・シモニアン、レセップスによるスエズ運河開鑿工事が開始されていた。皇帝の執念は三万の増援部隊を送り込み、六三年六月ついに首都メキシコ市を陥落させた。

しかし、オーストリア皇帝の弟マクシミリアンを傀儡皇帝にすえて成立したラテン帝国は、ファレスを支持するメキシコ民衆の執拗なゲリラ戦に難渋し続けただけでなく、やがて合衆国の強硬な撤兵要求にも直面した。ナポレオン三世はやむなく撤退を決定し、六七年二月撤兵を完了したが、引き上げを拒否したマクシミリアンはメキシコ軍に捕らえられ銃殺される。フランスはこのメキシコ遠征で、三億三六〇〇万フランの戦費と六〇〇〇人以上の兵士を失い、皇帝の外交的栄光は地に墜ちた。そのナポレオン三世の野望にとどめを刺したのはプロイセンの台頭であった。

普仏戦争への罠

一八六五年一〇月スペイン国境近くのビアリッツで保養していたナポレオン三世はビスマルクの訪問を受け、プロイセンがオーストリアと開戦するさいフランスが中立を保つなら、ライン左岸のどこかを割譲してもよいとの意向をほのめかされた。この口約束でフランスの好意的中立をとりつけたプロイセンがオーストリアを破ったのち、ナポレオン三世はその見返りの履行を求めたが、ビスマルクはそれを反故にした。のみならず彼は、オランダからルクセンブルグを買収しようとしたフランスにはげしく抗議し、ロンドン列国会議でそれを永世中立国とさせた。さらにスペイン王位継承問題で追打ちをかける。

スペインでは一八六八年の革命でブルボン復古王政が倒れ、新たな立憲君主政の国王として、プロイセン王家であるホーエンツォレルン家の系統をひくレオポルトを推戴しようとした。フランスにとって、このことはプロイセン王家に挟み撃ちされることを意味し、ハプスブルクのカール五世がスペイン王カルロス一世を兼ねてフランスを挟撃した一六世紀の悪夢を思い出させるものであった。フランスの世論をあげての激しい抗議に、一時は受諾に傾きかけていたホーエンツォレルン家も辞退を表明する。フランスとの開戦を望んで、王位受諾を働きかけていたビスマルクの野望はこれでついえたかに思われた。だが、ここでフランスは深追いしてしまう。外相グラモンは、「この王位継承問題は二度とむしかえさない」という確約をプロイセン国王自身から取りつけるよう、駐プロイセン大使ベネデッティに指示した。一八七〇年七月一三日朝、ベネデッティはヴィルヘルム一世の確約をもとめて温泉地エムスをおとずれた。だが国王はこの非礼に腹をたて、申し入れを拒否しただけでなく午後の引見予定をも取り消した。この経過は電報でベルリンのビスマルクに伝えられた。開戦準備怠りないビスマルクは、すでにバイエルンをはじめとする南ドイツ四領邦国の支持をとりつけ、イギリス、ロシアからも好意的中立の感触を得ていた。国王からの電文を受け取ったビスマルクはその内容を改竄して新聞に公表した。フランス大使の非礼に怒ったプロイセン国王は今後いっさいフランスとは交渉しないというものであった。有名なエムス電報事件である。これをみたドイツの世論は沸き立ち、反フランスをバネとした国民意識がいっきに盛り上がった。他方、大使が侮辱されたとみたフランスの世論も猛反発し、はやくも七月一四日には開戦が閣議決定されて、一七日プロイセンに宣戦布告した。

この戦いは普仏戦争といわれているが、実態は全ドイツとフランスとの戦い、つまり独仏戦争であった。五二万の兵力、質量とも優勢な火器、円滑な輸送・兵站など準備万端整えられていたドイツ軍に対して、大砲を半分以下しかもたぬ三〇万のフランス軍は、兵站部の準備が遅れたまま実戦に突入したが、ヨーロッパ最強という彼らの自負が虚構であったことを露呈するのに幾らもかからなかった。八月、アルザス・ロレーヌに進攻したドイツ軍は連戦連勝、月末にはフランスの主力軍をメッスとスダンに分断して追い詰め、包囲の態勢を整えた。九月一日スダンに総攻撃をうけたフランス軍は一万七〇〇〇人の死傷者を出し、翌二日にはナポレオン三世は八万三〇〇〇の将兵とともに降伏した。九月四日、この報をうけたパリでは蜂起が起こり第二帝政は瓦解した。

3　都市化・工業化社会とソシアビリテの変容

都市化と工業化のインパクト

ここで、この時代を社会史的側面からもふりかえってみよう。というのも、工業化社会への移行期には都市化の加速という現象が各地で進行し、従来の静態的な社会構造や牧歌的な社会関係を一変させるきっかけとなったからである。単に従来からあった個々の都市を膨張させただけではない。それは地方中核都市を中心とした広域コミュニケーション圏を活性化し、さらには全国的なコミュニケーション網をも成立させた。世紀前半には、運河網と道路網の整備に公的資金が意欲的に投入された。また先に見たように、一八四〇年代以降、各地で鉄道建設が精力的に推し進められた。これらの交通手段の飛躍的拡充が都市と都市、都市と農村をより緊密にむすびつけるネットワークを作り出した。人々の移動と交流は、経済物資の流通だけでなく、都市的・市民的価値観が農村に浸透する契機となる。鉄道網の要となったパリは、全国への情報の発信地、移動と交流の中心地としての機能をいちだんと高めた。おりからの商業新聞の成立ともあいまって、首都での事件やファッションは、地方住民にとっても無縁の情報ではなくなりつつあった。上流階級のあいだでは、温泉浴や海水浴がさかんになり、『ジョアンヌ旅行案内書』の創刊に見られる商業的ツーリスムも始まった。いわば、工業化段階における都市化は、「モノ・ヒト・コト」の相互交流の飛躍的拡大をとおして、旧来のソシアビリテ（社会的結合関係）に根本的変容を迫るものであり、同時に全国レヴェルでの政治統合や文化統合をはじめて可能にする物理的前提条件でもあった。

もちろん良いこと尽くめではない。一九世紀前半の人口流入は首都パリの人口を文字どおり倍増させ、一八四六年にはついに一〇〇万人を突破した。この急激な人口移動は、一八〇八年から開始されたウルク運河の開削工事、四一年以降のチエールによるパリ城塞化工事、さらには同時期に本格化する鉄道建設といった一連の大土木事業が大量の労働力をひきよせただけでなく、それに付随して生活関連産業部門を肥大させたことが大きな誘因となっている。つまり、パリでの工業化の波及は、単一産業を中心とする新興工業都市とちがい、機械制大工場の生成というよりも、業種の多様化、補助労働の増大、小アトリエのネットワーク化による産業規模の空間的拡大、というかたちをとって進行した。既製服が普及し始めた衣料産業や土木建築部門での下請け制ネットワークの急成長は、この時期に最も特徴的な例である。

この流入人口の急増は、まず都市機能を麻痺させずにはおかなかった。というのも、一般に流入労働人口は、低所得者層が密集する地域に吸いよせられ、市内中心部の労働者街や市壁外の場末にいっそう劣悪な住環境を生み出すことになったからだ。当時のパリの都市衛生は、じつにおぞましい状況にあったといわれている。もっとも、狭い街路にひしめきあうアパルトマンや木賃宿の生活も、住民にとってはそれなりに暮らしやすい近隣共同体の空間であった可能性も否定できない。だが、為政者にとってはこの貧民街は不衛生と犯罪、コレラとバリケードの巣窟以外の何物でもなかった。一八三二年のコレラ大流行はもちろん、七月王政下の度重なる争議や暴動、とりわけ二月革命から六月蜂起にいたる壮絶なバリケード市街戦などは、これらの都市環境と無縁ではなかった。

オスマン化のパリ

麻痺した首都の都市機能を回復し、コレラとバリケードの病巣を取りのぞく。この厄介な外科手術に挑んだのが、ナポレオン三世とジョルジュ・オスマンのコンビであった。一八五三年セーヌ県知事に登用されたオスマンは、皇帝の支持を背景につぎつぎと大規模な都市改造に着手した。彼はまず、市中心部の曲がりくねった街路やシテ島の貧民窟を一掃し、広い直線的な大通りを東西南北に貫通させて道路交通網を徹底的に整備した。また、ルーヴル宮の増築や新オペラ座、中央市場といった公共建築を建造するとともに、街路照明を大幅に増設しアパルトマンの高さを一定に規制するなど、都市景観にも細かく配慮している。「ガス燈ゆらめくパリ」の基本的景観はこの第二帝政期に生み出された。一八六七年の万国博覧会に参加した幕府と薩摩藩のサムライ代表団を魅了したのは、このオスマンのパリだったのである。

また一八五九年六月に議決され翌年一月から施行された法令により、市壁の外にあふれ出ていた居住区も市域に組み込まれ、パリ市は従来の一二区からこんにちとほぼ同じ二〇区に再編された。これによって市の面積は二倍以上になり、人口も一二〇万人からおよそ一六〇万人に増大している。この新しいパリには西のブローニュ、東のヴァンセンヌをはじめ市内の要所に広大な公園が配置され、二〇年間でいっきょに九〇倍もの広さを誇るようになった。都市衛生という点では、上下水道の全面的な再編がおこなわれた。デュイス、ヴァンヌ両運河の開削によって上水が確保され、パリより下流のセーヌ河へ集中排水するために大下水道工事が実施されている。一九世紀パリの水売りの話は有名だが、彼らが汲み取るセーヌ河の取水口の近くで洗濯船が浮かび、下水口から汚水がたれ流されている、といったおぞましい光景はこれによって解消されたのであった。

このオスマン化と呼ばれる一連の大事業によって、パリの姿はたしかに一変した。「明るくて清潔な都市」の出現は、ブルジョワ社会の繁栄をそのまま象徴している。同時にそれは、都市下層民という「危険な階級」を市民的秩序に包摂しようとするものであった。だが為政者たちのおもわくとは別に、この統合の空間はまた、容易にあらたな断絶の空間に変貌した。大胆な住空間の改造は、それまでの近隣共同体を解体し社会関係の再編を迫らずにはおかない。たとえば、区画整理で市中心部を追われた庶民は、投機のために家賃が高くなった元の下町に戻れず、市周辺の新開地に移り住まざるを得なくなった。このため、それまでブルジョワと労働者が混じりあって住んでいたパリで、次第に「住み分け」が明確になってくる。つまり、中心部から西部を占めるブルジョワ街を、東部から南北に環状にのびる労働者街が取り囲む、いわゆる「赤い帯」ができあがる。この「ふたつのパリ」の形成による都市住民の一体性の喪失は、あきらかに新たな断絶の構図をつくりだした。

もっとも、かつてのパリで、このような「垂直的住み分け」が支配的であったというのは一面的にすぎる。以前から、パリ東部にはおおむね職人・労働者が多く、西部は貴族・ブルジョワの街という「水平的住み分け」がある程度成立していたことも事実である。また、オスマン化以後も、表通りを一歩はずれた路地裏には、まだ市民的秩序に包摂されていない下層民の共同体的空間が隣り合わせに存在しつづけていた。ちなみに、今日のパリでも「赤い帯」はさらに市域外に広がっただけでなく、市内でも移民の増大によってエスニック・マイノリティごとの街区が形成されつつある。異文化間の摩擦が新たな断絶をもたらし、パリ市民、フランス国民の一体性に問いを投げかけている。第二帝政はこの断絶空間の原初を人工的に作り出したことになる。

農村の文化統合——「村の司祭」と「田舎教師」

都市民衆や労働者をめぐるソシアビリテの変容には、特筆すべき現象がみられたが、人口の圧倒的多数を占める地方農村住民の状況はどうだろうか。交通網の形成や工業化の波及は、地方中核都市を中心とした広域経済圏を発達させるし、それらをむすびつける全国市場もそれなりに形成する。しかし文化的な平準化はというと、そう簡単ではない。とりわけ言語の多元性は、均質的文化空間の実現にはほど遠い状況にあった。フランス革命を経験したこの国で、義務教育が成立したのは約九〇年後の一八八〇年代、第三共和政が安定してからのことである。つまり一九世紀のなかばをすぎてもなお体系的な民衆教育が確立しておらず、国語としてのフランス語も成立していなかった。第一帝政、復古王政ともに初等教育を教会にゆだねたため、一九世紀なかばの子供たちの多くは教区司祭や修道聖職者の手の内にあった。農村の教師は司祭の助手、教会の堂守を兼ねているのが通例であり、ほとんど独立的な職業と見られていなかった。定収はわずかで、生徒の親の現物給付にたよらざるをえない。「初等教員は物乞いと同じだ」という視学官レポートが一八三〇年代に残されている。反カトリック的な七月王政になって、ようやく世俗の小学校の設立とその教員養成が日程にのぼった。一八三三年、市町村ごとに一校の公立初等学校の設置と、各県ごとに一校の師範学校の設立を義務づけたギゾー法がそれである。しかし、これは子供の就学を親に義務づけたものではなく、既存の教会系私立校を公立校と認定することが許されたザル法であったため、むしろ教会の影響力を強化する結果になったところさえみられた。

先に見たように、二月革命直後、無償・義務教育を導入しようとしたカルノー法は、保守派の巻き返しで廃案となり、一八五〇年には共和政下でありながら、王党派カトリックのファルー子爵が公教育相に任命される。彼の導入した教育改革法、いわゆるファルー法以後、カトリックの公教育への浸透はいちだんと強められ、司祭と教師との対立が根深く潜行することとなった。ちなみに、第二帝政期における言語状況は次章図5-2のごとくであり、多くの地方言語を母語とする多文化分立状態は、大革命期のそれをいくらも抜け出ていない。こうした状況の克服が真剣に検討され始めたのは、ナポレオン三世の対教会政策が大幅に転換した自由帝政期にはいってからである。公教育相に起用されたデュリュイは初等教員の待遇を大幅に改善し、共和派に近い世俗化の方向で改革案を提起した。それらの多くは、教会の猛反発と帝政の動揺によって実現しなかったが、つづく第三共和政で実現するフェリー法の先駆けとなった。この公教育をめぐるカトリックと共和派（国家）との綱引きは、そのまま農村の日常的モラルをめぐる「村の司祭」と「田舎教師」とのヘゲモニー争いとして、全国各地でさまざまに展開された。この点では、言語ネットワークの分立状況にもかかわらず、閉鎖的と思われた「村の政治」と「国の政治」は、意外にも構造的に連動していたのである。

参考文献

河野健二編『フランス・ブルジョア社会の成立——第二帝政期の研究』岩波書店、一九七七年。

河野健二編『資料　フランス初期社会主義——二月革命とその思想』平凡社、一九七九年。

ジャン・カスー著、野沢協監訳『一八四八年——二月革命の精神史』法政大学出版局、一九七九年。

喜安朗『パリの聖月曜日——一九世紀都市騒乱の舞台裏』平凡社、一九八二年。

谷川稔『フランス社会運動史——アソシアシオンとサンディカリスム』山川出版社、一九八三年。

西川長夫『フランスの近代とボナパルティズム』岩波書店、一九八四年。

阪上孝編『１８４８　国家装置と民衆』ミネルヴァ書房、一九八五年。

アレクシス・ド・トクヴィル著、喜安朗訳『フランス二月革命の日々』岩波文庫、一九八七年。

鹿島茂『絶景　パリ万国博覧会——サン・シモンの鉄の夢』河出書房新社、一九九二年。

ルイ・シュヴァリエ著、喜安朗・木下賢一・相良匡俊訳『労働階級と危険な階級』みすず書房、一九九三年。

喜安朗『近代フランスの〈個と共同性〉』平凡社、一九九四年。

喜安朗『夢と反乱のフォブール——一八四八年パリの民衆運動』山川出版社、一九九四年。

小田中直樹『フランス近代社会　1814-1852』木鐸社、一九九五年。

谷川稔『十字架と三色旗――もうひとつの近代フランス』山川出版社、一九九七年。

松井道昭『第二帝政下のパリ都市改造』日本経済評論社、一九九七年。

谷川稔・北原敦・鈴木健夫・村岡健二『世界の歴史22　近代ヨーロッパの情熱と苦悩』中央公論新社、一九九九年。

中野隆生『プラーグ街の住民たち――フランス近代の住宅・民衆・国家』山川出版社、一九九九年。

木下賢一『第二帝政とパリ民衆の世界――進歩と伝統のはざまで』山川出版社、二〇〇〇年。

槇原茂『近代フランス農村の変貌――アソシアシオンの社会史』刀水書房、二〇〇二年。

野村啓介『フランス第二帝制の構造』九州大学出版会、二〇〇二年。

谷川稔ほか『規範としての文化――文化統合の近代史』平凡社、一九九〇年（新装版、ミネルヴァ書房、二〇〇三年）。

赤司道和『一九世紀パリ社会史――労働・家族・文化』北海道大学出版会、二〇〇四年。

ジョルジュ・サンド著、加藤節子訳『我が生涯の記』全三巻、水声社、二〇〇五年。

扉図出典：（上）François Furet, *La Révolution, 1789-1880*, Hachette, 1988.
（下）Jean Des Cars et Pierre Pinon（dir.）, *Paris-Haussmann*, Paris, 1991.

コラムⅦ

二月革命とヨーロッパ

谷川　稔

パリの二月革命はまるで疫病のようにヨーロッパ各地に伝染した。たとえば一八四〇年代のドイツ諸邦では、凶作による食料暴動と周期的な金融恐慌による失業など深刻な社会不安にさらされていた。多民族複合国家の常として、民族対立による火種がたえず燻っていたうえに、身分制の色濃い政治システムは旧態依然であり、政治参加を阻まれた市民層には不満が鬱積していた。二月革命の報を受けて、これらの火種がいっきに爆発したのである。

最も早く反応したバーデン大公国のマンハイムでは、二月二七日に反政府民衆集会が開かれて、①言論・集会の自由、②民兵の組織化（市民の武装）、③陪審裁判制、④全ドイツ議会の創設、という四項目要求が採択されバーデン議会も三月はじめにこれを受け入れて、自由主義的な新政府が誕生した。俗に「三月要求」と呼ばれるこの民衆運動は、以後バイエルン、ナッサウ、ザクセン、ハノーファーなどの諸邦でも受け入れられ「三月内閣」がつぎつぎと成立した。興味深いのは、諸邦政府があらかじめ予期したかのように、ほとんど無抵抗のうちに譲歩したことである。二月革命のバリケードがドイツ諸侯にジャコバン独裁とナポレオン支配の集合的記憶を呼びさまし、過剰な連鎖反応をひき起こしたのであろうか。このドイツ三月革命の嵐はさらに雄邦オーストリア、プロイセンを席巻し、メッテルニヒ体制を瞬時に吹き飛ばした。それはまた、諸民族の自立や民主化への衝動を解き放たずにはおかなかった。イタリアでもローマ共和国が成立したのをはじめ、分割亡国下のポーランド、オーストリア支配下の北イタリア、マジャール人のハンガリー、チェク人のベーメンなどいわゆる「諸国民の春」が到来したかのように思われた。文字どおりヨーロッパ革命であった。

とはいえ春の嵐は突然訪れたわけではない。たしかにフランス革命とナポレオンの記憶を封印したメッテルニヒ=ウィーン体制ではあったが、四〇年代にはもはやほころびを隠せないでいた。反民族主義の現状維持を旨とするその保守的国際秩序は、二〇年代の中南米とギリシアの独立、一八三〇年の七月革命とベルギー独立など、自由主義、国民主義のうねりのなかでヨーロッパ西部では事実上解体していた。その限りでは、「ヨーロッパ革命としてのフランス革命」という歴史の舞台は再構築されつつあった。これに同時代の社会問題が火をつけたのである。

工業化社会の胎動がひき起こした都市問題は、ヒト・コト・モノのはげしい移動と変化の結果でもあり、一八四八年段階のヨーロッパの構造的矛盾を体現するものであった。パリと同様、これらの諸矛盾が集中した帝都ウィーンと王都ベルリンの三月革命はさすがに無血革命というわけにはいかなかった。二月革命に触発されたバリケード市街戦による政治権力の一時的な空白の後、改革派内閣の成立をみた。また各邦国の革命運動だけでなく全ドイツ統一にむけての動きも急展開した。フランクフルトで国民議会が成立して統一方式と新憲法が検討され、一二月末にはその前提となる「国民の基本権」が採択された。

だが、このヨーロッパ革命の潮は退いていくのも早かった。パリでポーランド独立支援を叫んだ議会占拠（五月一五日事件）と六月蜂起が粉砕され、秩序回帰が明確になったのに呼応するかのように、ドイツ諸邦でも逆風が吹きはじめた。三月の「気前のよさ」が過剰反応であったことに気づいた君主たちは自信を取り戻し、反撃を開始した。四八年末までに、プロイセンはじめほとんどのドイツ諸邦では旧体制に復した。最も頑強に抵抗した「赤いウィーン」では二〇〇〇人の死者を出した市街戦の末、一〇月に鎮圧された。フランクフルトの統一憲法草案も画餅に終わった。四九年八月にはハンガリーとヴェネツィアが降伏してヨーロッパ革命は終焉した。

では、一八四八年革命は何ものももたらさなかったのだろうか。そうではない。欽定ではあれ、オーストリア、プロイセンでも憲法がつくられ、まがりなりにも立憲国家体制が整えられた。たしかに旧い勢力は残存したが、農民解放や司法改革によって封建的な身分制社会はほぼ解体された。これらの諸改革は五〇年代、六〇年代の工業化と経済成長を後押しするであろう。制限があるとはいえ、成人男子には選挙を通じて社会参加する道が開かれた。その後一九世紀のヨーロッパでは、フランスをのぞいてバリケード市街戦による革命という政治スタイルは影をひそめていく。いいかえれば、急進的フランスが革命戦争とナポレオンの延長上に大陸諸国の民主化をリードするという「革命神話」がこの二月革命の運命とともに終焉した。七一年のパリ・コミューンという最後の神話を残しつつも。その意味でも一八四八年はヨーロッパ近代史上の分水嶺であった。

他方、メッテルニヒ体制の崩壊は、多民族複合帝国オーストリアの地盤沈下を白日の下にさらし、ヨーロッパ各地での民族主義の昂揚というパンドラの箱を開ける結果となった。フランス革命に始まった国民主義というこちらの「熱病」は、二月革命の挫折を経てもいっこうに衰えることなく増殖し続けた。それはやがて第一次世界大戦を誘発し、エスノ・ナショナリズムという強力な変種とともに二〇世紀を「戦争の世紀」に染め上げていくであろう。

参考文献
谷川稔ほか『世界の歴史22　近代ヨーロッパの情熱と苦悩』中央公論新社、一九九九年。

第五章　対独敗戦から急進共和国へ

長井伸仁

小学校の教師と児童たち（ソンム県，1900年頃）
黒板には，「最良の小学校を持つ人民は，最高の人民である。今日ではなくとも，明日にはそうなれる」と書かれており，学校教育に対する第三共和政の強い思い入れがうかがえる。

1870	9.4.共和政宣言，国防政府成立
1871	1.18.プロイセン国王ヴィルヘルム1世，ドイツ皇帝に即位。1.28.暫定休戦の成立，パリ降伏。2.8.国民議会選挙。3.1.仮講和条約締結。3.18.パリ蜂起。3.22～3.26.リヨン，マルセイユなどでコミューン宣言。3.26.パリでコミューン選挙。3.28.パリでコミューン宣言。5.10.フランクフルト講和条約署名。5.21～5.28.「血の週間」
1873	5.24.チエール，大統領を辞任，マクマオンが後任大統領に。「道徳秩序」期のはじまり。8～10.王政復古の企て。10. 独墺露三帝同盟
1875	1.30.ヴァロン修正案可決。2～7. 憲法的法律の制定
1877	5.16.マクマオン，共和派の首相を更迭。10.総選挙で共和派が勝利
1878	5.フレシネ・プランによる鉄道・運河網の建設の開始
1879	1.マクマオン，大統領を辞任。後任には共和派のグレヴィが就任。2.ラ・マルセイエーズが国歌に制定
1880	3.無認可修道会を規制する大統領令。7.14.法制化後最初の国民祭。7.コミューン参加者への恩赦
1881	6.フェリー法（～82.3.）。6～7.出版・集会の自由化
1882	3.ルナンの講演「ネイションとは何か」。5.独墺伊三国同盟
1884	3.労働組合結成の承認，市町村法。6.清仏戦争（～85.6.）。7.離婚の合法化
1886	1.ブーランジェ，陸相に就任。10.ゴブレ法
1888	11.ロシア政府保証公債の発行
1889	1.ブーランジェ，パリでの下院補選で大勝。5～10.パリ万国博覧会。7.兵役の一般化
1892	2.教皇レオ13世，回勅『様々な請願のなかで』でラリマンを呼びかける。9.パナマ運河会社汚職事件の発覚
1894	1.露仏同盟。6.大統領カルノー暗殺。10.ドレフュス大尉，スパイ容疑で逮捕
1895	9.労働総同盟（CGT）の結成
1898	1.ゾラ「私は弾劾する」，ドレフュス事件紛糾。4.労働災害法。9.ファショダ事件
1899	6.ヴァルデック・ルソーを首班とする「共和国防衛」政府の成立。9.ドレフュス，再審で有罪判決を下されるも，大統領令で恩赦
1901	6.急進党の結成。7.結社法。10.民主共和同盟の結成
1902	4～6.左翼ブロックが総選挙で勝利，コンブ内閣の成立。7.イタリアと秘密政治協定を結ぶ
1903	7.第1回ツール・ド・フランス
1904	4.英仏協商。7.修道会教育禁止法。ヴァチカンとの外交関係が断絶
1905	3.第一次モロッコ事件勃発。4.統一社会党（SFIO）の結成。12.政教分離法
1910	4.労働者および農民の年金の制定
1911	7.第二次モロッコ事件勃発
1914	6.28.サライェヴォ事件。8.1.総動員令発布

1　成立期の第三共和政

帝政瓦解と対独敗戦

一八七〇年九月二日、ベルギー南部との国境にほど近いスダンで、ナポレオン三世は将兵八万余名とともにプロイセンを中心としたドイツ軍に降伏した。翌三日夕刻、政府は県知事を通じて国民にこれを報じ、国防のための団結を呼びかけた。「帝政が起こした戦争」に当初はためらいを覚えていた反体制派も、この頃までには戦争じたいにほとんど異議を唱えなくなっていたから、呼びかけが受けいれられる素地はあった。ただ、体制の象徴である皇帝の捕囚は、その存立を根底から揺るがさずにはおかなかった。

体制を覆す波は、一八三〇年や一八四八年のときとは異なり、パリと地方でほぼ同時に生じた。すでに開戦後まもない八月初頭から急進派や革命派が市権力の奪取を試みていたマルセイユやリヨンでは、九月四日、首都に先んじて共和政が宣言された。同日、そのパリでも一〇万を超える市民が路上に繰り出し、一部は緊急招集中の立法院（下院）議場になだれ込んで「帝政失権！」を叫んだ。勢いを得たレオン・ガンベッタ、ジュール・フェリーら共和派代議士は群衆を率いてパリ市庁舎に向かい、幾度も体制交代の舞台となったこの建物で共和政の成立を宣言、ただちに暫定的な「国防政府」を組織した。宣言は四日夕刻には県知事を通じて各地に伝えられたが、帝政支持者による騒擾が散発的にみられたのみで、目立った抵抗はなかった。ここに第二帝政は消滅したのである。

しかし、国防政府の正統性がただちに全土で承認されたわけではない。九月一八日にはマルセイユの急進派が南東部諸県の代表やインター派を加えて「共和国防衛南仏連盟」を結成し、政府から独立した動きを見せていたし、他にも南西部や西部などで地方内の連携運動が生じた。パリでも、一一月の区長・助役選挙では急進派、ブランキ派、インター派などが勢力を伸ばしていた。

いっぽう、戦争の継続については多くの国民が支持しており、共和政の宣言以後、志願兵は政府予想を大きく上回る数に達した。だが肝心の政府の態度は明確さを欠き、九月中旬には休戦の可能性を探っている。そうするうちにもプロイセン＝ドイツ軍の攻勢はつづき、九月一九日には首都パリの包囲戦が始まった。一〇月末、メッスでライン方面軍が降伏してからは志願兵の数も減少の一途をたどり、農村部の住民を中心に和平を望む空気が強まっていく。

パリ、ベルフォール、ファルスブールなど包囲された諸都市は、厳寒のなか、薪炭や食料の不足に苦しみながらも抗戦をつづけた。翌七一年一月二八日、ついに暫定休戦が成立した。先にヴェルサイユ宮殿「鏡の間」でプロイセン王ヴィルヘルム一世をドイツ皇帝に即位させていたビスマルクは、講和条約締結のための国会開会を要求し、二月八日に国民議会選挙が実施されることになった。北部・東部四三県を占領され、運動期間もほとんどないままにおこなわれた選挙は、意外にも王党派勢力の圧勝に終わった。正統王朝派とオルレアン派で全議席の六割を占め、議員のじつに三人に一人が貴族であった。黎明期の第三共和政が「公爵たちの共和国」と呼ばれたゆえんである。対する共和派は、大都市や占領地域を中心に票を集めたが、議席の二割を獲得したのみだった。ただし、この結果を政体についての民意と見なすことはできない。選挙の争点は講和か抗戦かの一点にほぼ絞られ、和平を望む多くの有権者は秩序を体現する王党派候補に票を投じていたにすぎないからである。

ボルドーに招集された国民議会は、七月王政期に首相を務めたアドルフ・チエールを「フランス共和国行政長官」に任じた。政体の問題を当面論じないことで王党派の支持をとりつけた（いわゆるボルドー協定）チエールは、二月二六日、アルザスほぼ全域およびロレーヌの一部の割譲と賠償金五〇億フランなどを定めた仮講和条約に署名した。条約は、反対するアルザス・ロレーヌ選出議員たちが辞任するなか、三月一日、議会で批准された。

自治都市の夢

仮講和条約の締結後も抗戦意識はくすぶっていた。パリでは、条約署名の報に接した国民衛兵が、大砲四〇〇門あまりを市内北東部の民衆地区に移送し、自らの管理下に置くという事態が生じていた。住民の醵金で鋳造された大砲がドイツ軍に接収されるのを避けるためだったが、国民衛兵にインター派と接触するなどの行動がみられていただけに、政府は事態を看過できなかった。

三月一八日未明、政府軍部隊は大砲奪取の作戦を開始する。だが大砲移送に手間取るうちに、部隊は駆けつけた住民や国民衛兵に取り囲まれてしまう。政府軍兵士の一部が住民たちと交歓するなか、各所でバリケードが築かれ、市内北東部はまもなく国民衛兵の支配下に入った。蜂起を目の当たりにしたチエールは急遽ヴェルサイユに政府を逃れさせ、軍も撤退させた。首都は一日にして権力空白状態に陥ったのである。

図らずも主導権を握った国民衛兵は、九月四日の共和政宣言いらいパリでは強く要求されていた市議会選挙を実施し、その議会に実権を委ねることを選んだ。投票は三月二六日におこなわれ、二八日には、多数の市民が詰めかけた市庁舎前広場でパリ・コミューンの成立が宣言されたのである。

選出された議会にはブランキ派、インター派、ジャコバン派などいわゆる革命派が陣取っていた。また叢生した新聞やクラブでは政治的議論が活性化し、社会主義的な主張が発されてもいた。そのため、このコミューンは、後世の革命家や歴史家によって史上初の労働者政府、社会主義政権などと評価されることが多かった。そうした性格がコミューンに皆無だったわけではない。だが、コミューン唯一の綱領ともいえる「フランス人民への宣言」（四月一九日）は、全体として、直接民主制に基づく社会的共和政を自治体の枠内で実現するという内容であった。コミューン参加者に近代的な工場労働者は少なく、小親方や職人的な労働者が中心であった。コミューンはむしろ、民衆蜂起の伝統を持つパリにおいて、包囲、敗戦、政府のパリ撤退などの例外的状況下で偶発的に生じた複合的現象というべきであろう。

ともあれ、こうした市権力を政府が容認できるはずもなかった。もっとも、パリとヴェルサイユ（政府）の和解を目指す勢力が存在していたことには注意せねばならない。ジョルジュ・クレマンソーらパリ区長たちが中心になっていた和解派は、三月一八日事件の直後から政府の承認を受けつつ選挙中止を求める交渉をパリ側と重ねており、選挙実施後も調停活動を試みている。また、地方がおしなべて社会革命を恐れヴェルサイユ側についたわけでもない。一八七一年三月、いくつかの地方中心都市ではパリに先んじてコミューンが宣言され、マルセイユでは政府軍による鎮圧で一五〇名の犠牲者が出ている（図5-1）。他方で、四月末から五月初頭にかけて全国で実施された正規の市町村議会選挙では、

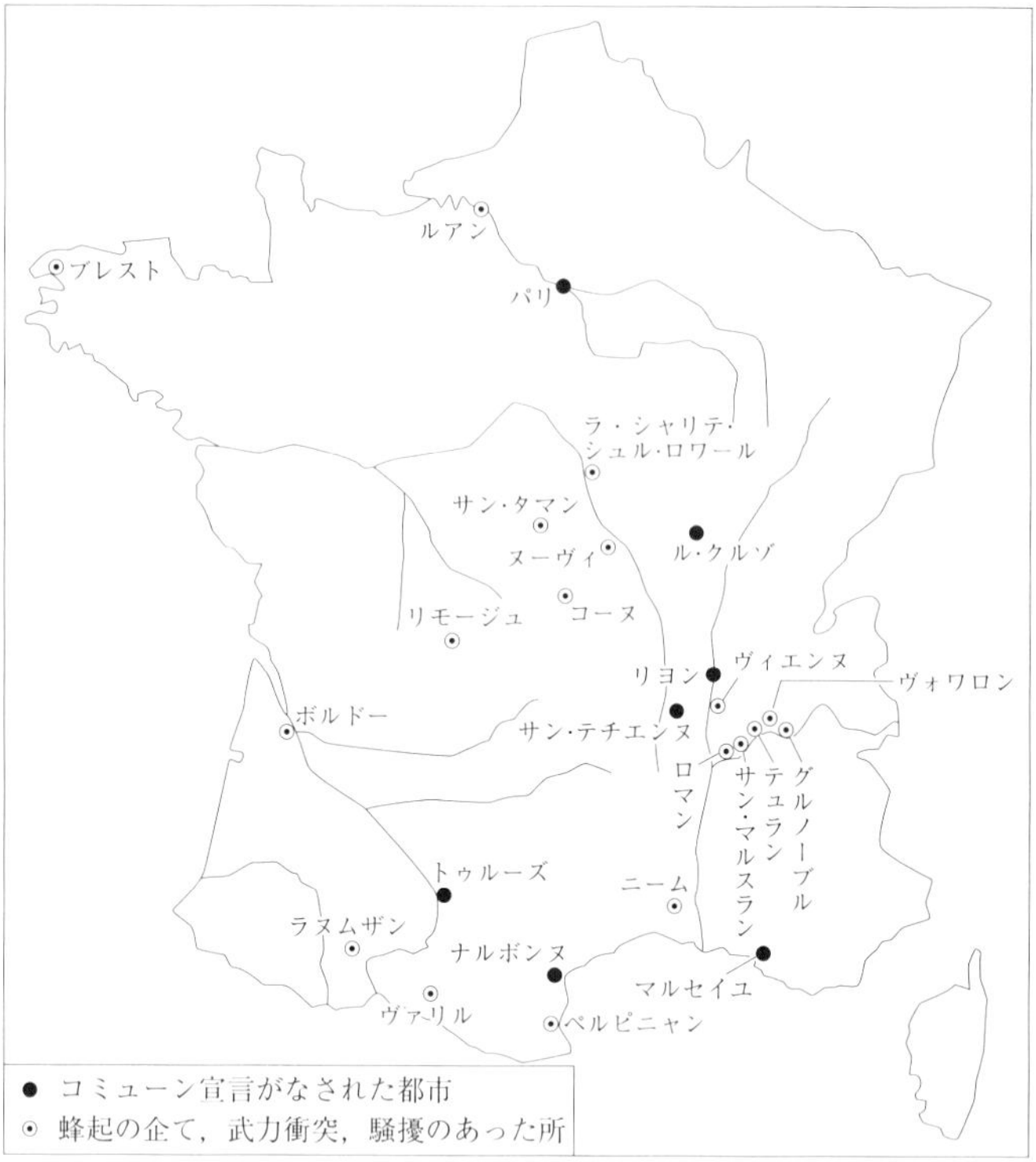

図5－1　地方のコミューン（1870年8月～1871年5月）

出典：J・ルージュリ著，上村祥二ほか訳『1871――民衆の中のパリ・コミューン』ユニテ，1987年，123頁。

士党派が明らかな勝利を収めた市町村は全体の二割程度にとどまり、共和派が大きく躍進したが、その際に成立した共和派自治体の多くがやはり和解支持であり、調停の要望書を政府に送っていた。このように、コミューンは単純な二項対立の図式では理解できないのである。

だが現実には、武力による鎮圧は不可避となった。帰還捕虜により軍を立て直した政府は、五月二一日～二八日の市街戦でパリを制圧する。この「血の週間」の戦闘でコミューン側には三万人以上の死者が出た（うち二万人以上が即決裁判で処刑された人々だという）。逮捕者は三万六〇〇〇人にのぼり、七五〇〇人がニューカレドニアなどに流刑された。フランスの労働運動や社会主義運動は甚大な影響を被り、再活性化は一八八〇年代を待たねばならない。いっぽう、コミューン終焉にいたる経緯も含めて、秩序の維持や社会革命の回避には共和政しかありえないと多くの人々の目には映った。そのような意味で、逆説的にではあるが、コミューンは共和政の確立に寄与したともいえるだろう。

共和政の確立

ただし、その共和政の確立にはなお時間を要した。そもそも国民議会は王党派の掌中にあったからである。

共和派は、一八七一年二月の国民議会選挙では王党派に大きく水をあけられたものの、同年七月の補欠選挙では対象となった議席の九割を取り、以後も補選を通じて議席を伸ばしてゆく。これと並行して、一八七一年八月に「共和国大統領」に就任したチエールも、保守的な共和政を支持すると次第に明言するようになる。これを「ボルドー協定」違反と受け取った王党派は、一八七三年五月二四日、チエールを辞職に追い込み、後任に、パリ・コミューン鎮圧戦で指揮を執ったマクマオン元帥を据えた。マクマオンは「道徳秩序」のスローガンのもとに、教会と名望家層を柱にした社会への回帰を目指した。じっさい、この時期には巡礼が活発になり、パリ・コミューンの贖罪の意味も込められたサクレ・クール聖堂の建設が始まったほか、新聞の検閲、共和派寄りの官吏や教員の粛清などがおこなわれている。国民議会では王党派がいまだ多数を占めていたため、王政復古の機は熟したかに思えた。

だが、王党派内では正統王朝派とオルレアン派の根深い反目があった。それでも、ブルボン家のシャンボール伯がまず即位しオルレアン家のパリ伯が後を継ぐというシナリオが書かれ、両派は合意した。しかし、長い亡命生活のためリアルな政治センスを欠いていたシャンボール伯は、ブルボン家の象徴である白旗に固執し、オルレアン派が認める三色旗をかたくなに拒んだため、王政復古の計画は頓挫した（一八七三年一〇月）。

一八七四年になると、それまで影を潜めていたボナパルト派が国民議会の補欠選挙でたてつづけに勝利を収めて復活を遂げる。オルレアン派はこれに危機感を抱き、立憲体制を確立する必要性を認識して、共和派との提携を模索した。その結果、一八七五年一月三〇日にヴァロン修正案がわずか一票差で可決され、政体が共和政であることが法律にも明記された。つづいて一連の「憲法的法律」が成立し、第三共和政は制度化される。この憲法（便宜上こうよんでおく）は妥協の産物だった。終身議員を含む上院が設置され、大統領に七年の任期と下院解散権、法案発議権など強大な権限が付与されたのは、オルレアン派の意向だった。これらの点で譲歩した共和派は、ヴァロン修正案につづき政体が共和政であることを明記させた。原理や方向性を示すような前文もなく、どの党派も暫定的としか考えていなかったこの憲法は、しかし、六五年の長きにわたって存続することになる。

翌一八七六年の総選挙は共和派の圧勝に終わった。大統領マクマオンはやむなく共和派のジュール・シモンに組閣を命じるが、県知事や司法官に共和派を登用するなどしたため彼を更迭し（一八七七年五月一六日の政変）、下院の解散・総選挙に打って出た。マクマオンは「無秩序に対する秩序の戦い」を演出し、新聞への圧力、官僚の粛清、市町村長の罷免、政治サークル解散など手を尽くしたが、ガンベッタ率いる共和派の前に再び敗北した。一八七九年一月、共和派が上院でも多数派になるに及び、マクマオンは辞任し、後任に穏健共和派のジュール・グレヴィが就いた。こうして、王党派が支配していた「公爵たちの共和国」に代わり「共和派たちの共和国」が到来したのである。

解散・総選挙が裏目に出たという経緯から、以後の第三共和政大統領は議会主義の原則を遵守する「エリゼ宮の捕囚」と化した。議会主導体制となったため内閣は頻繁に交代し、その数は一九一四年までで六〇に達する。ただし閣僚は比較的継続性があり、政権の軸も左右の極端を排した中道諸派にあるなど、第三共和政の国政は不安定だったとばかりもいえない。

ところで、共和政の確立はこうした国政レベルでの共和派の勝利にのみよるものではない。共和主義は、ガンベッタが体制の基盤にするべく重視していた農村部でも徐々に浸透し、一八七八年の市町村議会選挙では共和派が半数以上の市町村を掌握した。先立つ一八七六年には、県・郡庁所在地と一部大都市を除き、中央政府による市町村長の任命制が廃止され議員による互選制へと改められていたが、市町村議会選挙での共和派の躍進により、それまで貴族や名望家層が半ば独占していた市町村長の職に、より下層の出身者が就くようになる。この「自治体革命」（ダニエル・アレヴィ）は、七月革命や二月革命のように国家原理を転換させるようなものではなかったが、社会の骨格に影響し人々の習俗を変えていくという点で、そうした革命に劣らないほど大きな意味を持っていた。

2　共和政への統合

オポルチュニスト体制

政権の座に着いた共和派は、王党派と同じく一枚岩ではなかった。議会内会派としては、フェリーを中心にした「共和左派」と、ガンベッタ率いるやや急進的な「共和同盟」が二大勢力をなしていたからである。それでも、両者の差異は一八七〇年代初頭に比べると薄まっており、様々な社会階層・職業集団から広範に支持を受けつつ、大規模な社会変革を排した穏健な共和政を目指すという点では、ほぼ一致していた。

彼らの左翼にはクレマンソーを中心とする急進派がいた。急進派は、広義の共和派に属するものの、特に小農、職人、労働者らの代表を自認し、社会問題への関心を示しつつ、累進的所得税の導入、鉱山や鉄道の国有化、上院の廃止、政教分離などを求めていた。フェリーやガンベッタら穏健共和派はこうした政策に及び腰だったので、急進派は彼らを日和見主義者（オポルチュニスト）と揶揄したが、穏健共和派はこの語を「時宜にかなった行動を取る者」という肯定的意味合いで使用する。穏健共和派は一八八四年には下院議席の三分の二を占め、一八九〇年代末まで政権を掌握しつづける。

いっぽう、正統王朝派、オルレアン派、ボナパルト派などは、司法界、外交官、軍、カトリック教会などに多くの支持者を抱えていたし、選挙での得票数もこれら党派を全体としてみれば共和派に圧倒されていたわけではなかったが、政権からは完全に排除されていた。社会主義者は、コミューン参加者に恩赦が与えられた一八八〇年以後、勢力を取り戻し、一八八五年には八名の代議士を下院に送った。ただ、陣営の内部では、労働組合よりも政治や政党を優先するゲード派、改良主義・分権主義的なブルス派、少数精鋭による蜂起を説くブランキ派などの間で対立もみられていた。

表5-1　初等教育の発展

	1820年	1832年	1840年	1863年	1881～82年
小学校数	27,581	42,092	55,342	68,761	75,635
児童数	1,123,000	1,939,000	2,897,000	4,336,000	5,341,000
うち女子		736,000	1,240,000	2,070,000	2,633,000
教師数			63,000	109,000	125,000

出典：P. Albertini, *L'Ecole en France, XIXe-XXe siècle*, Paris, 1992, p. 18.

共和主義的改革

共和派は、自らの理念を現実化するべく一連の法を制定する。一八八一年には集会と出版の事前許可制が廃止され、言論の自由が保障された。一八八四年には労働組合の結成が認められ、また離婚が合法化された。同じ一八八四年、「民主主義の学校」ともいわれる地方自治が共和政を末端から支えるべく、市町村の権限が拡大されている。フランス革命百周年にあたる一八八九年にフランスの全市町村長に参加を呼びかけてパリでおこなわれた「市町村長の宴会」は、その理念を可視化するものでもあった。

共和派が特に力を注いだのは初等教育改革だった。革命の嫡子を自認する共和派が、読み書き能力、理性的な思考、愛国心を併せ持つ市民を育成する場として学校を重視したのは、自然な流れといえる。加えて、当時のフランスには、一八七一年のドイツの勝利は学校教育の優越性の結果だという認識があり、それが教育改革を後押しした面もあった。

初等教育は、七月王政期のギゾー法によって基盤が整備され、児童数・識字率とも上昇傾向にあった（児童数については表5-1を参照）。第三共和政期の教育改革の眼目はむしろ世俗化にあり、この点が最大の議論の的にもなった。共和派はカトリック教会の社会的影響力を弱めるべく、一八八〇年には無認可修道会をきびしく規制していたが、伝統的に教会が重要な役割を果たしてきた教育の領域でも、一八八一～八二年のフェリー法により初等教育を無償・義務・世俗化し、一八八六年のゴブレ法をもって公立小学校の教壇から聖職者を追放した。その結果、カトリック系学校は大半が私立に転換させられたうえ、生徒数も世俗系の半分以下に落ち込んでしまう。

もっとも、こうした初等教育改革がただちに教育の民主化につながったわけではない。民衆層の子どもはたいてい小学校で学業を終えたが、富裕層の子どもには中等教育機関であるリセやコレージュの附属学級から始まり大学やグランド・ゼコールにいたる、もう一つのコースが用意されていた。社会階層に対応したこのような二重構造（複線型教育制度）はじつに一九七〇年代まで存続するのである。

共和派がおこなった改革は文化の領域にも及んだ。基調となったのはフランス革命の顕彰である。「ラ・マルセイエーズ」が国歌に（一八七九年）、バスチーユ占領と連盟祭の記念日である七月一四日が国民祭の日に（一八八〇年）制定されたほか、一八八四年法により建築が義務化された市町村庁舎には、「自由・平等・友愛」の標語が刻まれ、共和政の寓意「マリアンヌ」の像が飾られた。

革命の顕彰は、一八八九年の革命百周年で頂点に達する。一七八九年の全国三部会の開催日にあたる五月五日にパリ万国博覧会の幕が切って落とされ、科学技術の粋を尽くして建設されたエッフェル塔が進歩、すなわち共和政の勝利を印象づけた。また、封建的特権廃止の日である八月四日、革命フランスの対外・対内戦争に功績があったカルノー、マルソー、ラ・トゥール・ドヴェルニュの三名の遺骸がパンテオンに移された。もっとも、こうして公式に称揚される革命からは「恐怖政治」期は慎重に排されており、対立よりも一体性や融和が強調されていた。パンテオンに移葬された人物が、論争の的になりやすい政治家ではなく意見の一致を見やすい軍人だったのも、その表れと見なせよう。当時の小学校で用いられた代表的な歴史教科書『プチ・ラヴィス』もこうした歴史観に貫かれている。

右に見た一連の政策は、共和政への政治統合、文化統合を目指すものだった。ただし、教育改革についてみたように統合は民主化を意味するわけではない。たとえば、社会的平等を積極的に推進するような累進的所得税の導入には、穏健共和派は消極的だった。

ブーランジスム

王政復古の脅威を遠ざけ、農村部からも支持を調達できるようになった共和政は、しかし盤石の体制だったわけではなく、八〇年代以降も深刻な危機に何度となくさらされる。その最初のものはブーランジスムであった。

一八八六年一月、ジョルジュ・ブーランジェ将軍が陸相に任命された。軍上層部ではめずらしく民衆層出身の共和主義者だった彼は、陸相として、王族の軍籍剝奪、兵営生活改善などの措置を講じ、また炭鉱争議に際してはスト参加者に共感を示した。さらに、ドイツとの国境紛争（シュネブレ事件）では強硬姿勢をとり、それがビスマルクを屈服させたと信じられて、いちやく国民的英雄となった。大不況による社会不安に有効な手立てを打てないオポルチュニスト政権に対しては議会の内外で不満が高まっていたが、その一部がブーランジェ人気に流れ込んでいたのである。

大衆的人気に危険なものを感じとった政府は、ブーランジェを陸相職から外して地方の軍司令官に任命した。だが、左遷の決定はかえって将軍の人気をあおってしまう。ほどなく、愛国者同盟などの右翼ナショナリスト、急進派、ブランキ派、王党派、ボナパルト派等々の反オポルチュニスト諸勢力がこぞってブーランジェを礼讃するようになる。一将軍の人気は同床異夢の一大政治運動へと転化していくのである。

ブーランジェは八八年から「議会解散、新たな制憲議会、憲法改正」をスローガンに補欠選挙に立候補・当選しては辞退することを繰り返し、一種の人民投票的な雰囲気を作り出した。八九年一月、パリでの下院補欠選挙で議会主義共和派の統一候補にブーランジェが圧勝したとき運動は最高潮に達し、熱狂した群衆がブーランジェの名を叫び、大統領府への進軍を求める声が上がった。だが、同年秋の総選挙での勝利を確信していたブーランジェは行動を起こさなかった。この判断は、反議会主義的な傾向を持つブーランジスムにしてみれば、一種の自己矛盾だったともいえよう。じっさい、これが決定的な転機になる。救われたオポルチュニスト政権は反撃に転じ、陰謀罪の適用をちらつかせてブーランジェを国外に脱出させた。そして、「顔」をなくした運動は急速に勢いを失うのである。

ブーランジスムは、特定の政治潮流や社会階層に依拠する代わりに、具体性はなくともきわめて明快なスローガンを掲げ、広範な支持を得ようとするものだった。この点では、ボナパルティスムとの類似性を指摘できるだろう。もっとも、支持基盤が大都市にほぼ限定され農村部に浸透できなかった点では大きく異なっている。他方、選挙運動ではシャンソンのほか、アクセサリー、食品、切手、置物、石けんなど、「ブーランジェ・グッズ」を大量に用いたイメージキャンペーンが展開されており、こんにちの大衆政治の幕開けを告げてもいた。

国民統合の虚と実

一九世紀のヨーロッパが全体的にそうであったように、フランスでも国民国家の確立は重要な政治課題だった。第三共和政は以前のどの体制にもましてこの点に力を注いでいる。フランス革命は、啓蒙主義という普遍性のベクトルを持つがゆえに、公教育とフランス語の普及、県の創設、度量衡の統一などを通じて単一のネイションを創造しようと試みたが、革命を継承する第三共和政もこれと同じ指向性を有していたのである。先に述べた共和主義的改革をネイション創出の文脈で理解することもできよう。

第三共和政成立時のフランスは地域的多様性を色濃く残していた。言語を例に見ると、一八七〇年代、標準的なフランス語をまったく解さないか外国語のようにしか使えない人々は、南フランスや国土の周縁部を中心に人口のじつに半数に及んだという。革命期にグレゴワールがおこなわせた言語調査でもこれに似た結果が出ていたから、状況は八〇年近くを経てもさして変わっていなかったことになる（図5-2）。そうした人々の住む地域は、国境の向こう側と同一文化圏を形成する場合が多く、人的・経済的なつながりもしばしばその中で完結していた。

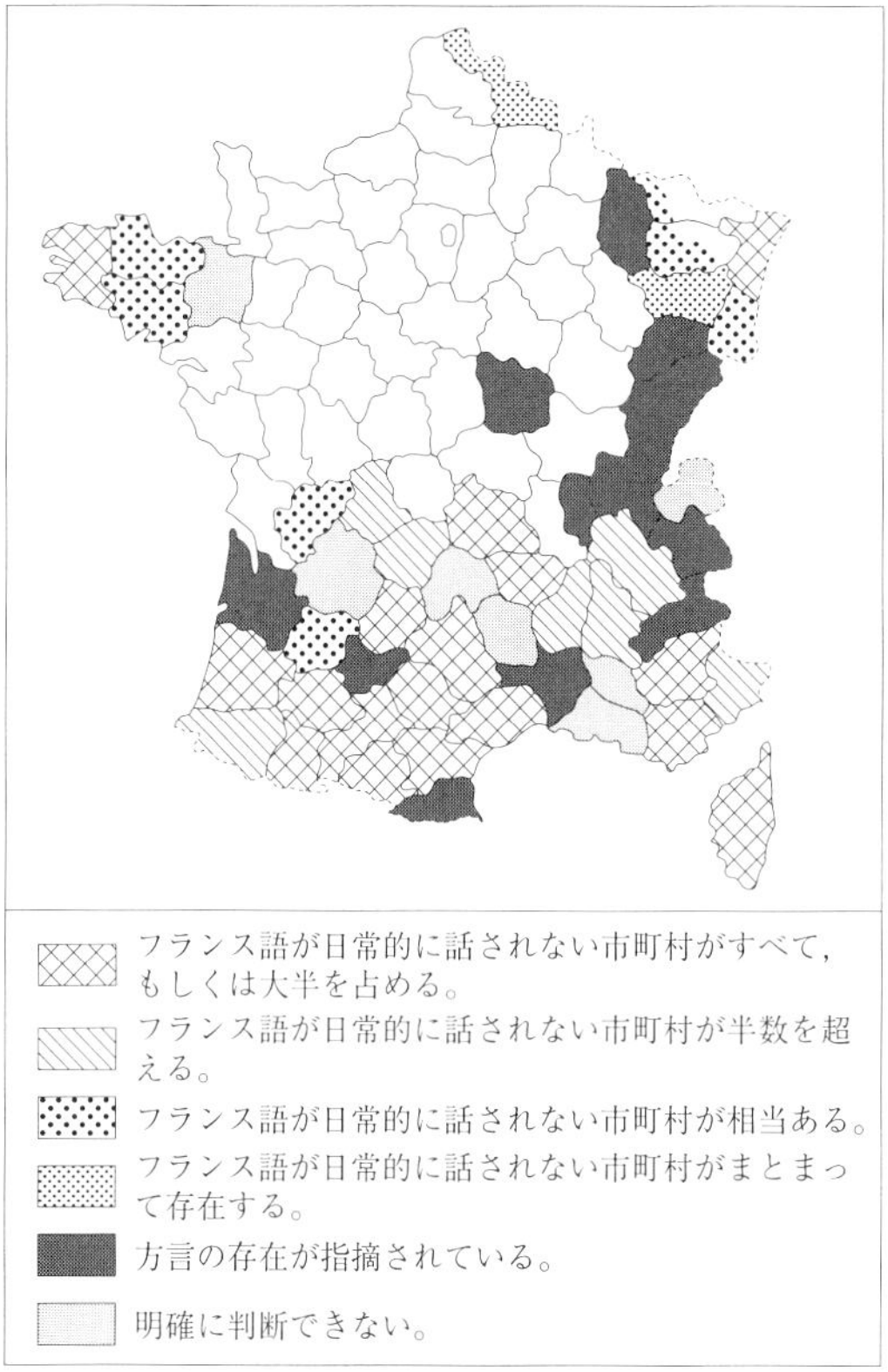

フランス語が日常的に話されない市町村がすべて，もしくは大半を占める。
フランス語が日常的に話されない市町村が半数を超える。
フランス語が日常的に話されない市町村が相当ある。
フランス語が日常的に話されない市町村がまとまって存在する。
方言の存在が指摘されている。
明確に判断できない。

図5-2　フランス語以外の言語が日常的に用いられている県（1863年の全国公式調査）

出典：E. Weber, *Peasants into Frenchmen*, Stanford, 1977, p. 68.

文化の指標である識字率も地域差が大きく、サン・マロ／ジ

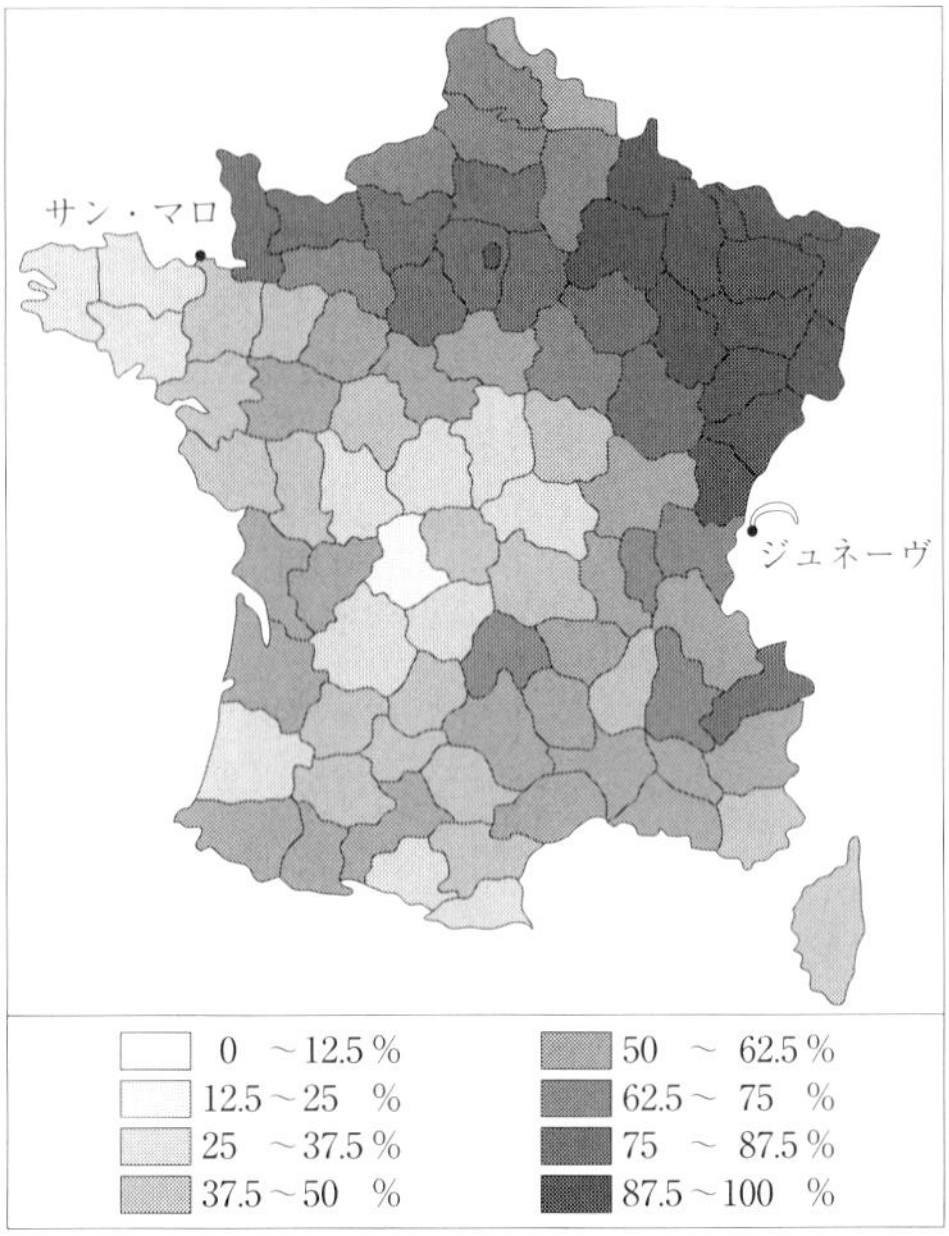

図5-3　県ごとにみた識字率（1856～60年）

出典：A. Prost, *L'Histoire de l'enseignement en France (1800-1967)*, Paris, 1968, p. 106.

ユネーヴ線の北側で率が高かった（図5-3）。徴兵に積極的に応じ、また納税率が高かったのも同じ北・北東フランスであった。経済の次元でも、地域ごとに銀行や証券取引所があり、国土は地域経済圏のパッチワークの様相を呈していた。そのほか、時間も全国同一ではなかったし、革命期に作られたメートル法が守られないなど、度量衡の地域差も残った。

国民意識の浸透の度合もおのずとまちまちであった。一八六四年、南仏のロゼール県の小学校を訪れた視学官が、自分が何国人なのか答えられない児童がいることに驚いたという記録も残っている。

このように多様性の強い社会から単一の国民国家を生み出すには、そのネイション観念が文化的・民族的要素に縛られるものであってはならないはずである。第三共和政は、この点で適切なネイション観念を用意していた。それを端的に表すとされるのが、エルネスト・ルナンがパリ大学でおこなった講演「ネイションとは何か」（一八八二年）である。ルナンによれば、ネイションは種族、言語、宗教などによって先天的に規定されるのではなく、国家理念への同意によって人々が自発的に形成するものである。いわば主意主義的な国民観念である（この主張の背景にはドイツに割譲されたアルザス・ロレーヌの問題があった）。もっとも、現実に目を向ければ、後述するように差異を平準化しようとする力が強く働いていたし、植民地出身者に対する差別的眼差しも根強く存在した。なお、フランスでもドイツのそれに近い、「土地」や「血」に根ざしたネイション観念が存在しており、世紀転換期に台頭してくる。

実際の統合には、まず交通網の整備が大きな役割を果たした。第二帝政期に全国規模に展開した鉄道網は、第三共和政期には、大規模な公共事業計画であるフレシネ・プラン（一八七八年にスタート）にも助けられて都市部から離れた地域に及び、一八七〇年に一万八〇〇〇キロだった総延長は一九一一年には五万キロに達した。一八九一年には標準時も制定された。並行して道路網の整備も進み、五万三〇〇〇キロの国道・県道と五四万キロの地方道が全土をほぼ覆った。こうして、ヒトやモノの移動にとって国という枠組みが現実に意味を持つようになったのである。

思考の次元で人々の地平を広げたのは初等教育であった。共和国の小学校では、フランス語教育を通じてすべての子どもたちに「理性の言語」を身につけさせ、また歴史・地理教育を通じてフランスの偉大な歴史や誇るべき地位を知らしめることが目指された。この役割を現場で担った公立小学校の教師たちは、その服装から「共和国の黒い軽騎兵」とよばれ、多くの人々の目には共和政フランスを体現する存在として映った（扉図）。

交通網の整備と教育の普及というハード・ソフト両面での変化は、文字通りのマスメディアを生み出すことによっても国民意識の醸成を促した。新聞各紙の発行部数は、世紀中葉までは数万からせいぜい十数万だったが、世紀末に向けて一挙に増え、八〇万から百数十万に達するものも登場した。こうした大規模紙はパリを拠点にしつつ全国に展開し、部数の六割から八割を地方で販売していた。同じ情報が全国各地で多くの人々により共有される状態がはじめて出現したのである。

国民意識の浸透において軍隊が果たした役割にも注意しておきたい。軍隊は、一八七一年の敗北にもかかわらず――あるいは、それゆえにというべきか――ネイションの象徴の最たるものでありつづけ、七月一四日の国民祭では常に花形であった。軍隊モデルは学校教育の場にも導入され、一八八〇年代には「学童大隊」が各地で組織されて児童に軍事教練がほどこされた。また、兵役を果たす場としての軍隊は、社会的・地理的出自を越えて若者を社会化させる坩堝、さらには国民意識を涵養する装置としての機能を持つものだが、フランスでも、一八八九年法および一九〇五年法を経て皆兵制に近づいた結果、そうした統合機能が現実のものになった。

ところで、以上に述べた統合の動きが中央から地方への一方向的な押しつけだったと考えるのは正しくない。第三共和政期の教育といえば、かつては、方言を撲滅せんばかりの厳格かつ徹底的なフランス語教育というイメージがつきまとっていた。だが、実際に方言が禁じられていたのはあくまで学校内のことだったし、その学校内でさえ、悪名高い「罰札」の使用は一般的だったわけではなく、当の教師の側からもつよく批判されていた。むしろ、地域語を母語とする人々が社会的上昇を目指してフランス語習得に熱心だったことを忘れてはならない。もちろん、中央と地方の経済的・文化的格差は厳然としてあり、人々の選択もそうした構造の中でとられたものだったのだが。

そもそも、郷土愛と祖国愛は必ずしも矛盾するものではなかった。たしかに、第三共和政期の学校教育は、歴史教科書『プチ・ラヴィス』に代表されるように愛国心を強く意識したものだったが、個々の地域も「小さな祖国」とよばれて、ネイションの不可欠な構成要素と考えられていた。また、第三共和政前半期には、オック語文芸運動「フェリブリージュ」など第二帝政期の地域語再興運動をうけて、オクシタニーやブルターニュなどで地域主義協会が生まれ、一九〇〇年の全国組織「フランス地域主義連盟」の結成に至っている。だが、そうした運動は基本的にエリートのものだったし、なにより政治的な分離独立主義を掲げていたわけではなかった。

孤立するフランス

一八七〇〜八〇年代のフランスは、対独復讐を妨げようとしたビスマルクの巧みな外交により、国際関係の上では孤立を余儀なくされていた。一八七三年には独墺露三帝同盟が成立し、八二年には独墺伊三国同盟も組まれて、フランスは封じ込まれた状態におかれたのである。一八八九年のパリ万博に列強の多くが国家単位では参加しなかったのは、それが革命百周年という君主制国家にとって祝福しがたい記念行事の一環だったからでもあるが、こうした国際情勢が影を落としていたことも事実である。

かかる状況下にあったフランスにとって、対外政策に関する選択肢は二つあった。ひとつは、ドイツとの摩擦を避けてアジアやアフリカに進出、植民地を獲得し、国家の威信を回復するという路線である。ガンベッタは普仏戦争直後から植民地拡大を唱えていたが、フェリーもこの路線を推しており、オポルチュニスト政権の外交方針になっていた。

これとは対照的にクレマンソーら急進派と王党派は、対独復讐を主目的にした大陸指向のナショナリズムに基づき、軍備の充実と国内投資を重視していた。彼らにとって穏健共和派の方針は「ヴォージュ山脈の青い線」（アルザス・ロレーヌとの境界）から目をそらさせるものでしかなかった。愛国者同盟のポール・デルレードは、二人の姉妹（アルザスとロレーヌのこと）を奪われた者に二〇人の召使いを代償として与えようとしているとの言い回しで、フェリーらを厳しく非難している。

とはいえ、植民地拡大は第三共和政フランスの国是となった。北アフリカでは、七月王政期より支配下においていたアルジェリアを足がかりに、東のチュニジアを保護領にしつつ（一八八三年）西のモロッコに進出する機会をうかがう。アジアでも、清仏戦争（一八八四〜八五年）での勝利を梃子に仏領インドシナ連邦を設置した。海外での支配地域は、面積・人口とも一八八〇年から九五年の一五年間で一〇倍に増えるのである。

3　世紀転換期のフランス

ラリマンと社会主義

一八九〇年一一月、フランス地中海艦隊寄港の際のパーティーで、王党派が居並ぶ将校団や来賓を前に、アルジェ大司教ラヴィジュリは共和政への支持を呼びかけた。一八九二年には、教皇レオ一三世みずからが回勅を通じて共和政の承認を求めている。こうした動きは、社会主義者が台頭するなかで、ブーランジスムの危機を克服した共和政をひとまず認め、その政治に参加することで教会の利益を守ろうとするものであり、ラリマン（賛同・参加の意）とよばれた。フランスのカトリックの意見は割れるが、ラリマンを受け入れたのは少数派でしかなく、しかも一八九三年の総選挙ではラリマンの候補者の多くが落選した。ただし、ラリマンを模索する動きのなかからキリスト教民主主義という、「世俗=共和派　対　カトリック=王党派」の図式を大きくはずれる潮流が形成されたことは、ひとつの時代の終焉を示している。

いっぽう左翼においては、社会主義者が一八九二年の市町村議会選挙で躍進、いくつかの地方都市で市政を掌握したのち、九三年の総選挙で四〇を超える議席を獲得して一大勢力になった。危機感を抱いたオポルチュニストは、かつてのように労働者の貧困問題は国家によっては解決できない（フェリー）といった態度をもはやとれなくなり、「進歩派（プログレシスト）」を自称して改革の姿勢を示した。実際にも、労働視察官制度の創設、女性と未成年者の労働時間の制限（いずれも一八九二年）、労働災害法（一八九八年）など、社会政策においていくつかの成果をあげている。だが同時期のドイツに比べると後れを取っていたことも否めない。

議会政治が汲み上げ得ない民衆の要求は、議会政治の外で労働組合運動によって代弁された。一八九二年には労働取引所連合が結成され、九五年の労働総同盟（CGT）の誕生へといたる。また、こうした労働組合運動にもくみしない過激な活動もみられた。一八九二〜九四年には主にアナーキストによる十数件のテロ事件が起こり、九四年には現職の大統領サディ・カルノーが暗殺されている。同じ九四年にはじまるドレフュス事件も、こうしたテロとあいまって体制を大きく揺るがすことになる。

ドレフュス事件

九〇年代前半のフランスは、植民地獲得競争が過熱する国際情勢のなかで、皆兵制への移行をすすめながら軍備増強に取り組んでいた。列強もフランスのこのような動きには当然、強い関心を払っており、諜報合戦が盛んに繰り広げられていた。そうしたなかの一八九四年九月、砲兵隊に関する情報がドイツ側に流れている事実が発覚する。諜報部は調査に乗り出し、参謀本部のアルフレド・ドレフュス大尉を逮捕した。完全な冤罪だったが、ドレフュスがアルザス出身のユダヤ系だったため、確たる証拠もないまま予断で逮捕したのである。ドレフュスは軍事法廷にかけられ終身流刑に処された。この時は判決に異を唱える声はほとんど上がらず、後に再審を求めるクレマンソーや社会主義者ジャン・ジョレスも判決が軽すぎるとして批判したほどであった。

九六年、軍内部に真犯人がいることが判明した。ところが、陸軍大臣は軍の体面を重んじるばかりで冤罪を認めようとせず、首相メリーヌにいたっては「ドレフュス事件など存在しない」と豪語する始末であった。だが九八年一月、憤った作家エミール・ゾラは「私は弾劾する」と題した大統領宛公開書簡を新聞に掲載し、世論はにわかに沸騰した。

事件をめぐる議論は、「ドレフュス派 対 反ドレフュス派」というかたちをとり、両陣営は政界の内外で激しく対立した。人権擁護は民主主義や共和政の根幹にかかわる問題だと考え再審を強く求めるドレフュス派は、人権同盟を核に、急進派や社会主義者、さらにはデュルケーム、プルーストら知識人（「知識人」という語はこのとき登場する）の一部から成っていた。いっぽう、国家や軍部の名誉を重んじ再審に反対する反ドレフュス派には、進歩派やカトリックの多くが付いたほか、愛国者同盟、フランス祖国同盟、アクシオン・フランセーズなどナショナリストや反ユダヤ主義者の団体が陣営の前衛を担っていた。

一八九九年八月、ようやく再審がおこなわれ、軍部側の偽証や証拠隠滅工作が明るみに出たが、判決は再び有罪であった。これには諸外国から批判が浴びせられ、対仏ボイコットの兆候もみられた。もとより判決は政治的決着にすぎず、大統領はただちに恩赦を与えた。無罪ではなかったが世論は収まった。無罪判決が得られるのはそれから七年近く後のことである。

図 5-4　アルジェでの反ユダヤ暴動（1899年）

出典：*L'Histoire*, hors série no. 10, 2001, p. 72.

事件は一冤罪事件を超えた歴史的意義を持っている。まず、カトリック教会と並んで国家内国家のごとき存在だった軍隊は、これを境に共和主義が浸透し体制に組み込まれてゆく。その一方で、ブーランジスムのときに姿をみせた排除に基づくナショナリズム、生命体としてのネイションに至上の価値を見いだすナショナリズムが、都市部を中心に台頭してくる。右に述べたナショナリスト・反ユダヤ主義諸団体はその具体的形態であった。一八九八年一月から二月にかけて、こうした団体が関与した反ユダヤ暴動が多くの地方都市で起こり、植民地のアルジェにも飛び火した（翌年のものであるが、図5-4も参照）。

急進共和国

事件の余波は政界の勢力地図を書き換え、急進派を政権の中心に引き入れることにもなった。再審決定直後の一八九九年六月、混乱する政局のなかで、進歩派左派のルネ・ヴァルデック・ルソーを首班とし、進歩派左派、急進派、社会主義者の三者連携による「共和国防衛」政府が成立した。

その後、急進派はナショナリストに対抗するなかで大同団結し、フリーメーソン、自由思想協会、人権同盟などを基盤に、一九〇一年、フランスで初の本格的政党「急進共和・急進社会党」（急進党）を旗揚げした。これに呼応し、進歩派左派は民主共和同盟を結成する。さらに、さまざまな潮流に分かれていた社会主義者も、一九〇五年には統一社会党（ＳＦＩＯ）に結集する。なお、これら政党の結成を後押しするかのように、一九〇一年法により結社が基本的に自由化されたことを付言しておきたい。フランス革命が政党も含め結社全般を危険視し、以後の諸体制もこの意識にしばられていたため、一九世紀前半のフランスでは民間の協会・団体の脆弱性が目立っていた。第三共和政はそれまでの体制とは一線を画し、一八八四年に労働組合結成を認め、結社全般にも寛容な態度を取った。一九〇一年法はこうした流れの到達点に位置するのである。

一九〇二年の総選挙では、急進党、民主共和同盟、社会主義者らの「左翼ブロック」が圧勝し、急進派のエミール・コンブが首相の座に着いた。コンブは反教権的政策に力を注ぎ、就任後まもなく多数の無認可学校と無認可修道会を閉鎖、一九〇四年七月には修道会教育禁止法を成立させている。同年、フランスとヴァチカンとの外交関係も断絶した。ここにいたり政教分離は不可避となり、一九〇五年末、政教分離法が制定された。これは、伝統的に国家と強く結びついてきたフランスのカトリック教会にとって容易に承認できる事柄ではなく、翌年の財産目録作成時にはバリケード構築など激しい抵抗運動も起こっている。ただ長期的にみれば、政教分離はカトリック教会が国家のくびきを離れることを可能にした。

急進派政権は、こうして反教権的政策に熱心だった反面、社会政策については期待されたほどの成果をあげられなかった。社会主義者アレクサンドル・ミルランが入閣した「共和国防衛」政府では、労働者の年金制定や労働時間短縮などの試みがあったにしても、それ自体多くの問題をはらんでいた年金制度の実現は一九一〇年までずれこみ、時短もわずかな幅にとどまった。また、急進派年来の主張である所得税も、政権期には何度となく議題にのぼるが実現するのは第一次世界大戦勃発後のことでしかない。

ベル・エポック

大不況の終わりから第一次世界大戦勃発までのおよそ四半世紀は「ベル・エポック（うるわしき時代）」とも呼ばれる。この語は、大戦後、史上初の総力戦を生き延びた人々がノスタルジーを込めて用いたものである。そのため多分に美化された面もあるのだが、このベル・エポックが社会史、文化史の画期をなしたことはたしかである。

この時代には、新しい科学技術が登場、普及する。都市の夜を照らすのはガス灯から電灯へと代わり、一九〇〇年のパリ万国博覧会では電気館なるパビリオンが建って「電気の時代」を華やかに印象づけた。一八九四年にリュミエール兄弟が決定的な改良をおこなった映画は、時代の寵児ともいえ、まもなく庶民を惹きつけるようになる。写真文化もひろく浸透し、写真を用いた葉書が広まり、後述する大衆新聞にも写真が掲載される。国民経済や帝国主義は時間の統一を必要としていたが、技術の進歩はそれを可能にした。一九一二年にはグリニッジ標準時がフランスでも採用され、一九一三年にはエッフェル塔から世界各地に向けて時刻が電波で送信されるようになった。

ベル・エポックのもうひとつの特徴は、大衆化、民主化である。第二帝政期に誕生したデパートはまだ庶民には高嶺の花だったが、生活水準の全般的な向上に助けられ、労働者たちも余暇用の服装を手に入れる余裕が出てくる。初等教育の義務化によって潜在的な読者が増えていたことを背景に、新聞も大衆化した。安価な「一スー新聞」は、一四〇万部を誇った『プチ・パリジャン』を筆頭に、新聞をごく一般的な消費財にした。紙面が多様化し、三面記事の比重が増すのもこの時期である。また、専門誌、女性向け・子ども向け雑誌なども登場し人気を博した。

大衆娯楽も変容する。第二帝政期から富裕層の間で盛んになっていた温泉浴と海水浴は、より下層にも広がった（図5-5）。林間・臨海学校は、旅行という余暇の新たな過ごし方を身近なものにした。一九〇〇年には国立観光局が設立

図５－５　海水浴へといざなう鉄道会社のポスター
「すばらしい砂浜はパリから３時間半で。」
出典：P. Sipriot, *Ce fabuleux XIXe siècle*, Paris, 1990, p. 45.

されたほか、著名な『ミシュラン・ガイド』の刊行が始まり、自動車の普及と軌を一にして広まった。また、日常的な娯楽としては、カフェ・コンセール（寄席喫茶）やミュージック・ホールが都市の多様な住民を惹きつけていた。

ベル・エポックはスポーツの時代でもあった。第三共和政初期には対独復讐の風潮のもとで体育協会や射撃協会が増えていたが、世紀転換期にはサッカーやラグビーなど今日の代表的なスポーツ競技が普及し始めた。一九〇〇年時点でスポーツ競技者として団体に登録されていた人の数は一〇〇万に達していたと推測される。また、この世紀転換期には自転車が急速に普及し（一九一四年には国内で三五〇万台を数えた）農村の若者の世界を広げていたが、それをうけて一九〇三年に自転車レースのツール・ド・フランスが開催された。さらに、クーベルタン男爵のイニシアティヴで近代オリンピックの第一回が一八九六年にギリシアのアテネで、第二回が一九〇〇年にパリで万博の一環として、それぞれ実施された。

もっとも、華やかな進歩の陰には変わらない側面もあった。貧富の差は依然として大きく、人口のわずか二％が全個人資産の半分以上を持っていたとみられる。食生活自体が向上していたとはいえ、平均的な労働者家族のエンゲル係数は六〇であった。

大戦への序曲

一八九〇年、ビスマルクが宰相職を辞したことで国際秩序は流動化に向かう。それまで孤立を余儀なくされていたフランスは、公債引き受けにより関係を築いていたロシアに接近を試み、ロシアも近代化推進のため対仏関係の強化を望んで、一八九四年に露仏同盟が成立した。共和国とツァーリの帝国との同盟は不自然だったが、フランスの世論はこれを歓迎した。

つづいてフランスはイタリアにも接近し、モロッコにおけるフランスの権益とトリポリタニアにおけるイタリアの権益を認めあったのち一九〇二年に秘密政治協定を結び、独墺伊三国同盟を骨抜きにする。フランスは並行してイギリスとの関係も改善させる。アフリカでは、フランスの大陸横断政策とイギリスの大陸縦断政策とが一八九八年にファショダで交錯し一触即発の状態が生じたが、外相デルカッセはイギリスに譲歩して衝突を回避し、ボーア戦争で苦戦するイギリスも同盟関係を模索した結果、一九〇四年に英仏協商が成立した。こうしてフランスはドイツを逆に包囲したのである。

ドイツとの関係はおのずと悪化した。一九〇五年、ドイツ皇帝ヴィルヘルム二世は反仏抵抗をおこなっていた一族を支持してモロッコのタンジール港に上陸し、モロッコの独立とドイツの権益保護を主張した（第一次モロッコ事件）。翌年のアルヘシラス会議では同盟国の支持を取り付けていたフランスが優位に事を運び、モロッコの独立と門戸開放は約束されたものの、税や警察権の点ではフランスの優位が認められた。ドイツは一九一一年にも、ドイツ人居留民を争乱から保護するという名目で、砲艦をモロッコのアガディールに派遣した。フランス政府はドイツと交渉し、仏領コンゴの一部の割譲と引き替えに、モロッコにおけるフランス優位をふたたび認めさせた（第二次モロッコ事件）。

かくして、植民地獲得と対独復讐という相対立していた二つの外交路線は、次第に矛盾しなくなる。武力衝突の危機はそのたびに回避されたが、フランス国内では反独感情が高まり、政府もドイツとの戦争を視野に入れた政治運営をおこなうようになる。一九一三年、兵役期間が二年から三年に延長されたのも、ドイツの軍備増強に対応するものだった。政界でも戦争やむなしの意見が幅をきかせるようになり、ジョレスをはじめとする社会主義者の一部や労働組合は反戦を主張してこれに抵抗していた。そのジョレスは、サライェヴォ事件を経た一九一四年七月三一日、開戦反対の世論を喚起すべく奔走していたとき、右翼青年により暗殺される。翌日、フランスは総動員令を発して第一次世界大戦に突入するのである。

参考文献

中木康夫『フランス政治史』上巻、未來社、一九七五年。

河野健二『フランス現代史』(世界現代史一九) 山川出版社、一九七七年。

桜井哲夫『「近代」の意味――制度としての学校・工場』(NHKブックス) 日本放送出版協会、一九八四年。

ジャック・ルージュリ著、上村祥二・田中正人ほか訳『一八七一――民衆の中のパリ・コミューン』ユニテ、一九八七年。

モーリス・アギュロン著、阿河雄二郎・上垣豊ほか訳『フランス共和国の肖像――闘うマリアンヌ、一七八九～一八八〇』ミネルヴァ書房、一九八九年。

服部春彦・谷川稔編『フランス近代史――ブルボン王朝から第五共和政へ』ミネルヴァ書房、一九九三年。

柴田三千雄・樺山紘一・福井憲彦編『フランス史』(世界歴史大系) 第三巻、山川出版社、一九九五年。

谷川稔『十字架と三色旗――もうひとつの近代フランス』山川出版社、一九九七年。

渡辺和行・南充彦・森本哲郎『現代フランス政治史』ナカニシヤ出版、一九九七年。

谷川稔・北原敦・鈴木健夫・村岡健次『近代ヨーロッパの情熱と苦悩』(世界の歴史二二) 中央公論新社、一九九九年。

谷川稔『国民国家とナショナリズム』(世界史リブレット三五) 山川出版社、一九九九年。

福井憲彦『世紀末とベル・エポックの文化』(世界史リブレット四六) 山川出版社、一九九九年。

橋本伸也・藤井泰・渡辺和行・進藤修一・安原義仁『エリート教育』(近代ヨーロッパの探究四) ミネルヴァ書房、二〇〇一年。

福井憲彦編『フランス史』(世界各国史一二) 山川出版社、二〇〇一年。

ピエール・ノラ編、谷川稔監訳『記憶の場――フランス国民意識の文化=社会史』全三巻、岩波書店、二〇〇二～〇三年。

槇原茂『近代フランス農村の変貌――アソシアシオンの社会史』刀水書房、二〇〇二年。

原聖『〈民族起源〉の精神史――ブルターニュとフランス近代』岩波書店、二〇〇三年。

扉図出典：*L'Histoire*, hors série, no. 6, 1999, p. 63.

コラムⅧ

第三共和政の歴史的位置

長井伸仁

フランス第三共和政は、先行する諸体制が革命やクーデタに覆されて比較的短命に終わったのとは対照的に、七〇年の長きにわたり存続した。これをどう解釈するべきだろうか。

当の共和派たちは、かつてのイギリス・ホイッグやマルクス主義者たちがそうだったように、歴史は自分たちの側にあって共和政の勝利は必然的なものだという認識を抱いていた。フランスの共和政はある種の「市民宗教」でもあったから、こうした目的論的な史観もおのずと生まれる。だが、これに近い見方は歴史家の間にも根強い。同時代の実証主義史家はいうにおよばず、比較的最近でも、革命史研究の一方の泰斗だったフランソワ・フュレは、第三共和政の確立をもって「革命は港に着いた」と述べている。一九世紀フランス史は、一七八九年に約束された自由主義的・立憲的体制の構築をめぐる政治的・思想的な争いであって、その決着が一八八〇年代までにつくというわけである。この観点に立てば、第三共和政はいわば然るべき体制であり、それゆえに長命だったということになる。

いっぽう、一九世紀の激しい政治変動の陰に社会的安定性があったことも、特に英米の歴史家たちから指摘されている。典型的な論者のアルノ・マイヤーなどは、フランスもふくめたヨーロッパは一九世紀を通じて根底では旧制度的な社会のままであったとしている。この見方では、第三共和政という一体制の位置づけは重要な問題ではなくなる。もっとも、こうした歴史観の差異はいわば着眼点の違いによるもので、相矛盾するわけではない。むしろ、政治史と社会史の両方を視野に入れて第三共和政を考える必要がある。

そうしたとらえ方の一例を、クリストフ・シャルルが示している。彼によれば、一九世紀の社会モデルには「名望家モデル」と「メリトクラシー（能力・業績主義）・モデル」の二種類があって、後者がしだいに前者に取って代わる。土地や経済力を基盤にする名望家モデルは排除に基づくモデルであり、革命、暴動、対独敗戦などにより行き詰まっていた。いっぽう、一八三〇年から八〇年代にかけて形成されたメリトクラシー・モデルは統合に基づくモデルであり、労働運動やポピュリズムなどからの挑戦を受けつつも、大きな対立を回避し、自身の敵がまとまることを防ぎえた。第三共和政は、まさにこのメリトクラシーを社会構成の原理として掲げていたのである。

図Ⅷ-1　パリの社交界における
パーティー

ジャン・ベロー作「夜会」(部分),
1880年頃。

出典：A. de Baecque, F. Mélonio, *Histoire culturelle de la France*, tome 3, Paris, 1998, p. 228.

図Ⅷ-2　石炭の選別をする
女性たち

フランス北部のランス炭鉱，1898
年。

出典：F. Démier, *La société européenne au XIXe siècle*, Paris, 2002, p. 27.

ここで注意せねばならないのは、このメリトクラシー・モデルがモデル＝可能性にとどまっていたことである。本文で述べた複線型の教育制度がその証左だが、一九八〇年代以降盛んになった政治エリート研究も、民主化が限定的かつ漸進的だったことを示している。ダニエル・アレヴィがみた「名望家の終焉」にしても、ガンベッタが予見した「新しい社会階層」の政治への参画にしても、印象やスローガンという方があたっている。そして、こうした可能性の存在こそが第三共和政を安定させたと見ることもできるだろう。

参考文献

A. Mayer, *The Persistance of the Old Regime*, New York, 1981.
F. Furet, *La Révolution, 1770-1880*, Paris, 1988.
C. Charle, *Histoire sociale de la France au XIXe siècle*, Paris, 1991.

コラムⅨ

共和国の聖人

長井伸仁

一八八二年一二月三一日深夜、ときの共和派の領袖レオン・ガンベッタは、一カ月前のピストル暴発事故の際に負った傷がもとで四四歳の若さで世を去った。ところが二日後の検死のとき、いささか奇妙なことが起こる。心臓、右腕、腸、頭蓋、脳などが遺体から次々と切除され、執刀医たちにより持ち帰られた。切除の程度は尋常ではなく、大物政治家の死に駆けつけた多数の弔問客や群衆は遺体との対面を禁じられたほどだった。医師たちの行為は、はたして医学的見地のみで説明できるのであろうか。示唆的なのは心臓のゆくえである。持ち帰ったのは医師団のひとりでガンベッタ内閣で公教育相を務めたポール・ベールだったが、心臓はベールの家族により保管されるなどした後、一九二〇年の第三共和政五十周年記念行事の一環として、パンテオン（共和政に多大な貢献をした人物の遺骸が眠る場で、パリのサント・ジュヌヴィエーヴの丘にある）に安置されたのである。

カトリシズムの聖遺物崇敬を思わせるエピソードであるが、その中心にいたガンベッタとはどのような人物なのか、ここで経歴を簡単に振り返っておこう。

レオン・ミシェル・ガンベッタは一八三八年、南仏の小都市カオールで生まれた。父はイタリア・ジェノヴァ地方の小村からの移民であり、カオールでは食料品店を営んでいた。ガンベッタ自身は二一歳の時にフランスに帰化している。幼少時の事故により隻眼だったが、そのハンディを乗りこえてパリ大学で法学を修めた彼は、第二帝政下、反体制派の弁護士として政治犯裁判を通じて頭角を現し、類い希な弁才を武器にして一八六九年に下院議員に当選した。帝政崩壊にともない組織された国防政府では三二歳の若さで内務大臣に就任し、対プロイセン徹底抗戦を唱えて軍の立て直しに奔走、休戦後の国民議会選挙ではアルザスから立候補・当選し、講和条約によるアルザス・ロレーヌの割譲には最後まで強硬に反対した。戦後は共和派のリーダーとして、地方や農村部への共和主義の浸透に尽力し、国政では下院議長と首相を務めた。ガンベッタはこのように、移民の統合、勉学による社会的上昇、国防、ネイションの一体性、議会制民主主義などの価値を体現していた。彼ひとりで理念としての第三共和政を象徴できると言っても、それほどの誇張ではないだろう。

このような人物がパンテオンに入るのは、施設の目的からすれば当然のことである。だが、パンテオンという「記憶の場」の存在じたい、そしてガンベッタの心臓をめぐる先のエピソードじたい、じつはそれほど自明のことはいえない。というのも、当時のフランスは共和政であり、ガンベッタは熱心な反教権主義者だったからである。

　共和主義はほんらい、成員の平等を基本とする、匿名性の強い政治理念である。特にフランス第三共和政は、第二帝政のような独裁政治への警戒心から特定の個人に権力を集中させない体制をとり、大統領にはカリスマ性の弱い穏健な人物を就けるのを慣例としていた。どちらかといえば、個人崇拝的な意識や行為を妨げるような体制だったのである。

　にもかかわらず、なぜパンテオンのような場があったのか。

　たしかに、国民的偉人に対する素朴な崇敬感情は多くの社会にみられるものだし、いまだ教育が十分に普及せずメディアも発展していないこの時代、共和政のように抽象的な概念は擬人化を要したという面もあるのだろう。ただ、フランス共和政の歴史をみると、偉人崇拝の原理が当初から深く組み込まれていたようにも思える。

　一八世紀、フィロゾフ（啓蒙思想家）たちは、生まれや身分によって偉大とされる人物ではなく、自ら挙げた功績や有する徳によって偉大と見なしうる人物を、「偉人（グラン・トム）」として称揚していた。啓蒙思想にふさわしい普遍的かつ民主的なこの顕彰行為を、革命もおのずと受け継いだ。革命期にはネッケル、フランクリン、ミラボー、ロベスピエールなど革命の先駆的・中心的人物の胸像がつくられ記念の手段となった。またそのミラボーの死去を機にサント・ジュヌヴィエーヴ聖堂がパンテオンに造りかえられ、ヴォルテール、ルソー、マラー、ルペルチエらが移葬された。

　一九世紀の共和派もこうした習俗を継承する。それが最も典型的に現われたのが、第三共和政の前半期だった。フランス各地で多数の人物像が建立され、「彫像狂」という言葉さえ登場している。歴史教科書では「歴史上の人物」が記述の柱になり、共和政の先駆者や創始者と見なされた人物は、美化された挿絵とともに好意的に描かれ、人格的にも賞賛されていた。国家儀礼でも、フランス革命後に聖堂に戻されるなどしたパンテオンが、「偉人の殿堂」として復活する。ガンベッタのエピソードはこうした習俗の究極のかたちといえるだろう。

　それにしても、ガンベッタ自身はフリーメーソンで、名うての反教権主義者だった。第三共和政のライシテ（世俗性）の象徴として今でもしばしば引き合いに出されるのは、「教権主義こそが敵だ！」というガンベッタの言葉である。その彼が、カトリックの聖遺物崇敬に酷似した扱いを受けたというパラドクスは、意味深長である。

　たしかにフランスの共和政は、政治思想の次元でも歴史的経緯においても、王政や帝政と対抗するなかで確立した。ただ、政治文化まで視野に入れたとき、それらの間に意外な類似点がみえてくる。もちろん、だからといって、個々の体制を支えた一般の市民・臣民の心性までもが似ていたというのは早計だろう。ただ、為政者たちの言説や主観だけで体制を特徴づけられないことはたしかである。

第六章　ふたつの世界大戦とフランス社会

渡辺和行

DEUXIÈME ÉDITION

Le peuple de France a voté pour le pain, la paix, la liberté !

l'Humanité

ORGANE CENTRAL DU PARTI COMMUNISTE (S.F.I.C.)

LUNDI 4 MAI 1936

DEUX ÉDITIONS

Fondateur : JEAN JAURÈS
Directeur : MARCEL CACHIN

VICTOIRE !

Le Front Populaire triomphe

DANS TOUT LE PAYS, DES MANIFESTATIONS PUISSANTES ET ENTHOUSIASTES GROUPANT DES DIZAINES DE MILLIERS DE PERSONNES ONT SUIVI LA PROCLAMATION DU SCRUTIN

SONT ÉLUS

COMMUNISTES

Jacques Duclos, Gitton, Midol, Gabriel Péri, Billoux, Bartolini, Cornavin, Dewez, Bonte, Croizat, Piginnier,

Résultats pour les deux tours de scrutin

SONT BATTUS

人民戦線の選挙勝利を告げる『ユマニテ』紙（1936年５月４日）

1936年の社会党党首レオン・ブルムと共産党書記長モーリス・トレーズ

1914	8.第一次世界大戦勃発，神聖連合成立。9.マルヌの戦い，長期戦へ
1915	9.ツィンメルヴァルト国際反戦会議
1916	2.ヴェルダンの戦い始まる
1917	4.兵士の不服従運動広まる。11.クレマンソー内閣成立
1918	11.コンピエーニュの森で休戦条約
1919	1.パリ講和会議始まる。6.ヴェルサイユ条約調印。11.下院選挙で保守派勝利
1920	2.労働総同盟の波状スト。12.社会党分裂し共産党誕生
1921	2.仏・ポーランド同盟友好条約
1922	1.ポワンカレ内閣。6.統一労働総同盟結成
1923	1.ルール占領
1924	1.仏・チェコスロヴァキア相互安全保障協定。5.下院選挙で左翼連合勝利しエリオ内閣。8.ドイツ賠償問題に関するドーズ案
1925	4.パンルヴェ内閣の外相にブリアン。10.ロカルノ条約調印，仏独緊張緩和
1926	7.ポワンカレ内閣
1927	11.仏・ユーゴスラヴィア安全保障条約
1928	6.ポワンカレ・フラン。8.不戦条約調印
1929	6.ドイツ賠償問題に関するヤング案。10.ニューヨーク株式大暴落，世界恐慌へ
1930	1.マジノ線建造開始
1931	世界恐慌，フランスに波及
1932	5.下院選挙で左翼連合勝利しエリオ内閣。11.仏ソ不可侵条約
1933	12.スタヴィスキー疑獄事件
1934	2.2月6日事件。7.社共統一行動協定
1935	5.仏ソ相互援助条約。7.人民連合発足，コミンテルン第7回大会
1936	3.労働総同盟再統一。5.総選挙で人民戦線派勝利，工場占拠スト。6.ブルム内閣成立，労使間でマチニヨン協定締結。7.スペイン内戦勃発。9.フラン切下げ
1937	6.ショータン内閣成立
1938	4.ダラディエ内閣成立。9.ミュンヘン協定。11.労働総同盟のゼネスト失敗し，人民戦線崩壊
1939	8.独ソ不可侵条約。9.第二次世界大戦勃発，共産党非合法化
1940	5.ドイツ軍の西部攻勢。6.ドゴール，BBCから抵抗アピール。仏独休戦協定調印。7.ヴィシー政府成立。10.ユダヤ人身分法
1941	2.ダルラン内閣。5.共産党「国民戦線」結成
1942	4.ラヴァル，ヴィシー政府に復帰。11.連合軍の北アフリカ上陸，ドイツ軍によるフランス全土占領
1943	1.民兵団結成。2.強制労働徴用始まる。5.全国抵抗評議会結成。6.国民解放委員会設置
1944	6.共和国臨時政府誕生，ノルマンディー上陸。8.パリ解放

1　第一次世界大戦の衝撃

大戦勃発

一九一四年八月一日にフランスで総動員令が発せられたとき、軍当局は左翼の国際主義と平和主義の動きを懸念した。内務省は「手帳《カルネ》B」というブラックリストを準備して、左翼政党や労組の反戦行動を封じ込めようとした。しかし社会党にも労働総同盟（CGT）にも、そのような動きはなかった。それのみか、彼らは戦争と国防を受け入れた。八月四日の下院では戦争反対の声はあげられず、戒厳令や検閲の実施、国防予算のための公債発行の権限が政府に与えられた。

フランスは一丸となって参戦した。社会党から右翼の新聞にいたるまで、ドイツ兵の残忍さや装備の悪さ、それと対照的なフランス軍の士気の高さと高性能の武器について書きたてた。しかし、フランス人は対独復讐熱に駆られて熱狂的に参戦したわけではない。情報不足のなかで茫然自失のうちに総動員令を聞いたフランス人が多かったが、義務感に基づいて秩序正しい軍隊編入でもって応えた。フランス人は、自分たちは侵略の犠牲者であり、権威主義国家に対して民主的共和国を防衛すべきだという確信を持った。彼らは、一九一四年一二月にルネ・ヴィヴィアニ首相が定式化した戦争目的（普仏戦争で失ったアルザスとロレーヌの回復やプロイセン軍国主義の解体など）を共有した。それでも、一九一四年夏の開戦の熱気は秋風とともに静まり、戦争への慣れや無関心が生まれつつあった。

一九一四年春の総選挙で勝利したのは、平和主義の立場から兵役三年法に反対していた社会党と急進党であった。この選挙で社会党は三〇議席増やして一〇二議席を獲得し、中産階級を代表する急進党は五〜六議席減らしたものの、それでも第一党で一三六議席を数えた。しかし皮肉にも、この議会のもとで戦時体制が可決されたのである。八月一日にヴィヴィアニ首相が挙国一致を呼びかけていたが、八月二六日に、レイモン・ポワンカレ大統領のもとにドイツに対する挙国一致の神聖連合《ユニオン・サクレ》が誕生した。神聖連合には、二人の社会主義者（公共事業大臣マルセル・サンバ、無任所大臣ジュール・ゲード）も入閣していた。神聖連合は、満場一致の国防支持と戦争中の政争の停止を意味したのである。

統制経済下の生活

フランスは、短期戦を予想していたために長期的な経済動員の準備を怠っていた。戦争が長期戦の様相を呈してくるにつれて、総動員されて人手不足となった工場に労働者を帰して生産をあげることが求められた。なぜなら、労働者が総動員されて前線に送られたので、生産は停滞し、貿易量も海上の安全が脅かされたために低下したからである。これらの問題と対処しつつ、軍需生産をあげる必要に政府は迫られた。当時の人々は「総力戦」というまったく新しい経験に突入した。財の生産・流通・配分はもとより、労働力の配分にいたるまで国家の網がかけられた。一九一四年九月にボルドーで、政府は金属・機械・化学部門の代表者と会談して産業動員計画を打ち出した。生産をあげるためには社会党の協力を必要とした。そこで政府は、一五年五月に社会党のアルベール・トマを陸軍省の軍備担当次官に任命する。トマは一四年の秋から労組や社会党に影響力を行使し、財界の指導者とも良好な関係を築きあげていた。彼は労働力不足に対処するために、鉄道員や炭鉱夫などの兵役を免除して職場に帰すことにし、一五年末までに五〇万人の熟練労働者が職場に戻った。こうして、一四年一〇月には経済は回復基調に転じ、一五年秋には目標とした日産一〇万発の砲弾製造能力を持つにいたる。一八年には、国家の経済への介入はさらに進み、小麦や鋼鉄や石油などのそれぞれの関連企業を集めて、それらの基本物資の輸入や売却や価格設定などを国家統制のもとにおこなう企業連合体が完成をみた。

膨大な戦費を調達するために、一九一四年九月に六〇億フランの国債や五％の利子つき戦時公債が発行された。一九一四年八月から一九一九年一〇月までの支出一兆五七〇〇億フランのうち、税収で賄われたのは四五〇〇億フランであり、六〇〇〇億フランが戦時公債、残りが他の公債であった。このような国家財政に占める借款の増大は物価を押しあげ、一九一五年一月から翌年の一月までの卸売物価指数は、一九一四年第四・四半期を一〇〇とすると、一一〇から一六三に上昇した。しかし人々は、生活費の上昇にみあう収入を得ることができなかった。

総力戦の影響は国民生活にも表れた。軍需生産をあげるために、勤務時間をのばす目的でサマータイム制が導入された。労働力不足を補うために、それまで男の職場とされてきた職域への女性の進出が見られ、電車の運転士や砲弾作りにも女性が登場した。農村でも、耕作から播種、収穫といった力仕事を女性がこなすようになった。農村は労働力の減少に苦しんだが、外国人労働者や占領地からの避難民や捕虜、休暇で帰郷中の兵士たちが貴重な労働力を提供した。労働力不足は農業の機械化に弾みをつけるが、それでも休耕地が広がり耕作面積は減少した。都市では戦争の影響は農村より直接的であった。都市労働者の賃上げはあったが、物価高によって相殺されてしまった。紙や衣服やガソリンも市場から消え去ることがあった。特に冬場の石炭の欠乏はこたえた。一九一八年にはパンや砂糖は配給制となる。それでも都市の労働者は、家賃の支払猶予制度などによって一六年末まで争議もほとんどない状態であった。他方、都市中産階級の状況は悲惨であった。不労所得者や自由業者や公務員が打撃を被った。それに中産階級の人々は、労働者のように前線から呼び戻されず、下級将校が多い中産階級はそれだけ死傷者となる確率も高かった。戦場となった町や村は砲撃で破壊され、ドイツに占領された諸県のフランス人は、夜間外出禁止や徴発や強制労働に耐えねばならなかった。

厭戦気分とクレマンソーの登場

戦争の長期化がもたらした生活苦を前にして、社会党やCGT内部に神聖連合に批判的な勢力が形成され始めた。一九一六年四月の社会党大会では、平和の擁護と神聖連合反対を訴える動議が九〇〇票を得て、多数派の一八〇〇票の半数にまで及んだ。この動きに、第二インターナショナル崩壊後に開かれたツィンメルヴァルトやキーンタール会議などの国際的左翼運動の影響を窺うことができる。また、一九一七年五月にストックホルムで開かれる社会主義インター主催の無併合の講和を考える会議に参加するために、社会党員が旅券を請求したとき、政府はそれを拒んだ。アルザスとロレーヌの奪還を悲願とするフランス政府は、そのような会議を受け入れるわけにはいかなかった。神聖連合からの社会主義者の離反が鮮明となる。

一九一七年に入ると、前線でも銃後でも士気の低下が見られた。春には、生活費の高騰や食料品と石炭の払底に不満の声があげられた。物価高に抗議して賃上げを求めるストが、パリの衣料業界から軍需産業へと広がる。トゥールーズその他の地方においても同様のストが五月から七月にかけて散発的に生じた。三月から五月にかけて石炭価格が二倍、生鮮野菜が二・五倍の値に跳ね上がっていた。一九一六年と比べても、ストの件数は二倍強の約七〇〇件、スト参加者は七倍強の約二九万人へと増えている。前線での士気低下は不服従となって表れた。総司令官ニヴェル将軍が指揮して一二万人の死傷者を出した四月の成果のない攻撃に対して、五月に兵士による攻撃命令の拒否が起き、六月にはソワッソンに駐留する二連隊がパリに進軍して議会に停戦を強いようとした。こうして五月から六月にかけて、三～四万の兵士が不服従の行動に出た。「反乱」兵のうち五五四人に死刑判決が下され、四九人が処刑された。この「反乱」収拾には、ニヴェルの後任となったペタンの諸方策が功を奏した。ペタンは、無益な攻撃の停止、前線での兵卒と将校との話し合い、宿営の改善や休暇列車のスピードアップなどを命じたのである。夏以降、国民の士気は一時的に持ち直すが、サン・テチエンヌでは賃上げや復職をめぐって秋以降もストが続発した。しかし、ストによる軍需生産の停滞は、戦場での同胞の死に直結するという国民感情のほうが反戦感情よりも強かった。

一九一七年の厭戦気分の高まりや軍の士気の衰えは、政治危機につながった。ジョルジュ・クレマンソーが、「敗北主義者」や「裏切り者」に対するアレクサンドル・リボー首相やルイ・マルヴィ内相の弱腰を上院で攻撃して、彼らを辞任に追い込んだ。九月に成立したポール・パンルヴェ内閣には、社会党員の姿はなくアルベール・トマも閣外に出た。大統領ポワンカレは内閣の不安定に直面して、一一月に個人的にはそりが合わないクレマンソーを首相に指名せざるをえなかった。クレマンソーは、一一月二〇日の就任演説のなかで「ただ戦争があるだけであり、……正義がなされ、祖国は防衛される」と呼びかけ、四八三人中の四一八人の議員から圧倒的信任を得た。こうして、クレマンソーは「対独復讐」のシンボルと化す。彼は陸相を兼任し、閣僚には友人か二流の人物を配して戦争遂行に強力な体制で臨んだ。また首相は、塹壕を訪問して兵士を激励して人気を得た。「猛虎」のあだ名を持つクレマンソーのもとで、フランスは体勢の建て直しができたのである。

戦争も新局面に突入していた。ドイツが一九一七年二月から始めた無差別潜水艦攻撃は、四月にアメリカの参戦を招いた。ロシアが革命によって戦争から脱落するが、経済大国アメリカの参戦は協商国と同盟国の均衡を大きく前者に傾けさせるものであった。公債や借款の形でアメリカの資金がフランスに流れ、フランスはそれを元手にアメリカの工業製品や農産物を購入した。フランス戦線でもアメリカの物量の影響は、目にみえて大きくなる。一九一八年三月からドイツのルーデンドルフ将軍が、米軍の到着前の決戦を挑んで攻勢をかけるが、両軍とも決定打を欠き、そうこうするうちにドイツ国内で革命が起きて、同年一一月一一日に休戦条約がコンピエーニュの森で調印された。

大戦の意味

第一次世界大戦は政治的集権化や総動員体制の構築や統制的な戦時経済をもたらしたが、フランスにとっての大戦の意味をまとめておこう。まず、英独仏三国のなかでフランスのみが戦場となり占領されたことを銘記しよう。特に死者の多さが目を引いた。それは史上初めて大量殺戮兵器が使われたことによる。フランスは終戦までに八〇〇万人の男子を動員し、死者は一四〇万人を数えたが、このなかには約七万五〇〇〇人の植民地兵も含まれていた。フランスの死者は動員された兵士の六分の一に当たり、その四割は農民である。犠牲者はフランス東部や南部よりも中部や西部に多かった。都市よりも農村が、また中産階級も大きな犠牲を払った。負傷者が三一五万人、七〇万人の寡婦と七六万人の孤児が生み出された。特に二〇歳から四〇歳の男子人口の減少が顕著であった。また戦争による出生率の減少もゆゆしき影を投げかけ、その損失は一四〇万人と見積られた。このように、フランスは一九一一年時点でドイツより約二五〇〇万人少ないうえに、一九一六年から二〇年の出生率でもドイツより一〇〇〇人当たりで四人少なかったことは、労働力や兵力をめぐって人口学的な危機意識を高めることになる。

図6-1　1917年8月の多様な植民地兵

出典：D. Assouline, M. Lallaoui, *Un siècle d'immigrations en France*, t. 1, 1851-1918, Paris, 1996, p. 129.

　戦場となったフランス北部と北東部が、ドイツ占領下に置かれたことによって、フランスの農工業生産にも大きな影響が出た。これらの地域はフランス有数の穀倉地帯や工業地帯であり、小麦生産は、一九一九年には一九一三年の三四%に落ち込み、砂糖大根の生産高は一七%に激減した。これらの地域の石炭生産は同時期にはわずか四%しかなく、同様に銑鉄・鋼鉄生産高も五%に大きく落ち込んだ。フランス全体でも小麦は五八%の生産高しかなく、工業生産指数も五七と約半減した。このように大戦によってフランスが被った損失の見積総額は、五五〇億フランと計算された。以上の人的物的損失に加えて、心の破壊も大きかった。大戦は仏独両軍が塹壕を掘り合い、泥まみれになって四年間睨み合う戦争であった。多くのヨーロッパ人は、戦争は一四年のクリスマスまでには終わると楽観していた。その予想がはずれたのは、新式の機関銃の出現によって塹壕戦という新しい戦争形態を余儀なくされたからである。塹壕戦は、一九一四年九月にドイツ軍がマルヌの戦いに敗れてから始まった。塹壕生活の悲惨な状況は、アンリ・バルビュスの『砲火』（一九一六年）やレマルクの『西部戦線異常なし』（一九二九年）に描かれている。また一九一六年のヴェルダンの戦いは、仏独両軍あわせて四二万の死者と八〇万の負傷者を出すという大量殺戮の典型であった。ドイツ軍の猛攻に耐えた流血のヴェルダンは、フランス国民にとって愛国心と平和の象徴と化すと同時に、その戦闘を指揮したペタンの威信を高め、後のペタン崇拝の礎となる。

2　大戦間期の政治と社会

国民ブロックと左翼

大戦に勝利したフランスは、安全保障と経済再建という課題を抱えて「常態への復帰」を果たそうとした。二つの課題はドイツ問題へと収斂する。ドイツ問題とは、ドイツに対する安全の確保とドイツからの賠償金取立てによる経済再建のことである。「ドイツに支払わせる」というのが、フランスのコンセンサスであった。ソヴィエト政権が帝政ロシアの債務を否認したことによって、多額の投資をロシアに行ってきたフランスは打撃を受けた。また戦争中の対米債務を返済するためにも、ドイツからの賠償金の取立ては急務であった。ドイツの賠償金総額は一三二〇億金マルクと決定され、そのうちの五二％をフランスは得ることになった。

先の二つの課題は、一九一九年一一月の選挙で生まれた与党によって取り組まれた。フランの下落と物価高というなかでおこなわれた総選挙で、保守派と中道派は、ミルラン、ポワンカレ、ブリアンなどの領袖のもとに団結して国民ブロックを結成し、四一七議席という絶対多数を獲得した。保守派の勝因として、クレマンソーの人気や対独復讐感情と、対露債権を失った一般投資家の反ソ意識やボルシェヴィキに対する恐怖感などの社会心理、および新しい選挙制度（政党は県ごとに候補者リストを提出して戦うが、一つのリストが過半数の票を獲得するとその政党が全議席を占める）を指摘することができる。反社会主義を訴えて連合を組んだ保守に、この選挙制度が味方した。社会党は一九一四年の選挙より三〇万票多い一七〇万票を獲得したにもかかわらず、一〇二から六八へと議席を減らした。一九二〇年一月に成立したミルラン内閣は、一九〇四年以来関係を絶っていたヴァチカンとの外交関係を再建し、右翼的路線を鮮明にした。翌年にミルランが大統領に選出され、その後レイグ、ブリアンと内閣が続くが、失業や財政問題を解決できず、一九二二年一月にポワンカレがふたたび首相兼外相として登場した。国民ブロック諸政府は、教権と反教権の争いを再燃させ、歴代首相が外相を兼任したために、内政問題が手薄になりがちであり、経済を再建しフランを安定させることにも失敗した。

この時期、国内には保守層の不安を煽る労働争議が起きていた。一九一九年の労働者の実質賃金は、一九一四年より一五％下回っていた。一九年三月に労働協約、四月に一日八時間労働の実現を見るが、これは労働側への政府の譲歩と言ってよかった。五月には、賃上げなどの経済的要求やロシアへの干渉戦争反対などの政治的要求を掲げた炭鉱夫や金属工のストが起きた。それは、街頭での暴力的衝突を引き起こし、死者を出すにいたる。さらに、一九二〇年二月から鉄道員のストライキに端を発した波状ストが展開された。しかし五月一日に予定されたゼネストは失敗し、スト参加者の一二％に当たる一万八〇〇〇人の鉄道員が解雇された。労働運動が挫折した理由として、ＣＧＴの組織力の弱さやゼネスト至上主義、ゼネストの期間をめぐる内部対立などが指摘できるだろう。

このように左翼運動は大きな転換期にあった。ロシア革命の影響を受けて、社会党内の左右の対立が激化する。一九一九年に結成されたコミンテルンは、各国の社会主義勢力に共産党の結成を呼びかけ、コミンテルン加盟の二一箇条を突きつけていた。一九二〇年一二月のトゥール大会で社会党は分裂し、社会党のコミンテルン加盟が多数の賛成を得て承認され、ここに一四万人の党員を擁する共産党が誕生した。四万人の少数派に転じた社会党は、レオン・ブルムを指導者として再出発する。しかし共産党も、ロシア革命の実態が伝えられ、党組織の前衛党化が求められるにつれて、心情的同調者は脱落し、除名や脱党によって党員数も激減した。一九二四年の選挙に明らかなように、社共両党の勢力関係は逆転するにいたる。さらに、コミンテルンの「社会ファシズム論」（一九二八年）によって共産党が社会党批判を強めて孤立を深めたために、一九二〇年代末には閉鎖的な小集団へと追いやられていった。労働運動にも政党と同様の問題が起きていた。一九二一年にはＣＧＴも分裂し、少数派の共産党系の統一労働総同盟（ＣＧＴＵ）が二二年に誕生した。ＣＧＴの組合員数は、二〇年の一〇五万人が二一年には四〇万人となり、一九三〇年代まで勢力は回復しない。

左翼連合から国民連合へ

ルール占領（後述）も失敗に帰し、インフレと財政悪化を招いた。ポワンカレ首相はデフレ政策に転じ、増税と公務員の削減が予定された。これが左翼に結集軸を提供し、社会党と急進党の間で左翼連合が生まれる。政教分離や国際連盟の支持、社会立法とより公正な財政政策という大まかな選挙協定で一九二四年春の総選挙を戦い、左翼連合は過半数の三二八議席を獲得した。右翼勢力は二二六議席と半減する。第一党は一四二議席を獲得した急進党であり、社会党も一〇二議席を得た。急進党総裁のエリオが首相となり、社会党はブルジョワ内閣への不参加という方針から閣外協力の立場を堅持した。エリオ首相は反教権政策を推し進める。彼は、国民ブロックが設けたヴァチカン駐在大使の職を廃止し、ナポレオン以来の政教協約が息づいていたアルザスにも政教分離を導入した。この政策はアルザスの分離主義運動に油を注ぐ結果となるが、ローマ教皇庁もキリスト教的民主主義を支持し、教会と共和国の和解が進んだ。外交面では、ルールから撤兵し、ソ連との国交樹立に踏み切り緊張緩和を現出するのに一役買った。

緊張緩和の時代はフランス資本主義の発展期と重なる。電気・自動車・鉄鋼などの重化学部門の産業が拡大した。天然資源の豊富なアルザスとロレーヌ地方がフランスに返還されたこともあり、鉄鋼生産が二〇年代末までに世界第三位の生産をあげるにいたった。ルノーやプジョーやシトロエンといった自動車産業、発電所建設をともなった電力産業も急成長をとげた部門である。自動車産業の発達は、ゴムや精油産業の発展をも促した。その他、キュールマンやペシネーといった化学工業も躍進した。こうして二〇年代は経済成長が続き、パリを中心に都市化の洗礼を受けるが、通貨不安に悩まされた一〇年でもあった。歴代の政府はフランの下落に悩まされ、金融不安は経済再建をも危うくしかねなかった。基軸通貨の崩壊は膨大な戦費の論理的帰結であり、経済の発展にもかかわらず、エリオ内閣も経済金融政策において失敗した。エリオは財政危機を切り抜けるために短期公債を増発したが、それがインフレと資本流出を加速させた。「金力の壁」（金融資本）に突き当たったエリオは、一九二五年四月に上院の反対によって退陣を余儀なくされる。その後も、フランス銀行が発券額の上限を越えた国家への貸付を拒んだために、左翼連合内閣はインフレやフラン価値の下落について大胆な政策を打ち出せず、一九二六年七月、ポワンカレに首相の座を譲らざるをえなかった。一九一四年の物価を一〇〇とすると、物価指数は一九二四年四月には四三二、一九二六年七月には八〇四に達していた。

ポワンカレは、社共以外の政党からなる国民連合政府を結成して難局に当たろうとした。六人の首相経験者を集めた内閣にはエリオも公教育大臣として入閣した。首相は内閣の使命を財政の建て直しにおき、自ら財務相を兼任し財界の支援と議会から財政全権を得て、増税と短期公債の長期公債への転換や国防証券運営基金という減債基金の設置による短期公債の吸収などの政策を打ち出した。これによってフランは信用を回復し、フランスから逃避した資本が戻ってきただけでなく外資も流入した。首相就任直前には一ポンド＝二四三フランの為替相場が、一二月には一二二フランとフラン高になった。このような政治経済環境と後述するブリアン平和外交が追い風となり、一九二八年春の総選挙で保守勢力は三三〇議席を獲得して勝利を収めた。ポワンカレは、二八年六月にフラン価値を戦前比の五分の一に切り下げて通貨の安定を勝ちとった。平価切下げの恩恵を被ったのは輸出産業であった。こうして二〇年代末のフランスの繁栄が約束され、フランスはアメリカに次ぐ金保有国となった。しかし、その繁栄は金利生活者や中小ブルジョワジーの犠牲の上になりたっていた。これらの社会層は急進党の支持基盤と重なり、党内に国民連合への不満が高まることになる。

工業化の影響と人口問題

資本の集中が進み、寡占や独占が始まった。重工業部門の発展によって、フランスは一九二九年に第二次世界大戦前で最高の工業水準に達した。工業の高度化は産業労働者の増大をもたらす。しかし一九三一年のデータによると、五〇〇人以上の企業で働く労働者は一四四万人で一八％を占めるだけであり、一〇人以下の零細企業に働く労働者がなお四割を占めた。それでも、経営の合理化や大量生産といったテイラー・システムとフォード・システムの導入は、流れ作業による単純労働をもたらし、労働疎外が生み出される。このように疎外された労働に悩む労働者がいる一方で、工場から生み出された製品を享楽する人々もいた。パリのブルジョワ青年は、自動車やジャズ音楽、チャールストンのダンス、カクテルバーに熱中し、パリのアメリカ化と呼ばれる風俗が生まれた。

一九二〇年代中期のインフレやフラン危機のなかで、議会外右翼の運動が誕生していた。代表的な極右組織は、ピエール・テタンジェ議員を指導者とする愛国青年団（一九二四年）、イタリア・ファシズムの影響を受けたジョルジュ・ヴァロワのフェーソー運動（一九二五年）、退役軍人組織のクロワ・ド・フー（一九二七年）などである。また、ドレフュス事件の渦中から生まれた王党系のアクシオン・フランセーズは、二六年にヴァチカンからその教義が異端とされ、指導者シャルル・モーラスの本は禁書となり、アクシオン・フランセーズは過激化していく。こうした運動の指導者のなかから、三〇年代の右翼急進主義者やファシストが育つのである。しかし今しばらくは、ポワンカレの登場によって活動の潮が一時的に引いた状態であった。極右集団が活性化するには、世界恐慌という触媒が必要であった。

人口の停滞は、次第に危機として為政者に意識されるようになる。人口減少は、出生率の低下と第一次世界大戦による「失われた世代」を原因としていた。一九一一年から三八年までのフランス人口は、四〇〇〇万から四二〇〇万人弱に増えたが、増加分は東欧や南欧からの移民によるものであった。人口に占める二〇歳未満の割合は、一九〇一年の三四・六％から二一年の三一・六％へと減少し、逆に二〇歳から六四歳の人口はこの時期に五七・二％から五九・三％に増加した。「老人の国」という心理が広がる。それは政治の世界では保守主義や退嬰《たいえい》主義をもたらした。人口減少は、労働力の問題だけでなく国防上もゆゆしき事態を惹起した。ドイツとの国境沿いにマジノ要塞が建造された理由の一つは、兵員不足にあった。人口減少をうけて政府は出産奨励策をとる。まず一九二〇年七月に中絶禁止を法制化し、二一年からは三人以上の子を持つ家族の一三歳以下の児童に年額九〇フランの児童手当を支給した。託児所を設け幼稚園の数を増やしもした。母親が讃えられたが、その裏では独身者や子どもがいないか一児しか持たない女性への罪悪視が植えつけられていった。三〇年代もこの政策は続き、三二年三月に家族手当の支給が全雇用者に義務づけられ、三九年七月には家族手当の引き上げと初産手当などが打ち出されて出産が奨励された。

対独強硬から平和外交へ

ドイツに対する安全保障という面では、フランスはドイツの大国化を阻止し、ドイツの弱体化を狙った。一九一九年一月から始まったパリ講和会議には、クレマンソー自らが乗りこんで議長として国益追求に邁進した。彼は、ライン左岸地区の連合軍による永久占領や自治的緩衝国の樹立を提案するが、ことごとく英米両国に反対された。それでもフランスの強硬態度を前にして、英米両国は、対仏保障条約草案とライン左岸の一五年間の占領およびライン右岸五〇キロメートルの非武装化を決定した。六月に調印されたヴェルサイユ条約によって、ドイツ軍は一〇万人に制限され、アルザスとロレーヌ地方はフランスに返還された。ただし、対仏保障条約は孤立主義に復帰したアメリカが批准しなかったので、フランスは自国の安全保障を東欧に求めねばならなかった。一九二〇年九月にベルギーと軍事同盟を結んで北の守りを固めたフランスは、二一年二月にポーランドと同盟条約を締結した。フランスは、ドイツ包囲とボルシェヴィズムへの「防疫線」という二重の役割をこの条約に与えた。これがフランスの東欧条約網の始まりである。それは、一九二五年から二七年にチェコスロヴァキア、ルーマニア、ユーゴスラヴィアという東欧三国を巻き込んだ小協商諸国との同盟網となって結実する。フランスは、かつての露仏同盟の代替物を東欧の同盟網に見いだしたかったが、小協商諸国内部の対抗心は同盟網を脆弱にしたうえに、フランス自身も戦前のように財政上の支援をこれらの国に与えられなかった。それに防御を基本とするフランス軍は、同盟国が攻撃されたとき、ただちに救援に向かえなかったのである。

ドイツの賠償金支払い不履行を指弾して、一九二三年一月にポワンカレ首相がベルギーとともにルールに出兵し、ヨーロッパ有数の工業地帯を占領した。この荒療治は英米両国の反発を招いただけでなく、フランスでも「戦争屋ポワンカレ」を糾弾する声がわきあがった。ドイツ国内では「受動的抵抗」が組織され、ヒトラーのミュンヘン一揆という国粋的傾向を煽って終わった。それればかりか、賠償はドイツの支払い能力を基礎に算定すべきであるとされてしまった。

そこでエリオ左翼連合政権は、仏独協調を指針としてルールから撤兵し緊張緩和に努めた。政府は、国際連盟の枠内での軍縮と集団安全保障を探究する。懸案の賠償問題は、一九二四年のドーズ案によって方向性が指し示された。ドイツにアメリカが融資し、それをドイツはフランスへの賠償支払いに当て、フランスはこうして得た賠償金を戦債支払いという形でアメリカに還流させるという方式が決められた。さらに一九二九年のヤング案によって、ドイツの賠償義務は三五八億金マルクと査定され、一九三二年のローザンヌ会議でドイツの支払い額は三〇億金マルクに減額された。

一九二五年にブリアンが外務大臣となり、ロカルノ条約や不戦条約などの締結に尽力し、ブリアン外交と呼ばれる時代が築かれた。二五年一〇月に締結されたロカルノ条約は、ラインラントの現状維持に関する相互保障条約であり、国境の維持と不可侵、ラインラントの再軍備禁止、紛争の平和的解決などを規定していた。この条約をうけて二六年九月にドイツの国際連盟入りが承認された。不戦条約は、ブリアンとケロッグ米国国務長官との間で話が進められ、二八年八月にパリで一五カ国の間で調印された。こうして、相対的安定期と呼ばれる時期が続く。

複合的危機

一九三〇年代のフランスは、恐慌・右翼団体《リーグ》の活動・ナチス政権の誕生などさまざまな不安を抱えていた。この不安からの脱出口としてフランス国民が選択したのは人民戦線である。人民戦線は中産階級と労働者階級の同盟であり、一九三四年の騒擾《そうじょう》事件を契機に誕生した。それは「パンと平和と自由」を掲げ、議会レヴェルの政党連合を超えた広範な左翼結集の試みであった。政党・労働組合・市民団体など九八もの組織が人民戦線に名を連ねている。中心的役割を演じたのは政党であり、その政党を行動に駆り立て人民戦線の助産婦となったのはフランス社会を襲った危機であった。

第一の危機は経済恐慌である。世界恐慌がフランスに押し寄せたのは二年後のことであるが、フランス経済は、ポンド切下げ（一九三一年九月）とドル切下げ（一九三三年四月）によって打撃を被り、他国の景気が回復に向かった一九三五年に最悪を迎え、恐慌前の水準に達することなく大戦に突入した。もっとも、近代的な大規模経営の少ないフランスの失業者数は三六年で八六万人と、ドイツより少なかった。農業国フランスでは、農業恐慌のほうが工業恐慌より広範な

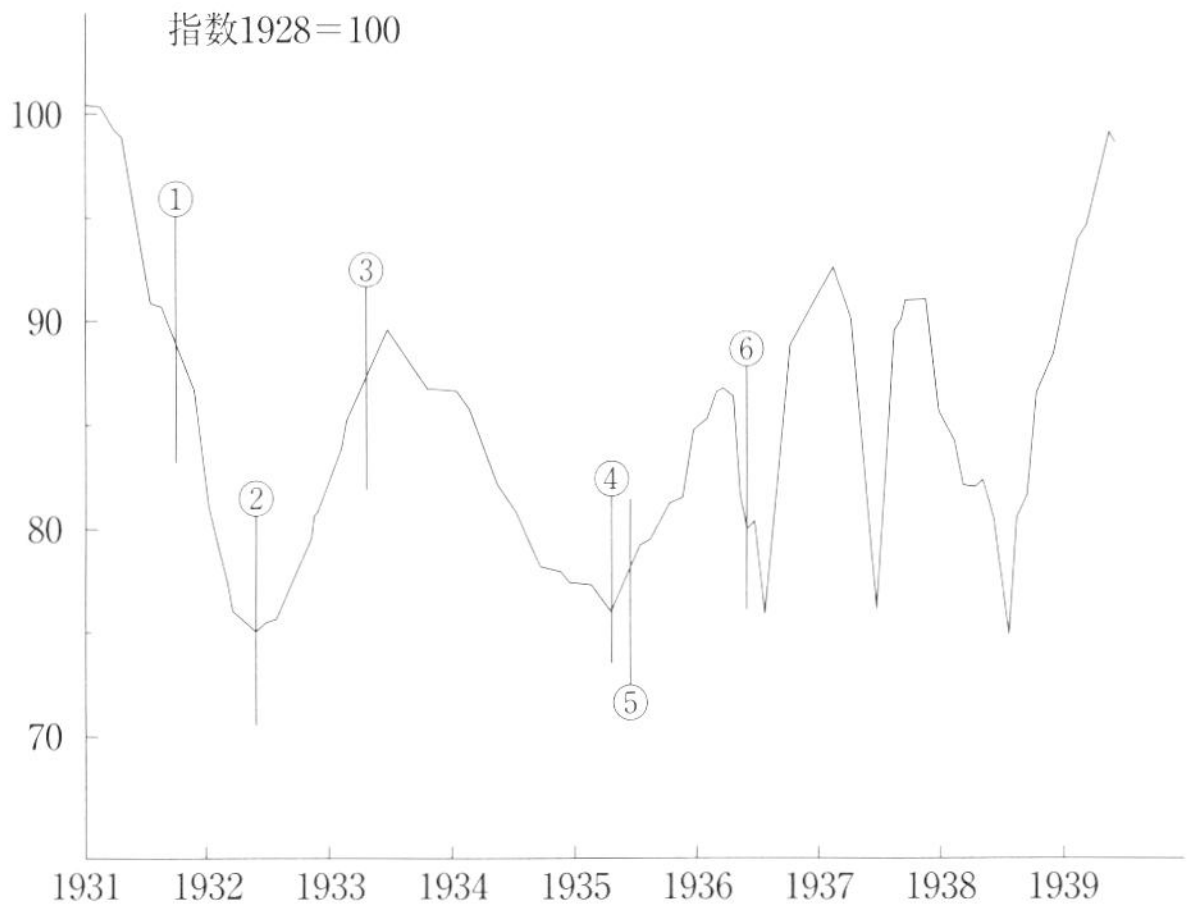

図6－2　工業生産の変動

注：①ポンド切下げ，②1932年5月，③ドル切下げ，④1935年4月，⑤ラヴァル内閣成立，⑥人民戦線内閣成立。
出典：竹岡敬温・和多則明「世界恐慌期フランスの景況と経済政策の基本方向」『大阪大学経済学』Vol. 22, No. 4, 1973年，6頁。

社会層に影響を及ぼした。その農業恐慌は、農産物の生産過剰による価格暴落という形で始まった。小麦価格は一九三五年には戦後最低となり、二九年比で半減した。このため農業所得は三五年には二九年比の四割に落ち込み、その減少率は商工業所得のそれを上回った。経済危機は租税収入の減少を惹起し財政危機をもたらした。一九三五年の税収は二九年の三分の二しかない。外国通貨の切下げによってフランスの物価水準は高くなり、輸出の激減を引き起こし、国際収支は一九三一年に入超に転じた。資本の国外流出も財政悪化に拍車をかける。ドイツ再軍備に対抗して軍事費を増やしたことや、タルデュー首相の積極財政が支出を増大させていたうえに、賠償金の支払停止によって収入は減る一方であった。一九三一年から三五年までの累積赤字は一四〇億フランに達した。財政赤字を解消するために、政府は増税と退役軍人の年金の減額や公務員給与の削減をおこなう。この政策が人々の不満をかきたてた。特に、一九三五年七月のラヴァル内閣の緊急令が人心を激高させた。その緊急令は、公務員の給与や年金や公債の利子などを含む国家支出の一割削減を一律に課していた。退役軍人たちは、「祖国」のために先の大戦に赴いたことが忘れ去られ、年金削減という恩を仇で返すような共和国の仕打ちに憤慨した。

　累積する財政赤字は歴代の内閣に難問を突きつけ、デフレ政策をめぐって倒閣があいついだ。こうして議会制への不信が醸成され、政治危機を発酵させる。政治危機は、一九三四年二月六日のコンコルド広場の騒擾事件で極点に達した。政治危機の原因は、一九三二年五月の総選挙で生まれた左翼多数派が恐慌の舵取りに失敗したことにある。この選挙で三年間下野していた急進党が第一党、社会党が第二党となり、左翼は共産党を除いても三三四議席（右翼は二五九議席）を獲得して過半数を制した。こうして急進党のエリオが首班となり、社会党が閣外協力する政府が誕生した。ところが両党間に財政問題について合意がなかったことは、政治的不安定の主因となった。公務員給与の減給を含む均衡予算は両党の連合を崩壊させ、予算案をめぐって政府交替が頻発する。果断な恐慌対策を打ち出せない政府に対して、国民の不満は高まる一方であった。

このとき発覚したのがスタヴィスキー疑獄事件である。一九三三年一二月のことである。急進党の閣僚を含む政治家が事件に連座していたうえに、翌年一月九日にスタヴィスキーの自殺が報じられるや、世論も激高する。巷間では、スタヴィスキーは口封じのために殺されたと噂された。アクシオン・フランセーズをはじめとした右翼リーグが、政府の無能と議会の腐敗を糾弾し街頭での行動を呼びかける。二月六日は、ダラディエ急進党内閣の信任投票が予定されていた日であった。ダラディエは、多数派工作のために左翼に評判の悪かったパリ警視総監キアップを解任した。この措置は右翼の憤激をいっそう高める。六日夕刻から右翼リーグは、下院を包囲する形で次々と結集し、コンコルド広場での八時間におよぶデモ隊と警官隊との衝突で死者一七人、負傷者二三〇〇人を数えるパリ・コミューン以来の大暴動となったのである。ダラディエは信任されたにもかかわらず、翌七日に暴動事件の責任をとって辞職し、ガストン・ドゥーメルグ国民連合政府が誕生する。ドゥーメルグ内閣には、急進党も参加して重要な位置を占めた。ドゥーメルグは執行権を強化するための憲法改正を提案するが、急進党に拒否されて失脚する。下院解散権の行使を含む改正案は、一八七七年のマクマオン事件を想起させたからである。その後の内閣でも急進党は「かなめ政党」として重要な役割を果たすが、デフレ政策を続ける与党的立場に党内の若手を中心に不満が高まっていった。以上のように、三〇年代前半のフランス社会は、政治・経済・社会にわたる複合的危機に覆われていたのである。

人民戦線の誕生

複合的危機の中から生まれた人民戦線は、反ファシズムと反恐慌と文化革命を目指した。しかし、人民戦線の政治・

経済・文化の三領域にまたがる実験は、めざましい成功をもたらさなかった。なぜなら反ファシズムの立場は国内右翼リーグに向けられたものであり、国際的には平和主義を堅持してドイツに屈し、恐慌対策も後手に回って景気を浮揚させることはできず、文化革命も一九世紀末の知識人社会主義的な啓蒙的色彩が強く、労働者文化と衝突する場合も少なくなかったからである。それでも、人民戦線はフランス史上、社会主義者が初めて首相になった政体であり、その歴史は今日的な社会民主主義の先駆として注目に値する。

二月六日事件後、共和国防衛の任務を掲げたのは社共両党である。左翼にとって、二月六日は「ファシスト」のクーデタであった。左翼の統一行動を求める最初の反応は、社会党とCGTに見られた。CGTと社会党は、ゼネストとデモを一二日におこなうことを決定する。共産党とCGTUもそれに続いた。一二日のストとデモは大成功であった。しかしながら、共産党はふたたび「社会ファシズム論」の立場から社会党攻撃を強め、社共関係は元の木阿彌と化す。共産党が統一戦線への主導権をとるのは、一九三四年六月のことだ。共産党は、社会党指導部に統一を求めるアピールを発した。社会党は、非難合戦の中止・教義論争の停止・反ファシズムの戦いが民主的自由の防衛を意味すること・社共連絡調整委員会の設置などを条件として、統一戦線を受諾する決議をあげた。こうして七月二七日に統一行動協定が調印されるが、統一行動を「ファシスト・リーグ」との戦いにとどめようとする社会党の壁に突きあたり、共産党は統一戦線を大衆的規模に拡大しえないでいた。そこで共産党は中産階級の獲得に乗り出す。三四年一〇月、共産党書記長のモーリス・トレーズは急進党へのアピールをおこなった。急進党に反ファシズム連合を提案しつつ、「中産階級と労働者階級の同盟」を実現することが語られた。ここで初めて「自由と労働と平和の人民戦線」が打ち出された。しかし、急進党は共産党のアピールを黙殺する。両党は国防問題では決定的に対立していた。

しかし一九三五年前半の三つの事件が、急進党の人民戦線受諾を可能にした。第一に、五月にスターリンがフランスの国防に理解を示したことだ。国防をめぐる両党の対立は解消する。また、夏のコミンテルン第七回大会で人民戦線戦術が決議されたことは左翼の結集に弾みをつけた。第二に選挙の考慮である。二月六日事件後、右翼的な国民連合政府に参加してきた急進党は、一九三四年春以降の一連の選挙で後退を余儀なくされていた。それゆえ、一九三五年春の補欠選挙で急進党候補が社共両党の協力で当選したことは、影響を与えずにはおかない。このように、三党間の連合が第二次投票における選挙連合として成立したことは重要である。第三に、クロワ・ド・フーを中心とした右翼リーグの蛮行。三五年になって右翼リーグの行動は徒党化し、共和秩序は危険に晒された。急進党議員も犠牲になっていた。クロワ・ド・フーの行動こそが急進党を人民戦線に追いやったのである。共和政の危機は同党左派を勢いづかせた。左派の先頭に立ったのが、二月六日事件の責任をとって内閣総辞職をしたダラディエであった。

共産党系のアムステルダム・プレイエル運動が、共同デモを一九三五年七月一四日におこなうことを呼びかけて左翼に結集軸を提供した。多数の左翼組織がこれに応じ、人民連合準備委員会が結成される。急進党も集会への参加を決議し、七月一四日にトレーズ、ブルム、ダラディエの三党首が肩を並べて行進した。翌日、人民連合の存続が決定され、政党や労組など一〇組織の代表からなる人民連合全国委員会が結成される。人民連合が人民戦線の正式名称であった。三五年秋から人民連合の綱領論議がおこなわれ、三六年一月に規約と綱領が公表された。

人民連合の規約は「さまざまな組織間の連絡センター」と自己規定し、共産党が主張した個人加盟は退けられた。綱領は即時実施可能な諸方策に限られ、社会党が主張した基幹産業の国有化などは否定された。綱領は、政治的要求と経済的要求の二部からなっていた。政治的要求とは自由の擁護であり、右翼リーグの解散・組合の権利の擁護・非宗教学校の擁護などがあった。自由の擁護に比べると平和の擁護は具体性に欠けたが、軍需産業の国有化が予定されていた。経済的要求は人民戦線の妥協的性格が明らかな部分である。フランス銀行の国有化の要求もあるが、「反デフレーション・反平価切下げ」が基本的立場であった。綱領は、公共事業・失業基金・高齢者退職年金・給与削減を伴わない労働時間の短縮、投機から市場を守るための穀物公団の創設などによる大衆の購買力の上昇を狙った。きわめて穏健な綱領は、総選挙の第二次投票に向けておこなわれる人民戦線派の候補者間の選挙協力の基礎となった。こうして、右翼の不統一と対照的に、左翼が人民戦線という組織によって団結して選挙を迎えることができたことは左翼に幸いした。

ブルムの実験とその帰結

一九三六年春の総選挙で、社会党は初めて第一党となった。左翼の三七三議席に対して右翼の二四八議席と、議席数の上では人民戦線の圧勝であるが、得票数の上からは左右両翼に大きな変動は見られない。ただ左翼内部の票の移動が目についた。大躍進をとげたのは共産党である。共産党は得票数では倍増し、議席数では七倍になった。社会党は、議席を増やしたものの得票数では一九三二年をやや下回った。約三五万票減らして第二党に転落した急進党は、当選議員の四分の一が人民戦線に批判的であった。選挙結果は左右の政治意識の均衡と急進党右派の伸張を明らかにしたが、その意味は理解されず、祝祭的雰囲気のなかで「すべてが可能である」かのような幻想を与えた。しかし、レオン・ブルムが目指したのは、資本主義の枠内での合法的な「権力の行使」であり、革命的な「権力の奪取」ではなかった。

六月四日に誕生したブルム内閣には社会党と急進党が入閣し、共産党は閣外から政府を支持した。副首相と国防大臣はダラディエ、経済関係の閣僚と内務大臣を社会党が占め、急進党は軍・外務・法務・国民教育省などの大臣ポストを占めた。女性に参政権がなかった時代に、三名の女性が入閣したことは目新しかった。ブルム内閣が成立したとき、フランスは航空機産業からデパートにいたるまで自然発生的な工場占拠ストライキの波に覆われていた。ブルムは、ストを終息させるために労使の調停に乗り出す。六月五日に、彼は経営者代表と労働組合代表を首相官邸に集めて協定案を審議させた。その結果、七日に労働協約と賃上げを主な内容とするマチニヨン協定が締結され、工場占拠も終結に向かった。ストのエネルギーは、三六年三月に再統一したCGTに四〇〇万人の組合員をもたらすことになる。

ブルムは矢継ぎ早に法案を議会に提出しブルムの実験が始まる。有給休暇法と団体協約法はマチニヨン協定の実行であった。労働者から奉公人や俳優にいたるまで、年二週間の有給休暇が初めて導入された。人民戦線綱領にはなかった有給休暇が実現したのは労働者のストの成果だろう。公務員給与と恩給の削減廃止は、緊縮財政の犠牲者の不満解消と購買力の上昇による不況克服が狙いである。週四〇時間法と義務教育年限の一年延長は、労働時間の短縮による労働条件の改善や余暇の増大と教育水準の向上という意味のほかに、雇用の創出と失業者の減少も目的としていた。そのほか、中央銀行を政府に協力させるためにフランス銀行（私企業）の民主化を目指した機構改革、クロワ・ド・フーなどの右翼リーグ四団体の解散、安定した小麦価格を維持し投機家を閉め出して農民の購買力上昇を目的とする小麦公団の創設などが決定された。七三日間に一三三もの法律が議会で成立したことは、第三共和政下では前例のないことであった。

内政面でダイナミックな政策を打ち出したブルム内閣にとって、一九三六年七月一七日に突発したスペイン内戦が躓《つまず》きの石となった。なぜなら人民戦線に結集した諸組織は、国内のファシズムとの戦いでは一致していたが、国外のファシズムとの戦いにまで戦線を拡大するのか否かについては不問にしていたからである。それに、国際的な反ファシズム戦線に加わることは、人民戦線の平和の綱領と矛盾した。フランスでは、スペイン内戦は武器援助問題として争点化された。政府は紆余曲折の末に不干渉政策を採択したが、当初ブルムがスペイン人民戦線政府の支援に傾いていたことは問題を複雑にした。七月二〇日にスペイン政府から武器援助の要請を受けたブルムは、ただちに関係閣僚と協議し武器を援助する線でとりまとめていた。しかし彼は急進党閣僚や右翼の反対に直面して方向転換し、八月八日に一方的不干渉に踏み切った。不干渉政策は、イデオロギー的連帯を重視する左派の態度を硬化させた。左派は政府批判を強めるが、九月六日のブルム演説（戦争の回避と平和の維持を国際法の論理から説く）を境に、社会党内でのブルム批判は鎮静化した。しかし共産党からの非難はやむことがなく、一九三六年一二月五日の下院で、共産党は政府のスペイン政策に反対して不信任を意味する棄権票を投じた。人民戦線連合が採決で割れたのは始めてのことであった。

スペイン問題をどうにか乗り切ったブルム内閣も、一九三六年九月二六日、ついに平価切下げに追いこまれた。そもそもブルム内閣は、財政政策として緊縮財政による均衡予算ではなくて購買力政策をとった。賃上げや公共支出を増大することによって国民の購買力の増大を計り、それが生産の拡大と税収の増加に結びつき、財政赤字の解消にいたるというシナリオである。しかし、生産性の低い伝統的な経済構造にメスを入れない政策は奏功しない。それは生産力視点を欠いた分配政策であった。したがって資本の国外流出はやまず、経済の回復も期待されたほどではなかった。そこで、ついに公約に反する形で二五〜三五％のフラン切下げを断行したわけであるが、時期も遅かった上に切下げ幅も不十分であり、内外の価格格差はあまり縮まらなかった。一九三七年二月、正式に改革の「休止」が宣言される。改革の放棄を意味する「休止」は、保守派を満足させた。財政状況の改善のために、政府も均衡財政を受け入れざるをえなかった。

一九三七年六月、逼迫する財政に対処するためにブルム内閣は議会に財政全権を要求した。しかし急進党右派のジョゼフ・カイヨーが率いる上院の反対にあい、ブルム内閣は六月二二日に退陣する。ブルムの後を襲ったのは、急進党のカミーユ・ショータンである。形式的には人民戦線連合は維持されるが、ショータン内閣は人民戦線とは名ばかりであった。一九三八年三月に第二次ブルム内閣が組閣されるが、財政全権をめぐってふたたび倒れ、ダラディエ内閣が誕生する。一九三八年一一月一〇日に、人民連合全国委員会から急進党が離脱して人民戦線は最終的に解体した。この頃週四〇時間労働も骨抜きになり、週四八時間までの労働が認められた。予想される戦争に備えるために、増産体制が求められていたからである。一一月三〇日に、政府の政策に抗議しておこなわれたＣＧＴのゼネストも失敗し、人民戦線運動は終焉を迎えた。

集団安全保障体制の危機と宥和外交

一九三〇年代初めのフランス外交は、仏独協調と国際連盟の枠内での国際協調を軸としたブリアン外交を基調としていた。同時にフランスは、過去においてなしえたようにヨーロッパの運命に影響を与えることはもはやできないことを悟っていた。とりわけ一九三〇年代後半のフランスは、経済的にも社会的にも脆さを露呈し、国際政治のうえでも二流国に転落したと言われた。

ドゥーメルグ内閣の外務大臣は、現実主義的右翼のルイ・バルトゥーであった。彼は仏伊関係と仏ソ関係を重視した。仏伊関係は一九三五年四月に英・伊・仏三国のストレーザ戦線として結実し、三国はストレーザ戦線の一方的破棄に反対し、オーストリアの領土保全を確認した。さらにバルトゥーは、三二年一一月にエリオ内閣が締結した仏ソ不可侵条約を推し進めた「東方条約」構想を練って、仏ソ条約を中軸とした対ドイツ包囲同盟網の構築を考えた。フランスが、ソ連の国際連盟加入を支持した理由もここにある。しかしバルトゥーは、一九三四年一〇月にクロアチア民族主義者によってユーゴスラヴィア国王とともにマルセイユで暗殺されてしまった。しかも三四年一月には、東欧同盟網のかなめであるポーランドがドイツと不可侵条約を締結し、ユーゴスラヴィアも同年六月にドイツと通商条約を結び、東欧同盟国のフランス離れが起きていた。後任の外務大臣は、親伊派のピエール・ラヴァルである。一九三五年一月のローマ協定では、ムッソリーニにエチオピアでのフリーハンドを与えたといわれた。しかしソ連との同盟には慎重であり、三五年五月にやっと結ばれた仏ソ相互援助条約には、軍事条項を入れないように念を入れ、議会の批准を遅らせもした。ラヴァルが同条約を締結した理由は、二カ月前のドイツによる再軍備宣言への対策であるが、彼はドイツの孤立化ではなくてむしろ独裁者との和解を望む人物であった。

共産党を除く諸政党とCGTは、大戦前夜には戦争と平和をめぐって内部分裂を抱えていた。この対立に反共産主義が結合して問題を複雑にした。したがって「ヒトラーかスターリンか」という選択の前で、多くの右翼と反共左翼はヒトラーを選択した。戦争を避けたい社会心理は、一九三八年九月三〇日のミュンヘン協定として政治的表現が与えられた。反共平和のミュンヘン派が世論の多数を占め、宥和政策がピークを迎える。一一月の第一次世界大戦休戦二〇周年式典で、多くの兵士が眠る墓地めぐりの松明リレーがおこなわれたように、先の大戦の記憶はなお鮮明であった。

一九三五年三月に、ドイツが再軍備宣言をしてヴェルサイユ条約を侵犯したとき、イギリスとフランスは形式的な抗議をしただけであった。また三五年夏に始まったイタリアのエチオピア侵略は、仏伊接近を図るラヴァルを困惑させ、後の独伊枢軸をもたらすことになる。三六年三月にはヒトラーはラインラントに進駐して、またもやヴェルサイユ条約に挑戦した。フランスは一片の抗議声明を発しただけで実力行使には出なかった。二〇年代のフランスが、必死になって守ろうとしたライン川沿いの非武装地帯はあっけなく潰えた。フランスの安全保障に黄信号が点滅し始めた。スペイン内戦では、ドイツは武器の性能をスペインの山野で試し、三八年三月にはオーストリアを併合し、九月にはズデーテン地方の割譲を承認させた。当時の世論調査によれば、戦争が回避されたと考える人は、三九年二月に五七%あったのが六月には三四%へと減少した。この世論調査の間に、チェコスロヴァキアはドイツに全土を占領され、ポーランドはドイツから旧プロイセン領のダンツィヒ返還を要求されていた。八月二三日の独ソ不可侵条約締結後、フランス人は戦争を覚悟する。九月一日にドイツ軍がポーランドに進撃して第二次世界大戦が始まった。フランスの総動員令は九月二日に発せられたが、西部戦線は一九四〇年五月まで仏独両軍が戦端を開かない「奇妙な戦争」が続いた。

3　ヴィシー体制と国民革命

ヴィシー体制の成立と崩壊

一九四〇年五月、ドイツ軍の西部攻勢によって第三共和政は崩壊した。六月二二日に休戦協定が結ばれ、フランスは占領地区・併合地区・自由地区に三分され、一五〇万人の兵士を捕虜としてドイツに残さねばならなかった。このような混乱のなかで、フランス人は八四歳のペタン元帥と休戦を受け入れた。七月一〇日に、第一次世界大戦の英雄ペタンを国家主席とする政府がヴィシーに成立する。ヴィシー政府には、一九三六年に下野した勢力が結集していた。その典型は、ヴィシーのナンバー・ツーのピエール・ラヴァルだ。ヴィシー派は、敗戦の責任を人民戦線に押しつけ、共和政を全否定する国民革命を掲げた。共和国大統領職や議会が廃止され、権威主義体制が顔を表す。

ペタン政府は、表面上は正統政府としてイギリス以外の国と外交関係を保ったが、実態は半主権国家であった。しかもヴィシー派には、綿密な国家改造プランはなく、ファシズム体制の特徴である独裁政党も単一の青年組織もなかった。ペタン元帥の思想も、権威や宗教を重視する保守的なフランス右翼のそれであって、擬似革命性を持つファシズムではない。ヴィシーは、王党派の伝統主義者と左翼のサンディカリストと近代化論者の寄合所帯という曖昧な体制であった。彼らは、共和政の清算という点では一致しえても、具体的な青写真を異にした。特に経済政策の隔たりは大きかった。農民の国フランスに憧れる復古派と、工業国フランスを目指す近代派との調整は困難であった。ヴィシー派は共和的秩序の一掃による社会改造を目指し、ドイツと協力してフランスの状況の悪化を防ぎ、ドイツ中心の欧州の中でフランスの位置を確保しようとした。国民革命と対独協力はここから生まれた。四〇年一〇月、ペタンはヒトラーと会見し、仏独両国の「協力の原則」を誓った。カトリック色の強い国民革命に熱意がないラヴァルは、ペタン派との折り合いが悪く一二月一三日のクーデタで失脚し、翌年二月にダルラン提督が権力を引き継いだ。しかし、中東や北アフリカにおけるドイツとの軍事協力にも積極的なダルランの行動は、ペタンの不安を呼び起こす。ラヴァルは軍事的対独協力につい

図6-3　ドイツ占領期のフランス（1940～44年）

出典：渡辺和行『ホロコーストのフランス』人文書院，1998年。

ては慎重だった。そこで四二年四月、ペタンはダルランを解任するが、ドイツからの圧力もあってラヴァルを政権に復帰させた。

連合軍が北アフリカに上陸した四二年一一月に、ドイツ軍はフランス全土を占領した。ドイツの圧力は強まり、ファシストになりきれないラヴァルは、ドイツから無視されることが多くなる。対独協力主義者も、ラヴァルの待機主義的態度に苛立ちを感じ始めた。ドイツは、四四年一月に対独協力主義者の入閣を求め、三ポストを占めるにいたった。四四年六月のノルマンディー上陸後、ドイツの敗北は明らかであり、八月に入ってラヴァルとペタンはそれぞれ独自に終戦工作を始めるが、両者の試みはともに失敗する。ペタンとラヴァルはドイツへ逃れ、ヴィシー政府は崩壊した。

国民革命

敗戦の原因をフランス人の道徳的弱さに求めたペタン元帥は、国民革命によるフランスの国造りを考えた。国民革命のモラルはカトリックに求められた。ペタンも教会も、反キリスト教的教育の誤りがフランスを解体させたという認識で一致していた。「労働・家族・祖国」というスローガンにあるように、国民革命の精神は青年と家庭と労働という三つの回路を通して伝えられた。青年と家庭を媒介する装置は学校であった。学校では共和派の教師は左遷され、祖国と伝統的価値を教えることが求められた。四〇年九月にはカトリック教団に教育権が三六年ぶりに与えられ、翌年一月に宗教教育が復活する。こうして政教分離が否定されたが、宗教教育は進捗しなかった。反教権的な対独協力派にとって、宗教の過度の強調は承服しがたいからである。この結果、四一年三月に宗教教育は自由科目となり、しかも校舎の外で教えることとされた。こうして四一年末までに、公立学校にキリスト教を再導入する教会の試みは失敗するのである。

ついで、ヴィシーは「新秩序」の奉仕者として青少年を動員しようとした。「フランスの仲間」が一五歳から一九歳の青年を対象とし、「青年錬成所」が自由地区の二〇歳の男子を対象として、隊員に数カ月の集団労働実習を課した。フランスの復興が青年に託される。これらの青年団の日課は軍隊式に編成され、実習は軍事教練を含む屋外作業が中心であったが、入所者の不満は大きかった。なぜなら、粗食の上に着替えの服もなく、斧やシャベルの道具もないなかで土地を開墾し小屋を建て、納屋の土の上で眠るという生活を強いられたからである。このように青年運動は、体育や道徳教育や徒弟的鍛錬を通して、国民革命の担い手となる中堅幹部の養成を目的としたが、次第に反ドイツ的傾向を帯びた青年運動は、ヴィシーが期待した成果をあげなかった。国民革命の思想は家庭を通しても注入された。ペタンと教会にとって、社会の基礎は家庭にあった。共和政下の高い離婚率と低い出生率は家族制度の衰退と思われた。こうして家族を蝕む諸悪との戦いが始まる。離婚・堕胎・売春・性病・アルコール中毒などが出生率を下げる原因として槍玉に上げられた。低出生率に敗戦の一因を見るヴィシーは、出産率の減少を食い止めるべく「産めよ増やせよ」の大号令を発し、養育手当の支給、結婚後三年間の離婚の禁止や堕胎罪には死刑をもって臨むなどの法改正をおこなった。また主婦役割と母性が強調され、女性の義務は家庭での育児と家族の世話にあるとされた。

国民革命の第三の回路は労資協調的な同業組合である。個人主義的な社会を共同的で有機的な社会秩序に変えようとした。経済自由主義が否定され、同業組合的経済組織を打ち立てることが主張された。農業を重視したペタン政権は、四〇年一二月に農民同業組合を組織して帰農を勧め、帰農者には補助金などのさまざまな恩典を与えた。工業部門では、四〇年八月、近代化論者の指導下に各産業部門に組織委員会（CO）が設けられ、一一月には労働組合や経営者団体が解散された。COは政府委員の統制下で、生産計画の作成、原材料の配分、製品価格の決定、企業運営の方法などを審議した。しかし労働者はCOの運営にはノータッチであり、政府から任命された経営者代表によってCOは構成された。

このような活動を通じて、ペタンが思い描いていた農民的職人的フランスとは裏腹な社会が登場してきていた。ヴィシーは中小企業や中産階級に依拠することを標榜し、体制の教義としては大企業に敵対的であったのに、大企業が栄える経済制度ができあがっていた。COを通して高級官僚と大企業の経営者とが結びつく。高級官僚や工業家によって計画経済が立案され、国民革命は経済面では介入的な国家主導経済に向かう。

協力か抵抗か

ヴィシー政府は、休戦協定によって対独協力を義務づけられた。それは、政治・行政・経済・軍事・文化などのさまざまな領域にまたがっていた。政治的対独協力の典型は「ユダヤ人狩り」である。一九四二年七月一六日に、フランス警察がパリに住む一万三〇〇〇人のユダヤ人を逮捕して強制収容所に送った「ヴェル・ディヴ事件」が有名だ。行政的対独協力の例は、一日四億フランの占領費の支払いと「労働者狩り」である。ドイツの労働者不足を補うために、フランスは四三年二月に強制労働徴用を開始し、熟練労働者を含むフランス青年二五万人をドイツへ送り出した。

経済的対独協力の象徴は、四一年七月に調印された航空機の共同生産だろう。軍事的対独協力の先頭に立ったのは筋金入りの対独協力主義者だった。反共フランス義勇軍が組織され、六〇〇〇人ほどのフランス人が東部戦線へ赴いて赤軍と戦った。国内の軍事協力に血眼になったのは民兵団である。一万人の兵力を持った民兵団は、親衛隊の手足となって抵抗派を弾圧した。作家、画家、演劇人、映画監督などの文化人がナチズムや反ユダヤ主義の宣伝に動員され、ユダヤ人の著書や反ドイツ的書物が発禁となった。

こうした対独協力が続けられる一方で、レジスタンスの足並みも徐々に整えられた。第四共和政の母胎となるレジスタンスは、初めから団結してドイツに抵抗したのではない。ドゴールの自由フランスといえども、最初は休戦を拒否する少数の亡命者の運動でしかなかった。本格的にレジスタンスを語りうるのは一九四三年以後のことである。この年になって初めて、国内の地下活動が統一され軍事的成果をあげうるまでになった。しかし政治目的や社会的利害を異にするレジスタンス各派は、占領軍や対独協力派との闘争という目的では一致しえても、闘争方針を異にし、将来の政治権力への思惑もあって互いに鎬を削っていた。フランス各地で繰り広げられた抵抗運動の組織化に威力を発揮したのは、共産党組織である。独ソ不可侵条約の衝撃と一九三九年九月二六日の解散命令によって低迷していた共産党は、一九四一年六月の独ソ戦の開始によって閉塞状態から抜け出し、「国民戦線」を組織して一大勢力にのしあがった。四一年八月に、共産党はパリの地下鉄駅でドイツ軍将校の射殺という最初の「テロ」を加えたが、これは拘禁されている複数の「人質」の処刑という報復を招いた。その後も「テロ」と報復の処刑合戦は続く。

国外レジスタンスの代表は自由フランスである。ドゴールの行動から自由フランスは生まれた。休戦直前のドゴールは、植民地にフランス政府を移して正規軍による戦いを続ける考えであった。しかし休戦当時の彼は無名の軍人であり、孤立無援の戦いを強いられた。米ソも含めた諸外国から正統政府と認められたのはヴィシー政府である。それでも一九四〇年中に自由フランスは、兵力と領土と組織と財源の足がかりを得る。それは四〇年六月一八日のＢＢＣ放送から始まった。ドゴールはこの日フランス人に抵抗を呼びかけ、兵力結集の試みが始まる。自由フランスの最初の領土はアフリカで得られた。四〇年八月にドゴールは、チャドや赤道アフリカやカメルーンを支配下に収めることに成功する。自由フランスは次第に国家機構を整備し、独自の兵力と領土と組織と財源を持つにいたった。ところが、自由フランスと連合国の関係は良好ではなかった。ドゴールは英米の為政者からのみならず、国内レジスタンスの一部からも野心家か「ファシスト」と見なされていた。ドゴールは英米両国から常に過小評価され、アメリカはペタン政府と外交関係を保ち続けていた。ソ連もドゴールを利用しはするが、イギリスやアメリカをさしおいてまで厚遇することはなかった。自由フランス軍は北アフリカ上陸作戦でも蚊帳の外に置かれ、一連の連合国首脳会談にドゴールは招かれなかった。そこでドゴールは、自由フランスの運動とフランス国内でばらばらに展開されていたレジスタンスとを結合しようとした。それは、ロンドンに置かれた国民委員会がフランスを代表することを、連合国に認めさせるためにも必要であった。

国内の分散した戦いを一つにまとめて全国抵抗評議会（ＣＮＲ）を創設したのが、ドゴールの腹心ジャン・ムーランである。自由フランスは、資金援助などの財政的圧力によって抵抗組織への影響力を増していた。ムーランは、ドゴール将軍の代理、国民委員会の代表として、一九四二年一月からフランスで活動を始め、翌年一月に南部の抵抗組織を「統一レジスタンス運動」へとまとめあげた。そして、四三年五月二七日にパリで開かれた会議からＣＮＲが誕生したのである。ムーランは、ＣＮＲ内に「総合研究委員会」を設置して戦後行政その他の問題を検討させた。ＣＮＲは一九四四年三月に綱領を採択する。経済面では、炭鉱・電力・保険会社・大銀行の国有化とトラストの廃止が求められた。

フランス解放

一九四三年六月三日にフランス国民解放委員会が組織され、同委員会は「フランスの中央政府である」ことを宣言した。こうして、ロンドンの国民委員会とアルジェの民・軍総司令部の組織的統合がなされた。一〇月から一一月にかけて解放委員会が改組され、政党とレジスタンスの指導者が加えられ、国内と国外のレジスタンス組織の統一が達成される。一一月三日には、後の議会に成長すべく抵抗運動諮問議会が招集された。かくしてドゴールは、名実ともにフランスの代表としての地位を獲得する。一九四四年六月二日、解放委員会は共和国臨時政府を名のった。ドイツ軍の撤退後、ドゴールは米軍による軍政を避けるべく一八名の共和国委員を任命し、フランス軍と連合軍の安全確保、共和政の合法性の回復や住民の必要を満たす仕事に取り組ませた。ヴィシーによって廃止された議会が復活し、各県に県解放委員会が設けられる。一九四四年三月には、レジスタンスの武装勢力がフランス国内軍（ＦＦＩ）に統合された。六月六日からノルマンディー上陸作戦が始まり、八月二五日にパリは解放された。九月九日にパリに帰還したドゴールの臨時政府は、秩序の回復と国家の再建に取り組まねばならなかった。それは社会政策と国有化を含むものであり、対独協力企業の北仏炭鉱や自動車産業のルノーに対する懲罰的国有化が進められた。政府は九月にＦＦＩを正規軍に編入し、一〇月に共産党が力を持つ愛国民兵の解散を命令した。ＣＮＲは愛国民兵の解散反対を決議し流血の事態も生じたが、一一月に四年ぶりにソ連から帰国したトレーズ共産党書記長の解散受諾によって緊張も終息した。共産党は合法性を選択し、三〇年代の人民戦線の歴史を再開する。

解放の過程で、五〇〇〇人ほどが正規の裁判を経ずに復讐行為のなかで殺された。裁判をおこない秩序を確立する必要があった。ヴィシー派を裁判にかけることは臨時政府が取り組むべき重要課題となる。ヴィシーの要人は特別高等裁判所で裁かれた。ラヴァルは処刑され、ペタンは死刑判決後、無期禁固に減刑された。一九四五年のフランスは、内政面では経済再建と憲法制定という重要問題を抱え、外交面では冷戦と植民地の反乱に直面していた。

一九九〇年代の「人道に対する罪」の裁判やカトリック教会の謝罪声明にあるように、今日まで尾を引いているこの時代が何をもたらしたのかを考えてみよう。第一に、ヴィシーの四年間を通して政党の再編がなされた。保守政党はヴィシーに参加したツケを支払わされて後退し、急進党は第三共和政と盛衰をともにし、社共の政治力学が逆転した。社会党は、戦後は共産党の後塵を拝し、ミッテランとともに再生するまで三〇年余の雌伏を余儀なくされた。戦後政治の中軸となるゴーリスム（ドゴール主義）の種が蒔かれたのもヴィシー期である。フランスは、ヴィシーの試練を経て政治家ドゴールを得た。ヴィシーの四年間は、ドゴールがフランスの偉大さの再生という自己の使命に目覚める過程でもあった。かつての大国から中級国家に転落したフランスの統一と国家の威信の回復こそ、ドゴールが目指したものであり、ゴーリスムとは「偉大さへの意志」にほかならなかった。第二に、民主化・近代化・計画化を柱とする戦後フランスの経済改革プランがこの四年間に準備された。ＣＮＲの経済綱領がその指針を示した。ヴィシー政権下の経済プランも無視しえないし、ヴィシー政権内のテクノクラートは戦後に本格化するテクノクラシーの母胎となった。第三に、ヴィシーの四年間は人々にトラウマを残した。フランスにとって第二次世界大戦は、フランスとドイツの戦争であっただけでなく「フランス人同士の戦争」でもあった。抵抗派と協力派との間の公然とした争いはいうまでもないが、密告と相互監視による隠然たる争いもあった。このような時代には「沈黙」が生活の知恵となるが、「沈黙」とは感情を抑圧することであり、それだけにフランス人の心理は屈折せざるをえない。今日でも、「ヴィシー症候群」が議論されるゆえんだ。このように第四共和政以降の政治的、経済的、社会的布置を決定したのがヴィシー期であった。

参考文献

海原峻『フランス人民戦線』中央公論社、一九六七年。

ジョルジュ・ルフラン著、高橋治男訳『フランス人民戦線』白水社、一九六九年。

ディーター・ヴォルフ著、平瀬徹也・吉田八重子訳『フランスファシズムの生成』風媒社、一九七二年。

平瀬徹也『フランス人民戦線』近藤出版社、一九七四年。

アンリ・ミシェル著、中島昭和訳『自由フランスの歴史』白水社、一九七四年。

谷川稔『フランス社会運動史』山川出版社、一九八三年。

長谷川公昭『ナチ占領下のパリ』草思社、一九八六年。

藤村信『夜と霧の人間劇』岩波書店、一九八八年。

ジャン・デフラーヌ著、長谷川公昭訳『ドイツ占領下のフランス』白水社、一九八八年。

ジャン・ドフラーヌ著、大久保敏彦・松本真一郎訳『対独協力の歴史』白水社、一九九〇年。

ジュリアン・ジャクスン著、向井喜典ほか訳『フランス人民戦線』昭和堂、一九九二年。

渡辺和行『ナチ占領下のフランス』講談社、一九九四年。

森本哲郎『戦争と革命の間で』法律文化社、一九九六年。

渡辺和行・南充彦・森本哲郎『現代フランス政治史』ナカニシヤ出版、一九九七年。

渡辺淳『パリ一九二〇年代』丸善ライブラリー、一九九七年。

桜井哲夫『戦争の世紀』平凡社、一九九九年。

原輝史『フランス戦間期経済史研究』日本経済評論社、一九九九年。

深澤民司『フランスにおけるファシズムの形成』岩波書店、一九九九年。

唐渡晃弘『国民主権と民族自決』木鐸社、二〇〇三年。

渡辺和行『フランス人とスペイン内戦』ミネルヴァ書房、二〇〇三年。

ロバート・パクストン著、渡辺和行・剣持久木訳『ヴィシー時代のフランス』柏書房、二〇〇四年。

扉図出典：（上）Philippe Bauchard, *Léon Blum*, Paris, 1976.（下）Ilan Greilsammer, *Blum*, Paris, 1996.

コラムX

ヴァカンスの誕生

渡辺和行

人民戦線の遺産で、今日まで存続しているものは有給休暇制度だろう。一九三六年六月に可決された有給休暇法と週四〇時間法によって、「週末」と「ヴァカンス」が保証され余暇は権利となった。それだけに、ブルム内閣がスポーツ・余暇担当次官の職を新設してレオ・ラグランジュを任命したところに、政府の意気込みを見ることができる。合理化による単調な労働から人間性を回復するためにも、余暇が必要であった。その余暇が浪費されたり無為に過ごされないために、余暇の組織化が重要な課題となる。政府は、スポーツ・旅行・文化という三つの楽しみを民衆に享受させることを課題とした。

旅行の分野では、政府は一九三六年七月三〇日に「ラグランジュ切符」と称される四割引の鉄道運賃割引制度を設けて、労働者家族に海や田舎への遠距離旅行を保証した。近距離であれば、自転車とユースホステルの利用による旅行が流行した。もっとも、ラグランジュ切符の利用者は一九三六年の五カ月で五五万人、三七年で九〇万人であり、一気に民衆ツーリスムが実現したとは言いがたい。スポーツの分野では、ラグランジュは「見せ物としてのスポーツ」から「自ら参加するスポーツ」へとスポーツ観の転換を図った。彼は三三の屋内プールや二一のスポーツ施設を造り、指導者不足を解消するために高等体育師範学校や国立スポーツ研究所を新設した。文化事業としては、民衆演劇の発展のために劇団に助成金を与えたり、労働学校に援助したり、移動図書館制度を設けたりして民衆に文化への道を切り開いた。また、国立劇場では労働者に低廉な席が用意され、ルーヴル美術館では夜間開館が始められ、労働者と青年への週一回の夜間割引制度も導入された。

だが、この時点では、余暇の思想が労働者に浸透したとは言いがたく、政府の意図は労働者の無関心に直面することが多かった。長距離の家族旅行ができる労働者家庭は少なく、二週間の有給休暇を得るためには、同一の会社で一年間働いていることが条件であったので、多くの女性は対象外になった。また「ラグランジュ切符」は、母子家庭や失業中の夫を持つ女性労働者の手には入らなかった。ラファイエット百貨店の女性たちは、獲得した「週末」を家庭の徹底的な掃除にあて、ルーヴル美術館の夜間割引も利用者が少なくて中止されてしまった。しかし、有給休暇によって余暇が上流階級の独占ではなくなり、「労働と余暇」や「余暇の民主化」などの問題が実践的に提起されたことの意味は大きい。

コラムXI

ナチ占領下の市民生活

渡辺和行

ドイツ軍の国境突破とともに、大混乱のなかで政府も国民も南へと大脱出を始めた。五〇〇万人いたパリジャンのうち、残ったのはわずか七〇万人ほどであった。

一九四〇年夏にパリから逃げ出した人の多くも秋までに帰宅し、市民の間に日常が戻った。映画館や劇場は再開して興業を続け、小鳥市や切手市も毎週開かれた。しかし、ドイツ語の交通標識や建物に翻る鉤十字旗、親独的な映画、外出禁止令、灯火管制、活気のなくなった街路など、パリはもう「光の都」ではなくなった。

人々は無気力と無力感のなかで生活していたが、その状態をサルトルは、パリ市民とドイツ兵との間には「屈辱感を伴った名状しがたい一種の連帯関係」があったと語っている。このような占領軍とフランス人の表面的ではあれ穏やかな関係の理由として、ドイツ兵の「礼儀正しさ」や占領軍諸機関への就職という動機のほかに、毎日の糊口をしのぐのに精一杯であったことが指摘できる。求職の動機は、市民の間にドイツ語熱が高まり、ドイツ語を学ぶ学生は一九四三年まで増加の一途であったところに表れている。

占領下の市民生活は、食糧や衣服それに冬には燃料にも事欠くありさまであった。砂糖に代わるサッカリンや、コーヒーに代わる樫の実、煎じ薬の薬草タバコ、木底の靴など、代用品が現れた。食料の確保のために、パリでは兎を飼う人が増え、博物館の空き地ではトマトが作られ、リュクサンブール公園の花壇も野菜畑に変わった。作家のボーヴォワールは田舎の知人から肉を送ってもらった時のことを記している。小包が着いたときには悪臭を放っていることがたびたびあったが、腐った所をそぎ落とし、酢で洗った後、何時間も煮て、香辛料で味つけして胃袋に納めたという。あるジャーナリストは、一九四二年のフランスの真の声は、グーグーと鳴く腹の虫の声であったと自嘲気味に記していた。

一九四三年には、一足の靴が六週間分の賃金、一着のスーツが四～五カ月分の給料に匹敵した。おしゃれも贅沢になった。電力不足で美容院の営業時間が不規則になり、髪のセットも大仕事になったので、ターバンが流行した。帽子と乱れた髪を隠す二つの役割を兼ねたのである。また、燃料不足のため、冬には人々は厚着をして自衛した。このように生産低下とドイツ軍の徴発による物資の欠乏、激しさを増す連合軍の空襲、食糧難、交通の便の悪化など、占領下の生活は、平均的フランス人にとって不便極まりないものであった。

第七章　第二次世界大戦後の政治と社会

中山洋平

1950年代のパリの街角

1946	1.ドゴール，臨時政府首班を辞任，三党体制の開始。4.第一次憲法草案を国民投票で否決。10.第二次草案は可決
1947	4.ドゴール，RPFを設立。5.共産党下野
1950	5.シューマン・プラン（石炭鉄鋼共同体）発表。ヨーロッパ統合本格化
1953	7.プジャード運動開始。8.公務員中心にゼネスト。秋にかけて農民デモ
1954	4.ヴェトナムでディエンビエンフー要塞陥落。7.ジュネーヴ協定調印，休戦。8.下院がヨーロッパ防衛共同体条約の批准を拒否。11.アルジェリア戦争開始
1957	3.ローマ条約（EECなど発足）調印
1958	5.アルジェに「公安委員会」成立。6.ドゴールが首相就任。9.第五共和政憲法が国民投票で承認。11.総選挙でドゴール派大勝
1962	3.エヴィアン停戦協定調印。アルジェリア戦争終結。4.ドブレ首相を解任，後任・ポンピドゥー。10.大統領直選制への憲法改正を国民投票で承認。11.総選挙でドゴール派圧勝
1963	1.ドゴール，英国のEEC加盟拒否を表明
1965	12.大統領選挙。第二回投票でドゴールがミッテランを下す
1966	7.NATOの軍事機構から脱退
1968	5.パリの学生運動から「五月事件」に発展。6.総選挙で与党圧勝
1969	4.上院と地方制度改革の国民投票が否決され，ドゴール退陣。6.大統領選挙でポンピドゥーが当選。シャバン・デルマス内閣発足
1971	6.新社会党エピネー大会。ミッテランが党の実権を掌握
1974	4.ポンピドゥー死去。5.大統領選挙でジスカール・デスタン当選
1976	8.シラク首相更迭。後任にバール
1978	2.中道右派を結集しUDF（フランス民主連合，ジスカール・デスタン与党）発足
1981	5.大統領選挙でミッテランが現職を破る。モーロワ内閣発足
1982	3.地方分権化法成立
1983	3.第二次モーロワ内閣発足。EMS残留決定と第二次緊縮政策実施
1984	7.ファビウス内閣成立。共産党閣外へ
1985	7.「虹の戦士号」事件（核実験に反対する環境団体の監視船を情報機関が爆破）
1986	3.総選挙で右翼が勝利，シラク内閣が成立。初のコアビタシヨン
1988	5.大統領選挙でミッテラン再選。ロカール内閣が発足。6.総選挙も社会党辛勝
1992	9.EUを創設するマーストリヒト条約批准の国民投票，僅差で可決
1993	3.総選挙で右翼圧勝。バラデュール内閣成立。社会党は歴史的惨敗
1995	5.大統領選挙でシラク当選。ジュペ内閣発足
	11.～12.年金改革案に抗議して公務員がゼネスト，全土で交通などが麻痺
1997	5.下院解散を受けた総選挙で左翼勝利。ジョスパン内閣発足
2000	9.大統領の任期を7年から5年に短縮する憲法改正を国民投票で可決
2002	4.～5.大統領選挙でシラク再選。決選投票に極右・ルペンが進出。ラファラン内閣発足。6.右翼を結集したUMPが総選挙で勝利
2003	1.フランス政府，アメリカの対イラク開戦に反対を表明
2005	7.国民投票でヨーロッパ憲法案否決

戦後フランス研究の古典『フランスを求めて』の中でスタンレー・ホフマンは、第三共和政下のフランスでは、社会と政治がある種の均衡を維持していたと指摘した。工業化の一方で伝統的農村秩序が保たれ、しかも結社・組織が弱く個人主義的な社会。その上に議会中心で執行権の弱い政治体制が載っている形だった。しかしこの均衡は、第二次世界大戦後の社会・経済の激動によって、跡形もなく押し流された。産業構造の転換やこれに伴う人口移動、社会の組織形態の変化に対応して統治システムにも大胆な再構築が幾度も試みられていくことになる。

1　大戦後の試行錯誤――第四共和政

三党体制――「組織政党」構想と共産党

ナチス・ドイツの占領統治から国土が解放されると、政権を占めたレジスタンス勢力は、戦前のシステムの欠陥を除去すべく、あらゆる分野で根本的な改革に乗り出した。まず経済の分野では、一九四四年末から一九四六年春にかけて、石炭、電気・ガス、中央銀行であるフランス銀行、預金銀行と保険会社、航空会社エール・フランスなど、基幹部門の主要企業が次々に国有化された。社会主義型の集権的な計画化こそ採用されなかったものの、一九四六年に準備された「モネ・プラン」では、ヴィシー政権が構築した「組織委員会」が継承され、国家が経済運営において主導的役割を果たす「ディリジスム（指導経済）」の色彩が濃くなった。

政治面では改革の方向をめぐって、臨時政府首班のドゴール将軍と、共産党、社会党（旧社会党ＳＦＩＯ）、ＭＲＰ（人民共和運動、キリスト教民主主義）の三大政党が対立した。戦前の内閣の弱体と不安定こそが敗戦にいたる国政の混乱を招いたという反省では一致していたが、議会に権限を集中させた憲法を改めて執行権を強化するというドゴールの構想には政党側が反発した。一九四六年一月、ドゴールは辞任し、三大政党からなる連合政権、いわゆる「三党体制」が後を襲った。社共主導の新憲法草案は、国民投票で否決された（一九四五年四月）が、仕切り直しの結果、同年一〇月、第三共和政とあまり変わらない議院内閣制を定めた憲法が採択された。しかし、政党の側も決して戦前への回帰を意図していたわけではない。ブルムら社会党やＭＲＰの指導部は、戦間期の議会が機能不全に陥ったのは、「政党」のほとんどが実際は、流動的で規律を欠いた議員集団だったからだと考えていた。逆に、もし議会の諸勢力が、イギリスや北欧のように、規律と綱領を備えた少数の「組織政党」に再編されれば、議院内閣制は安定的かつ効率的に機能するはずである。つまり、第四共和政の創設者は、憲法よりも政党制の再編強化によって議会制の刷新を目指していた。三大政党が議席の八割を占める三党体制は、この「組織政党」による議会制刷新構想の実現に他ならなかった。

共産党は、一九三〇年代前半に農村出身や移民の非熟練労働者、大都市郊外の民衆階層を基盤に組織の拡大に成功し、人民戦線の大衆動員によって三〇万を超える大衆組織となった。戦間期の急速な第二次産業化と都市化の産物といえる。独ソ不可侵条約によって一時、壊滅的な打撃を受けたが、レジスタンスで中心的な役割を果たすことで、最も愛国的な政治勢力と評価されて大衆的支持を獲得した。農村部にも広く浸透し、国土解放直後の一九四五～四七年には七〇～八〇万というフランス政治史上、前例のない巨大な党員組織を擁した。社会党、ＭＲＰ両党も、戦間期までの「政党」に比べれば格段に強力な組織を備えるにいたっていた。「組織政党」による議会制刷新の構想は、こうした社会の側の組織強化の傾向に統治制度（議会制）が適応を図ろうとしたものといえる。

しかし三党体制は内部に亀裂を抱えていた。最も深刻なのは、共産党の組織拡大に対する恐怖感だった。国土解放後の共産党は、レジスタンスで活躍した武装組織を解散する一方、圧倒的な組織力を活かして合法的に権力を目指す路線をとった。一九四五～四六年におこなわれた三度の総選挙のうち二回、第一党の座を占め、政府首班こそ取れなかったものの、政権でも重きをなした。この時点での同党の最大の権力基盤は、フランス最大の労組ＣＧＴ（労働総同盟）で多数派を占めていることにあった。外貨・物資共に欠乏する解放直後の経済にあって、ＣＧＴが握る基幹産業の労働力こそが経済復興の大黒柱であった。国有化企業や社会保障機関でもＣＧＴが大きな影響力を持ったため、党が閣僚ポストを握った監督省庁の権限と合わせて、経営、特に人事を牛耳ってしまう「植民地化」現象が広く見られた。共産党が「国家内国家」の様相を深めるにつれて、社会党とＭＲＰは東欧型のクーデタを恐れ始める。

経済環境の厳しさも三党体制の崩壊を早めた。不作が物資不足に拍車をかけ、労働強化と耐乏生活が長期化した結果、

ＣＧＴは労働者の不満を抑えきれなくなった。社会党主導の政権が賃金凍結を続けたため、共産党は一九四七年五月に一旦下野を選択した。しかし、その後の共産党＝ＣＧＴのスト攻勢に畏怖を抱いた社会党、ＭＲＰ指導部は、共産党との絶縁、同党の権力基盤の解体へと傾いていく。一〇月、コミンフォルム大会で批判を受けた共産党指導部が連合政権を通じた権力獲得の路線を放棄すると、「組織政党」による議会制刷新構想はほぼ命脈を絶たれた。共産党抜きでは中道・右派勢力を政権に取り込まざるを得ず、そのほとんどは戦前の規律なき議員集団と大差なかったからである。

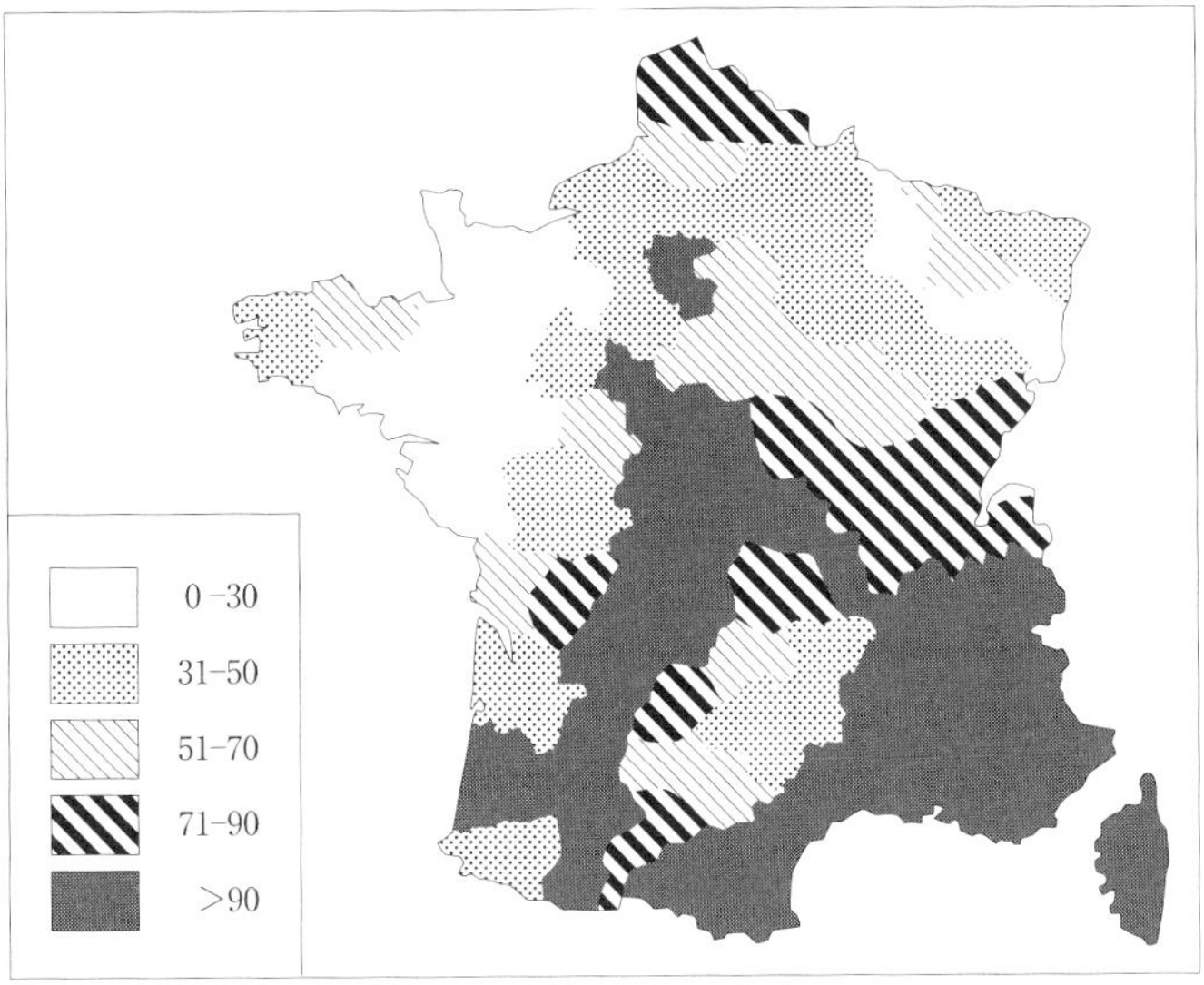

図７－１　1952年の共産党の県別党員密度（人口１万人当たりの人数）

出典：Stephane Courtois, Marc Lazar, *Histoire du Parti communiste français*, PUF, Paris, 1995, p. 429.

国内冷戦と議会の機能不全

一九四七年秋のゼネスト以後、共産党＝ＣＧＴの動員に対して、中道・右派勢力を加えた「第三勢力」政権は激しい弾圧を加えた。ＣＧＴの組織力は低下し、非共産系の分裂も相俟って、共産党が支配する国有化企業などの「勢力圏」はほぼ一掃された。しかし共産党の党組織は一九五〇年代でもなお三〇〜四〇万の水準にあり、パリなど大都市郊外には「赤いベルト」と呼ばれる支配地域を形成していた。その共産党を「ゲットー」に追いやることで、議会の諸政党は、強固に組織された強力な反体制勢力を抱え込んだまま統治を続けねばならなくなった。

しかも右翼でも、一九四七年四月に政界復帰したドゴールが、ＲＰＦ（フランス人民連合）を設立した。ＲＰＦ

は、議会制の打倒・憲法改正に加えて、対米自立、反ヨーロッパ統合などを掲げて第四共和政に対する不満を吸収し、ドゴールのカリスマも相俟って、瞬く間に広範な支持を集めた。その結果、左右から強大な反体制政党に挟撃された「第三勢力」政権は、街頭でデモやストなどの大衆動員の攻勢に晒されただけでなく、議会でも、体制防衛のため、体制政党のほとんどが連合することを強いられた。その結果、政権は社会経済や教育（ライシテ）など主要争点において決定的な対立を内包することになった。政治運営は不透明性を増し、何より政権の無力・不安定は戦間期を上回るほどになった。

さらに、インドシナ戦争やヨーロッパ統合など、党派を超えた争点が複合することで、多数派形成はますます困難になった。一九四七年の冷戦勃発以後、フランスは西側陣営の一員としてアメリカへの依存を深める反面、自国の経済力や自律性を回復する手段として、一九五〇年のシューマン・プランを皮切りに、ヨーロッパ統合の途を選択していた。しかし、統合の前提となる西ドイツとの歴史的和解に対して、国内にはドゴール派や共産党を中心に反対が強かった。特に、西ドイツに再軍備を認める「ヨーロッパ防衛共同体」をめぐっては、与党内さえ深刻な分裂に陥り、懸案の解決は先延ばしにされた。このような議会政治の機能不全に対する世論の不満を背景に、ピエール・マンデス・フランスは、一九五三年以来、閉鎖的な議会各党の指導部を痛烈に批判し、喝采を浴びた。

政党が世論から乖離し、議会政治が機能不全を深める一方で、フランス経済は、一九四七年に修正されたモネ・プラン（〜一九五二年）の下、短期間のうちに戦後復興を果たし、さらに、鉄鋼・機械・化学などの基幹産業を中心に順調に「近代化」を進めていた。「栄光の三〇年」とよばれる戦後高度成長の始まりである。その梃子となったのはマーシャル・プラン援助による潤沢な投資資金である。財務省は政府系金融機関を通じてこの資金の運用を一手に握り、官民の大企業に影響力を行使するなど、一九四八年以後、共産党に代わって経済運営の主役となった。

旧中間層の反乱と植民地戦争

一九五二年三月、議会体制の打倒に失敗したＲＰＦが解体を始め、翌年五月ドゴールはＲＰＦの解散と再度の引退を表明した。しかしその直後に第四共和政を終焉に導く二つの紛争が勃発する。震源地は旧中間層と植民地であり、いずれも第三共和政下の議会制の基盤だった。

第一は、経済「近代化」に対する旧中間層の抗議活動である。中小農民や小商店主は、高度成長が進むにつれて生活水準の向上から取り残された。一九五〇年代に入ると、朝鮮戦争後のデフレや、生産過剰による農産物価格の下落によって、市場から淘汰される危機に直面した。その結果、一九五三年夏以降、商店主・手工業者によるプジャード運動や、中小農民のデモ・バリケード封鎖など、街頭での抗議活動の波が繰り返し発生した。政府は、農産物の支持価格を物価スライドにするなど、場当たり的な譲歩を繰り返した。その間に、プジャード運動は政治化し、五六年総選挙で議会に進出したうえに、アルジェリア植民地死守を唱える勢力との提携を目指した。

第二の危機はアルジェリア植民地における民族解放戦線（FLN）との間の戦争である。フランスの植民地「帝国」は、戦後一旦再建されたが、民族自決の国際的潮流を免れることはできなかった。一九四六年十二月に勃発したインドシナ戦争は泥沼化した。一九五四年五月のディエンビエンフー要塞の陥落がようやく転機となり、七月、マンデス・フランス政権がジュネーヴ協定で停戦にこぎつけた。しかし、北アフリカでも独立要求が高まり、直後の一一月にアルジェリアでFLNの蜂起が発生、独立戦争が始まった。モロッコ、チュニジアには一九五六年三月までに独立が認められたが、アルジェリアに対しては、本来のフランスの国土の一部という意識が本国世論に強く、独立には最後まで抵抗が強かった。しかも、政府がFLNとの交渉を進めようとする度に、現地の入植者（コロン）がこれに抵抗した。たとえば、一九五六年一月の総選挙でアルジェリア停戦を唱えて政権に就いた社会党のギ・モレ首相は、二月アルジェを訪問したが、コロンのデモ隊の襲撃を受け、その衝撃でFLNの反乱の「平定」を優先させる方針に転じた。

このように政府は、本国でもアルジェリアでも、抗議行動に見舞われる度に譲歩を重ね、その権威は低下した。遂には軍の一部までが植民地放棄を阻止すべく独走し、政府に既成事実を押し付け始めた（一九五六年一〇月、FLN指導者ベンベラの拉致事件など）。植民地戦争に従事して敗戦を繰り返すなかで将校の一部は政治化し、文民統制の枠を外れていった。一九五八年五月のアルジェでのコロンを主体とした蜂起はこうした権力の拡散の延長線上に発生した。蜂起勢力が設立した「公安委員会」には駐留軍の幹部も参加し、しかも暗躍するドゴール派の影響を受けて、ドゴールの政権復帰を要求し始めた。本国の軍・警察の忠誠さえ確保できなくなった議会と政府は、アルジェの叛乱に対抗しうる唯一の指導者と目されたドゴールに、舞台裏での交渉の末、憲法改正の条件を呑んだうえで政権を委ねる他はなかった。

2　ドゴールの一〇年——第五共和政初期

複合的危機の解決

一九五八年六月に第四共和政最後の首相として議会の信任を受けたドゴールは、複雑に絡まり合った四つの危機に同時に対処していかねばならなかった。アルジェリア問題と旧中間層の反乱に加え、フランス経済の再建と更なる「近代化」も急務である。一九五七年二月署名のローマ条約で定められたヨーロッパ共同市場の発足（すなわち、域内の貿易自由化）を目前にして、国内産業の生産性を西ドイツなどＥＥＣ（ヨーロッパ経済共同体）のパートナーと競争できるレベルにまで向上させねばならなかった。ところが、一九五六年以降の急速な財政支出増（アルジェリアとスエズ出兵の戦費、社会保障の拡充経費）は、一九五七年にインフレと通貨・対外収支の危機を招き、一九五八年一月にアメリカに新たな財政援助を受けるなど、経済は一九四七年以来の深刻な状態に落ち込んでいた。

そして最も重要なのは、機能しなくなった議会中心体制に代えてどのような統治機構を構築するかという課題であった。議会の諸政党に言わせれば、ドゴールには危機の処理のために一時的に政権を委任したにすぎない。一九五八年九月の国民投票で承認された第五共和政憲法も、大統領権限の強化を目指すミシェル・ドブレ（一九五九年一月から第五共和政初代首相）らドゴール派と、議会権限の維持を目指す旧政党指導者の間の妥協の産物でしかなかった。

この複合的危機のいずれに対しても、ドゴールは、まず第四共和政末期の政策を継承し、その後は、状況の変化に機敏に対応してきわめてプラグマティックに解決策を提示していった。

まずアルジェリアについては、当初は軍事的な「平定」を優先させる従来の方針を踏襲したが、植民地戦争を続ける限り、フランスの国際的威信の回復は望めないと見て取るや軌道修正を開始した。まず、一九五九年九月、アルジェリアに自決権を認める転換を打ち出した。一九六一年一月の国民投票でこの方針がお墨付きを得ると、FLNとの交渉に踏み切り、ついに翌年三月、独立を承認するエヴィアン協定が締結され（四月の国民投票で批准）、停戦が実現した。この間、駐留軍とアルジェリア死守派によるクーデタの脅威に晒されたが、一九六一年四月の駐留軍四将軍の反乱も沈着に鎮圧し、政権内部でも首相ドブレらの反対を抑え込んだ。ドゴールの強引な方針転換を支えたのは世論の変化だった。第四共和政末期以来、FLNのテロと駐留軍の苛烈な弾圧の応酬が続いて初めて、国民もアルジェリアが維持できないと納得した。

経済運営に関しては、一九五九年一月から実施された「リュエフ（＝ピネ）・プラン」によって、財政均衡とインフレ抑制に成功した。しかし、その青写真は第四共和政末期の一九五八年初頭にすでに提示されていた。しかも、リュエフ委員会が求めた賃金抑制は、労組や社会党への配慮から事実上骨抜きにされ、一旦廃止された農産物支持価格の物価スライド制も、中小農民の自然発生的なデモの圧力に負け、一九六〇年三月に一部を復活させていた。諸政党に配慮し、旧中間層の直接行動を財政支出で宥和する点で、第四共和政末期との大きな違いはなかった。

しかし一九六〇年春以降、ドブレ首相が中心となって大きな政策転換がおこなわれ、ドゴール政権は、フランス経済を一気に強化しようとする急進的な「近代化」路線へ舵を切った。まず、大企業への集中的投資とセクター別の構造改革を掲げる「第四次プラン」（一九六二年実施）の策定が始まり、一九六〇年代のドゴール政権を特徴づける、集中・合併の産業政策が開始された。また、一九六〇年四月に提出された第一次農業基本法案は、中小規模の農民の大量の淘汰によって経営規模の拡大と生産性向上を図る、大胆な構造改革の始まりであった。いずれの改革も国家官僚制によって上から強力に推進された。同じ急進的「近代化」路線でも、ジャック・リュエフらはヨーロッパ市場統合に対応して、徹底した市場自由主義による競争力の強化を唱えたが、ドゴール政権はこれを退け、国家主導型の経済運営を選択した。

相次ぐ農業政策の転換は農民の抗議活動を招き、これを支持する既成政党は議会の臨時招集を求めたが、ドゴールは大統領権限を楯に断固これを拒否した。平行してアルジェリア政策の転換が進んだため、諸政党のアルジェリア死守派は大統領中心の政権運営を憲法の歪曲だと批判して議会による統制を要求し始め、対立は一気に憲法・体制問題に発展した。一九六一年に入ると厳しい賃金抑制が実施されたため、ドゴールのアルジェリア政策を支持してきた社会党も政権批判に転じた。このようにして、政権と既成諸政党の間の対立は、アルジェリア、経済「近代化」路線、そして政治体制の選択と、すべての危機に連動し始めた。

ここでドゴールは、争点ごとに反対派を分断して対処するのではなく、あえて既成政党全体に全面的な対決を挑む途を選んだ。一九六二年四月、憲法・政権運営が過度に大統領中心となることに反対する首相ドブレを解任してジョルジュ・ポンピドゥーに代えたうえで、九月、大統領直選制への憲法改正を提起した。大統領提起の国民投票による改正という手続きをとったため、憲法違反との批判を浴びたが、一〇月末の国民投票で承認され、一一月の下院総選挙では圧倒的な勝利を収めた。選挙前に少数与党だったドゴール派UNR（新共和国連合）は、一九五八年憲法と同時に導入された小選挙区制にも助けられ、単独で過半数に近い議席を確保した。フランス議会政治史上、前例のない「一党支配」の始まりであった。自らへの国民の支持を動員して一気に既成政党を排除し、大統領制的な憲法の運用を確立しようというドゴールの賭けは大成功を収めた。国民世論は、長年の議会中心体制の機能不全に愛想を尽かし、強力な執行権、とりわけ、議会共和政の政治文化ではタブーとされてきた「個人権力」の登場を歓迎したのである。

統治の構造

かくして、一九六二年冬にいたるドゴール政権の勝利は、アルジェリア戦争のみならず、憲法制度と経済「近代化」路線をめぐる争いにも決着をつけることになった。

第一に、一九六二年改憲の成功によって初めて、第五共和政の統治の制度は大統領中心へと生まれ変わった。実際、一九五八年憲法の下では、大統領制的要素と議院内閣制的要素が拮抗していた。大統領は、上下両院議員などの間接投票で選出されるに過ぎなかった。確かに、「仲裁」権の創設などで、第四共和政以前に比べれば大統領の権限は強化され、逆に議会は、政府に対して大幅に権限を縮小された。しかし、首相は大統領に指名された後、下院の信任を得ねばならない。議会が首相を通じて大統領に対抗することは充分可能である。もしドゴールの後任が彼ほどの指導力や国民的支持を持たなければ、大統領は名目化し、第四共和政同様の議会中心体制に回帰する可能性もあった。一九六二年改憲によって初めて、大統領は国民の直接の付託を一身に受け、首相や下院を圧倒するにいたった。これに対して、「民主主義＝共和政＝議会中心体制」という第四共和政までの等式を信じる既成政党の大部分は、一九六二年改憲を「クーデタ」、政権を「独裁」と非難した。しかし、ドゴール派政党（UNR、一九六八年から共和国民主連合UDR）は、ヴァレリー・ジスカール・デスタンの率いる「独立共和派」との連合によって下院の過半数を確保していた。何よりも、大統領中心の憲法・制度運用は国民に支持され、定着していった。

第二に、中小農民や小商店主など旧中間層や中小企業の淘汰を前提とする急進的な「近代化」を国家官僚制が主導する、という経済運営の基本的な路線が定められた。集中合併の産業政策を主導したのは、公的金融機関を通じて投資資金を握る財務官僚であった。すでに第四共和政のモネ・プラン以来、官民の大企業と財務省の間には結合関係が形成されていたが、一九六〇年代を通じて高級官僚が省庁の影響力下にある大企業の幹部として「天下り」する慣行が確立された。ENA（国立行政学院）や理工科学校などのエリート校の同窓生のネットワークを基盤に、日本の通産省よりもはるかに強引な形で、一業種一企業の「ナショナル・チャンピオン」の育成を目指す構造改革が推し進められた。農業の構造改革は一九六二年の第二次農業基本法（補完法）によって加速された。農民組合FNSEAを中心に大規模な農民デモが発生したが、農業省は、これまで提携関係にあったFNSEAを飛び越し、改革志向の強い青年組織CNJAを政権のパートナーに抜擢することで農業界に「近代化」路線を受け入れさせた。その見返りにドゴール政権は、自国の農民にヨーロッパ大の市場と潤沢な公的資金（価格支持制度など）をもたらすことになる。ヨーロッパ市場統合に伴う貿易自由化の受け入れと引き換えに、一九六二年四月、ヨーロッパ共通農業政策（CAP）の創設に成功したのである。

強力な大統領制と官僚制主導の経済「近代化」路線、一九六二年におこなわれた二つの選択によって、ドゴール期の第五共和政は、高度成長期の社会の激変を国家が上から統御し望ましい方向に導くというスタイルをとることになった。戦間期の第三共和政や第四共和政が社会の変貌に適応できず、振り回されたのとは逆である。しかしトップダウンの統治には社会からの反作用が避けられない。急進的「近代化」路線で淘汰される旧中間層は、農民デモや商店主のニクー運動のような形で政権への抗議を繰り返した。労組との対話を拒否する政府の高圧的な対応は、一九六三年三〜四月の炭鉱ゼネストのように、しばしば暴力的な紛争を招いた。

一九六二年の二つの選択は、ドゴールの下の統治構造自体にも決定的な刻印を残した。

第一に、執行権が議会・諸政党を圧倒しただけでなく、政権内でも、ドゴールらに近い高級官僚が議員の経験のないまま閣僚に登用されるなど、官僚政治の色彩が強まった。与党・ドゴール派政党すら政策決定から排除された。一九六二年改憲後も、第五共和政憲法には大統領制と議院内閣制の要素が共存している。そのため、ドゴール派政党が（ジスカール派と連合して）常に議会で過半数を確保し、硬い党規律で政権を支え続けなければ、大統領が安定的に権力を行使することは不可能であった。にもかかわらず、ドゴール派議員団は政権に対してほとんど影響力を持たなかった。党が「将軍の軍靴」と呼ばれた所以である。

これは、ドゴールが政党を侮蔑し、議会と政府の明確な切断を望んだ結果でもあるが、ドゴール派の議員が自らの選挙区に地盤を築くことが出来ず、いつまでも将軍個人の威令に頼って選挙を戦っていた点が大きい。その最大の原因は、政権の採った急進的「近代化」路線が、保守政党の選挙区組織の基盤となるべき旧中間層を政権とドゴール派から遠ざけていたことにある。しかも、議員が政策決定に影響力を持たないことは、日本の自民党やイタリアのキリスト教民主党のように、地元への利益誘導によって選挙地盤を培養することができないことを意味する。ドゴール派が一九七四年に大統領職を失うと同時に、下院選挙（一九七八年）でも大統領ジスカール・デスタン率いる中道右派に肩を並べられ、日伊よりもはるかに早く「一党支配」が崩壊したのはこのような悪循環の結果だった。

第二に、自立できないドゴール派政党に代わってドゴールの統治を支えたのは、国家官僚制の築いたネットワークだった。大企業や農業組合などとの間に財務省や農業省が強力な結合関係を築いて経済運営を進めたことはすでに述べたが、中央地方関係においても、地域の利害を中央省庁に仲介するのは与党（ドゴール派）の議員ではなく、知事（内務省）や各省庁の出先の高級官僚であった。日伊の「一党支配体制」との大きな相違がここに見られる。

強固な地盤を持つ国会議員や、自治体首長、県議会議員などの地方政治家（「名望家」と呼ばれた）は、知事らが任地を統治するのに協力する代わりに、地元の利益を中央省庁に代弁してもらう、という形で、地方出先の高級官僚と共棲関係にあった。ところが、この時代の地方名望家の多くは非ドゴール派で、急進的な「近代化」路線や大統領中心の政権運営に反対していた。彼らの勢力を弱めたいドゴール政権は、地方名望家と官僚制の間の「共犯関係」を打破すべく、地方制度改革に乗り出す。すでに一九五〇年代から、戦後の高度成長のなかで深刻化した都市と農村、パリと地方の間の経済格差、農村から大都市への人口集中を是正すべく、「国土整備」が喫緊の政策課題となっていた。こうした流れを利用する形で、一九六三年にDATAR（国土整備地域活動庁）が設置され、翌年には、県庁の機構改革、複数の県に跨る広域自治体「地域圏」の新設などの改革がおこなわれた。実際にはほとんど成果を挙げずに終わったものの、いずれも、地方名望家を迂回して、「近代化」に積極的な勢力を地域の代表として高級官僚のパートナーにすることが目指されていた。

第三に、ドゴール派政党の組織基盤が脆弱に留まった結果、ドゴール個人の強力なリーダーシップ、特に、発達し始めたマス・メディアを駆使した世論掌握の能力こそが、政権の支柱となった。ドゴールは、アルジェリア戦争や一九六二年の憲法改正の際のように、国民投票制度を活用し、重要な争点を自らへの信任投票に重ね合わせて危機を突破する手法を得意とした。ラジオ、TVは一九七四年の改革まで政府の完全な管理下にあり、タイミングを見計らった出演と一定の情報操作を通じて、ドゴールが国民世論を掌握するうえでなくてはならない存在となった。次項で見る「フランスの偉大」を目指す外交政策によって対外的威信や影響力を高め、世論のナショナリズムに訴えるのがドゴールの統治の要であり、党派や階層を越えた国民の結集者として、伝統的な左右両陣営の枠を越えた支持を得続ける秘訣だった（一九六〇年代のドゴール派の労働者層における支持率は三〇％を超え、共産党と競い合っていた）。

ドゴール外交の世界戦略

第二次世界大戦で無惨に打ち砕かれた「大国」フランスの地位の回復こそ、政治家ドゴールの唯一無二の目標であり、同時に彼の権力の源泉でもあった。低下した自国の国際的影響力をいかに回復するか。経済の急速な「近代化」路線は一つの回答だったが、それだけでは、冷戦下の米ソ二極構造の下で、かつての地位を回復するには到底不十分である。

第一に、ドゴールは、もはや維持できなくなった植民地「帝国」に代えて、「ヨーロッパ」をフランスの国際的影響力の源泉、外交上の共鳴板として使う途を選んだ。第四共和政の指導者の多くは、植民地を維持しつつヨーロッパ統合を進めようと苦心したが、特恵関税を伴う植民地「帝国」とヨーロッパ市場統合の両立が難しいことはすでに一九五〇年代に明らかになっていた。一九五七年にモレ政権がローマ条約を締結したのを受け、政権に復帰したドゴールも条約に定められた貿易の自由化を予定通り履行していった。第四共和政下で声高に統合反対を唱えていただけに、この選択は意外に受け止められたが、ＣＡＰの例が示すように、ドゴールは、フランスの経済「近代化」路線に役立つ限りで、市場統合を積極的に活用していった。

反面、ヨーロッパ統合が伝統的な国家主権を侵食することには、最後まで徹底的に反対した。ドゴールにとって統合は「フランスの偉大」の手段にすぎず、当のフランスの国家の独立を掘り崩すような超国家的な統合は決して許容できない。実は、一九六二年の既成政党との対決の際、ドゴールはこの点でも旗幟を鮮明にして議会で多数を占める統合支持派に挑戦した。したがって、一九六二年冬のドゴールの勝利はヨーロッパ統合派の敗北をも意味していた。

実際、ドゴールは超国家的統合の試みを一切拒否し続け、一九六五年七月には、ＥＥＣ理事会などをボイコットする「空席戦術」に出た。一九六六年一月の「ルクセンブルク妥協」の結果、ＥＥＣの超国家性を高める、理事会での特定多数決の導入は延期された。このように、一九六〇年代にヨーロッパ統合が停滞する主因となる一方で、ドゴールは、フランスの外交的影響力を増すため、「諸祖国からなるヨーロッパ」をスローガンに、（超国家的要素を伴わない）外交・軍事面での協調を推し進めようとした。一九六一年に提起された「フーシェ・プラン」は、西ヨーロッパ諸国をフランスの指導の下に政治・外交的に纏めようという野心を示している。その過程で、宰相アデナウアーとの協調を軸に、西ドイツとの協力関係構築が積極的に進められた。

ドゴール政権は公式の植民地をほとんど放棄した反面、旧植民地のアフリカ諸国に対する影響力の維持・強化に努めた。財政・軍事援助を通じて旧植民地諸国の政権を支えるなかで、旧植民地担当のドゴール派幹部は、現地政権指導者との間に恩顧庇護関係のネットワークを形成した。この隠然たる影響力が国際舞台でのフランスの発言力を高めた。

しかし、冷戦下にフランスが米ソに伍する影響力を振るうには、自らが「実力」を付けるだけでなく、両超大国の君臨を許す二極構造を崩すことが不可欠であった。ドゴールの矛先は、西側の盟主として振舞うアメリカに向けられた。一九六六年七月、NATOの軍事機構から脱退する一方で、独自の核戦力の保持に固執し、国防をアメリカに依存しない姿勢を誇示した。一九六三年一月、イギリスのEEC加盟を拒否したのも、同国がヨーロッパに対するアメリカの「トロイの木馬」になることを警戒したためであった。アメリカからの自律を誇示し、さらにアメリカと対等の地位を認めさせるべく、ドゴールは世界中を相手に活発かつ複雑な駆引きを展開した。一九六四年一月の中国承認や一九六六年六月のソ連訪問などの「東方外交」によって、フランスが東西両陣営を超えた存在であることをアピールした。「非同盟諸国」への接近には、第三世界との連携が米ソの覇権への挑戦を助けるとの思惑があった。このようなドゴールの世界戦略は、ヴェトナム戦争をめぐるアメリカ批判外交に凝縮されている。

3　保守支配下の構造変動――一九六九〜八一年

保守政権の「豊かな社会」への対応

二〇年を超える高度成長の結果、フランス社会は確実に豊かになった。ドゴールが政権に復帰した一九五九年から一九七〇年までに限っても年平均成長率五・八％（米独を凌ぎ、日本に次いで先進国中二位）で、一九五〇年代に比べて一人当たりの国民所得は倍増した。TV、冷蔵庫など電化製品の普及は生活水準の上昇と大衆消費文化の到来を象徴していた。住宅建設や都市インフラの整備が都市への急速な人口集中に追いつかず、劣悪な住環境が一九五〇年代から一九七〇年代にかけて大きな社会問題となったが、低家賃住宅（HLM）の大量建設などの政府の努力で徐々に解消に向かっていた。一九六〇年代末の段階で中・高等教育の入学者は二〇年前に比べてそれぞれ約五倍となり、リセ（高校）や大

表7－1　社会職業別の就業人口構成の変化（1954～82年）

（活動人口の%）

	1954	1962	1968	1975	1982
農　民	20.7	15.8	12.1	7.6	6.2
農業労働者	6.0	4.3	2.9	1.7	1.3
商工業経営者	12.0	10.6	9.6	7.8	7.4
上級管理職と専門職	2.9	4.0	4.9	6.7	7.7
中級管理職	5.8	7.8	9.8	12.7	13.8
職　員	10.8	12.4	14.7	17.6	19.9
労働者	33.8	36.7	37.8	37.7	35.1
サービス従事者	5.3	5.4	5.7	5.7	6.5
その他	2.7	2.9	2.6	2.4	2.1
総計（千人）	19,185	19,251	20,398	21,775	23,525

注：82年からINSEEがセンサスに使う社会職業分類が変わったため，82年のデータは75年以前のものと厳密には比較できない。

出典：INSEE, *Annuaire statistique de la France; Recensement général de la population.*

学は富裕層だけのものではなくなった。

ドゴールの権威主義的な政治指導は、危機と動乱の時代にはうってつけだったが、「豊かな社会」の到来が生んだ国民の新しいニーズに機敏に対応するには不向きだった。ドゴールを退陣に追い込む契機となったのは六八年五月のいわゆる「五月事件」である。端緒となったのはパリの学生の反乱だが、運動を先導したのは一握りの極左の学生グループにすぎなかった。しかし彼らの背後には、大学の大衆化でエリートの地位が約束されなくなったことに対する一般学生の不満があった。ドゴールがこの異議申し立てを鼻で嗤っている間に、CRS（機動隊）の実力行使への反発もあって、学生の運動への世論の支持は拡大した。八〇万を超えるデモ隊がパリの街頭で「一〇年、もうたくさんだ」とドゴールの退陣を要求した。学生が開けた風穴に、ドゴール政権下で冷遇されてきた労働者層が呼応し、下からの自発的なデモの波は数日間で参加者が一〇〇〇万を超えるゼネストに発展した。学生と産業労働者は、ドゴール政権下の高度成長が生んだ社会的な不公正や不均衡を最も顕著に蒙ったという点で共通し、権威主義的なドゴールの統治に対して「参加」や「自主管理」を求めて共闘した。最後には非共産左翼勢力がこれに便乗し、陣営を束ねるフランソワ・ミッテランは政権担当の用意があるとの声明を出した。

理解を超えた抗議活動の広がりにドゴールは一旦はひるみ、パリから姿を消した。しかし、バーデン・バーデンの西ドイツ駐留フランス軍司令部で一晩を過ごして帰国するや、断固たる姿勢を示して事態の収拾に成功する。首相ポンピドゥーの助言にしたがって、当初考えた国民投票ではなく下院の解散・総選挙に打って出たのが功を奏し、既成政党・

労組が学生運動から切り離された。ポンピドゥーは労組との交渉を進め、大幅な賃上げや職場での労組の権利拡大（労組支部の設立など）を認める「グルネル協定」を結んでストを収拾した。孤立した学生運動は過激化し、秩序の危機を感じた世論は六月総選挙でドゴール派にフランス政治史上初の単独過半数を与えた。

しかし、五月事件は、ドゴールの世論掌握の能力が限界に達していることを示した。政権内部の重心もポンピドゥーに移りつつあった。ポンピドゥーは一九六二年以来、ドゴール派政党との関係を取り仕切り、党内に独自の影響力を確立していた。これを嫌ったドゴールは総選挙後の七月、首相をポンピドゥーから外相を務めてきたモーリス・クーヴ・ド・ミュルヴィルに代えた。しかし、大統領権力を支えるべき議会多数派が揺らぎ始めていた。ドゴール派政党（UDRに改称）を抑えるポンピドゥーが公然とドゴール後継の意志を表明し、これまで忠実に将軍を支えてきたジスカール・デスタンまでが離反した。追い詰められたドゴールは、国民投票で国民の支持を動員して敵を圧倒するという常套手段に訴えた。しかし一九六九年四月、上院改革と地方制度改革（地域圏の強化）を問うた国民投票は否決され、賭けに敗れたドゴールは即日引退を表明した。

続く大統領選挙では、旧ドゴール与党を纏めたポンピドゥーが、五月事件の後遺症で分裂する野党を一蹴して第二代大統領に選出された。首相には、ドゴール派左派で長年下院議長を務めたジャック・シャバン・デルマスが起用された。ポンピドゥーが戦後になってドゴールの官房入りしたにすぎず、生え抜きのドゴール派ではなかったのに対し、新首相はドゴールの下でレジスタンスを指揮した最古参の一人だった。反面、社会経済面では保守的なポンピドゥーより遥かに進歩的で、自由化と参加、そして社会的公正を求める五月事件後の世論に応えることが期待された。後のヨーロッパ委員長ジャック・ドロールら左派的な傾向の強いブレーンを起用し、「新しい社会」の建設をスローガンに、労組との対話を進め、安定的な労使関係の構築や諮問機関への労働者代表の拡充をおこなった。最低賃金に物価スライド制を導入するなど、再分配への配慮も示した。しかし、伝統的なドゴール派には首相の政策路線は社会民主主義にしか見えず、与党との間に緊張が絶えなかった。首相個人の人気が高まり、ポンピドゥーを凌ぐほどになったことで、大統領との間にも確執が生じた。結局、一九七二年七月にシャバン・デルマスは事実上解任され、以後、ポンピドゥー政権は保守的な路線をとった。ドゴールが好んで唱えた「労働と資本の結合」といった擬似左翼的な主題も聞かれなくなり、ドゴールの下で一定の発言権を持っていたドゴール派内部の左派は切り捨てられた。ドゴールの下では党派を超えた国民の結集であろうとしたドゴール派政党は、ポンピドゥーの時代にいわば普通の保守政党になり、それとともに、ドゴール時代に得ていた労働者層などの支持を失っていった。

一九七四年四月、在任中のポンピドゥーが白血病で死去すると、後継を巡ってドゴール派は分裂状態に陥った。党の指名を得たシャバン・デルマスに反発する勢力は、中道派を纏めたジスカール・デスタンに鞍替えしたため、シャバンは第一回投票で敗退し、結局、ジスカールが左翼統一候補ミッテランを僅差で破って第三代大統領に当選した。非ドゴール派の若い大統領（当時四八歳）は、国家管理の緩和・自由化を進め、なかでも妊娠中絶の合法化をはじめとする女性の権利の拡大は注目された。社会保障制度の拡充によって、石油危機以後の高い失業率の打撃を受けた労働者層に対しても配慮がなされた。しかし当初、下院ではドゴール派が中道右派（一九七八年にフランス民主連合ＵＤＦに結集）を圧倒しており、政権の政策には不満が強かった。大統領選挙でジスカールを支持して首相に指名されたシラクが間に入ったが、首相自身が大統領との確執を強め、一九七六年八月に辞任に至った。その直後、公選制となったばかりのパリ市長に当選したシラクは、その権限を活かして首都圏に権力基盤を培養しつつ、ドゴール派政党から古参を排除して党（共和国連合ＲＰＲに改称）を掌握し、来るべき大統領選挙に備えた。

政党制の再編と政権交代への胎動

ジスカールが対峙していたのは与党内のドゴール派ばかりではない。一九六〇年代に低迷していた左翼勢力も、一九七〇年代に入るとミッテランの指導の下に隊伍を整え、急速に勢力を伸ばしていた。ミッテランは第四共和政では中道の小会派を率いて閣僚を歴任し、議会政治の権謀術数に長けた政治家だった。第五共和政への移行後はスキャンダルもあり、不遇だったが、一九六五年の大統領選挙で、左翼の統一候補に担がれて表舞台に復帰し、しかも、圧勝が予想されたドゴールを決選投票に追い込む善戦を見せた。五月事件への対応を誤って再び信用を失ったが、一九七一年、今度は新社会党に加入し、その支配権を奪うことで、一躍左翼陣営の盟主となった。

一九六〇年代の左翼が低迷したのは、反共主義や教権主義を巡る亀裂もさることながら、社会党書記長（一九四六～六九年）モレの硬直化した指導に最大の原因があった。議会主義の原則に固執するモレは第五共和政の大統領制を認めず、今や政治の中心となった大統領選挙を真剣に闘おうとしなかった。しかも共産党に対する劣等感と恐怖を克服できず、社共共闘を拒んで中道左派連合に固執した。一九六九年大統領選挙で党の候補が得票わずか五％の惨敗を喫すると、モレは社会主義系の小政党と合同し新社会党を立ち上げたが、一九七一年エピネーの党大会でミッテランに実権を奪われた。一九六〇年代にはさまざまな思想潮流の「クラブ」が非共産左翼の刷新を目指したが、ミッテランの率いたＣＩＲ（共和制度会議）もその一つだった。

一九七二年六月、新社会党は共産党と政府共同綱領を締結した。ミッテランはすでに非共産左翼の連合体ＦＧＤＳ（民主社会主義左翼連盟）を率いた一九六六年に、共産党と翌年の総選挙における選挙協力協定を結んだ経験があった。一九七〇年代に入っても共産党は二〇％を超える得票率を維持していた。第五共和政の小選挙区二回投票制の下で、保守陣営に対抗して左翼が現実的な代替選択肢となるには、共産党との選挙協力を超えた提携が不可欠だった。ミッテランが社共連合を選択した結果、中道勢力も選択を迫られた。これまでも中道右派政党（キリスト教民主主義と穏健右派）はドゴール派政権からの吸引力に晒されており、すでに一九六〇年代末から五月雨式に与党入りの動きが相次いでいた。社共連合の成立で、今や左右の巨大なブロックに挾撃された中道派にもはや存立の余地はない。急進党が分裂して左派が社共と連合した他、残りの勢力も、一九七四年の大統領選挙でジスカールを支持したのを機に保守多数派に組み込まれ、一九七八年、大統領与党のＵＤＦに結集した。その結果、小党乱立だったフランスの政党制は社共連合を軸とする左翼と、ＵＤＦとドゴール派からなる右翼が相対立する形に再編された。多党制の利点を残しつつ、有権者は左右両陣営のいずれを政権につけるかを、二大政党制に近い形で選択できるようになった。

しかも、一九六〇年代まで劣勢だった社会党が、七〇年代には共産党と肩を並べるようになった。小選挙区二回投票制は、左翼陣営内部で、他党の支持者から忌避されやすい共産党から、第二回投票での勝利の見込みの高い社会党へ票を移す効果も生んだからである。社会党の主導権が明確になるにつれ、左翼陣営は政権担当に向けて信頼度を増した。

一九六九年のどん底から新社会党は選挙ごとに着実に票を伸ばし、ミッテランが左翼統一候補となった一九七四年大統領選挙では第一回投票で四三・三%を獲得した。躍進の秘訣は、五月事件で生まれた新たなエネルギーを効率よく吸収したことにあった。一九七五年のロカール（独立社会党）の合流によって、「五月」の流れを汲む「第二の左翼」は党内の一大勢力となり、彼らの主張する「自主管理」は党の公式路線に採用された。「第二の左翼」は多数のカトリック左派を含んでおり、長く非共産左翼を分断してきた教権問題をめぐる亀裂は一旦克服された。旧社会党が一枚岩の規律を重んじたのに対し、新社会党は、派閥の公認と比例代表制の採用によって、異質な勢力を緩やかに連合することができた。派閥間の競合が社会から支持の掘り起こしに役立ち、自主管理派の労組ＣＦＤＴ（フランス民主労働同盟）などとも提携を深めた。有権者レベルでは、高度成長の結果、大幅に増大したホワイトカラー（新中間層）の支持が躍進の原動力となった。この層には当初、ドゴール派支持が多かったが、保守政権が石油危機からの脱出に失敗し、社会の自由化も不徹底に終わるなか、社会党への期待が高まった。

左翼は地方選挙でも躍進した。左右両陣営間の激しい競合のなかで、中央政界の二極化は地方政治にも波及し、これまで無党派を称することが多かった市町村長も旗幟を鮮明にすることを迫られた。中央の政党政治と一線を画してきた地方政治が党派化されたのである。同様に、高級官僚の間にも、一九七〇年代以降、公然たる党派の色分けが広まった。すでにドゴール時代から政権党との結合関係は強まっていたが、依然、高級官僚は党派から超然として国益を代表することを誇りとしていた。しかし、五月事件の影響に加え、政策的決定をおこなうポスト（各省の局長や大臣官房）については党派的人事が一般的になっていたため、保守政権で活躍の場を得なかった高級官僚は、現実的な代替勢力に成長した左翼陣営に接近した。

このように、ドゴールのカリスマ亡き後、体制を統合したのは政党制だった。ドゴール以後の大統領は固い規律と広範なネットワークを持つ政党に基盤を置くようになったのである。

4　現代フランスの変容

ミッテラン政権の「転回」

隣国西ドイツで一足先、一九六九年に政権を奪った社会民主党は、外交や経済運営などの主要な政策分野で穏健化することで世論の信を得たが、ミッテラン社会党はまったく反対に、「資本主義との断絶」を掲げ、きわめて急進的な綱領の魅力によって世論を惹き付けた。一九八一年大統領選挙にいたるまで、党の綱領は、基幹産業の大規模な国有化や所得の再配分などの伝統的左翼の要求に加え、新左翼が掲げる労働者や住民の「自主管理」を看板としていた。

石油危機以降、長期化する不況に対して、ジスカール政権は一九七六年、経済専門家のバールを首相に起用し、緊縮策と価格などの自由化によって対応を図ったが、二桁のインフレと一〇〇万人を超える大量失業は悪化するばかりだった。これに対してミッテランは、社会保障給付や最低賃金の引き上げなど、低所得者層の購買力拡大によって不況を脱出することを公約した。大企業（サンゴバンなど）・銀行（パリバ、スエズなど）の国有化は、公共投資を通じた景気回復を担保するためでもあった。ほぼ同時に登場したサッチャー、レーガンの新保守主義が掲げた「小さな政府」による解決策とはまったく反対に、ミッテランはケインズ主義的な財政支出の拡大、つまり「大きな政府」による長期不況の打開を訴えて支持されたのである。

しかし新政権は直ちに大きな壁にぶつかる。リフレーション政策は財政赤字と対外収支の悪化を招き、インフレが資本流出を呼んで通貨危機は深刻化した。企業業績は悪化し、時短や早期退職制度の導入にもかかわらず、失業は逆に増加した。当時は資本移動の自由化が進み、世界経済がグローバル化へと舵を切った矢先だった。しかもフランスは一九七九年発足のＥＭＳ（ヨーロッパ通貨制度）に加入しており通貨管理に制約を受けていた。「一国ケインズ主義」の実験を貫徹するにはＥＭＳから離脱して大幅な切り下げをおこなうしかない。政権内にもこの路線を支持する勢力が強く、ミッテランは躊躇したが、結局一九八三年三月、モーロワ首相やドロール蔵相の主張を容れて、ＥＭＳ残留と同時に大規模な緊縮政策への転換を決定した。

産業政策においても、ドゴール時代を思わせる、国家介入によるナショナル・チャンピオン養成の路線は放棄され、市場原理の導入（補助金の削減、株式の売却・公開など）で競争力と採算性の回復を図りつつ、鉄鋼・石炭などの構造不況産業では合理化（企業の閉鎖や人員整理）を進める方針に転換した。後者は、基幹産業の労組を基盤とする共産党との関係悪化を意味する。一九八四年七月、産業相としてこの産業構造再編に手腕を振るった高級官僚出身の若手ファビウスが首相に任命されると、共産党は入閣を拒否した。一九八六年までの間に社会党政権は、インフレの抑制には成功したものの、平均成長率はわずか一・一％に留まった。失業は悪化し、一九八五年には失業率はついに一〇％を超えた。

「一国社会主義」の断念に追い込まれたミッテランは、以後、ヨーロッパ統合の推進を自らの政権と党の旗印に据えようとした。西ドイツのコール首相との密接な協力関係を梃子に、一九八六年の単一欧州議定書、一九九〇年以降の欧州通貨同盟の推進、一九九二年のマーストリヒト条約によるEU創設を次々と実現し、ドゴール以来、長く停滞してきた統合のプロセスが飛躍を遂げる原動力となった。しかし、ミッテランにとって、ヨーロッパ統合は西ドイツを縛り付けて中欧の盟主となる道をふさぐこと、そして何より、フランスの国際的影響力を後ろ支えするものでなければならなかった。ドゴールが拒否した超国家的統合を進めたことを除けば、ミッテランは、統合された西ヨーロッパの盟主として「大国」の地位を保つというドゴールの路線を引き継いだといえる。

実際、前任者に比べて、ミッテランの外交路線はドゴールの世界戦略との類似性が強かった。政権に就く前の社会党は核軍縮や第三世界の支援など、左翼的な路線を掲げていた。ミッテランの言説にも反米的な色彩が濃く、ジスカールの「大西洋主義」との対比を浮き彫りにした。しかしこれらの左翼路線は程なく放棄され、代わってまず、NATOなど対米関係を重視した「現実的な」外交路線がとられた。しかし、徐々にアメリカに対抗してフランスの国際的地位の向上を目指す傾向を強め、ソ連など東側への接近でもドゴールに倣った。フランスの自律・独立の基礎であるとして独自核の保持にも固執し、環境団体との衝突（一九八五年の虹の戦士号事件）で深刻な打撃を受けてまで核実験を継続した。第五共和大統領になったミッテランが「ドゴールよりドゴール的」と評されるのは、外交政策のためだけではない。

政の憲法の運用に関しても、それまでの大統領制に対する厳しい批判を棚上げして、ドゴール以来の大統領専決の伝統を受け継いだ。与党との関係についても、政権当初は大臣官房に社会党活動家が登用され、左翼的な政策を実施に移したこともあったが、徐々に高級官僚にとって代わられた。党は重要な役割を果たさなくなっただけでなく、党指導部自体が次第にファビウスら高級官僚出身者で占められていった。

反面、ミッテランの在任中には、第五共和政憲法のまったく異なるもう一つの姿が現実化した。一九八六年の総選挙で、一九六二年以来初めて大統領与党が下院の多数派を失い、左右両陣営が大統領と首相を分け合う「コアビタシヨン（保革共存政権）」が実現したのである。大統領と首相、執行権の二人の長のどちらが実権を握るかは憲法には規定されておらず、両者間の実質的な政治的力関係次第である。事前には、総選挙に敗れた大統領の無力化や辞任の可能性も論じられた。しかし実際には、憲法学者デュヴェルジェらが指南した通りに、首相は主に内政を、大統領は主に国防・外交を所管する、という棲み分けがおこなわれ、憲法慣行として定着していった。以後、国民は大統領選挙に加え、大統領任期中の総選挙でも、大きな政治的混乱を恐れずに、左右陣営間で政権の交代を選択できるようになった。（但し、二〇〇〇年の憲法改正で大統領の任期が七年から下院と同じ五年に短縮され、大統領任期中に総選挙がおこなわれる可能性は減少した）。

グローバル化、ヨーロッパ化と政治危機

このようにミッテランは、ドゴール以来の内外政のスタイルを継承し定着させたが、定着すると同時に、第五共和政の統治は一九八〇年代後半以降、多くの面で危機に直面し始める。

①外　交

まず冷戦の終焉はミッテラン外交の根底を覆した。米ソ二極構造の崩壊はフランスやヨーロッパが独自の影響力を発揮する前提を失わせた。ＥＵ建設が「フランスの偉大」の土台となるという期待も裏切られつつある。イラク戦争時のＥＵ諸国の分裂に明らかなように、東方拡大の結果、ＥＵ内部におけるフランスの主導権は大きく揺らいでいる。

②経　済

ミッテランが経済政策を転換して以後、グローバル化・市場化がヨーロッパ統合と平行して進み、フランス政府は、かつてのような自国の経済に対するコントロールを失った。通貨統合（一九九九年、ユーロ導入）とこれに伴う安定・成長協定によって、金融財政に関する操作の余地は著しく狭まり、どの政権も一〇％前後の失業率を容認してきた。EU大の競争に備えて国境を越えた統合・合併が進む一方、大企業は直接EU委員会の規制に服するようになった。他方、フランス政府は、シラク政権（一九八六～八八年）以降の民営化政策によって財政面での統制手段を失っており、企業への影響力は地に落ちた。

その他の分野でも、かつて「指導経済」と称されたフランスの経済運営は、急速に英米の市場中心モデルに接近しつつある。これに対して、社会経済的公正を国家の責務と考える世論の反発は強い。法規制と政府の仲裁に依存していた労使関係も、一九八二年のオールー法で自由化・分権化された。この改革の影響を受けて従来の全国労組は企業組合に取って代わられ、経営側主導でパート労働などの導入が進められた。一九九七年にコアビタシヨンで政権を奪回したジョスパン（社会党）内閣はこの傾向に危機感を持ち、オランダのように、政労使の協議によって秩序ある自由化を進めようと、時短と「柔軟化」を組み合わせた「三五時間法」を導入したが、その受け皿になるにはフランスの労組は弱体すぎた。農民の間には、EUのCAP改革による農業保護削減と市場の自由化に対して不満が高まり、反グローバル化を唱える左派系の組合が、農業省と提携した農民組合FNSEAを脅かし、大規模な抗議活動が頻発している。

③政党政治

第一次ミッテラン政権が実施した改革のもう一つの目玉は地方分権化である。県や地域圏の首長を内務官僚である知事から各議会の議長に切り替え、権限と財源を大幅に地方に移転することで、ナポレオン以来の中央集権国家は一変した。反面、国会議員の多くが地元で地方公選職を兼職していたため、分権化で地方首長が自由に（知事の統制を受けずに）使える財源を増やすことは、中央政界指導者による大規模な不正・汚職に直結した。一九九〇年代前半には、社会党などの党ぐるみの裏金作りが暴かれた他、左右両陣営の有力者が多数摘発され、捜査の手はシラクら最高指導者周辺にも及んだ。政治家・政党への不信感は頂点に達し、「代議制民主主義の危機」が語られるにいたった。ドゴール以後の第五共和政は政党を統治の骨格としてきただけに、その腐食は深刻な危機を招く。

これを利用して勢力を伸ばしたのが極右・国民戦線である。移民（アラブ系やアフリカ系が主な攻撃対象）の存在を失業問題に直結するキャンペーンと、党首ルペンのカリスマを武器に、一九八四年のヨーロッパ議会選挙以降、躍進した。一九八六年の総選挙で下院に進出し、大統領選挙では一九八八年以後の三回すべてで一五％前後を獲得し、二〇〇二年には遂に決選投票に進んだ。かつて社共両党を支持していた労働者・民衆階層が排外的ナショナリズムに走る「左翼ルペン現象」が一九九〇年代以降の国民戦線の躍進を支えたといわれる。既成政党は政治改革を訴えて世論の信頼回復に努め、ジョスパン政権は国会議員の兼職制限や、選挙名簿の候補者を男女同数にする規制を導入した。しかし増大する棄権や極右極左への抗議票を抑えるのは容易ではない。社会経済政策やヨーロッパ統合など中心的な争点では、主要政党間にほとんど違いはなく、政権交代は繰り返されても、実質的な政治的選択肢が消滅しているからである。

④リーダーシップ

一九八六年以来、繰り返される政権交替の中で、国民が二つのタイプのリーダーシップの間で揺れている姿が浮かび上がってきた。一九九五年大統領に当選したシラクは、一一月、ジュペ内閣に公共部門の年金制度改革を強行させて、一カ月に及ぶゼネストを惹起した。さらに、通貨統合をフリーハンドで進めるべく、一九九七年四月に下院を解散して総選挙に打って出たが、左翼に政権を奪われる結果となった。いずれも、大統領となったシラクがドゴール型の「英雄的」リーダーを演じようとするのを、世論が明確に拒絶したものといえる。大統領のパフォーマンスの空虚さに世論が失望すると、一九九三年のバラデュール、一九九七年のジョスパン両首相のような、対話と合意を重視するリーダーの人気が高まる。しかし、両者がいずれも大統領選挙の第一回投票で敗退したことが示すように、なお「英雄的」な指導者への待望は根強い。しかし、冷戦が終わりヨーロッパ統合が進展するなかで、その期待に応えるのはもはや至難であり、イラク戦争のような絶好の機会は今後、そう何度も訪れるわけではない。

かくして現代のフランス政治は、グローバル化とヨーロッパ化が平行して進むなかで、抗う術のない巨大な社会変化に対していかに適応すべきかを模索する時期を迎えている。

参考文献

モーリス・デュヴェルジェ著、西川長夫・天羽均訳『ヨーロッパの政治構造――人民なき民主主義』合同出版、一九七四年。

中木康夫『フランス政治史』(中)(下)、未來社、一九七五～七六年。

ジャン・シャルロ著、野地孝一訳『保守支配の構造――ゴリスム　一九五八―一九七四』みすず書房、一九七六年。

スタンレイ・ホフマン著、天野恒雄訳『フランス現代史』三巻、白水社、一九七七年。

アニー・クリエジェル著、横山謙一訳『フランス共産党の政治社会学Ⅰ』御茶の水書房、一九八二年。

宮島喬ほか『先進社会のジレンマ――現代フランス社会の実像をもとめて』有斐閣、一九八五年。

ジャック・ヘイワード著、川崎信文ほか訳『フランス政治百科』上下、勁草書房、一九八六～八七年。

中木康夫編『現代フランスの国家と政治――西欧デモクラシーのパラドックス』有斐閣、一九八七年。

ピエール・ビルンボーム著、田口富久治・国広敏文訳『現代フランスの権力エリート』日本経済評論社、一九八八年。

モーリス・デュヴェルジェ著、平林正司・田代葆・木俣章訳『市民の共和国』三嶺書房、一九九〇年。

櫻井陽二編『フランス政治のメカニズム』芦書房、一九九五年。

岩本勲『現代フランス政治過程の研究　一九八一―一九九五』晃洋書房、一九九七年。

畑山敏夫『フランス極右の新展開――ナショナル・ポピュリズムと新右翼』国際書院、一九九七年。

アントワーヌ・プロスト著、村上眞弓訳『20世紀のフランス――歴史と社会』(新装版)昭和堂、一九九七年。

渡邊啓貴『フランス現代史――英雄の時代から保革共存へ』中央公論社、一九九八年。

ピーター・モリス著、土倉莞爾・増島建・今林直樹訳『現代のフランス政治』晃洋書房、一九九八年。

松村文人『現代フランスの労使関係――雇用・賃金と企業交渉』ミネルヴァ書房、二〇〇〇年。

中山洋平『戦後フランス政治の実験――第四共和制と「組織政党」一九四四―一九五二年』東京大学出版会、二〇〇二年。

ロベール・フランク著、廣田功訳『欧州統合史のダイナミズム――フランスとパートナー国』日本経済評論社、二〇〇三年。

レイモンド・ベッツ著、今林直樹・加茂省三訳『フランスと脱植民地化』晃洋書房、二〇〇四年。

モーリス・ラーキン著、岩村等ほか訳『フランス現代史』大阪経済法科大学出版部、二〇〇四年。

扉図出典：Jean-Paul Caracalla, *Saint-Germain-des-Prés*, Paris 1993, p. 93.

コラムⅫ

街頭の政治？

中山洋平

パリ旅行の最中に運悪くメトロのストに出くわすのはよくある話だが、もっと驚かされるのはデモの多さだ。パリにはデモの定番コースがいくつかあるが、デモのある時間帯は、通りに面したメトロの駅は閉鎖され、バスもルートを変える。迷惑なはずだが、たいていの人は当然のことと受け止めているようだ。自らの信条や権利を守るため街頭に出て抗議するのは市民的権利の一部だ。そんな意識が感じられる。同じ視線はストにも向けられる。一九九五年一二月、公共部門の年金制度改革に抗議して公務員がゼネスト状態に入った時、公共交通が麻痺するなど、日常生活に大きな支障を受けたが、過半の市民はスト中の公務員に最後まで連帯を表明し続けた。

実際、フランスでデモやストの成否を決めるのはまず世論の支持があるかどうかだ。デモを呼び掛ける政党、労組や人権団体などは、どの団体も構成員の数はごく僅かでしかない（冷戦期の共産党が唯一の例外）。それが場合によっては一〇万単位の人の渦に膨れ上がるのは、抗議に共感したごく普通の人々が隊列に加わるからだ。

こうした市民の街頭での行動はしばしば政治の流れを大きく左右している。九五年末の大ストは地方都市を中心に無数の支援デモを呼び起こし、結局ジュペ内閣は改革案の撤回に追い込まれた。九三年十二月、右派内閣が提出した私立学校への国の財政援助を強化する法案が可決されると、「ライシテ」堅持を訴える教員組合などの呼び掛けに応じて数十万の群集が集まり、結局政府は法案を諦めた。デモ側と政権は互いに自らの正しさをメディアを通して世論に訴える。デモへの参加者数が増えれば政権側の負けである。まさに「権力は街頭にあり」（タルタコウスキー）で、デモなどの市民の直接行動はこの国の政治過程の一部として制度化されているとさえいえる。近年では地方政治でもデモが使われるようになった。

民衆の街頭での抗議が決定的な転換点となった例は、一九世紀末の民主制の確立以来、多数に上る。第三共和政の議会体制の下では、世論から乖離した閉鎖的な政治運営に抗議する形で、世紀末のブーランジェ運動、戦間期の極右リーグなどが世論の不満を吸収した。これに対し、人民戦線の際は左翼も大衆動員で対抗し議会共和政を防衛した。五〇年代からは農民など旧中間層の抗議が目立つようになる。九〇年代にはデモの政治性が薄れ、主役も政党や労組から移民差別反対などを掲げる社会運動に移りつつある。政治構造の変化に適応しながらも、「街頭の政治」はフランス政治の特徴であり続けている。

コラムXIII

赤い郊外

中山洋平

二〇〇二年春の大統領選挙・下院選挙で、共産党は、いずれも五％を割り込む壊滅的な敗北を喫した。追悼記事を書くのは少し気が早いかもしれないが、共産党は二〇世紀のフランス政治を語るうえでなくてはならない政党だった。一九五〇年代の冷戦期に全盛期を迎え、八〇年代以降、急激に衰退したその姿は、フランスにおける「労働者階級」の登場と解体を映し出している。

第一次世界大戦後の急速な重工業化は大量の非熟練労働者を必要とし、国内の農村やイタリアやポーランドなどの外国から、多数の「移民」が大都市郊外に集まってきた。共産党はこの新たな都市貧民層を、労組や自治体、住民団体、さらには文化・余暇団体などを通じて強固に組織した。こうした大衆組織をフルに動員することで、同党は三〇年代半ばに突如、国政の舞台に踊り出た。

もちろん、実際には、共産党の支持基盤は極めて多様であり、特にレジスタンスを経た第二次世界大戦後には、図7-1のように、中央山塊の西側や南東フランスを中心に農村にも広く、深く浸透した。しかし、パリなど大都市周辺の「赤い郊外」とよばれる地域は、共産党が三〇年代前半に台頭する足掛かりとなった、党発祥の地である。何よりも、冷戦期の共産党が生み出した、半ば閉鎖的な「対抗社会」の標本であった。家族ぐるみの入党に始まって、近隣の日常生活から労働現場まで、濃密なネットワークで支持者を包み込もうとするその姿は、ドイツや北欧の社会民主主義政党によく似ていた。

しかし、工業化が進み都市に貧民が集住すれば自動的に「労働者階級」が組織されるわけではない。実際、世紀末から第一次世界大戦後までフランスの社会主義運動をリードした社会党（ＳＦＩＯ）やＣＧＴは、北部を例外として、決して後の共産党＝ＣＧＴブロックのような強力な組織基盤を築くことはできなかった。

共産党が大衆組織化に成功した背景としては、この時期の大都市郊外への人口流入が既存の政治・社会的秩序を破壊したことが指摘できる。「赤い郊外」の住人には、農村から出てきた「フランス人」や外国からの移民が多かった。こうした人々を大量に受け入れて揺らぎ始めた郊外の街こそ、共産党市政の舞台だった。労働者の組織化に成功したのは、「政党からの自律」という一九世紀末以来の労働運動の鉄則を打ち破って、党・労組が一体となって運動を進めたからだったが、これは、流れ込んできた新たな労働者層が、第一次世界大戦前の熟練工中心の運動の文化や規範に無縁だったからこそ可能だった。

しかし問題は共産党がいかにしてこの好機を摑んだかである。「赤い郊外」に関する限り、深刻化する住宅問題への対応が決定的だった。フランスでは隣国に比べて、国や自治体が低所得層への住宅供給に本格的に関与し始めるのは大幅に遅れた（二八年のルシュール法が嚆矢）。共産党はその間隙を衝き、都市貧民の不満を汲み上げることで巨大な党組織の礎石を築いたのである。

面白いのは、「低廉住宅（ＨＢＭ）」のような団地型の集合住宅だけでなく、分譲地の一戸建ても共産党の足場となったことだ。二〇年代の好況で貧しい労働者も社会的上昇を夢見、市内の劣悪な賃貸住宅を抜け出し、「広々して空気もきれいな」郊外で庭付き一戸建てのオーナーになろうとした。実際、パリの郊外で戦間期に建てられた住宅は、ＨＢＭよりも一戸建ての方が戸数は多かった。問題はその質である。当局が二六年まで規制を怠ったため、庶民の夢を食い物にする開発業者が跋扈した。半数以上の分譲地が道路、下水など、生活に不可欠なインフラも不十分なまま売られた。なけなしの貯金をはたいた居住者の不満は強く、共産党はこれを組織化のテコとした。二八年のサロー法で欠陥分譲地のインフラ整備に政府が資金を提供するようになってからも、制度の不十分さに不満は絶えなかった。ＨＢＭも似た経緯を辿った。セーヌ県では、社会党のセリエらを中心に、国に先駆けて自治体によるＨＢＭの建設が進められたが、資金不足から設備や管理は行き届かず、不満を強めた居住者団体は相次いで共産党の傘下に移った。

このように、戦間期の共産党は、まず居住区単位の組織化に成功し、これをテコに郊外の市町村多数（三五年選挙で二七）で政権を握った。共産党市政は住宅改善に加え、失業者支援や青少年育成などの施策で都市貧民に具体的な便益をもたらすことで、支持基盤を固めた。

しかし六〇年代に入ると、「赤い郊外」の濃密な組織ネットワークは緩み始める。車によって街の外との交流が日常的になり、ＴＶが全国共通の娯楽を届け始めると、近隣との付き合いは間遠になった。当時を知る人は女性の職場進出も決定的だったと回顧する。共産党に残されたのは、石炭・鉄鋼・造船といった重厚長大産業の労組だったが、それも石油危機以降の長期不況と産業構造の転換で八〇年代半ばには落日を迎えた。

戦間期の工業化と都市化を利用して「ブルジョワジー」を震撼させる「怪物」となった共産党は、戦後の高度成長がもたらした大衆消費社会の到来という新たな社会変化に適応できず、陽に当たった雪のように融けていった。確かに新中間層の取り込みでは七〇年代に新社会党に先を越されてしまったが、他に道はなかったのだろうか。戦間期の共産党は、ヨーロッパ系の移民を労働者階級の連帯のネットワークに統合することで、党組織を拡大軌道に乗せた。大恐慌下、労働市場で競合する移民への排斥が高まるなか、共産党が移民の唯一の擁護者の役割を果たしたのである。それでは、なぜ同じことを戦後の高度成長期にやってきたアラブ系・アフリカ系に対してできなかったのだろうか。大都市郊外のＨＬＭに住み、低賃金労働と厳しい差別、失業に苦しむ彼らを組織し統合する政治勢力は、結局、現代にいたるまで現れていない。

第Ⅱ部 もうひとつの近代フランス

第八章　女・男・子どもの関係史

長谷川まゆ帆

家族の肖像（19世紀）

子どもの数が減り，母親と子どもを中心にした家庭の様子が描かれている。子どもたちは可愛い子ども服を身につけ，室内には子どもの玩具も見られる。また部屋着姿のままうつむき加減に子どもたちを見守る女と，画面奥の書斎机にいて外部にまなざしを向けながらペンを走らす背広姿の男とのコントラストが特徴的である。

1789年10月５日のコンコルド広場

国王にパンを求めてヴェルサイユに向かうレ・アルの魚売りの女たち。国民衛兵に伴われて市内を通過していく女たちの声とどよめきは，街区の多数の女たちを巻き込んでふくれあがり，６時間後，王宮に達した。参加者のなかには女装した男たちも含まれていたと言われている。

16世紀	「サリカ法」の名の下に女に王位の継承を禁止
1491	シャルル８世，ブルターニュ公女アンヌと結婚
1516	ボローニャ政教協約
1539	ヴィレル・コトレ王令
1556	妊娠届け出令
1560	オルレアン王令。カトリーヌ・ド・メディシス，息子シャルル９世の摂政（～63）
1610	マリ・ド・メディシス，息子ルイ13世の摂政（～14)。ランブイエ侯爵夫人の邸宅（「青の間」）のサロン開始（～62）
1643	アンヌ・ドートリッシュ，息子ルイ14世の摂政（～51）
1648	フロンドの乱（～53）
1659	モリエール『才女気取り』初演
1661	ルイ14世親政開始。以後，王族女性の政治的影響力排除
1673	ド・ラ・バール『両性平等論』出版
1702	カミザール一揆（～04)。ユグノーの女預言者，抵抗運動の拠り所となる。
1725	セヴィニェ夫人の『書簡集』死後出版
1747	ド・グラフィニ夫人『ペルー人の女の手紙』出版
1762	ルソー『エミール』出版
1775	ルセル『女の肉体および精神組織について』出版
1782	ラクロ『危険な関係』出版
1788	ド・サン・ピエール『ポールとヴィルジニー』出版
1789	フランス革命。女性クラブの出現，「人および市民の権利宣言」発布，ヴェルサイユ行進。コンドルセ『女性の市民権の承認について』出版
1791	ド・グージュ「女権宣言」を王妃に請願
1792	離婚法成立
1793	「革命共和女性協会」成立。女性クラブ閉鎖。マリ・アントワネット，ド・グージュ，ロラン夫人ら処刑
1795	女性の議会傍聴，集会，政治集会禁止令，家庭復帰令
1804	ナポレオン民法典制定
1816	離婚法廃止
1832	初等教育令
1850	ファルー法成立
1880	カミーユ・セー法（女子中等教育法）成立
1881	セーヴル女子高等師範学校開設
1884	ナケ法（有責主義裁判離婚承認）成立
1887	既婚女性の給与自由裁量権承認。デュラン『ラ・フロンド』創刊
1901	アソシアシオン法（結社法）成立
1906	女性参政権法案議会で否決
1909	無給の出産休暇の承認，1924年以降有給化
1920	避妊宣伝および堕胎取締法可決
1938	民法典から「妻の服従義務」規定撤廃
1945	女性参政権の承認
1946	性による賃金控除廃止。公務員の性差別禁止。両性の平等保障
1949	ボーヴォワール『第二の性』出版
1965	民法改正（妻の行為能力，職業従事の自由完全承認。夫婦財産制改正）
1968	「五月革命」。女性解放運動（MLF）の誕生
1970	無名戦士の墓でフェミニストデモ。女性国民会議開催。父母共同親権原則の採用
1974	ヴェイユ法（妊娠中絶自由化法）可決，1979年恒久化
1991	女性首相クレッソン内閣成立
1999	パックス法（連帯民事契約法）可決。パリテ法（男女同数代表制法）成立

1　アンシアン・レジーム期

表象における女と男、子ども

フランスの近世／近代の女や男、子どもたちはかつてどのように生きていたのだろうか、こうした問いかけに数十年前までの歴史学はほとんど何も答えることができなかった。歴史叙述における女と子どもの不在は同時に性や身体をもった男の不在をも意味した。しかしこのような歴史叙述における偏りは一九七〇年代以降、徐々に変化してきている。現にここ二〇年ほどの研究によってもすでに多くのことが明らかにされ論じられてきた。ここでは近年の研究の諸成果を踏まえて、近世から近代、現代にいたるフランスの女と男、大人と子どもの関係史をかいつまんで概観してみよう。

革命以前には、そもそも社会諸集団の間に身分という不平等を前提とする差異が存在していた。男と女は平等ではなかったし、平等であるべきだと考えられていたわけでもない。子どもは「小さな大人」と見なされ、少なくとも一六、一七世紀には特別な配慮を必要とする存在とは考えられていなかった。そのため子どもについてはあまり言及されることがなかった。近代初期においては一般に女は男よりも劣った存在であると考えられていたが、そうしたイメージや信念を支えていたのは、古代や中世にあった言説からの借用物であることが多かった。特に一六世紀以降、活版印刷の果たした役割は大きく、「女の劣位／劣性」についての言説や図像がそれまでよりも頻繁に現前し広く流布していった。

たとえば古代ギリシアの医者ガレノスや哲学者アリストテレスに忠実な一六世紀の学者たちは、「湿った、冷たい女」は生殖器の裏返った「不完全な男である」との考え方を広めていたし、アンブロワーズ・パレのような自ら解剖経験をもつ外科医は、解剖の知見の上に「女の身体は男の不完全な反映にすぎぬ」とこれを語り直した。同様にモンペリエ大学の学長ローラン・ジュベールも印刷物を通じて「男は女よりも価値があり優秀かつ完全である」と述べていたし、内科医ヨーハン・ヴァイヤーは女に「欠陥」があることを理由に魔女への寛容さを求めた。これらは女嫌いの特殊な例外ではなく、この時代の科学と心性の現状を映し出すものである。たしかに学者たちのなかには、ヒポクラテスの影響から「男の精液ほど活発ではないにしろ、女もその精液によって生殖に協力している」と考えた者もいた。しかし内科医レムニウスが述べていたように「女はただ男に腹を貸すようなもので、男はただ自分のものを持ってきて汚れ物をそこに下すようなものであり、女はその容れ物である」（一五七四年）という考えも広く流布していた。その後、胎生学や生理学、産科学への関心が高まり、一六七二年にはジュネーヴのグラーフによって卵巣が発見され、一六七七年には精子も発見されたが、一八世紀になってさえ、女が生殖に大きな役割を果たしていることを誰も認めようとはしなかった。

たしかにモンテーニュは、自然は常に完全なものを生み出すという信念から前述のパレの「裏返し」の見解を批判していたし、やがて多くの医者も解剖を経て「女は男の劣ったコピーではない」と主張し始めるが、その結果、今度は、女性性は「子宮」「母体」「母」という固有性をもった全き器官と重ね合わされて解釈され、実体化されていった。この器官は女を過ちへと導く専制的なものであり、女を短気で動物的で不安定で怒りっぽくさせるおそろしい器官としてもイメージされた。一八世紀になると「ヒステリー」が女の病理を象徴する女に特有の病と見なされ、気質を云々する理論から女の「生来の劣性」が繰り返し語り直された。

一方、カトリック教会は、妻の位置は、相互の合意、一夫一婦制、離婚の禁止を前提とするキリスト教の婚姻の秘蹟を経ることで改善できるとし、婚姻を聖化していた。また、人間の邪悪の根源にあるとされた女＝イヴを断罪しつつ、女をサタンの創造物であると見なして危険視する一方、マリア崇拝を容認し、やさしさや愛、慈悲や平和と女性イメージを結び付けようともしていた。しかし、医者たちと同様、彼らもまた古代の文献に依存し、福音書では両性の平等がうたわれていたのに、他方では女の劣性を示すさまざまな言説が繰り返し産出されていた。たとえば聖パウロの言葉は頻繁に引き合いに出されたが、彼はすべての存在はキリストのなかで一つなのだから性差については忘れよと主張しながら、一方で地上では女は男に服従しなければならないとも説いていた。

また中世からミサの説教などを通じて知られていた女とその肉体への恐れの観念は、魔女狩りや告解の手引書、宗教的な言説、印刷された宗教書の普及によっても広がっていた。一六世紀から一七世紀前半にかけてさかんにおこなわれた魔女裁判は、妖術を使う女や男、子殺しに関与した女をことごとく魔女として断罪したが、それらはカトリックの秩序が十分に浸透していない辺縁地域により密度濃く展開された。魔女裁判に際しては、一五世紀末にドミニコ会の異端審問官ヤコブ・シュプレンガーとハインリッヒ・クラマーによって書かれた『魔女の槌』がこの時期になって改めて引き合いに出され、ステロタイプな魔女のイメージが構築されていった。また異端審問に携わった司法関係者のなかには、たとえばナンシーの世俗裁判所の最高検事ニコラ・レミ（在職期間一五九一～一六〇六年）のように、自分の携わった裁判をもとに魔女裁判の膨大な手引書をまとめて出版し、後々まで影響を与えた例もある。ちなみに一六～一七世紀には、女だけでなく、狂人、貧民、同性愛者、妖術師、神を冒瀆する異端、錬金術師らも魔女狩りの犠牲者であった。

この時代には男は社会的、人格的な身分によって規定されていたが、女は男の家長を中心とする「家＝血縁ないしは擬似血縁的組織」や「戸＝王権が人口調査をする際に数える家の単位」の枠内に包摂されていて、農民であれ職人であれ、貴族であろうと、女は妻であり母であるという役割のもとに定義され、位置づけられていた。この時代の家とは、生き残るために家産を維持し、継承し、できれば社会階梯の上昇を望んでいる経営体であり、夫婦や構成員の感情よりも家の利害を中心にして運営されていた。愛情が結婚の本質であるとの考え方が生まれるには一八世紀以降を待たなければならない。王権がその中央集権的な秩序や思考の枠組みを徐々に明確にしていくと、絶対王政の擁護者であった法学者ジャン・ボダンが『国家論』（一五七六年）の中で述べているように、家は、国家の無秩序や無政府主義を避けるために必要な統治上の基礎的単位と見なされた。ボダンによれば、君主権は家政を統治している「生来の」権威のなかにその合法性を見いだすことができ、妻の夫への従属は公なるものの繁栄のために必要なことと見なされた。妻の従属は世帯内の平和のみならず世の中全体がうまく機能するうえで不可欠であり、妻の不服従は社会の無秩序と同義とされた。それゆえ、この女の気質を狂気へといたらしめる恐れをコントロールせねばならず、未成年の子どもと同様、妻を夫の保護下におくことが必要だと見なされた。そこには女は無能であるためにこれを保護しなければならないという考え方も内包されていた。夫は夫婦を単位とする社会の長であり、その名前と住居、身分を妻に強い、妻が従わなければ、懲罰権を行使して修道院に閉じ込めることもできた。妻は法的に無能であり、財産分与はもちろん、契約書を交わしたり、贈与を受けたり、裁判で証言をおこなう場合にも、夫の同意を必要とした。

女の法的な地位は、そもそも貴族と平民で異なっていたが、加えて民事領域では、地域ごとに多種多様な慣習法が存在し、実質的に機能していた。ローマ法に由来する成文法地域（例外もあるが、主にラ・ロシェル＝ジュネーヴ線より南の地域）と、六五は下らない一般慣習法（五八の「地方（プロヴァンス）」に対応）、三〇〇以上の局地慣習法（一八世紀末には約二〇〇）の支配しているそれ以外の諸地域（ほぼ「地域（ペイ）」に対応）とでは、相続や身分規定などあらゆる点にちがいがあった。たとえば婚姻に関して言えば、慣習法地域では娘は結婚すると夫権のもとに組み込まれ、寡婦になるともはや父の同意を得ずとも再婚できたが、成文法地域では家長の権力は重く、娘は結婚しても死ぬまで父権の下に置かれていた。しかし慣習法地域では一子相続が基本でたいていは男子が継いでいたのに対し、成文法地域では長子相続が基本で、父が継承者を決める名残か、逆に娘が家を継ぐことも多々あった。実際、ピレネー地方では、性にかかわりなくあらゆる場合に長子相続がおこなわれていたため、長子が娘である場合には、土地や家屋の相続者となったその娘の夫が妻の家にきて同居した。一方、慣習法地域では、父が亡くなると兄弟、姉妹は少女も少年も年長者も平等に財産を分けあったが、結婚している娘は婚資以外の財産分与を受けることができなかった。慣習法は一五世紀以来、二度にわたって成文化が試みられ、王権によってもたらされる、より普遍的な法とのせめぎあいのなかで次第に統合・整理されていく運命にあったが、アンシアン・レジーム期にはなお両者は並存し、繰り返し再構築されながら生き続けていた。

ちなみに、寡婦となった女の処遇についての規定をみる限り、慣習法では比較的柔軟に解釈されていた。夫が亡くなり寡婦となった女は法律上の能力を有するものと見なされ、財産を相続し、契約したり利益を管理したりすることができたからである。また、その名誉を守るために婚資を取り戻すことができただけでなく、結婚後に夫婦で築いた財は共有財産と見なされ、配偶者の死後は、性に関係なくその財産のすべてないしは一部（慣習法地域では夫の財産の三分の一）を継承した。ちなみにパリでは、遺産の半分は妻に、残りを子どもに相続させ、寡婦には夫に借金があっても受け継ぐ義務が免除されていた。また財産共有制の考えから、単に遺産の分け前に与るだけでなく、夫の遺言によって終身年金が与えられることもあった。もちろん借金のとりたてや夫の家族の妬み、前妻の子との競合など揉め事は絶えなかった。そのために王権は、王令によって、たとえば寡婦の二度目の結婚に際してあまりにも大きな財産を次の夫に贈与することを禁じたり（一五六〇年の王令）、未成年で寡婦となった場合には再婚に際してその家の父の同意を要することを命じる（一六三九年の王令）など、さまざまな規定を設けて寡婦の尊厳にかかわる諸権利を制限していった。

日常性と男女の混淆

トリエント公会議以後、ローマ・カトリック教会は風俗や信仰生活の矯正をめざして一般信徒にも積極的な働きかけをおこなうようになるが、その過程で、性は汚く恥ずべきことになっていき、婚姻内の夫婦の嫡出子の出産を目的とする性関係が聖化される一方で、婚姻外の性関係はことごとく蔑まれ、断罪の対象となっていった。教会は何よりも婚姻の秘蹟を重視し、重婚や隠れて同棲している信者を破門した。これと並行してアンリ二世は、一五五六年に、子殺しと未洗礼死産児の放置を防ぐ目的から、未婚の娘や寡婦が妊娠した場合には、出産に先立って予め当局に届けを出すことを命ずる王令を出している。また一五六〇年にはオルレアン王令によって、中世には容認されていた都市の売春宿や公衆浴場の閉鎖を命じた。違反者への取り締まりを強化し、婚姻外の性的な関係や出産に対して監視を強めていった。その結果であろうか、婚姻外の出生率はすでに一七世紀に一％にまで落ちこんでいる。しかし、だからといって婚姻外の性関係が消滅したわけではない。婚前の関係や同性愛はもちろんのこと、同棲、売春、姦通や不貞などさまざまな形に訴えて、婚外の性関係は存在し続けた。一八世紀になってさえ、カトリックの聖職者もその例外ではなかった。こうした教会や国家あるいは「良識ある人々」による働きかけが、あらゆる人々の行動や意識に深く刻印され、規範が内面にまで浸透していくのは一八世紀以降のことである。

結婚は一般に農村の方が早婚で、都市では相対的に遅く、都市でも農村でも特に一七世紀の経済危機の時代に晩婚化が進んだ。平均結婚年齢は一六世紀には女が二二歳、男が二四～五歳であったが、一八世紀になると、女が二五～六歳、男が二七～八歳に上昇している。晩婚化は、初産の年齢を確実にひき上げるため、結果として出産回数を減らす効果があり、経済危機に対応して編み出された家族戦略でもあった。また中世以来教会は四親等までの血縁者間の結婚を禁じてきたが、さらにトリエント公会議以降は、親の同意なく結婚することが禁じられた。一方、アンリ二世は一五五六年に、結婚は三〇歳までは親の同意を必要とすると命じ、父権の強化を促した。婚姻の解消（離婚）は、カトリックの場合、死別を除いて禁じられていたが、夫の素行が悪い場合や夫の性的不能が立証される場合には、裁判を経て「肉体の分離」すなわち別居が正式に認められることがあった。

既婚者は一八世紀の終わりになるまで避妊をしなかったとされている。しかし性交中断はもちろんのこと、堕胎の方法は多種多様に存在し、母から娘へと伝授されていた。人口史研究の成果によれば、通常、平民の男女は結婚すると閉経期までに五回から七回の出産を経験したが、新生児の三分の一から四分の一が一年以内に亡くなり、一〇歳から一五歳までに半分が死亡した。そのため、一八世紀の半ばまでは多産ではあっても、ペストや飢饉、戦争の影響もあって死亡率も高く、総体としての人口は停滞していた。それが一七世紀末に経済危機が遠のき、農法の改良などによる農業生産の増大、温暖化や相対的な社会の安定もあって、食糧事情が徐々に改善されていくと、一八世紀の半ば頃から乳幼児死亡率が低下し、人口が規則的に増加し始めた。その結果、今度は逆に多産少死による子沢山の貧困化が深刻になり、捨て子が増加した。こうした人口増を抑制するための方法として、以前にはプロテスタントなど一部の限られた人々の実践でしかなかった産児制限も徐々におこなわれるようになっていった。その結果フランスでは一八世紀末以降、少産少死型の人口構造への移行が始まっている。

生まれたばかりの子を乳母に預ける習慣は、一六世紀には貴族や富裕層に限られていたが、一八世紀になると広まり、特に都市ではあらゆる階層に一般化した。母乳は古くから「白い血」と信じられ、一八世紀には母乳を勧める医者の言説もみられたが、一八世紀後半の上流層では「母乳」はすでに死語と化していた。一方、農村では、子どもは出産から七歳までは実母が育てる慣習が根強く保たれており、都市で生まれた乳幼児は出産直後から離乳までの数年間、都市近郊の農村の乳母のもとに預けられた。それによって都市の細民の女は産後もすぐに働くことができ、逆に農村で乳幼児を抱えている女も乳母をしながら一定の収入を得て生きることができた。一八世紀には都市と近郊農村の間にこうした生存のための相互の依存関係が成立していた。また住み込みの乳母であれ、農村の乳母であれ、乳母に育てられた子どもは、親の暮らす環境、育った階層とは異なる文化や価値に触れて成長した。しかし産後すぐに赤ん坊を乳母に預けた妻は、母乳を与えることで分泌されるホルモン（プロラクチン）の避妊効果が得られないため、頻繁に妊娠し、場合によっては生涯に一二回から二〇回ものお産を経験することもあった。度重なる妊娠と出産が女の健康を蝕まないはずはない。妻の早死により同じ配偶者と結婚している期間は短く、一六世紀には平均一〇年から一二年、一八世紀でも一五年から一八年であった。この時代の家族は一般に核家族だったが、同じ屋根の下には血縁の親子や親族以外にも、牛飼いや羊飼い、小間使い、乳母や葡萄作りなどもいて、非血縁の奉公人が多数同居していた。

一方、王国の北部地域の課税台帳を用いてなされた研究によると、この時代の半数近い女が、夫と死別するか、生き別れていて、配偶者なしに暮している女はまれではなく、一〇世帯のうち四世帯は伴侶のいない女によって切り盛りされていた。実際、納税者名簿に寡婦の名前があがっている例も珍しくない。男は再婚するケースが多く、寡婦はそのまま独身を続ける割合が高かった。また都市では、死別だけでなく、夫の出奔により置き去りにされる女もいて、革命後一七九二年の法律で離婚が正式に認められると、まずはこうした女たちから離婚を求める声があがった。こうした女たちは、実家や血縁の家に同居し家業を手伝ったり、家事や下働き、子守をする奉公人となって雇い主の家に住み込んだり、都市では経済的な窮乏もあって、女同士や姉妹、従姉妹あるいは愛人などと同じ部屋を借りていた。

公と私の境界は、後の時代ほど鮮明ではなかった。農村では家はなお生きるうえで必要な食糧や生活物資を生産し消費する場であり、次世代を担う人間を産み、一人前に育て上げる「全き家」の延長上にあった。女は家（私領域）、男は外（公領域）という二分法ではとらえられなかったのである。労働の場と家はそれほど隔てられておらず、家と街区、隣人間の距離も近く、男女の空間はいつも重なり合っていた。この時代にはなお、都市でも農村でも、街路や広場、居酒屋や旅籠など、およそ人が集う場所にはどこにでも女が姿を現し、共同体の利益が脅かされるような局面では、女も前面に躍り出てこれを守ろうとした。一八世紀には、食料危機に伴う小麦価格の高騰と悪徳商人による買占めなどからあまたの騒擾が頻発しているが、それらの騒擾の発端には女が多数みられ、引き金となる重要な役割を果たしていた。早鐘がなると、女たちはシャリヴァリの記憶を呼び起こし、騒音を奏で、ためらうことなく叫んでは、男たちとともに投擲した。この場合の女の叫びや戦闘的な身振りは、生きる権利の表明であり、「正義」を代弁する声であり、モラル・エコノミーの健在な世界ではまさに「理性の叫び」でもあった。「女」は共同体の名誉を守る象徴であり、逆説的ながら、公的責任から免れている分、力強い防御壁となりえた。一揆や蜂起の際に男が女装したのも同じ原理による。多数の「女たち」の姿が一七八九年一〇月のヴェルサイユ行進にも見られた。（章扉下図参照）

ちなみに近世初頭にシャリヴァリが頻繁に行われたのは、一方では教会が婚姻の秘蹟の重要性を説きまた国家も父権を強めていきながら、他方では婚姻秩序の逸脱を規制する有効な手段が講じられずに放置されていたからであり、脅かされた性の秩序の回復と維持を目指す若者（男）たちが自ら懲罰に乗り出さねばならなかったからである。しかしシャリヴァリは乱闘や暴力沙汰の契機になることもあり、秩序を紊乱する恐れのある慣行として特に都市では厳しく規制されていき、遅くとも一七世紀末までにはほとんどの地域で消失していた。一八世紀の都市住民たちは、こうした若者の慣行がもはや遠い過去のものとなりつつあったまさにそのときにこれを想起し、共同体の防衛のために援用したのである。革命以前の「女の叫び」がもっていた象徴性は、革命期に古代ギリシアの女神像のイメージと融合し「闘うマリアンヌ」として焼き直され、共和国を防衛する市民、戦士としての男性兵士を鼓舞しながらその後も長く人々の記憶の中に生き続けた。ドラクロワの描いたあの自由の女神像は言うまでもなく、共和政の象徴としての「マリアンヌ像」がドーミエの版画や市庁舎や広場におかれた彫像、コインや切手、ポスターや絵葉書の中で繰り返し再現されたからである。

禁じられた領域

この時代の女は法的責任を負わないかわりに、権力の審級からも除外されていた。アンシアン・レジーム期を通じて、女は王権の行財政システムのなかで地位を得ることはなかったし、都市の市参事会や地方三部会でも、まれに代表を選出する選挙に女が参加することはありえても、代表として選ばれ、席を得ることはなかった。王位の継承に関していえば、百年戦争による王朝の危機のなかで王の娘に王位の継承が一時的に禁じられたが、この規定が一五世紀に「サリカ法」として理論化され、やがて一五～一六世紀のうちに王国の基本法となって確立され、以後、女はいかなる場合にも王位を継ぐことができなくなった。この名称は古代ゲルマンのサリ族の有していた「サリカ法典」にちなんだものであるが、しかし「サリカ法典」は女に王位の継承を禁じていたわけではなく、単にサリ族の土地の継承を禁じていたにすぎない。一五～一六世紀の法学者は、この長らく忘れられていた古法を引き合いに出し、そこに新たな解釈を付け加えて、女にはそもそも国を統治する能力がないと論じ、王位の継承から女を除外することを正当化していったのである。同様に彼らは女が軍隊の長につくことも禁じていった。

しかし時間的に見ていくと、ここにも微妙な差異が存在している。たとえば、王の妻の機能は子孫をなすことと王国内の平和に利することとに限定され、たしかにその地位は王子が誕生しなければ真に確立することはできなかった。しかし、王の妻は、キリスト教の婚姻の秘蹟により、王の臣民でありながらも主権者でもあるという両義性を獲得することができ、継承権こそもたなかったが、一七世紀の初めまでは国務会議にも出席していた。三部会の開催に際しては常に王の傍らにいた。また国王が遠征などで不在の際には、王妃が摂政として王に代わって統治した。さらに国王の死後、王位を継いだ王子がまだ幼少である場合には、母后が摂政を務めてその後ろ盾となり、新王が親政を開始するまでの間、政務の橋渡しをした。王子が成年に達する一三歳になると、摂政の称号は返還せねばならなかったが、母后の政治的力は強く、その影響力は実践面でその後も長く失われることはなかった。

一方、中世の宮廷には女はほとんどいなかったが、ブルターニュ公女アンヌが彼女のとりまきを宮廷に入れてこれを刷新し、以後、宮廷は王妃や王女とそのとりまきたちの住まう女の空間になった。王女たちはよく教育され、ラテン語やギリシア語を含む多言語に通じ、ユマニスムの影響を受け、数学や歴史、占星術その他の文芸にも明るく、多くの書物を蔵書として所有していた。雄弁にしてあまたの教養人を周囲に集め、粗野で蛮風であった宮廷の「文明化」「洗練」に貢献した。なかには自ら書物を著し、一八世紀の文芸サロンを予感させるような活発なサークルを形成する場合もあった。宗教戦争期には政務の前面に出てきて指導的な役割を果たした者も少なくない。フロンドの乱に際しても、王権に抗した高位の貴族の家柄のなかには、自ら男装して馬に乗り、戦略を練り、軍を動かし、たじろぐことなく前線に立つ女もいた。彼女たちには、国政と一族の中心にあるという自負があったからである。

その後、フロンドの乱の敗北は、リシュリューやマザランの時代から徐々に推し進められてきた絶対王政の確立に決定的な道を開き、ルイ一四世（太陽王）によってブルボン朝の支配が確立されていくが、ヴェルサイユ宮殿を拠点にした国王の存在に強い光が当てられるようになると、王妃や皇族の女たちは脇に押しやられ国政の重要なシーンから姿を消していった。王権は、中世以来の封建貴族（帯剣貴族）に代わり、すでに以前からブルジョワジー出身でありながら官職売買制度を利用して司法・行財政の官職を獲得し、貴族身分に叙せられてその身分を上昇させてきた新興貴族（法服貴族）に多くを依存するようになっていたが、ルイ一四世が親政を開始すると、この傾向はさらに推し進められていった。彼はもはや親族の力を借りるのではなく、王によって新たに称号を与えられた男の専門家からなる新興貴族、職業的エリート集団によって自らを基礎づけるようになっていったからである。ルイ一四世は即位するや否や、母后はもちろん、出自によって高位を占めてきた旧来の貴族たちをことごとく退け、あらゆる政務において王妃の列席を禁じた。

フロンドの乱の後、こうしたルイ一四世の改革に伴い、政治権力から隔てられていった富裕で爵位の高い貴族の夫人たちのなかには、娯楽や気晴らしを中心とする社交生活のなかに逃避し、そこに表現の場を見いだしていく者も現れた。彼女たちは女性に対しても無礼で粗野であった宮廷の蛮風を嫌い、当時イタリア育ちでイタリア・ルネサンスの洗練された文化を体現していたランブイエ侯爵夫人がルーヴル宮近くの邸宅で開いていた集いに学び、自邸の閨房や小部屋に客を招き入れ、食事を振る舞い、会話や文芸批評、詩作や音楽、舞踊、芝居、野外での遊びを楽しんだ。彼女たちは、凡庸であることを嫌い、月並みで卑俗なものから抜きん出て自らを洗練させていくことを志向していたが、彼女たちの活動は、モリエールの『才女気取り』（一六五九年初演）にも戯画化されているように、振る舞いや言葉使いの形式的規律に価値をおき、自らを他者から差異化し卓越させていくだけの差別的風潮にも映り、「プレシューズ（高尚な方々）」と嘲笑をこめて呼ばれもした。彼女たちは既婚者がほとんどであったが、「家政の臭いのする言葉」を嫌い、それがゆえにまた「気取り（プレシオジテ）」とも受け取られたが、しかし一方でそれは、強められていく父権、結婚や家の重圧、義務、規範への倦怠やしらけ、消極的態度の表れでもあった。実際、集いのなかで彼女たちは女の隷属を嘆いたり、自由な結婚について意見を述べ議論することがあった。こうした宮廷の外でおこなわれていた集いやその場所はやがてサロンと呼ばれるようになった。サロンは多様な学者や作家、文化人が集い、互いに出会う場所でもあり、一七世紀には古典主義文学を、一八世紀には啓蒙思想を育む温床となった。

2　啓蒙期から革命期

教育・識字率と性差

中世以来、修道院は富裕な階層の子女にとっての教育の場であり、一六世紀になると、ウルスラ会のように比較的慎ましい平民の女性にも門戸を開いて、女子教育に積極的に乗り出す修道会もあった（コラムXIV参照）。またルイ一四世の治世には、たとえばサン・シール校（マントノン夫人が一六八六年に創設）のように、貴族の娘たちを対象にした学校も建てられている。しかし大多数の男女は、学問や学術文化に触れることはもとより、読み書きを学ぶ機会も限られていて、一七世紀の終わりには、平民の女の一〇人中九人、男も一〇人中八人が自分の氏名を署名することさえできなかった。男子の場合、聖職者を養成する一部の神学校や、ルネサンス期以来、ユマニストによって開設されてきたギリシア語、ラテン語を教える古典語学校はあったが、それらは一部の富裕層の利用に限られていたし、家庭教師を雇う余裕のない平民は、独学や、偏差の大きい家庭での習熟に任せられていた。

しかし識字率が低いからといって、彼〔女〕らが文字文化からまったく切り離されていたわけではない。農村では、世代を超えた老若男女が集まって過ごす「夜の集い（ヴェイエ）」の際に、行商人の運んでくる僅かな書物を文字の読める者が音読して読み聞かせる習慣があり、夜なべをしながら多くの者が耳から文字文化や外部の情報に接していた。また婚姻証書や財産目録、契約や交渉に必要な書類は、専門の公証人によって作成されていたから、読み書きのできない者もできる者と互いに境を接しあい、文書を介した交換、交渉も広く日常生活のなかに浸透し、意識されていた。

他方プロテスタントはどの宗派も、信者自らが聖書に触れることを重視し、女子を含む識字教育には好意的だった。すでに一六世紀から、居住地の近くにフランス語で教える学校が建てられるようになり、一七世紀までに徐々に増えてもいた。カトリックもこうしたプロテスタントの動きに対抗し、日曜学校のような司祭の片手間仕事としてではなく、教区の費用で読み書きを教え教理問答を覚えさせる専門の教師を各教区の費用で雇うよう促し、幼いうちから確かな信仰を身につけさせるための「小さな学校」の設置に乗り出していた。王権もナント王令の廃止（一六八五年）後は、ガリカン教会と手を携え、主にプロテスタントから再改宗した親たちの多い地域を対象に、一六九八年、住民の費用で教区ごとに男女の教師を置くよう命じている。一八世紀になると、ジャン・バチスト・ド・ラ・サールの「キリスト教学校修道会」のように、フランス全土の都市に一〇〇を超える慈善学校を建て、貧民の男児に無料で読み書きを教える宗教団体が現れた。それに伴い教師を養成する機関も建てられ、全国均一の教育が試みられた。またパリのサン・ルイ・アン・イル教区のように、比較的富裕な層の女子を対象にした寄宿制の慈善学校（一六五八年創立）も設立されている。さらに一七世紀から一八世紀には、女子教育を必要だと考えるあれこれの言説、思想も現れている。こうした変化のなかで、一七世紀末から一八世紀末までの一〇〇年間に、男女ともに自筆の署名率は倍増している。

重要なのは、この時期に試行され、あるいは企図された教育のあり方が、革命以後の一九世紀から二〇世紀にいたる近代の学校教育の性格にも深い影響を及ぼしていったことである。たとえばカトリック教会の影響下にあった学校では男女共学が禁じられていたが、男女を分ける教育は、一九世紀に確立されていった公教育のなかでもみられ、一九六〇年代まで命脈を保ち続けた。また高位聖職者でもあり、静寂主義（キエティスム）の立場からルイ一四世の政治批判をおこなったと見なされ失脚した古典主義時代の作家フェヌロンは、その『女子教育概論』（一六八七年）の中で、富裕な階層の子女には身分にふさわしい秩序や規範を教える必要があり、彼女たちへの教育の目的は「家を管理し、夫を幸福にし、子どもたちを立派に育てる」ことにあると主張していたが、こうした考え方は一九世紀の公教育のなかでも形を変えて生き続けた。女子の中等教育はカミーユ・セー法（一八八〇年）によって実現するが、その文言には、女子中等教育の目的は「夫に気に入られ、子どもを教育し、家政でもって家を治め、良識と安寧を広げること」と記されており、宗教から切り離された教育をめざしていたことを除けば、フェヌロンの考え方とそれほど大差がなかった。

啓蒙期の医者や哲学者はたしかに一六世紀のようにあからさまには「女の劣性」を口にしなかった。しかし今度は、「自然が生み出す」男女の差異が強調され、性によって異なる教育の必要が啓蒙の理念のもとに唱えられ始めた。女が母として別個に定められた運命を有するという考え方は漠然とは一七世紀頃から練り上げられてきたものであるが、そうした考え方は一八世紀の最後の四半世紀にいっそう鮮明になった。大きな影響を与えたのは、ジャン・ジャック・ルソーの『エミール』（一七六二年）である。その中でルソーは、男であるエミールの教育は自由と独立心を鼓舞すべきであると述べながら、妻となるべき「ソフィ」には夫の「エミール」とは異なる教育が必要であり、女は男を育てるためにこそ育てられるべきだと主張した。ルソーの書は当時フランスでは禁書であったが、『エミール』は瞬く間に流布し、その後も長く読みつがれて近代の公教育のあり方に多大な影響を及ぼした。また一八世紀には産科学が外科学から分化し、生理学や女の身体への関心が高まっていたが、産科学や解剖学によって生み出された認識は男女の教育に差異を設けることを正当化する「科学的」論拠とされた。たとえばピエール・ルセルのような医者は『女の肉体および精神組織について』（一七七五年）の中で、女は「生まれながらにして家庭的で」「子どもを生むよう仕向けられている」「（女が）母になれるのは自然がそれを求めているからだ」と躊躇うことなく論じている。これは一八〇九年までに五版を重ねた。こうした論調は一九世紀を通じてますます増殖し、より精緻な「科学」言説によって繰り返し現前させられた。

啓蒙期になっても、行商人の運ぶ『青表紙本』は相も変らぬ「女の劣性」を描き続けていた。しかしその一方で、男女の本質的な平等を説く哲学者も存在した。デカルトの弟子で一六八〇年にいったんカトリックの司祭になり、やがてプロテスタントに帰依してジュネーヴに亡命したプーラン・ド・ラ・バールである。彼は、理性を優位においてあらゆる偏見を吟味し「精神に性差はない」と述べ、女や民衆のなかに学者がいないのは教育が欠けているからだと論じた。彼の思想はフェヌロンとは異なり、社会変革へと向かうラディカルな性格をもち、その著書『両性平等論』（一六七三年）は、モンテスキューやエルヴェシウス、ディドロやダランベール、コンドルセ、マダム・デピネをはじめとする啓蒙期の多くの思想家に影響を与えた。また『淑女教育論』では、軍隊・聖職を含むすべての職、領域を女に開放するべく、そのための根本的方策を提案していた。ちなみに『第二の性』（一九四九年）を著した女性哲学者シモーヌ・ド・ボーヴォワールも、このド・ラ・バールの思想から多大なインスピレーションを受けている。

一方、一八世紀の都市で王権批判を展開し、広範囲な民衆層の男女の共感を得ていたのは、啓蒙思想家やその信奉者の言説だけではなかった。一八世紀に地下に潜行して広がったジャンセニストの活動もそのひとつである。ポール・ロワイヤル修道院はすでに閉鎖され（コラムⅩⅣ参照）、学識ある後援者は沈黙し、コミットしていた聖職者は地下に潜るか、ロレーヌなど王国統制の届かない辺縁部の修道院や国外への亡命を余儀なくされた。王権は、一七二七年以降、パリに潜伏しているジャンセニストへの弾圧を強めていたし、一七一三年に出されたジャンセニストを有罪とする教皇勅書は、一七三〇年に王国にも適用された。しかしこの時期になると、運動はもはや一部の限られたエリートのものではなく、特にパリでは、多くの在俗の司祭や司法関係者、広範な民衆の男女にも多くの共鳴者を生み出していた。

ルソーの信奉者で演劇の理論家でもあったルイ・セバスチャン・メルシエは、パリの世相を観察し、『タブロー・ド・パリ』（一七八二年）に描写しているが、その中で遠回しながら、水売りや行商人のなかに潜伏するジャンセニスト活動家に言及している。ジャンセニストの言葉は、王権による弾圧下にありながら、迫害を知らせるために発行された『聖職者便り』を通じて広まり、男のみならず、パリの水売りの女や洗濯女、お針子、糸紡ぎ女、靴直しや指物師の妻や娘など文字の読めない多くの女たちに口伝えで届けられていた。一七一三年から六五年までに逮捕されたジャンセニストの行商人一六〇人のうち四五人は女である。寡婦テオドンは自らアトリエをもち、密かにジャンセニストに向けた通信を発行していた。彼女は一七三三年に一六人の印刷工を雇う印刷屋の女主人で、一七二八年に一度逮捕されているが、通信は地下出版の形で一八〇三年まで発行された。

ジャンセニストは民衆教育にも熱心で、無料の小学校を開き、農村のための女教師の養成にも力を注いでいた。一方、「奇跡」も産出されていた。たとえば、パリの貧民とともに暮らし女たちに慕われていたあるジャンセニスト助祭が死ぬと、その葬儀のときに彼の遺体の最前列で祈りを捧げていたある絹糸紡ぎ女の腕の痙攣が、突如癒されたのである。その噂はサン・メダール教会の墓地を聖地に変え、その後も長く奇跡治療を求める人々の献身を促した。やがて神の声を聞くと自称するジャンセニストも現れ、墓地でおこなわれる儀礼は次第にその激しさを増していった。一八世紀半ばに逮捕された五七四人の「狂信者」のうち六七％は女で、一〇四人の奇跡経験者のうちの七八％が女であった。ほとんどが一八歳から四〇歳の商人や職人の娘たちである。ちなみにソルボンヌ大学の医学部長でジャンセニストのフィリッ

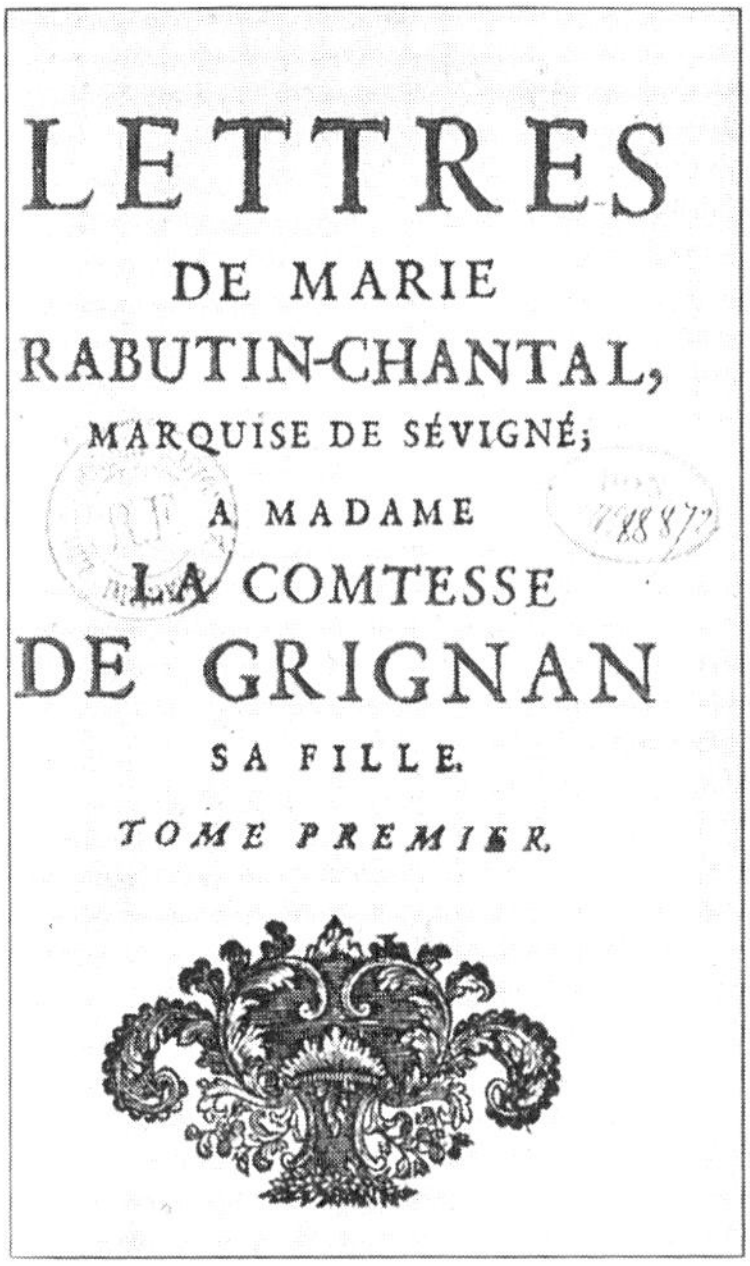
LETTRES
DE MARIE
RABUTIN-CHANTAL,
MARQUISE DE SÉVIGNÉ;
A MADAME
LA COMTESSE
DE GRIGNAN
SA FILLE.
TOME PREMIER.

図８-２　セヴィニェ夫人（1626～96年）肖像画　図８-１『セヴィニェ夫人の手紙』（1725年初版）
セヴィニェ侯爵夫人が娘にあてて綴った書簡は，死後に出版され，多くの読者を得た。イタリア語に通じ高い教養を身につけていた彼女は，ラ・ロシュフーコーとも親交があり，パスカルの『プロヴァンシアル』を絶賛し，ジャンセニストのモラルのなかにフロンドの最後の抵抗精神をみていた。陽気で機知にあふれ，率直で深い内省を秘めたその文章は，マルセル・プルーストやヴァージニア・ウルフなど近現代の作家の心を魅了し，今も繰り返し読みつがれている。

出典：Roger Duchène, *Chère Madame de Sévigné....*, Découvertes Gallimard, Paris-Musée, Paris, 1995, p. 81 et p. 83.

プ・エッケは、こうした女たちをひとしなみに「ヒステリー」患者と見なし、病者として差異化し貶めた。

この時期の性差や女子教育をめぐる言説の性格は一方向ではなく、多様で逆説に満ちていた。しかし「両性は平等である」という考えは、もはや限られた思想家だけのものではなくなっていた。たとえばボーマルシェは、国王の密使としてアメリカ独立軍への武器提供に携わり、後にはヴォルテール全集の出版にもかかわって何度も投獄の憂き目にあった事業家・戯作家であるが、彼は、領主の「初夜権」というすでに忘れられていた慣行を題材に、性と身分の二重の隷属に抗して立ちあがる農民の花嫁とその許婚を主人公に喜劇『フィガロの結婚』（一七八四年初演）

を創作した。これはまもなくモーツァルトのオペラ（初演一七八六年）となって広く知られ、今日にいたるまで繰り返し再演されている。

また一八世紀は「手紙の世紀」と呼ばれ、セヴィニェ夫人の書簡の死後出版（図8-1、8-2参照）の影響もあって一八世紀半ばから女性作家による書簡体小説が流行し始めていたが、モンテスキューの『ペルシャ人の手紙』（匿名一七二一年刊行）やルソーの『新エロイーズ』（一七六一年）のような著名な啓蒙思想家の著作だけでなく、軍人ラクロもこの形式を採用し、軍務の傍らに書いた『危険な関係』（一七八二年）がベストセラーになった。これは多様な文体の手紙を使いわけて貴族社会の放縦な恋愛を冷徹な心理分析によって描き出した書簡体小説だが、ここには誘惑者たちの「放縦の原理」がやがて「幸福」と「恋の誘惑」に屈していき、原理が原理として機能しなくなり、それがゆえに登場人物たちが破局へと導かれていくさまが描かれている。ラクロはルソーの信奉者であった。彼は未完ながら『女子教育論』も書いていて、教育とは個人の能力を伸ばすことにあるが、女を男に隷属させている社会が変わらないかぎり、そしてまたその隷属に女が甘んじている限り、女子教育を改善する方法は何ひとつない、と述べている。

家族の変容——公私の分離と性差の重視

一八世紀後半には、政治的な改革のみならず、個人や幸福、快適さについての考えにも変化が現れ、親密性や家族、感情に大きな価値が置かれるとともに、振る舞いが世俗化した。また効率のよい便利な道具の発明や改良に大きな力が注がれ、食事の仕方や服装そのほかの日常の生活習慣にもさまざまな変化が生じていた。たとえば婚姻は、長らく家の格や釣り合いを優先して家と家の間で親によって相手が決められてきたが、親の意志よりも当事者間の愛情に基づく相互の合意によって結ばれるべきだという、現代にまで受け継がれていく新しい考え方も生まれていた。また「子ども」が特別な存在として意識され始めていた。子どもには手間ひまをかけ、よりよい教育を受けさせ、経済的にも社会的にも安定させて、できれば親の代よりもその社会階梯を上昇させてやりたいという欲望も強まっていた。これに伴い、家は、次第に夫と妻とその子どもたちからなる血縁の家族に収縮し、「母であること／母になること」に高い価値が置かれ、女はこの空間の内側へといっそう緊縛されていった（章扉上図参照）。また貴族層の女たちは、子どもを乳母に預け、相変わらず散歩や遊び、舞踏会や社交に明け暮れる毎日を過ごしていたが、平民の、特に都市の妻たちのなかには、この時期に住空間の中で徐々に分化し固有の位置を占めつつあった「台所」や、明かりと暖房と煮炊きの三つの機能を兼ね備えていた「暖炉」から分離した「竈《かまど》」に、あるいは急速に多様化しつつあった銅・錫・鉄製の調理器具や食器、さらには食事の空間を飾り演出するための室内インテリアなどに、強い関心を向け始める者もいた。

この時代には男女は異なっていなければならず、男性／女性という固定的なヴィジョンの上に、両性の資質や振る舞いにおいて、その役割、空間におけるいっそう厳密な差異が意識されるようになった。その結果、一方の性には「力」「精神」「行動」「公共空間」が、他方の性には「弱さ」「感情」「母性」「私的空間」が、イメージとして割り振られるようになった。男女の違いや差異に敏感に感応し重視する感覚は一九世紀にますます強まっていく感性のひとつであるが、それはすでにこの啓蒙期に生成されつつあったものであり、この時期に醸成された感覚が革命とその後の政体や文化を規定していく重要な表象体系となっていった。たとえばメルシエは、パリの風俗のなかに見られる「性差の侵犯」にめざとく注意を喚起している。メルシエには、有閑階級の女が夫とではなく単独でまたは女だけで二輪無蓋馬車に乗って外出することは「まるで性をとり変えたよう」に見え、女がフロックコートを着てカトガン（男性用の髪結リボン）で髪を結い、ステッキを手に踵の低い靴をはき、懐中時計を懐に入れ、短いチョッキを着ているのは、女が「男の習慣に近づけるだけ近づこうとしている」兆候と受けとめられた。メルシエにとっては「女の服装は女らしくなければならず」、「男とはっきり対照をなすべき」であり、「女は足の先から頭のてっぺんまで女でなければ」ならなかった。

すでに触れたように、宮廷にはたくさんの女が存在する一方で、女の現実的な政治権力は一七世紀の中葉から公然と排除されていた。一八世紀も半ばになると、こうした女性の力への制限に新たな排除の次元が付け加わる。すなわち男女の差異が明確に意識され、女が現実的な権力行使から排除されていけばいくほど、女が政治空間に姿を現すことや影響を及ぼすことは、ただ好ましくないだけでなく「性差の侵犯」であると見なされ、それ自体が「退廃」であり風俗と社会を「腐敗」に導くという見方が広がっていったのである。何が「退廃」であるかは、宮廷社会を見れば明らかに思われた。なぜなら愛人ポンパドール侯爵夫人に現を抜かしているルイ一五世は、なよなよしていて軟弱で、「偉大なる王」の資質からはほど遠い。ルイ一六世も同様である、その原因は、女が政治空間にしゃしゃり出ているからであり、女に触れると政治は「女々しく」なり、「雄々しさ」を失い、堕落する。また女に触れて「女々しく」なった男は宮廷の「堕落」の象徴であり、貴族の男はもはや「勇敢な戦士」でないばかりか、「男らしさ」を犠牲にして、装身具に身をやつして遊んでいる愚かで役立たずの連中に見えた。マリ・アントワネットの無知と怠惰は女の無能を象徴し、退廃や腐敗の源でもあった。それゆえ女はその本来の役割である妊娠や出産、家事を疎かにして政治空間に首を突っ込むべきではない、「公共空間」である「政治空間」は本質的に「男性」のものでなければならない。こうした感覚は、この時期に、版画や新聞、小説やビラその他の媒体によって宮廷のスキャンダルや愚かしさが描かれ、批判が繰り返されればされるほど強まっていったものでもある。当時、宮廷内にあって女に許されていた唯一の権力は、王や権力をもった男をその「魅力」でもって惹きつけ、身心をともにする親密な関係のなかで生じる個人的な「影響力」にあった。しかしそれは、本来「公」のものであるとされた政治空間に「私」を持ち込むものであり、あるべき空間、領域の「境界の侵犯」であり、それゆえそれは「公」と「私」を混同した「退廃」「腐敗」と見なされた。宮廷の政治空間は、どの時代にも閨房政治や浮気、秘密、陰謀と切り離しがたく結びついていたが、王の妻や母、親族の女が権力中枢から公然と排除されたことで、女は「私領域」においやられ、「公領域」から切り離され、それによって権力行使にあたっての女の影響力はもはやありえないもの、存在してはならないものとなっていた。ヴェルサイユを中心とする宮廷文化は、身分という差異を重視する貴族たちが、一七世紀以降、表向きは女性に依存することによって「文明化」していき、それによってその文化の優位性と威厳を誇示してきた男女混淆の演劇空間であった。権力中枢の場にその統治のヘゲモニーの装置として意図的に構築されてきたこの擬似的な男女混淆の文化は、やがて身分よりも男女の差異と公私の区別を強調する新しい感覚、新しい表象体系によって、その正当性の根拠を奪われていったのである。

政治空間の再編――父殺しと家族ロマンス、公領域からの女の排除

王権は、かつてジャン・ボダンが解釈しようとしたように、王国をひとつの家族と見なし、君主権の合法性を家政を統治している「生来の」権威のなかに見いだそうとしていた。そこでは王はこの家族という王国の「父」でもあり、王権は常にこの家長である君主の父としての権威を強める方向へと進んできた。しかし革命によって王が、すなわち「父」が殺されると、かつての家族=政体のイメージも壊れ、それに代わる「父」や「家族」についての新しいイメージが必要になった。従来の政体モデルが潜在的にもっていた家族イメージにとって代わる、家族秩序に関する集団的、無意識的なイメージ、言いかえれば新たな「家族ロマンス」の創造が必要となったのである。その際、現実のなかでなされたことは、王=父の君臨する絶対主義的で家父長制的な家族に、専制君主をもたない、つまり父を必要としない「兄弟愛（フラテルニテ）」を核とする政体イメージを対置し、これによってかつてのモデルとの断絶を図ることであった。

一方、小説の世界では、一八世紀の半ばから急速に増加しつつあった女性作家による小説のほとんどにおいて父の姿が消し去られる傾向があり、一七八〇年代の終わりから革命期にかけては男性作家の書いた小説からも父が消えていった。たとえば当時よく読まれていたベルナルダン・ド・サン・ピエールの『ポールとヴィルジニー』（一七八八年）やデュクレ・デュミニルの『ロロットとファンファン』（一七八八年）や『アレクシス』（一七八九年）のように、孤児である子どもが自らの権利を持つ主人公として初めて登場する一方、血のつながりを持つ本当の家族が消え始めていた。次に、父はゆるぎない権威に基づいてふるまう「絶対主義的な王」ではなく、愛情と気遣いに基づいて行動する「良き父」のイメージで描かれるようになっていた。父であることの表象するもの、権威をめぐるすべての関係が、革命前夜から革命期にかけての間に急速に変化し始めていたのである。抑圧的な父から善良で寛大な父への変容、それは現実には父の不在を意味し、それと対照的により感情に富んだ母が現れ母子関係の中で子どもへの関心が高まっていった。それは家族という空間に期待する親密性のイメージの変化でもあったが、これらは革命によって突如現れたものではなく、一八世紀の間に徐々に準備され練り上げられてきた表象体系でもあった。この変化は、モリエールが『タルチュフ』（一六六四年）に描いた子に絶大な力を行使する金満家の父オルゴンの姿と、それから約一世紀後にディドロが『一家の父』

（一七五八年）で描いた息子に理解を示す愛情あふれる父ドルブッソンとを比べてみても、明瞭に見て取ることができる。

革命によって、すなわち反抗的な息子によって家父長的な王＝父が倒され消滅すると、今度は父のいない私生児間に生まれる「兄弟愛」に支えられた「市民」の政体が誕生した。しかしその「市民（シトワイヤン）」とは成人男性を指し、同性愛者はもちろんのこと、妻であれ、娘であれ、女と子どもは市民から排除されていた。新しい政体は、女を感情豊かな母として母子関係の中に浮上させもち上げはしたが、女の本質を男とは異なるものとして際立たせながら、性差の境界を鮮明にしていく政体でもあった。女が排除されたのは、無意識的には、父の不在によって生じる近親相姦を禁じ、兄弟間の争いを避けるためであった。しかしその結果、妻や娘は、専制的な父からは解放されたものの、男の「兄弟たち」の動かす政治空間の外に置かれ、「家庭」や「子育て」という、「私空間」として差異化され表面的には政治と切り離されているかにみえる領域に押しやられて、この政体を支えていくよう義務づけられた。それゆえこの政体において女が、その本来の居場所であると見なされた「私空間」からはみ出し「政治空間」に参入することは、それ自体が「境界の侵犯」であり、政体とそれを支えている枠組みそのものをゆるがす反逆と受け止められた。

男女の差異がなくなることへの恐れは革命期のいたるところで見られたが、それは反革命側からの批判としてのみならず、革命を推進する側の振る舞いにも見られた。たとえば、対外戦争の危機と革命の急進化、民衆運動の高揚は、パリの「革命共和女性協会」（一七九三年に設立）のような、ジャコバン派を支持し祖国防衛と経済統制の完全実施を求める小ブルジョワ層およびそれよりも貧しい階層の女たちを、一時的に政治の舞台に登場させはした。革命政府は、当初、彼女たちの動きに一定の理解を示し、活動を認めていたのである。しかし、やがてレ・アルの広場で生じたある乱闘事件を契機に、一転して解散を命じ、活動を禁じていく。その理由としてあげられたのは、彼女たちの活動が、母・妻・娘と呼ぶにはふさわしくない「自由放縦の女」のものだからであり、女は「高度な思考や真剣な熟慮の能力に欠けている」、女は自然が定めた絶対的な義務、育児などの「私的な務め」を果たしていれば祖国につくしたことになる、だから「女は外に出て政治にかかわるべきではない」「政治に口を出すべきではない」と考えられたからである。一七九三年には国民公会によって女性のクラブが閉鎖され、一七九五年には女が議会を傍聴したり、政治集会に参加することが禁じられ、「家庭復帰令」も出された。一八〇一年には、当時「コミュニスト」と言われたシルヴァン・マレシャルが「女性が読み書きを習得することを禁止する」法案を議会に提出し、真面目に審議に付されてもいる。

オランプ・ド・グージュも、革命期に男性の政治空間への参入の身振りを示し、その結果、激しく嫌悪され、排斥された一人でもある。彼女はもともと書くことがそれほど堪能ではなかったが、口述筆記によって戯曲やパンフレットを多数発表し、代表作である黒人奴隷制度を扱った戯曲『ザムールとミルザ、あるいは幸福な遭難』（一七八五年提出）でコメディ・フランセーズに認められ、革命期には、演劇界や文壇に脚本家として知られ活躍していた。ド・グージュは役者・脚本家であり、女性のクラブや集会に直接身をおくことはなかったが、一七八九年に発布された「人権宣言」の「市民」の中には女が含まれていないと考え、これを不満とし、一七九一年に王妃マリ・アントワネットにあてて、「人権宣言」を模倣した請願書「女性と女性市民の諸権利の宣言」（略して「女権宣言」）をしたためた。それは「国民議会の最終会議あるいは次の立法期の会議で布告されること」を想定したもので、その前文には「国民の女性代表たる母親たち、娘たち、姉妹たちが国民議会の構成員となることを要求する」とある。当時、議会では、第一次憲法の起草に向けた準備が進行していたが、その起草メンバーに女は含まれていなかった。

この「宣言」の内容は、男と同様に女にも、市民権や選挙権、法律の作成に参加する権利や教育・職業の自由、所有権、夫婦財産制度の改善、思想や意見を述べる自由、演壇にのぼる権利、離婚の自由等々が与えられるべきであり、また男と同様に租税を払い、罪を犯せば罰せられるべきだという要求でもあった。そのうちの宣言第一一条の思想と意見を述べる自由の要求の箇所では、子どもの父が誰かを名指し、父の正統性を確認するためにも女にこの権利が必要だと述べている。また「宣言」の後には「女権宣言後文」と「男と女の社会契約の形式」という文章もあり、そこには未婚の女の子ども（私生児）や離婚や死別によって残された孤児、捨て子の財産相続の権利についても述べられている。これらの主張は大方がすでにヴォルテールやディドロ、コンドルセ、カイエ、その他多くの活動家、思想家などによって革命前夜から言説として表明され、存在していたものである。ド・グージュが「宣言」でなしたことは、これら既存の思想や理論を援用し、わが物としつつ、女の側からの請願としてひとつにまとめあげたことである。主張は決して荒唐無稽なものではなく、彼女の立場は当時の多くの者がそうであったように、立憲君主政の枠内での改革をめざすいたって穏健なものであった。しかし彼女の要求とその振る舞いは、女の領分を越えたものと見なされ、彼女は、マリ・アントワネットと同じ頃に、反逆罪のかどで革命政府に処刑されている。

啓蒙期以降の公共空間における女性の排除は政治領域に限られたものではなかった。女によって叙述された書物は一八世紀の間にも確実に増えていた。それらには貴族や富裕層の有閑女性によるものもあれば、生活に負われて生きるために翻訳や著述に携わっていた平民の女の手によるものもあった。内容も薬草学や民間医療、宗教関係の書物だけではなく、小説や戯作、エッセイなども見られる。ナンシー出身で若くして結婚したド・グラフィニ夫人は粗暴な夫から逃れて、ヴォルテールとも親交があり物理や数学にも精通していたデュ・シャトレ侯爵夫人の邸宅にしばらく身をよせていたが、やがて一七四三年にパリで自らサロンを開き、モンテスキューの『ペルシャ人の手紙』をもじった『ペルー人の女の手紙』（一七四七年）を出版した。これは辛らつな社会批判の小説であったがかなりの成功を修め、三年後（一七五〇年）には戯作も出版し高い評価を得た。死後の一八二〇年には彼女の書簡集も出ている。デュ・シャトレ夫人やド・グラフィニ夫人のように、啓蒙思想に深くかかわり自ら文筆活動に乗り出した女の著述家もいた。しかし文芸協会によってまとめられた『百科全書』（一七五一〜七二年）の執筆者たち、すなわち啓蒙の知性を代表する著述家一八四人のなかに、女は一人も含まれていない。

3　一九世紀から二〇世紀

日常生活の「文明化」と科学言説

一九世紀になると、第一次産業革命の結果、「布製品の文明」が開化し、家庭用の布類や下着類、包帯やミサ聖祭用の聖布など、亜麻、麻、綿でできた布製品の生産と消費が増大した。これと平行して、農村が飢餓から開放され、暴力が減少し、経済的に豊かになるにつれ、布類のぎっしり詰まった箪笥をもつことが家族のステータス・シンボルとなり、妻の姓名のイニシャルを刺繡したシーツやタオル、テーブル・クロス、ナプキン、衣類が嫁入り支度に欠かせない必需品となった。これらの変化は自己や生活をとりまく物質世界に対する関心と配慮が増大した証でもある。また身体にかかわる文化や関係を変えていく新しい衛生規範がゆっくりと浸透していく過程でもあった。女の下着は第二帝政の頃から複雑化し、一九世紀の最後の四半世紀には女性労働者もズロースを身に着けるようになり、男のズボン下も世紀末には一般化した。都市では下着製造販売が急成長し、下着関連の女性労働者が増大した。下着店は下町からしだいに高級街に進出し、誕生間もない百貨店でも下着売り場は重要な位置を占めるようになった。

布や衣服の消費の増大は、女の身体への称賛や配慮を増したが、同時に女の身体を見世物にし観賞物にしていく過程とも並行していた。一方、男の身体そのものへの関心は薄く、相対的に忘れられる傾向にあった。たとえば革命期の初期には新古典主義の彫像にもみられるようにギリシア彫刻のような理知的でたくましい整った男性の裸体像がもてはやされたが、革命が進行すると、やがて革命軍の兵士として殉死した少年バラの裸体像にみられるように、少女のように儚い美少年の官能的な裸体が祭り上げられていった。しかしそうした男性の身体への倒錯的な視線が現れたのも束の間、その後は、男の裸体は存在しないものとして隠され、人々の関心、視界から消えていった。裸体はすぐれて女のものとなる一方で、総じて身体そのものが貶められ、蔑まれていき、男の身体は戦う兵士の軍服姿や制服姿に表象され、服装の簡素さ、画一性にその「男らしさ」が体現されていった。

ちなみに市民男性の服装は、ブルジョワジーの労働と堅実さを表す標識として、動きやすく簡素な筒型の長ズボンや、軍服を意識した単色のラシャ地に変化した。女性の服装は宮廷の貴族女性の服装を模倣し、レースや刺繡をふんだんに用い、袖やスカートを膨らませてウエストを細く見せるなど豪華さや華やかさを増し、女の「弱さ」や身体のシルエットを際立たせる方向に向かった。服装はステータスを表現する記号であり、センスよく着飾った妻や娘を保護し養えることが、上昇するブルジョワ男性の誇りとなった。また服装は、その時々の流行に左右されながら、新しいモードを形成するようになり、女たちはモードによる差異化、卓越化に遅れをとるまいとその変化に振り回されるようになった。

一方、布製品の増大により、かつては家でおこなわれていた紡糸や織布は次第に衰退し、男性主導の工場紡績がそれ

表8-1　パリの洗濯船と洗濯場の数

	洗濯船	共同洗濯場	その他の洗濯場	総　数
1849年	94	9	7,566	7,669
1860年	69	126	15,903	16,098
1886年	22	422	36,936	37,380

出典：A. フォール著，見富尚人訳『パリのカーニヴァル』平凡社，1991年，202頁。

図8-3　カーニヴァルの女王と洗濯女たち
ミ・カレームの日のパリの共同洗濯場。

出典：*Le Monde Illustré*, no. 884, 21 mars 1874, p. 1. Microfilm Bibliothèque Nationale.

にとって代わり、刺繍と編み物が家庭でも外でも女の仕事になった。実際、刺繍を施された布製品が一九〇〇年頃から広く普及し始めている。また娘には小学校でも針仕事が教えられるようになり、刺繍の習慣が学校と家庭の両面から、娘の嗜みとして定着していった。ミシンが普及するとミシンを用いた縫製工場で働く女性が増えたが、同時に家内労働も衣服の大量生産、既製服製造と結びつき、内職による徹底的な分業体制による部分品の製造がさかんになった。こうした新しい技術や機械の普及によって、家内労働も労働力市場に組み込まれ、女も家にいながら賃金収入を得る機会が増えた。しかし単純な機械しか与えられず低賃金で働かされる工場労働の場合と同様に、それによって女は、生活苦からの解放にも、社会的上昇にも、技術への接近にも、必ずしも導かれたわけではなかった。

布製品の普及は、他方で、洗濯の重要性を増した。一九世紀には都市でも農村でも洗濯は洗濯女や女中の仕事と見なされ、中庭の真ん中に置かれたバケツや、あるいは小さな池や川など水のあるところならどこででも洗濯をする女の姿が日常風景となった。セーヌ河の河岸では、洗濯女たちが荷揚げ人足のそばにひざまづき、土手をつんざくほどの声をあげていた。洗濯船は減りつつあったが、洗濯場は急増し、ミ・カレーム（四旬節の中日）の祭りには洗濯女の中からカーニヴァルの女王が選ばれた（図8-3参照）。一九世紀の後半になると街区の共同洗濯場も増えていき（表8-1参照）、女たちの集いと情報交換の場所になった。それは時に身体的、言語的暴力に満ちた騒々しい空間にもなれば、女たちの助け合いと連帯の特権的な舞台ともなった。

布の手入れや管理の仕方も次第に複雑化していった。蒸気による浄化が奨励され、天然の洗濯ソーダから塩素系の化合物を使った合成洗剤が用いられるようになり、漂白して「白くする」＝「清潔に見せる」ことに高い価値がおかれるようになった。洗濯の回数も頻繁になり、箪笥の布類にはラヴェンダーの香りがつけられ、アイロンがけも登場した。「白さ」やしわのない布が、清潔さのみならず、肉体と魂の純潔さのシンボルとなり、目に見えない、秘められた女の下着やハンカチ、エプロンに、あらゆる性的な幻想と官能が付与されていった。

また料理や庭野菜づくり、礼儀作法などに関する書物はすでに一八世紀から存在したが、一九世紀にはそれらを含め服装や家事、社交の仕方などあらゆる処し方の理想がブルジョワ女性向けの雑誌や新聞の家庭欄を通じて広まった。実際、洗濯のみならず、料理や子育て、家具や調度品の管理、整理・整頓など家事が複雑になり、またお茶会や慈善活動の習慣などが広がり、主婦が誕生した。主婦は女中を采配しながら、家の中で大きな位置を占めるようになった。

科学言説の増大と公衆衛生の発展は、家族や婚姻の聖化の過程と表裏一体をなしていた。性病や遺伝、生殖や健康などへの科学的な関心は家庭内の夫婦の性関係に大きな関心を呼び起こしたが、他方では、性病対策や公衆衛生上の観点から売春婦や貧民にも強い監視の目が向けられるようになった。その結果、表象体系においても実態においても、妻と娼婦は聖と俗、光と闇の対極に位置する存在となった。しかし女には性的規範において越えがたい境界が練り上げられていく一方で、男にはそうした境界を潜り抜け使い分けることを容認する性のダブル・スタンダードが黙認されていた。

権利の獲得——差異と排除を超えて

男女の差異と公私の区別を鮮明にし、政治領域から女を排除しつつ、役割分担を押し進めて成立した「市民」の政体、それは、啓蒙期に醸成され革命期にその最初の形を与えられ、その後一九世紀を通じて、王政復古や帝政といった曲折を経ながらも徐々に練り上げられていき、最終的には第三共和政においてブルジョワジーの理想とする共和主義の政治体制として確立されていった。革命後に「市民」の民法典として制定された「ナポレオン法典」（一八〇四年制定）は、日本をはじめとする多くの国々に近代の民法のモデルとして参照され、大きな影響を与えたていったが、そこには女は「法的無能力者」と規定されていた。この規定がフランスで廃棄されたのは一九三八年のことである。一九世紀になっても政治、宗教、軍事、警察は相変わらず男性のものであり、ますます手の届かないものにさえなった。読み書き、学術、技術知、実践知は社会的必要性と両性間の力関係によって取り分の変わる領域となり、読書クラブ、図書館、証券取引所、カフェなどは、一九世紀の都市では女人禁制となった。女は家庭にあっても、書斎をもつことはできず、それは男性の占有する部屋、空間となった。

しかし人権宣言が普遍的なものであるとするならば、このような隔離は次第に正当化し続けることがむずかしくなり、女も個人として権利の平等に与れないのはなぜかという問いが浮上してきた。それゆえいっそう一九世紀には「女の本性」についての主張も多種多様に生み出されていった。たとえば「この永遠に病むもの」（歴史家ミシュレ）、特別な「神経」をもった「このヒステリー的存在」（神経病理学者シャルコー）等々、女の「性的虚弱体質」が問題にされる一方で、女性性や母性を文明化の土台として称賛する議論もさかんに繰り広げられ、そこにフェミニズムのほとんどの潮流が同調して、男女の差異が熱心に語られ賛美され始めた。「女神ミューズ」「聖処女マドンナ」が祭り上げられ、都市空間は象徴的な女性像に満ち溢れた。イメージとしての女の氾濫、都市を飾る女、それは第三共和政の彫像や図像、絵画にことに顕著で、アール・ヌーボー期に全盛期を迎える。

散発的ではあれ、すでに一九世紀の前半から、フェミニズムとそれらが発行する新聞によって産み出される多種多様な「女の声」が、強められていくブルジョワ社会の裂け目から噴出し始めていた。たとえば、プロレタリアと女こそが解放の支柱になると考え、パリ東部地区に教団を創設し実践にのり出した経済思想家アンファンタンに希望を託したサン・シモン主義の女たち、「無意識のうちの母性」を女の天命とすることに抗したクレール・デマール。七月革命の後には、法解釈のための新聞『女性ガゼット』（一八三一年）を創刊し一八三〇年の憲章で獲得された諸権利を女性に知らせようとしたマリー・マドレーヌ・プートレ・ド・モーシャン、一八四八年の二月革命に際しては、『女性の声』紙が発刊され、離婚の自由を求める声が支持されていた。ちなみにこの新聞は、革命後の政府を支持して穏健化し、母親と労働者の両立を望む母性保護的な新しい家庭婦人の要求を掲げるようになる。また、より急進的な要求をかかげて官僚的で全体主義的な道徳支配の未来社会を描いたヴェズヴィエンヌというグループもあれば、もっと庶民的な『メール・デュシェーヌ』紙もあった。自由よりも平等を旗印とした女たちの「女性の権利委員会」も結成された。さらには、六月蜂起に困惑した男装の作家ジョルジュ・サンドもいれば、自主管理型の結社を企てた女性労働者デジレ・ゲーもいた。女性の「全的」教育を求め、未婚の母になることを選んだポーリーヌ・ロラン、夫の姓を名乗ることを拒んだジャンヌ・ドロワン、絵を描くために男装したローザ・ボヌールなど枚挙にいとまがない。第二帝政期は潜伏期ではあったが、社会主義の影響は広がった。男女の差異を否定し、同化による平等を求めた男装の社会主義者ルイーズ・ミシェルは、新聞『女の権利』を創刊したが、彼女は女の大義より社会革命を優先させていた。

一八七〇年の共和政の宣言以降、共和政が徐々に確立されていくにつれ、新しい状況も生まれていた。一八七六年にはユベルチーヌ・オークレールによって最初の女性選挙権要求団体「女性の権利」が設立され、週間新聞『女性市民（シトワイエンヌ）』が発行された。七年後には「女性参政権」協会も設立（一八八三年）されている。一八八〇年の女子中等教育を組織化するカミーユ・セー法は男女の差異を前提とする良妻賢母型の教育を志向するものであったが、同じ頃、一八七八年のパリ万博の際に開催された「女性の権利に関する国際会議」では、男女共学の必要が説かれ、家事労働は真の労働である、すなわち賃金を支払われるべき独立した労働であると主張されていた。一方、革命期（一七九二年）にいったん認められていた離婚の自由は、ナポレオン法典でも条件つきながら認められていたが、一八一六年にカトリック勢力からの反発にあい、再び廃止された。条件つきながら復活したのは一八八四年のことである。ちなみに離婚法が全面的に改訂され、破綻主義による離婚が可能になったのは一九七五年のことである。

フランスでは、一八一〇年以来、二〇名以上の団体を作ることが禁じられていたが、二〇世紀になると、結社の自由を認めるアソシアシオン法（一九〇一年制定）が成立した。これによってフェミニズムも営利目的ではない結社として団体をなし、合法的に存在するようになり、請願やデモ行進、埋葬、追悼、宴会、講演会、集会をおこなった。全国大会、国際大会でも交流が深められ、国境を超えるフォーラムが成立した。避妊や性教育の運動も展開された。この時期、結社や同盟は次第に増え、一一二団体にも及んだ。自立的で多様な出版活動の発展も目覚しく、一八八〇年から一九一四年までに『女性市民』『協調』『解放女性』『フランス女性』『女性参政権論者』『ラ・フロンド』など四四種の定期刊行物が現れては消えた。このうち『ラ・フロンド』（一八九七～一九〇三年）はもと女優のマルグリット・デュランが中心になって編集された日刊新聞であるが、すべて女の手で運営され、編集され、植字され、十分な読者を得て、当時のフェミニズムの最良の論客が筆を連ねていた。女性参政権を求める声も高まり、参政権を求める法案は、一九〇六年から一九三五年までに五回にわたって議会に提出された。その際、参政権を求める女たちが議会へ乱入することもあった。まれにアナーキストばりの爆弾闘争もあって、運動は実力行使を含む激しい展開をみせた。ただし戦争による中断もあり、参政権が実際に認められたのは一九四五年四月のことである。

参政権に関連して、現代のフランスの現状について補足しておくと、男女の議員比率の格差は依然として大きく、一九九九年に、この是正をめざし、議会の議員選挙の候補者の男女比が等しくなるよう促す法律「パリテ法（男女同数代表制法）」が議会を通過している。それによって女性候補者を五〇％立てられない政党には補助金を減額する「パリテ条項」が憲法に書き加えられた。この法律は二〇〇二年六月の国民議会選挙で初めて適用され、その結果、当選者に占める女性の割合は一二・三％となり、改選前に比べ二％増えている。

二〇世紀になると、歴史学研究の領野でもフェミニズムが意識されるようになった。たとえば哲学者アンリ・ベールを主幹とする学際的雑誌『歴史綜合評論』（一九〇〇年創刊）には、一六世紀から革命までのフランスのフェミニスト思想史についてのエッセイや女性の伝記についての書評が掲載されることがあった。またリセ・ヴォルテールの男性教員であったレオン・アバンスールは、あらゆる文献、刊行資料や文書館資料を渉猟して女とフェミニズムの歴史を跡付け、『フランス革命以前のフランスの女とフェミニズム』（一九二三年）を出版した。フェミニストを自称する男や女が現れ、芸術家も作家も道徳思想家も学者も「新しい女」に強い関心を寄せていた。フェミニズムを題材にしたあれこれの本が書かれ、コレージュ・ド・フランスでもまれにフェミニズムに関する授業がおこなわれた。「フェミニズム」「フェミニスト」という言葉は、第一次世界大戦前夜にすでに広く知られ、一定の地歩を築いていた。

一方、一九二〇年という遅い時期になってから、カトリック勢力の声に押され、中絶を取り締まり、避妊の宣伝を禁止する法律が制定された。そのためフランスでは一九七〇年代になっても、中絶は強姦その他の不本意な妊娠の場合にも一切認められず、毎年一〇〇万人近い女たちがやむなく国外に出て中絶をおこなっていた。しかし一九七〇年代になると、第二波フェミニズム運動の追い風のなかで、フランスでも女性解放運動（ＭＬＦ）が動き始め、こうした非現実的な堕胎罪の廃止に向けた議論が一気に高まった。一九七一年に、哲学者のボーヴォワールや女優のカトリーヌ・ドゥヌーヴらも加わってまとめられた「避妊と妊娠中絶の権利を要求する三四三人宣言」が週刊誌『ヌーベル・オプセルヴァトゥール』に掲載され、翌年にはこれを支持する「三五二人の医師の宣言」が同誌に掲載された。同年、中絶の自由を主張する市民団体「ショワジール」が結成され、闇中絶で有罪となっていたマリー・クレール事件の裁判（ボビニー裁判）が始まり、その結果、ショワジール側の弁護士が中絶を禁止する法律自体が不当で犯罪であることを主張し、最終的に裁判所は被告の無罪を言い渡した。こうした経緯を経て、シモーヌ・ヴェイユが厚生大臣を務めていた一九七四年に、「妊娠中絶自由化法」（通称ヴェイユ法）が議会を通過し、五年間の試行期間を経た後、一九七九年にその恒久化が認められ、今日に至っている。

最後に現代の家族の形態に関しても触れておこう。第二次世界大戦後、ベビーブームやマイホーム主義もあり、一時期女性はむしろ家庭に戻ったかのように見えた時期もあった。しかし成長した戦後のベビーブーム世代の子どもたちによって、一九六八年のカルチエ・ラタンに始まる「五月革命」の後、新しいフェミニズム運動が展開され、一九七〇年代以降は、新しい思潮のなかで家族のあり方も急速に変化した。女性の就業率が格段に高くなってきただけでなく、従来の核家族の枠を突き破るようなラディカルな実験も行われてきた。その結果、現代では伴侶をもたないで生きる独身者も珍しくない。また大きな変化として、婚姻の法的手続きをとらないユニオン・リーブル、すなわち非婚のカップルが階層に関係なく広範に広がっており、夫婦関係を営むカップル全体の一五％（パリは三二％）を占めるに至っている。

もともと非婚であるからにはもはや離婚はありえない。そのためいわゆる離婚問題は一九七〇年代までのテーマになったとさえ言われている。もちろん子どもを抱えて働くシングル・マザーの貧困化や失業、仕事との両立の困難さなど問題は山積みである。しかし、法的手続きを経ているかどうかにかかわらず、離婚（あるいはカップルの解消）が容易になった分、再婚、再再婚も以前に比べて容易になり、子どもがいる場合には、新しいカップルが前妻、前夫の子どもたちと一緒に暮す「ステップファミリー（子連れ再婚家族）」も現実化している。これは、以前から実子以外の子を養子縁組によって子として迎え入れ、血縁、非血縁にこだわらず、家族として同じ屋根の下に暮らす家族形態が広く受け入れられてきたことと無縁ではなく、ステップ・ファミリーに対しても比較的抵抗が少なかったことにもよるだろう。

最近では、若い世代に限らず、非婚のまま、しかも意識的に同じ屋根の下には暮さないで行き来する、別家の居住を前提としたＬＡＴカップル（社会学で言う Living Apart Together）も広がっており、非婚カップル全体の七％を占めている。また興味深いことに、これまで国家の法律が婚姻制度を通じて財産の相続などさまざまな側面で保証してきた法的権利の適用範囲を、非婚カップル（同性愛者を含む）にも広げていくことを求める運動がさかんになり、その結果、非婚カップルの絆を「結婚に準ずるもの」として認め、彼（女）らにも法的な婚姻の手続きを経た場合と変わらない権利を保証していく「連帯民事契約法（ＰＡＣＳ＝パックス法）」が一九九九年に成立している。これは非婚のカップルの絆をある意味では巧妙に差異化しつつ、既存の法的、制度的秩序にゆるやかに統合していく動きともとれる。しかし一方では、この法律の誕生によって従来の婚姻制度の枠組みは選択可能なオプションとしてすでに相対化されているのであり、婚姻という概念そのものが多元化し、変容していく過渡期の産物ともとれる。それらがこの先どこに行き着くのか、最終的なゴールはまだ見えていない。

参考文献

フィリップ・アリエス著、杉山光信・恵美子訳『子どもの誕生』みすず書房、一九八〇年。

フィリップ・ペロー著、大矢タカヤス訳『衣服のアルケオロジー』文化出版局、一九八五年。

ナタリー・ゼーモン・デーヴィス著、成瀬駒男・宮下志郎・高橋由美子訳『愚者の王国　異端の都市』平凡社、一九八七年。

モーリス・アギュロン著、阿河雄二郎・加藤克夫・上垣豊・長倉敏訳『フランス共和国の肖像』ミネルヴァ書房、一九八九年。

ジャン・ルイ・フランドラン著、蔵持不三也・野池恵子訳『農民の愛と性――新しい愛の歴史学』白水社、一九八九年。

ミッシェル・ペロー著、福井憲彦・金子春美訳『フランス現代史のなかの女たち』日本エディタースクール出版部、一九八九年。

ルイ・セバスチャン・メルシエ著、原宏編訳『一八世紀パリ生活誌　上・下』岩波文庫、一九八九年。

ピエール・グベール著、遅塚忠躬・藤田苑子訳『歴史人口学序説』岩波書店、一九九二年。

アラン・コルバン著、小倉孝誠・野村正人・小倉和子訳『時間・欲望・恐怖――歴史学と感覚の人類学』藤原書店、一九九三年。

浅野素女『フランス家族事情――男と女と子どもの風景』岩波新書、一九九五年。

二宮宏之『全体を見る眼と歴史家たち』木鐸社、一九八六年（増補版、平凡社、一九九五年）。

ジョルジュ・デュビー／M・ペロー監修、杉村和子・志賀亮一監訳『女の歴史』Ⅲ、Ⅳ、藤原書店、一九九五年、一九九六年。

福井憲彦『世紀末とベル・エポックの文化』（世界史リブレット四六）山川出版社、一九九九年。

水林章「サロン、カフェ　公共圏を支える制度」「〈父〉の変容」『週刊朝日百科　世界の文学　6　啓蒙の世紀』朝日新聞社、一九九九年。

リン・ハント著、西川長夫・平野千果子・天野知恵子訳『フランス革命と家族ロマンス』平凡社、一九九九年。

ナタリー・ゼーモン・デーヴィス著、長谷川まゆ帆・北原恵・坂本宏訳『境界を生きた女たち』平凡社、二〇〇一年。

植田祐次編『一八世紀フランス文学を学ぶ人のために』世界思想社、二〇〇三年。

栖原彌生「女子リセの創設と〈女性の権利〉」谷川稔ほか著『規範としての文化』ミネルヴァ書房、二〇〇三年。

長谷川まゆ帆『お産椅子への旅――〈もの〉と身体の歴史人類学』岩波書店、二〇〇四年。

川島慶子『エミリー・デュ・シャトレとマリー・ラヴォアジエ』東京大学出版会、二〇〇五年。

天野知恵子『子どもと学校の世紀――一八世紀フランスの社会文化史』岩波書店、二〇〇七年。

扉図出典：（上）G. Gélis, M. Laget et M.-F. Morel, *Entrer dans la vie: Naissance et enfances dans la France traditionnelle*, Gallimard / Julliard, Paris, 1974.（下）Cliché Bibliothèque Nationale.

コラムXⅣ

ユグノーの女殉教者伝とカトリック修道女

長谷川まゆ帆

宗教改革は、都市の職人や商人層の女たちに、それまでにはなかった自己表現の場を与え、新しい男女の関係の可能性をもたらしていた。殉教者マルグリット・ル・リッシュの物語もその一つである。マルグリットはパリの書籍商の妻で、夫から教皇の過ちを教えられ、改革派（カルヴァン派、ユグノー）に共鳴し、やがてミサにも行かなくなった。しかし穏便かつ貞淑であることを望んだ夫は妻に腹を立て虐待を繰り返した。彼女は黙って耐えていたが、夫より神に背くのを恐れついに復活祭を拒み、一五五九年に「ユグノーの女の友」に従い家出してしまう。彼女はしかし妻としての役割を思い出し、異端の罪で逮捕されるのを覚悟で戻り、審問を受け、有罪宣告を受けて火刑に処せられる。この物語はジュネーヴでの初版から一六一九年の決定版にいたるまで、時間とともに何度も書きかえられているが、こうした女の殉教者伝は、宗教にかかわる女のアイデンティティをそれまでとは異なるやり方で描き出してもいた。それは、既存の聖人伝や聖女伝、聖母マリアの処女崇拝とも、あるいは女の劣性を根拠づけてきた邪悪なイヴの物語とも異なり、自分と同じ境遇の日常から輝かしい行為を遂行し、賞賛すべき人物となりえた身近な女の物語であり、女たちはそこから勇気と自信、誇りを汲み取り、自らの生き方のモデルとすることができた。

この時代には都市の職人や商人の多くの女たちがプロテスタントに改宗した。多くは読み書きができなかったが、最初のきっかけを与えたのが夫や雇用主でも、ひとたび改宗すれば、自らの意志で集会に参加し、フランス語で聖書や詩篇、改革派の書物が読まれるのを聞き、礼拝にも参列した。改革派は決して伝統的、社会的、性的なヒエラルキーの転覆を称揚していたわけではない。従来のカトリックと同様、どのプロテスタントの場合も女は集会では黙っているべきものであり、聖書を読み賛美歌を歌うことは許されても牧師の座に就くことはなかった。しかしあらゆることが上下の意味をもち抑圧が強まっているこの時代には、男女の関係も現実のなかではしばしば転倒してしまうことがあった。女たちは夫にではなくカトリックの司祭や教皇に反対して運動に参加したが、生ぬるい優柔不断なカトリック教徒の夫に苛だち、夫の意志に背いてでも立ち上がらねばならなかったからである。司祭や聖書がいくら夫婦の平等とその価値を説いていても、現実には平等ではないと強く訴えねばならなかったからでもある。これが男たちを困惑させないはずはなかった。実際、この殉教者のモデルも妻の義務に高い価値を置くことを忘れていない。

ナントの王令廃止以降に抵抗を続けた女もいた。ラングドックのセヴェンヌで蜂起し王軍と対峙したカミザール一揆（一七〇二～〇四年）の参加者のうち八％（約二〇〇人弱）は女で、そこにはボンベットことルクレス・ゲドンのような女預言者も含まれていた。女たちは武器を隠しもち、叛徒を匿い、集会に出ては住民を鼓舞し続けた。一七一五年までに処刑された女七〇人中五人は絞首刑になっている。ここで重要なのは神の声を聞き伝える女預言者の存在が抵抗の拠り所となっていたことであり、その役割がもっぱら民衆の女に委ねられていたことである。牧師アントワーヌ・クールも女預言者を村に呼んで多くの女たちを集め、集会を成功させている。しかし彼は一七一五年に預言とはきっぱりと縁を切り、カルヴァンの教義に照らして改革派を再編し、女に預言を禁じた。

カトリックの改革のなかでも、女たちはしばしば中心的な役割を果たした。パリのシトー会の女子修道院ポール・ロワイヤル（一二〇四年創立）の院長ジャックリーヌ・アルノーもその一人である。彼女はトリエント公会議の求めた女子修道院の「禁域制」の再建に努めたが、カプチン・フランシスコ会の修道士の説教に共鳴し厳格な禁欲主義者となり、イエスの内的愛を説いて修道院を改編した。『信心生活入門』（一六〇九年）の著者フランソワ・ド・サルや、「聖マリア信心会（聖サレジオ会）」を設立（一六一〇年）したフレミヨ・ド・シャンタルとも交流し、修道院は修道女の内的覚醒の場として発展し、多くの後援者を有する一大拠点となった。修道院はやがてオランダのヤンセンの恩寵論、サン・シランのデュヴェルジェの厳格主義、フロンドの抵抗精神などとも合流してジャンセニストの拠点となり、ポール・ロワイヤル運動として発展した。しかしイエズス会はもとよりヤンセンの教理を有罪と見なす王権や教皇との間に緊張が高まり、後援者のパスカルも晩年、文筆活動を通じて王権批判（『プロヴァンシアル』）を展開したが虚しく、修道院はやがて一七〇九年に閉鎖された。

一方、イタリアのアンジェラ・メリチにより一五三五年に創立された女子修道会ウルスラ会は、草創期には修道院をもたず、世俗との間に壁を設けず慈善と女子教育に力を入れた修道会で、一五九四年にフランスにも創設され、以後各地に広がっていった。北アメリカに最初の女子の修道院と学校を開いた受肉のマリ（マリ・ギャール）もこのウルスラ会の修道女で、父はパン屋を営む慎ましい職人の家柄だった。マリは神秘主義的傾向を強くもっていたが、幸運にも最初に出会ったフイヤン会のある神父が彼女のような受動的で型にはまらない女の神秘主義にも理解を示し、「書くこと」を通じて自己を高めていく道を教えた。彼女は息子を寄宿舎に預けて出家するが、やがて神の啓示を受け一六三九年にカナダに渡る。そこで彼女は先住民の言葉を覚え、現地語で神の教えを記し、先住民の娘たちにキリストの言葉を広めた。同時代に、ルーダンの魔女事件（一六三二年）のような悲惨な神秘主義の顚末もある一方で、マリのように霊的覚醒を遂げ、改革運動の先鋒となって海を渡った女もいた。

コラムXV

タイプライターの受容と労働のフェミナイゼイション

長谷川まゆ帆

一九世紀のパリの新聞や雑誌・小説が女の職業として取り上げていたのは、小学校の先生やお針子、ファッションモデルや婦人服店、帽子屋、小間物屋などであったが、一九二〇年代になると「タイピスト」がそれらにとってかわり、新しい女性性を体現する憧れの職業として理想化されていった。しかし一九世紀の欧米ではなお、バルザックやメルヴィルの小説にもあるように、いわゆる事務職員はまだ基本的に男の職業で、タイプライターも、もっぱら男の用いる道具と見なされていた。

北米では、しかしタイプライターは最初から女の空間に配置されて登場したこともあり、タイピストになりたがる娘は多く、一八八〇年代にはすでにタイピストの四〇%をブルジョワ中流層の娘たちが占めていた。一八七〇年代にニューヨークで大々的なタイプライターの販売と宣伝に乗り出したレミントン社は、クリストファ・ショールズらの改良した初期のモデルの製品化を元ミシン部門のヘッドと販売戦略に精通した社員に任せた経緯もあり、できあがったタイプライターはペダルを踏んで動かすところや表面の黒い金属面にアラベスク模様が描かれている点など、当時普及し始めていたシンガーのペダル式ミシンに似ていた。形やデザインがただ似ていただけでなく、実際一八七六年のカタログではミシンと一緒に紹介され、ミシンに近いことやその「ドメスティックな」性格が強調されていた。その実演場面も「知的で教養ある女」の道具というイメージが意識的に喚起されていた。さらに指で叩くことからピアノの鍵盤が想起され、ピアノを弾くこととの類比が繰り返し語られていた。

一方、フランスでは一八八〇年代になってもなお、タイピストといえば、男がほとんどを占めていた。たしかに一八七〇年代以降、銀行や鉄道その他の企業に女の事務職員も見られるようになるが、それらが一般化するのは第一次世界大戦後のことであり、文書行政の増大とあいまって公務員になる女が増えていくのもその頃からのことにすぎない。

加えてフランスでは、一八六〇年代に男の速記者たちの世界が確立されつつあり、一八七〇年代に彼らの連合会が率先してタイプライターの紹介に乗り出し、コンクールを主催するなど普及に努めたこともあり、タイプライターは、まずはこうした速記者たちの世界に浸透し、彼らのソシアビリテと競争意欲を踏み台に受容されていった。一八八〇～九〇年代には、議会や裁判所、新聞社や企業で働く速記タイピストが多数見られるようになった。当時、速記者は、たとえば国会で仕事をする速記者になるには、ソルボンヌ大学の教授の授業を一時間速記する試験を経ている必要があり、高い技術と教養を必要とする教育水準の高い専門職と見なされていた。

速記とはそもそも「話し言葉と同じ速度で綿密に言葉を写し取る技術」であり、アルファベットの綴りを省略し幾何学化することで速度を獲得してきたが、一八世紀末以来速記法がさかんに探求されてきたのは、単に速度をあげることを求めたからではなかった。速記には正書法（綴り方）を知らなくても文字が書ける利点があり、盲人や子どもの言語の習得に役立つと考えられたからであった。実際、速記の創始者たちは同時に教育者でもあり、タイプライターの発明や改良も、もともとはこうした教育的配慮を原動力とする探求の延長上にあった。しかし一八七〇年代になるとカーボン紙が実用化されその質が向上し、何度も同じものを書く手間が省けるようになり、それがタイプライターの機能と結びついたために、タイプライターの利点として、速度や効率という要素が強く意識されるようになった。

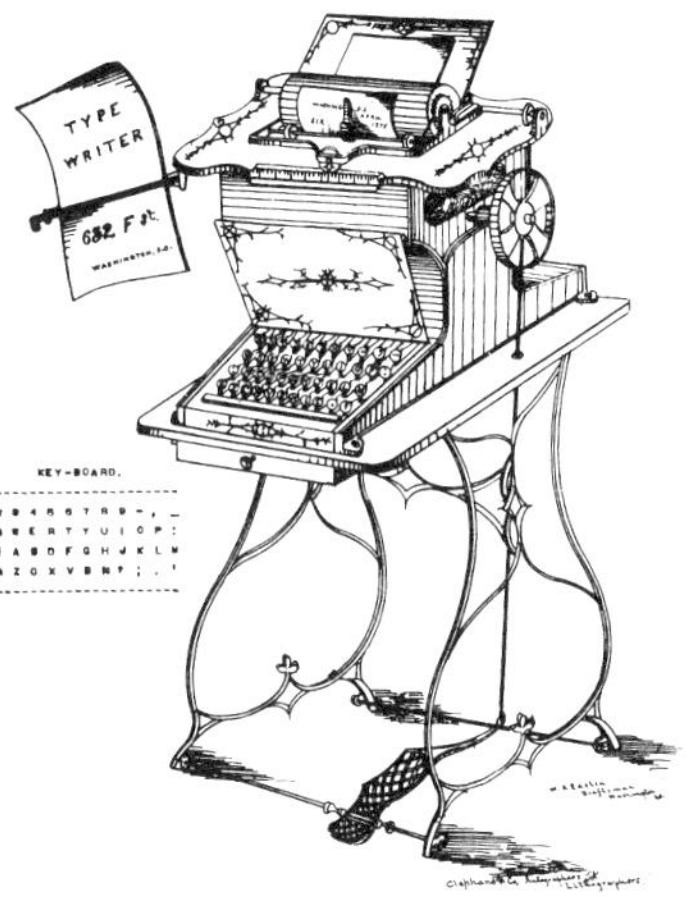

図XV－1　レミントン社の最初のペダル式タイプライター（1874年）
出典：Bruce Bliven, Jr., *The Wonderful Writing Machine*, Random House, New York, 1954, p. 54.

一方、エジソンが発明（一八七七年）した蓄音機が改良され二〇世紀初頭に広く普及していくと、蓄音機がリズムを伴う音や声・言葉を直接写しとるという事実が、速記者やタイピストの価値を相対的に低めていくことになった。また一九一〇年には女のタイピストも省庁に働くようになり、男性中心の速記タイピストの世界にも徐々に再定義が必要になっていった。

またタイプライターの方でも「一〇本指法」など手指の訓練メソッドが確立され、一九一〇年にはそれがフランスにも普及し、タイプを打つ速度や効率は格段に上がった。また事務機器や事務用品の開発も進んで、身体の規律化が進み、タイピストが「一時間何行いくら」という非熟練並みの単純労働と化し報酬が下がるにつれ、男はタイピストになろうとしなくなった。タイピストが専らも女の職業となっていくのはその後のことである。やがて一九三〇年代にタイプライターの打てる秘書が出現してくると、それまでは男性の職業であった秘書職も女の仕事と見なされるようになり、タイプライターの打てる秘書こそが能力ある女のあこがれの職業となっていった。

参考文献
D. Gardey, *La dactylographe et l'expéditionnaire*, Belin, Paris, 2001.

第九章　植民地帝国フランス

平野千果子

アルジェリアの豊かさを表象する図

1530～40年代	ジャック・カルティエ，ヌヴェル・フランスを探検。その地をカナダと呼ぶ
1590年代	アンリ４世，毛皮交易独占と植民地建設に乗り出す
17世紀前半	北米でケベック市建設など，植民地経営の本格化。カリブ海のマルチニックおよびグアドループ，南米のギアナを植民地化。プランテーション経営のため黒人奴隷制の導入。アフリカとの奴隷貿易開始
1685	3.フランス植民地に奴隷の扱いを定めた黒人奴隷法典制定
1763	2.七年戦争の終結を受けてパリ講和条約締結。ケベックとインドを喪失
1791	8.サンドマングで奴隷蜂起。93年に奴隷解放宣言。94年に国民公会で奴隷制廃止決定
1802	5.ナポレオンにより奴隷制復活される
1803	4.ルイジアナを米国に売却
1804	1.ハイチ独立宣言。フランスは賠償金と引換えに25年に独立を承認
1830	5.アルジェに派兵。以後アルジェリア征服戦争（～47.12.）
1842	タヒチの保護領化。この頃から太平洋地域の植民地化が本格化
1848	4.二月革命を受けて成立した臨時政府が，最終的にフランスの奴隷制を廃止
1850～60年代	ナポレオン３世，太平洋，インドシナなどに進出。メキシコ遠征は失敗
1870	10.クレミュー法制定により，アルジェリア内政移管，およびアルジェリアのユダヤ人に市民権付与
1881	5.チュニジアの保護領化を定めたバルドー条約締結。83年のマルサ条約で確定
1887	10.仏領インドシナ連邦編成。インドシナの支配権をめぐる清仏戦争の勝利による
1889	6.国籍法改正により，以後アルジェリア生まれのヨーロッパ系はフランス国籍となる
1894	4.海軍省付属の植民地局が，植民地省として独立の組織に
1895	6.仏領西アフリカ（AOF）編成（～1958）
1910	1.仏領赤道アフリカ（AEF）編成（～58）
1912	3.２度のモロッコ事件（1905，1911）を経て，フェズ条約でモロッコ保護領化
1914	8.第一次世界大戦勃発（～18.11.）。黒人兵など植民地出身兵の投入
1925	4.モロッコのリフ共和国成立宣言を受け，仏西連合軍が侵攻。リフ戦争（～26）
1930	1～6.アルジェでアルジェリア植民地化100周年祭開催
1931	7.パリで国際植民地博覧会開催（～32.2.）
1939	9.第二次世界大戦勃発（～45.5.）。ドゴールが植民地を足場にレジスタンス展開
1946	10.第四共和政の発足。植民地帝国は「フランス連合」に改編。12.インドシナ独立戦争開始。54年５月のディエンビエンフーでフランス敗北
1953	ラオス（10月），カンボジア（11月）独立
1954	11.アルジェリア独立戦争開始。オーレス山地を中心に同時多発テロ。FLN の成立
1956	3.チュニジア，モロッコ独立
1958	9.第五共和政の発足。フランス連合は解体，新たに「共同体」に編成
1960	6.憲法改正。「共同体」の有名無実化。14の仏領アフリカ諸国の独立
1962	3.フランス―アルジェリア間にエヴィアン協定。７月にアルジェリア独立
1975	7.マイヨットを除くコモロ諸島独立
1977	6.仏領ソマリア（アファール・エ・イサ），ジブチとして独立
1980	9.ニューヘブリデス，ヴァヌアツとして独立
1986	2.第１回フランス語圏サミット開催
1998	5.ニューカレドニアに関するヌメア協定調印。15～20年後の独立を決定
2001	5.上下両院で奴隷制と奴隷貿易を「人道に対する罪」とする法案可決

1　奴隷制とハイチ革命

大航海時代のフランス

今日の世界には海外県（ＤＯＭ）や海外領土（ＴＯＭ）などといった呼び名のフランス領が広く散在している。それらはほとんどが過去のフランス植民地が独立せずに残ったところである。ヨーロッパ統合が進むなかで、ＤＯＭにはユーロが流通してもいる。フランス植民地帝国は、どのような経緯を経て今日のような形になったのだろうか。本章ではほぼ五世紀にわたるフランスの植民地化の歴史を概観することとする。

いわゆる大航海時代に、フランスがアメリカ大陸を目指して探検に乗り出すのは一六世紀前半、フランソワ一世の治世である。その後見のもと、まず北米大陸東岸を探検したのはイタリア人のジョヴァンニ・ダ・ヴェラザーノであった。大西洋岸一帯はその後「新しいフランス《ヌヴェル・フランス》」と呼ばれるようになる。続いてサン・マロの港から出航したジャック・カルティエは北方のセントローレンス川沿いを内陸に進み、三度にわたってこの地の探検をしている。カナダという呼称は、二度目の航海のとき先住民の言葉で集落を意味する「カナタ」を、この地の名称と探検隊が勘違いして使い始めたことによって誕生したものである。カルティエの探検では期待された貴金属の鉱山は見つからないが、カルティエをはじめ初期の探検家たちによる知の積み重ねが、北米大陸における後のフランス領の基礎となる。

フランス王家が常に積極的に海外の事業に関与したわけではないが、一六世紀末にアンリ四世が王位についてからは、より継続的に取り組みがおこなわれていく。この時代には、カナダでサミュエル・ド・シャンプランが一六〇八年にケベック市を建設するなどフランスの影響力が広がり、毛皮交易も拡大した。さらにリシュリュー以後のフランスは、はっきりと積極路線を打ち出す。海外植民地を獲得し交易を拡大することが、国家利益にかなうと判断されたからである。

その意気込みはカリブ海で顕著に現れた。一七世紀のカリブ海はヨーロッパ列強の角逐の場と化していたが、今日も海外県としてフランスに残るマルチニックやグアドループは、一六三五年にフランス領となったものである。同じく海外県の南米ギアナもイギリス、オランダと競いあって、それぞれ領域を確保した。ちなみに一六三五年は、国内ではアカデミー・フランセーズが設立され、ヨーロッパを舞台としてはフランスが三十年戦争に直接介入するようになった年である。これらの出来事には、リシュリュー時代のフランスの特徴的な側面が凝縮されているのではないか。

一六六五年に財務長官に就任したコルベールの時代も、積極的な進出が続いた。前年には東インド会社が再興されており、一六七四年に掌握したポンディシェリを中心に、インドでも勢力争いに加わっていく。また一六八二年に獲得した北米大陸南部は、王の名からルイジアナと命名され、一八〇三年にアメリカに売却されるまで、アメリカ大陸におけるフランスの足場となっていった。レユニオン島はじめアフリカ大陸東岸沖の島々がフランス領になったのも、一七世紀半ばのことである。

以上に掲げた北米大陸からカリブ海、そしてインド洋まで広がる領域が、後に「第一期植民地帝国」と呼ばれるところである。この時代を何よりも特徴づけるのは、奴隷制とそれを支える奴隷貿易であろう。第一期植民地帝国には、一六二六年に足場を築いたアフリカのセネガルも加えなければならない。ここは奴隷制の時代には、フランス最大の奴隷送り出し拠点となる。ではフランスの奴隷制はどう進展していったのだろうか。

サンドマング獲得と奴隷制の発展

フランス植民地に黒人奴隷制が導入されたのは、一七世紀半ばである。特に一六九七年に、コロンブスがエスパニョラと命名した島の西半分を獲得したことは、大きな転機となった。フランスではサンドマングと呼ばれたこの地（現在のハイチ）は未開拓で、しかも肥沃だった。ここにはわずかの間に広大なサトウキビやコーヒーのプランテーションが展開されていく。

奴隷をこれらのプランテーションに供給する奴隷貿易の主役は、この貿易に関する特権を得たいわゆる特権会社であった。西インド会社（一六六四年）、セネガル会社とギニア会社（一六八五年）などは、その初期の例である。これらはその後、解散や特権の譲渡を経験しながら活動を展開した。また一八世紀に入ると奴隷貿易は民間の商人にも部分的なが

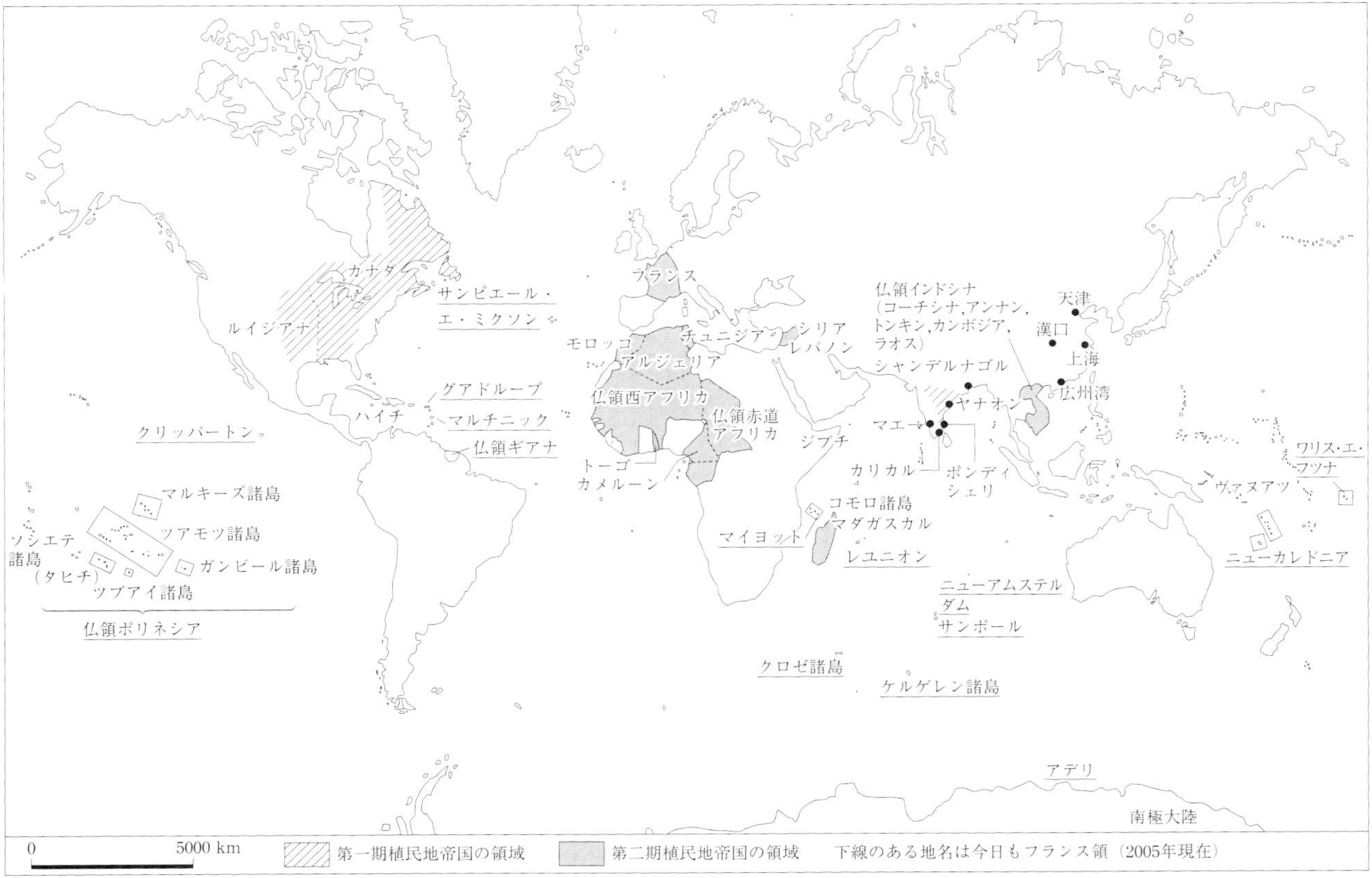

図9-1　フランス植民地帝国の版図

出典：Guy Pervillé, *De l'empire français à la décolonisation*, Paris, Hachette, 1991, p. 50より作成。

ら開放されるようになった。特権会社はこうした民間の商人の参加も得ながら、経営の活性化を図っていくのである。

奴隷貿易はアフリカの人々を「商品」と見なすことで成り立ったもので、それが大西洋奴隷三角貿易であるのは周知のことだろう。フランスは他のヨーロッパ同様、まずアフリカに鉄砲やアルコール度の高い火酒や日用雑貨などをもちこみ、それらと交換にアフリカで狩り出された黒人たちを奴隷として買い取ってカリブ海などのアメリカ植民地に運んだ。その植民地からヨーロッパへという最後の一辺では、プランテーションで栽培されたサトウキビ、コーヒー、煙草、綿花など、それまでヨーロッパにはなかった産品が運ばれていった。当時これらは「植民地物産」としてヨーロッパで大いに喜ばれた品々である。特にフランスでは一八世紀にはコーヒー、砂糖、ミルクの三点セットが宮廷でさかんにもてはやされ、パリの街中などでも急速にカフェが増えていく。

こうしてフランスの生活に大きな影響を与えた大西洋三角貿易は、もちろん大きな富をもたらした。ただしそれは、この最後の一辺で運ばれた植民地物産の再輸出によるところが最も大きい。植民地から本国に輸入されたものの、本国で消費されない分は他の地域への輸出、すなわち再輸出にまわされ、その輸入と輸出の差額が富を生んだのである。たとえばフランスは、おもにカリブ海の植民地からそうした産品を手に入れていたが、輸入された砂糖のうちフランス国内で消費されたのは、八分の一にすぎない。これは再輸出の大きさを示す一例である。

なかでもサンドマングの発展は著しかった。フランス革命前夜にはこの地の産出するコーヒーと砂糖は、それぞれ世界の消費量の六〇%と四〇%を占めるまでになっている。フランスにもたらす富の大きさから、サンドマングは「カリブの真珠」「アンティルの女王」と称されもした。言うまでもなくそうした繁栄を支えたのが、黒人奴隷たちであった。サンドマングの発展に並行して、取引される奴隷の数は一八世紀半ば以降、大きく増えている。仏領カリブ海には少なく見積もっても一六〇万の奴隷が送り込まれたが、これは最大とされるポルトガル領ブラジルに次ぐ規模である。その多くは革命前の時期に集中してサンドマングに運ばれた者たちだった。奴隷の生活はきわめて過酷であった。フランス領では一六八五年に奴隷制度のあり方を細かく定めた黒人法典が制定されており、奴隷の逃亡や抵抗は一切禁じられていた。そうした禁を破ってサンドマングで奴隷の蜂起が起きたのはフランス革命勃発二年後の一七九一年夏。北部のカイマンの森から始まったとされる蜂起は、瞬く間に全域に広がった。指導者トゥサン・ルヴェルチュールに率いられ、途中でトゥサンを失うものの一八〇四年のハイチ独立まで続くこの戦いが、後にハイチ革命と呼ばれるものである。

ハイチ革命

ハイチ革命には複雑な要素が含まれているので、ここでは経緯を追いながらいくつかの側面を明らかにしていきたい。まずだれが蜂起に加わったのか、という点である。これはサンドマングなど、植民地社会の人種構成にも関連する。黒人法典には奴隷解放規定もあり、それに沿って解放された奴隷や自由の身分とされた非白人たちも少数ながらいた。有色自由人と呼ばれた彼らのなかには財を蓄え、奴隷を所有する者もあって、むしろ有産層の白人と利害を同じくする場合が多かった。実際、彼らは奴隷の蜂起に参加せず、白人の側に立った。ともに非白人である有色自由人と奴隷のこうした溝は独立後の社会にも持ち越され、旧自由人と新自由人の対立として尾を引くのである。

次に奴隷たちの要求する奴隷制の廃止と植民地の維持が両立するか、という本国の革命派が直面した問題がある。当時は革命派にとっても植民地そのものは本国の利益の基盤であり、この喪失は論外だったが、奴隷制なくして植民地経営は成り立たない。ところが奴隷制を維持すれば、自由や平等、あるいは人権といった革命の理念が踏みにじられてしまう。革命派は革命の理念を蹂躙しても植民地のために奴隷制を維持するのか、植民地の崩壊を覚悟で奴隷制を廃止するのかという、困難な選択に迫られたのである。この問題は、意外な形で解決される。奴隷主である白人入植者たちは基本的に特権階級の出身であり、反革命派であった。奴隷の蜂起によって革命が植民地に及ぶのを恐れた彼らは、本国フランスが革命戦争を戦っていたイギリスと結ぶという挙に出た。彼らがイギリスとともに奴隷蜂起を抑え込むことにでもなれば、サンドマングはイギリスに乗っ取られ、本国の革命の帰趨すら危うくなる。しかもこれに対抗して、蜂起した奴隷の側は島の東側を支配していたスペインと結んだ。こちらもヨーロッパでフランスと戦っていた国である。つまりは反革命の入植者も、奴隷も、いずれも革命政府に対立する形になったのだ。

こうした状況を前に、サンドマングに派遣されていた革命政府のレジェ・フェリシテ・ソントナクスは一七九三年、現地で奴隷解放を宣言した。黒人奴隷を革命側に抱きこむことで、植民地全体の崩壊を防ぐためである。それを受けて翌九四年、国民公会で奴隷制の廃止が決定された。それはとりあえずは奴隷制廃止こそが、サンドマングと革命の双方を守るという予想されざる帰結からであった。以上のように、ハイチ革命が植民地の主人と奴隷の間の戦いとしてだけではなく、革命のフランスをとりまく国際関係のなかで展開されたことも、この革命の特徴として指摘しておこう。

その後、権力を握ったナポレオンは一八〇二年に奴隷制を復活させた。ナポレオンは奴隷制や奴隷貿易で利益を得る層を支持基盤としていたのである。サンドマングには大軍が送り込まれたが、このとき指導者トゥサンはナポレオン軍に捕えられ、最後はフランスで獄死した。奴隷蜂起の目的は奴隷制の廃止であり、独立が最初から目指されていたのではないとはいえ、フランスに従属している限り奴隷制復活のおそれはぬぐえない。ナポレオン軍を破ったサンドマングは、一八〇四年一月一日、ハイチとして独立宣言をした。これは奴隷身分から完全に解放される最終的な手段だった。

ハイチ革命がフランスの植民地史にもつ意味は大きい。サンドマングは先に述べたように、フランス最大の植民地であった。一八世紀を通してフランスとイギリスの間には次々と戦争が打ち続いたが、それらはヨーロッパだけではなく、植民地を舞台としても戦われた。フランスは敗戦を重ね、ついに七年戦争の結果結ばれたパリ講和条約（一七六三年）では、インドの五都市を除く領域と、北米大陸のカナダを失った。しかし領土は大幅に縮小されても、この後もフランスの奴隷貿易やカリブ海との交易量は著しく増加している。フランスの第一期植民地帝国が実質的に崩壊するのは革命戦争からナポレオン戦争を経てのことで、その過程におけるハイチの離反はフランスには甚大な打撃となったのである。

だからこそフランスはハイチの独立を簡単には認めなかった。承認したのは二〇年後の一八二五年、しかも賠償金の支払いと引き換えにであった。一億五〇〇〇万フランという巨額な賠償金（後に九〇〇〇万フランに減額）を、ハイチは借款を重ねて約半世紀後の一八八三年に完済した。ハイチ革命は、今日では環大西洋革命の一つに位置づけられる。その結果としてのハイチの独立は、史上初の成功した奴隷の反乱、史上初の黒人共和国、あるいは中南米初の独立国など、さまざまに評価されている。それが今日世界の最貧国になっているという事実は、植民地支配の歴史について多くの問いを投げかけているのではないか。

2　アルジェリアと植民地帝国

「文明化」としてのアルジェリア征服戦争

大幅に縮小されたフランス植民地が再び拡張に向かうのは一八三〇年、アルジェリアのアルジェへの派兵に始まる。アルジェリアは近代フランス最重要の植民地になるところだが、なぜこのとき派兵されたのか。まず言及されるのは「扇の一打事件」である。北アフリカは、植民地化以後はワインのための葡萄畑に変えられるが、かつてはローマの穀倉であり、フランスも小麦を輸入していた。だが革命期の輸入代金が未払いで、それに対するフランスの無責任な態度に怒ったアルジェの太守フセインが、在アルジェのフランス領事を羽根扇で打った、と説明されるものである。

ただし新たな植民地化の背景には、フランス国内の実質的な利害があった。当時のポリニャック内閣には外交の成功で内政を固めようという思惑があったし、北アフリカ貿易に多大な関心をもつマルセイユの商人たちは、他のヨーロッパを排して地中海貿易の独占を狙っていた。ナポレオンの敗退以後、東地中海を固めたイギリスへの対抗意識などもみることができる。しかしフランスの侵攻はアルジェリアの反発を呼び、一八四七年末にアルジェリア側の指導者アブドル・カーディルが降伏するまで足掛け一八年にわたって、いわゆるアルジェリア征服戦争が続くのである。

この戦争の意味を、三点にまとめておこう。第一に、絶対王政期には奴隷の送り出し地域であったアフリカ大陸を、面で支配していく端緒となることである。もちろん北アフリカとサハラ以南のアフリカを同一視するのは、適切ではない。それでも地中海をはさんでヨーロッパの南に広がる広大なアフリカ大陸全体の重要性は、この後増すことはあれ減ることはない。第二にそれに付随して、植民地の性格も変わってきた点である。それまで植民地と呼ばれていた地域では、先住民はヨーロッパ人が到来したさまざまな余波でほぼ絶滅し、被支配者とは外から導入された奴隷たちを意味した。だがこのアルジェ以降の新しい植民地には、何よりもまず先住民がいた。この後にアフリカ大陸を中心に形成されていく領域は「第二期植民地帝国」と称されるが、この間の占領、支配に際しては、異なる文化や歴史をもつ人々の存在が最大の問題となる。アルジェ派兵以前からの植民地が今日では海外県となり、独立運動も小さいことを考え合わせれば、第二期植民地帝国期の現地人問題の大きさが浮かび上がるだろう。

第三に文明化の問題である。アルジェリア征服戦争が継続されていた七月王政期は、フランスの奴隷制廃止運動が本格化した時期とちょうど重なっている。廃止論者は、奴隷制は野蛮であり、廃止こそがフランスが真に文明国になる道だとしていたが、この理屈は実はアルジェリア征服に際しても唱えられた。すなわちアルジェリア自身がもっている奴隷制をフランスがやめさせるために植民地化するのであり、それは文明化だ、という主張である。換言すればこのアルジェリア征服戦争の過程で、奴隷制廃止が文明化であり、それこそが植民地化だという主張が定式化してきたわけである。ここでは本国の奴隷廃止論者たちが、新たな植民地アルジェリアの獲得に積極的であったことを記憶しておきたい。

つけ加えるなら、アルジェリアがオスマン帝国の影響下にあったことも重要である。フランスはイスラーム圏最大のオスマン帝国とは歴史的に良好な関係にあったが、一七九八年のナポレオンによるエジプト遠征は、この地を傘下におくオスマン帝国との関係に水を差し、ひいてはフランスにおけるイスラーム観を否定的なものへと方向づけた。続くアルジェ派兵は実質的な占領と支配を伴うもので、オスマン帝国との関係も決定的となった。アルジェリア征服戦争は、オスマンの軛からアルジェリアを「解放」する「文明化」の事業だとも唱えられていくのである。

奴隷制の廃止

アルジェリア征服戦争の一応の終了は、一八四八年の奴隷制廃止と時期的にほぼ重なっている。征服戦争や「文明化」についての理解を深めるためにも、ここで奴隷制廃止の問題を取り上げておこう。ハイチの独立後もフランス植民地には奴隷制が残っていた。その廃止は二つの段階を経ておこなわれた。まずアフリカから大西洋を通って奴隷をアメリカの植民地に供給する奴隷貿易の廃止、そしてプランテーションの現場で強制労働をさせるいわゆる奴隷制の廃止である。先頭に立ったのはイギリスであった。イギリスでは奴隷制そのものよりも、奴隷を運搬する航路の方が過酷であるという認識が広まっていた。奴隷制廃止が及ぼす経済的、社会的影響を考えれば、プランターなどを中心とする制度の支持者が根強いなかで、とりあえず貿易を廃止するのが妥当だというのが、イギリスの結論であった。

そのイギリスの圧力のもと、奴隷貿易の廃止は一八一四〜一五年のウィーン会議という国際舞台で決定された。この問題もフランス一国のことではなく、ヨーロッパ列強に共通する問題として議論されていたのである。その後も奴隷の売買は闇貿易の形で残るものの、フランスでは一八三〇年の七月王政成立以後、決定的に衰退していく。それからは奴隷制そのものの廃止が争点となるのである。この廃止運動は左右を問わず、さまざまな政治潮流の人々を巻き込んで展開されたのだが、最終的には一八四八年、二月革命後に成立した第二共和政でフランスの奴隷制は廃止されるにいたった。廃止が第二共和政下でおこなわれたことには、十分な注意が必要である。革命の系譜に連なる「共和政」が主体となって廃止が実現されたことは、その後のフランスにおける奴隷制廃止にまつわる記憶を決定づけたからである。

このとき臨時政府が設置した奴隷制廃止委員会の長に任命されたのは、ヴィクトル・シェルシェール。裕福な陶器商の家に生まれ、仕事で北米やカリブ海地域に旅したのを契機に奴隷制廃止運動に着手した人物で、頑迷とも言えるほどの共和主義者であった。シェルシェールが起草した廃止の政令には「奴隷制は自由、平等、友愛の蹂躙」であると記されている。換言すれば制度の廃止こそが、革命の理念を救うとする立場である。その後の選挙戦のなかで、マルチニックから立候補したシェルシェールは、「王政は黒人を奴隷にし、共和政は彼らを自由にした」と述べている。共和主義者の下で奴隷制が廃止されたことは、それまでの右翼・王党派の廃止運動を見えなくし、この歴史的事件を共和主義者が占有する基礎となった。先に述べたように、奴隷制廃止運動と並行して、アルジェリアという新しい植民地の征服戦争が継続されており、この過程で文明化と植民地化が等価で語られ始めていた。その征服戦争の終結、さらに奴隷制の廃止の後において、フランスは「文明化」を掲げて本格的な海外領土の拡張に踏み出すことになる。

ちなみに奴隷制廃止の後に制定された第二共和政憲法では、植民地の住民、すなわち元奴隷と奴隷の送り出し拠点だったセネガルの四都市の住民に、国政への参政権が与えられた。現実にはシェルシェールが当選したように、白人や有力な混血が選ばれるのがほとんどだったが、男性に限ってとはいえ植民地の住民に普通選挙権が与えられたのは、稀有な例であろう。ただしアルジェリアを含め、これ以後獲得される第二期植民地帝国の住民は別である。現地住民を市民ではなく、「臣民」として支配していく歴史が始まっていく。

「フランスの延長」アルジェリア

新たに建設される植民地帝国の中心アルジェリアは、植民地化の当初から他の植民地とは異なる位置づけをされてきた。征服戦争が一応の終了をみた一八四八年からさまざまな公文書で「アルジェリアと植民地」というように、一般の植民地と別扱いをされている。四八年当時の「植民地」は大革命前からの植民地だけだが、一九世紀後半以降はその他の地域にもフランスは進出していく。それでも「アルジェリアと植民地」という認識は大きく変わることはない。後には「パリをセーヌが流れるように、フランスを地中海が流れる」と、アルジェリアがフランスの一部であることを象徴する言い回しも生み出される。この地はなぜ特殊なのだろうか。

最大の理由は地理的にフランスにきわめて近いこと、そして入植者が多いことである。この二つは緊密に関連している。地中海の向かい側という近さに加え、地中海性の気候でヨーロッパ系の人々にも暮らしやすいという条件が、入植の多さにつながったからである。フランスは歴史的に人口の伸びが小さく、もともと外部への移住は少なかったが、アルジェリアだけは例外であった。入植はすでに征服戦争の最中からおこなわれている。居住可能な植民地アルジェリアは貧しい労働者にとっては希望の地ともされ、労働者対策の一環として政府が積極的に送り出しを図ったこともある。失敗を繰り返しながらも、定住者は確実に増えた。入植者の増加と並行して、現地の人々は土地を剝奪され、生活を破壊されていった歴史があることも忘れてはなるまい。

制度の面でもアルジェリアはフランスに組み込まれていった。まず一八四八年、アルジェリアの主要都市であるアルジェ、オラン、コンスタンチーヌを中心に三つの県が設置された。単純に国内の県と同等の扱いとなったのではないが、これは後に「フランスの延長」としてのアルジェリアを準備することになる。ついで一八七〇年には、アルジェリアの内政移管が決定された。クレミュー法である。征服後も反乱が続いたアルジェリアは、当初陸軍省の管轄下におかれていたが、普仏戦争敗北後に成立した臨時政府は即座にこの決定を下した。その背景には、アルジェリアの入植者たちが従来から本国と同等の権利を要求していた長い歴史がある。彼らは自分たちこそが「アルジェリア人」であるとして、この後も政府に多くの要求を重ねていくのである。

さらにクレミュー法は、アルジェリアのユダヤ人にフランス市民権を与えるという条項も含んでいた。北アフリカにはもともとベルベル人が居住しており、七世紀ごろ到来したアラブ人によってイスラーム化されてきた。フランスは支配の過程でアラブ人とベルベル人を分離する政策を展開していき、それは独立後の社会にも深い影響を残すのだが、クレミュー法が現地人のなかでユダヤ人のみに特権を与えたことは、そうした政策とも関連しているだろう。

制度の面ではもう一つ、一八八九年に改正されたフランスの国籍法がアルジェリアにも適用されたことがある。アルジェリアの入植者のおよそ半数は、他のヨーロッパ諸地域の出身者だった。それが出生地主義を採用した新しい国籍法の適用によって、アルジェリア生まれのヨーロッパ系の人は、出身を問わずフランス人になることになった。こうして生み出された本国を知らない大量の「フランス人」こそが、後のアルジェリア独立戦争において「フランスのアルジェリア」を守ろうとする強固な核となるのである。アルジェリアのヨーロッパ系の人口は一九〇一年で五八万人、独立戦争前にはおよそ一〇〇万人になる。二〇世紀に入ると、二度のモロッコ事件を経て、アルジェリアの西側のモロッコがフランス領に組み込まれた。モロッコは、一八八〇年代に確保されたチュニジアとともにアルジェリアを東西両側から補強する形となり、仏領北アフリカはこうして固められていったのである。

植民地帝国の形成と本国における制度化

次に、アルジェリア以外の植民地拡張の動きを簡単に追っておこう。短い第二共和政の後に成立した第二帝政期には、大きな植民地は形成されなかったものの、ナポレオン三世の海外に進出しようとする試みは一貫している。六〇年代にはメキシコ攻略に失敗するが、五〇年代からすでに南太平洋のニューカレドニアを植民地化したほか、ヴェトナムのサイゴン占領を突破口にインドシナにも拠点を築いている。フランスがインドシナの掌握に乗り出したのは、インドをもつイギリスに対抗するため、さらに当時各列強が狙っていた中国に南からの接近を図るためだった。

最も植民地が拡張されたのは、第三共和政期である。ポール・ゴーギャンで有名なタヒチを含む南太平洋の島々の植民地化（後に仏領ポリネシアと称される。一九六六〜九六年は核実験場）、インドシナの支配領域の拡大に加え、一八七八年および一八八四〜八五年の二つのベルリン会議の後は、フランスもアフリカ大陸の勢力範囲を急速に拡大していった。フランス植民地の規模は一八八〇年からの一五年間でほぼ一〇倍に拡大され、人口およそ五〇〇〇万人、面積は九五〇万平方キロにもなった。植民地帝国という呼称も、一八九〇年頃から使われ始めたとされる。

このいわゆる帝国主義の時代には結果として植民地帝国が建設されるものの、当時のフランスでは流血を伴ってまで海外領土を拡張することへの反対が実は強かった。最大の要因は普仏戦争での敗北で、アルザス、ロレーヌ両州を奪われたことにある。対独復讐熱が高まるなかで、積極的に植民地拡張を唱えていた穏健共和派のジュール・フェリーに代表される潮流は常に劣勢であった。共和主義に敵対していた保守派は、総じて海外進出よりはアルザス、ロレーヌの奪還を優先するという立場を鮮明にしていたし、共和派内部でもジョルジュ・クレマンソーら急進派はフェリーには鋭く対立していたのである。フェリーは二度首相を務めるが、二度ともチュニジア（一八八一年）、トンキン（一八八五年）と植民地問題で倒閣されている。ただし倒閣した側も、植民地拡張はしっかり遂行していることには注意しておこう。

こうした状況が変わるのは、一八九〇年、右翼・王党派の「共和政加担《ラリマン》」からである。その結果一九世紀末には、海外進出の主体であった共和政の確立、現実の植民地帝国の存在などによって、植民地拡張に表立って反対する動きはにわかに消滅していった。ただし現実に植民地建設の事業に取り組んだのは共和主義者であり、植民地帝国は「共和政の偉業」とする位置づけは、決定的に歴史に刻まれた。かつて奴隷制廃止は共和政が成し遂げたとされたが、今度は植民地の建設が共和政の仕事とされたのである。奴隷制廃止と植民地化は、いずれも文明化が標語であり、プラスの価値として語られていることが、ここでも改めて確認されるだろう。

ところでこの時期、共和主義を軸に推進された国民統合は、革命の制度化と位置づけられているが、拡大した植民地をめぐってもある意味で「制度化」が進められる。征服されたアジアやアフリカは、一八八七年に仏領インドシナ連邦、一八九五年に仏領西アフリカ＝ＡＯＦ、一九〇五年に仏領赤道アフリカ＝ＡＥＦ、と地域ごとに編成された。学問の面では、植民地拡張を背後から支える地理学の発展に合わせ、一八八五年にパリ大学に「植民地地理学」が導入された。一八八九年には植民地行政官養成のための植民地学校が創設され、九四年には植民地省が独立の組織となった。海外領土がすべて植民地省にまとめられたのではないなど、以上の組織にはそれぞれ留保がいるが、いずれも植民地が本国の枠組みのなかで制度化された例である。

ここでカトリック教会について、一言ふれておきたい。植民地拡張を担った共和派は反教権主義の立場に立つが、それが直接的に植民地に適用されたわけではない。一九〇五年の政教分離法が海外のミッション系の学校に影響を与えた例なども散見されるが、現実には支配の一つの手段として、共和派政府も教会の活動を黙認していた側面がある。基本的に「反教権主義は輸出品目ではなかった」のである。歴史的に見ても、カトリック教会はアメリカ大陸の「探検」の時代から深く植民地にかかわっていた。ましてフランスにおいて植民地拡張への反対勢力がほぼ消滅すると、むしろ植民地現地においてフランスのイメージを代表するものとして、教会の役割は高まったといえるだろう。

こうして領土が拡張される一方で、植民地現地ではフランスに抵抗する動きも止むことはなかった。なかには西アフリカで十数年にわたってフランスを悩ませたサモリ・トゥーレの反仏抵抗運動などもある。他方で、植民地化の当初から別の形でフランスに対峙しようとする者たちもいた。その大きな事例を、第一次世界大戦にみていくことにする。

転機としての第一次世界大戦

第一次世界大戦は史上初の総力戦となったが、この戦争に植民地の人々が多く狩り出されたのは、いまやよく知られるところであろう。フランス帝国からは兵士としておよそ六〇万人、工場労働者としておよそ二二万五〇〇〇人という数字が一般的だが、実際にはこれより多かったとする説もある。強制的に徴募された場合も多かったとされている。

植民地で最も多くの兵士を送り出したのは北アフリカだが、この時期からはブラックアフリカの重要性も増した。もともと人口不足だったフランスでは、第一次世界大戦後にブラックアフリカを兵士の供給源と見なす立場が一部に広がるが、戦前からこれを主張していた人物がいた。一九一〇年に『黒い部隊』を著したマンジャン大佐である。植民地出身者が「フランスのために」死を賭して戦うかという基本的問題を前に積極的な支持は得られなかったものの、戦争が長期化して兵士も労働力も必要となった第一次世界大戦末期、フランス政府は最終的にこの提案に傾くことになる。

そしてこの案に、積極的に協力した植民地出身者がいた。第二次世界大戦以前には、反仏運動が独立要求にまでなった地域はまだ少数であった。国家基盤が未整備ななかで、民族運動は独立よりはむしろ、フランス人と同等の権利を要求する場合が多かった。そうしたなかから戦時に積極的にフランスに力を貸し、実際に兵士を戦争に送り込むことで、権利を勝ち取ろうとする立場を取る者が出てきたのである。セネガルのブレーズ・ディアニュはその代表的人物である。戦後には初の黒人議員としてパリで活躍することになるディアニュは、兵役につき、いわゆる「血の税金」を払うことが、権利を得る大きな一歩だと考えていた。彼は大戦末期の一八年、フランス政府に協力して新たに七万七〇〇〇人の兵士を確保している。またカリブ海植民地にも同じような動きがあった。ここは奴隷解放後、フランスへの同化志向が最も強かった地域で、今日では海外県である。第一次世界大戦に際しては、肌の色は違っても「血の色は同じ」だとして、本来「国民」にのみ課せられる「義務」を自発的に担う者たちがいたのである。

では第一次世界大戦は、どのような影響をフランスに残したのだろうか。主戦場となって予期せぬ惨禍をこうむったヨーロッパは、自信喪失の空気に覆われた。しかも植民地兵を前線に狩り出したことは、結果としてヨーロッパの「野蛮」な戦争を、ヨーロッパが「野蛮」と見なしていた植民地の人々に見せつけることにもなった。

こうした事態からは複雑な側面がいくつか浮かび上がるが、ここでは植民地による戦争協力という点に限って述べておきたい。植民地は人材だけではなく、国債の応募によって資金面で、また軍需物資や食糧の供給によって物質面でも、戦争を支えた。植民地の有用性が、本国の人々に明らかにされたわけである。前述のように一九世紀末までのフランスでは植民地に後ろ向きな傾向が強かったが、領土の拡張に伴って急速にそうした傾向は弱まった。それを決定的にしたのが、植民地が本国の役に立つことをいわば実証した第一次世界大戦だったといえる。大戦後にはアルザス、ロレーヌも取り返され、植民地の領有に否定的な主張はごく一部にとどまって、ほぼフランス全体が植民地の存在を当然と思う雰囲気につつまれた。もはや植民地は「共和政」の占有物ではなく、国民的合意を得たものとなったのである。

第一次世界大戦後には、フランスは敗戦国のドイツ領だったアフリカのトーゴとカメルーンに加え、中東のシリアとレバノンも国際連盟の委任統治領として獲得している。実質的に最大規模となったフランス植民地帝国は、「より大いなるフランス《プリュ・グランド・フランス》」「一億人のフランス」など、さまざまに称されていく。こうして拡大した植民地帝国をとりまく文化的状況がどのようなものであったのか、本節の最後に見ておきたい。

植民地時代の文化状況

一九世紀の特に後半には、移動手段の拡大に伴って海外に出かける文人たちの数も増え、フランスの植民地を舞台に異国趣味に富んだ文学や旅行記の類が生み出されるようになった。それらをめぐっては、だれが読み、どう受け止めたか、という読み手の問題は残るものの、国境を越えた事物への関心は広まったと言えるだろう。

一八八〇年代に共和派によって義務化された初等公教育は、ずっと広汎な層に植民地の重要性を訴えかける役割を果たしたと考えられる。反対派が多かったこの時代でも、たとえば公立学校の歴史教科書では拡大していく海外領土をフェリーが率いる「共和国の偉業」と称揚し、コルベールなどの政治家の業績も称えている。また一九世紀後半に急速に普及する『ル・プチ・ジュルナル』や『ル・プチ・パリジヤン』といった大衆新聞を見ると、帝国主義の時代にはほぼ連日、植民地に関する記事が掲載されている。従来のフランス植民地史研究では、人々の植民地への無関心や植民地に関する知識の欠如を根拠に、フランスでは帝国意識は常に低かったとされてきた。しかし一般に、遠方の未知の地域でフランス人の血が流されることへの忌避感が強くても、現実に領土が獲得されると、事後的にそれを認め、むしろフランスの国力を示すものとして歓迎する傾向が見受けられる。植民地の領有を当然視する大衆新聞が大きな単位で売れたことからは、現実の植民地の名前や地理を知らないままに、フランスが植民地大国であるという漠然とした認識が、初等教育を受けた人々の増加とともに、広がったと考えてよい。

加えて近年では、植民地に関するさまざまな文化媒体で、直接的に大衆にかかわるものに注目する立場もある。たとえば一九世紀末から巷間に流布されたシャンソン、博覧会、スペクタクルや芝居小屋、もう少し後には映画などである。

博覧会の場合、一八六七年のパリ万博ですでに最初の植民地セクションが設けられたし、革命一〇〇周年にあたる一八八九年の万博では植民地の人の展示もおこなわれた。一九三一年にはパリで植民地をテーマとした初の国際博覧会が盛大に催されている。こうした文化媒体には、植民地の人々に対する画一化された人種差別がはっきりと示されているが、それは現代フランスの旧植民地出身の移民労働者に対する差別視とちょうど重なるものである。今日の移民問題に対処するときに植民地の歴史を文化的側面から見ることの重要性が、ここに読み取れるだろう。

さらに戦間期には、パリはさまざまな植民地出身者の出会いの場ともなっていた。ホー・チ・ミンはじめ民族運動家たちが集った新聞『ル・パリア』。すでにフランスに万単位で存在していた底辺の移民労働者を基盤に、民族運動を率いたアルジェリアのメッサーリ・ハジのような者。あるいは卑しめられていた黒人性を前面に掲げた文学運動「ネグリチュード」を担ったマルチニックのエメ・セゼールやセネガルのレオポール・セダール・サンゴール。大半は異なる植民地から来て、異なる方向に進んだ者たちだったとはいえ、彼ら植民地出身者の動きがフランスの文学界や芸術界、さらには労働運動などに与えた影響は、決して小さいものではなかった。多様な側面でフランス本国と植民地は結びつきを深め、その関係は複雑化した。

政財界が植民地に寄せる期待も大きかった。一八九〇年頃から議会を中心に植民地に関する圧力団体がいくつも誕生するが、それらの数が最大になり、最も活発な活動が展開されるのも、戦間期である。しかし一九三一年にはフランスにも大恐慌の影響が及び、本国経済に強く結びつけられていた植民地経済にも大きな打撃となった。植民地からの種々の要求に、実質的にフランスは応えられないままに、第二次世界大戦へと時代は移っていく。

3　植民地帝国の崩壊へ

ドゴールと植民地

一九四〇年六月、フランスはナチス・ドイツに占領され、翌七月にはヴィシー政権が誕生した。この後四年にわたって続くナチス占領期に、植民地は重要な役割を果たすことになる。というのはドイツとの休戦協定で、植民地にはフランスの主権が残されたのだが、この植民地をめぐって、当時国際的に認知されたヴィシー政権と、それに反対するシャルル・ドゴール将軍の陣営との間に、争奪戦が展開されるからである。ドゴールは共和国の継承者を自任し、自由フランスを組織して、占領された本国の外にある植民地を足場に、フランス共和国の基礎作りをしようとしたのである。

植民地がどちらの側につくかは、ひとえに各地の総督の判断にかかっていた。当初は第一次世界大戦の英雄ペタンが仕切るヴィシー派につく地域が、圧倒的であった。そうしたなかで、まず仏領赤道アフリカ（ＡＥＦ）のチャドがドゴール派として名乗りをあげる。チャドは地政学的な要因からイギリスを後ろ盾とするドゴール派につく方が有利であった。当時の総督は仏領ギアナ出身のフェリックス・エブエ。フランス植民地史上初の黒人総督である。ドゴール支持の彼が率先して動いた結果、四〇年一一月という早い段階で、ＡＥＦはコンゴのブラザヴィルを「首都」に、ドゴールに六〇〇万の「国民」と二四八万二〇〇〇平方キロの「国土」を提供したのである。ドゴールの信頼も厚かったエブエは、四四年五月にカイロで客死するまで自由フランスのために尽力し、戦後にはパンテオンに移葬されている。

一九四二年一一月の連合軍による北アフリカ上陸は、フランス帝国にも決定的な転機となる。ヴィシー派だったこの地は上陸後の戦闘を経て、約半年後にはドゴールが掌握するからである。後の臨時政府の母胎となるフランス国民解放委員会は四三年六月に、フランス最重要の植民地アルジェリアに成立する。ＡＥＦの掌握から解放委員会の設立まで、フランス国内に足場をもたなかったドゴールは植民地を舞台に活動を続け、いわば植民地の存在によって、レジスタンスの英雄となったのである。植民地は徐々にドゴール側につき、最後までヴィシー派だったのは仏領インドシナのみであった。四四年の年頭には、戦後の植民地のあり方を議論する会議がブラザヴィルで開催された。自由フランスが主催したこの会議では、植民地住民の地位の向上を謳いつつ、植民地の維持という原則が打ち出され、各地域の自治は遠い将来においても認めない、とされた。一にして不可分という共和国の原則に、植民地は含みこまれたのである。

他方、植民地の状況は大きく変化していた。ヴィシー政権の影響下にあったところでは、抑圧的な政策も指摘されている。最大の植民地である北アフリカでも、物資の調達など物質的側面での搾取はもとより、ユダヤ人迫害の波も及んでいたし、民族運動や左翼運動も弾圧された。アルジェリアでは、支配者フランスを打ち破ったとして、初期の頃には住民の八〇%が親ヒトラーであったという数字もあるが、民族運動の指導者たちは情報を得るにしたがって次第にヴィシー政権を離れていき、ついで独立が日程にのぼってくるのである。

植民地のなかにはフランスへの同化を強力に推進していた地域もあり、期待よりは少なかったものの、大戦中はドゴール側に従軍した植民地兵もいた。こうした動きは、フランスが植民地から全面的に支持されているという「幻想」を生み、戦後のフランスが植民地に対して時代錯誤的な姿勢をとる一因となったと考えられる。ドイツから解放された後に威信を回復する基盤として、植民地の保持を大前提としたフランスは、同化を要求する植民地にまずこたえていく。

それぞれの脱植民地化

第二次世界大戦後のフランスでは新憲法の制定に手間取るが、その成立前の一九四六年三月、「古い植民地」と呼ばれたマルチニック、グアドループ、仏領ギアナ、それにレユニオンが海外県になった。これらの地域は奴隷制廃止以後、フランスに同化を訴え続けてきたところであり、この海外県化は現地の人々が不十分ながらも勝ち取ったものであった。その後に成立した第四共和政憲法では、植民地帝国は「フランス連合」として再編された。すなわち旧植民地は海外県、海外領土（植民地省が管轄していたアフリカ、南太平洋、インドなど大半の地域）、協同領土（国連の信託統治領トーゴとカメルーン）、協同国家（外務省管轄だったモロッコ、チュニジア、インドシナ全域）の四つに分類された。

だが独立要求が高まっている地域も少なくなかった。とくに大戦中、日仏の二重支配の続いたインドシナでは、日本の敗戦を受けてヴェトナムが四五年九月に独立宣言を出していた。インドシナへの復帰を目指すフランスとヴェトナムの間の交渉は決裂し、四六年一二月、いわゆるインドシナ独立戦争が開始される。この過程の四九年には中国で共産党政権が成立するが、インドシナでも独立闘争の中心は、ホー・チ・ミン率いる共産主義勢力であった。戦後の冷戦を背景に、この地へのアメリカの介入も本格化していく。一九五四年にはヴェトナム北部に建設したフランスの要塞ディエンビエンフーが陥落し、仏領インドシナ連邦は、フランス帝国の地図から姿を消した。そして同じ五四年、今度はアルジェリア独立戦争が勃発する。戦争は泥沼化して第四共和政は崩壊。フランス国民も分裂した。六二年にアルジェリアは独立したが、戦争はまだフランス社会に影を落としている（コラムXVII参照）。

第四共和政の崩壊は一九五八年。ドゴールの政界復帰に伴って制定された新しい第五共和政憲法では、植民地帝国は再度組み替えられ、今度は「共同体」という名称が導入された。憲法草案の是非は国民投票にかけられたが、このときドゴールは、すべての海外領土で草案を住民投票にかけ、共同体に入るか否かを問うという賭けに出た。ドゴールの意図は明確だった。共同体に入る地域には、つまりフランス領にとどまる地域には経済支援をする。そうでない地域は独立してよいが、援助は一切しない、という主旨である。ブラックアフリカの場合、戦後の政治指導者のなかには、戦前からフランスの政治家とのつながりを強めている者もおり、彼らの多くはフランスにとどまって支援を受けながら近代化を図ることを考えていた。五八年の住民投票のさいに、各地で九割を超える賛成票が投じられ、結果としてほとんどの地域が共同体を受け入れてフランス領に残った背景には、そうした事情があった。唯一「否」が多数を占めたのはギニアである。指導者セク・トゥーレは、かつて反仏抵抗を戦ったサモリ・トゥーレの孫である。ギニアの拒絶は、セク・トゥーレの「隷従のなかの豊かさよりは、貧困のなかの自由を選ぶ」という有名な言葉とともに記憶されている。

もっともギニア以外のアフリカ諸国がいつまでもフランスに従属していたわけではない。共同体に残ると意思表示した国々でも急速に独立志向が高まり、ついにドゴールは、植民地が独立しても共同体に残れる、つまりフランスの援助を受けられることを認めた。そのために一九六〇年、成立後わずか二年の憲法に改正が加えられ、フランス領アフリカの一四か国が独立を達成した。この年には一七のアフリカ諸国が独立したが、仏領が一四か国であることを考えれば、フランスの政策変更が一九六〇年を「アフリカの年」にしたのは間違いない。共同体全体に関する憲法の規定はアフリカ諸国の独立後は有名無実となり、一九九五年にドゴール派の大統領ジャック・シラクが削除するまで残ることになる。

一九六二年にはアルジェリアが独立した。これがフランス植民地帝国の実質的な崩壊である。あとには海外県、海外領土など、遠方の小さな領域が残されただけだった。ただしこれらは世界全域に散らばっており、地政学的側面や排他的経済水域もあることから、フランスに多大な利益をもたらしている。なお第二次世界大戦後のフランスはヨーロッパ統合の中核となっていくが、ヨーロッパの統合は一連の脱植民地化より前にすでに推進されている。フランスは必ずしも植民地帝国が崩壊する代替として、ヨーロッパ統合を目指したのではなかったことをつけ加えておく。

残された課題

脱植民地化は、現在進行形で進んでいる。一九七五年にはコモロ、七七年にはジブチ（旧仏領ソマリア）、八〇年にはヴァヌアツ（旧ニューヘブリデス）が独立した。最近では一九九八年にニューカレドニアとの間にヌメア協定が結ばれ、一五〜二〇年をかけて独立の準備をすることが決められた。それによればフランスは、当面はニューカレドニアの主権を「共有」するのだが、最後は完全に委譲する手はずになっている。植民地を含めて「一にして不可分」を自称したフランス共和国からは、多くの植民地が抜けていき、現在は一部で主権を共有する事態まで生じているのである。九八年の憲法改正は、このヌメア協定ゆえであった。さらに仏領ポリネシアは二〇〇四年二月に海外国（ＰＯＭ）になることが定められた。これは従来なかった範疇であり、新たな憲法改正が必要とされている。

このように旧植民地を取り巻く状況は、刻々と変化し続けているのが現状なのだが、五世紀にわたるフランスの植民地化の歴史を考えたとき、どのような課題が残されているだろうか。以下に四点ほどに整理しておきたい。第一に共和主義と植民地主義の問題である。フランスは革命の国であり、人権の祖国である「にもかかわらず」植民地支配を展開した、というのはよく聞かれる表現である。しかし共和主義を生み出したフランス革命期の革命派は、植民地の領有は当然のこととしていた。また植民地化は文明化と言われたが、革命の理念の伝播は文明化の重要な要素の一つであった。そうした理念のもとに近代の植民地帝国の大部分は、第三共和政期に、共和政政府の手によって、建設された。

共和国による植民地建設という側面に注目すること、つまり植民地拡張を単に共和主義との矛盾とみるのではなく、フランスは共和国であるがゆえに植民地化を進めた、あるいは植民地主義は共和国原理と不可分とする視点は、重要に思われる。それは今日のフランスにおける旧植民地出身者への差別という重大な社会問題を明確に把握するためにも、共和国による植民地化の歴史を見直そうとする立場であり、今後も議論が続くであろう。

第二点はそれとも関連するが、植民地主義と奴隷制の過去をどうとらえるかという問題である。二〇〇一年秋に南アフリカのダーバンで開かれた国連の人種差別反対会議で奴隷制と奴隷貿易、植民地主義は人道に対する罪であるという条項が採択されたが、フランスではそれに先立って、同年五月、「奴隷制と奴隷貿易は人道に対する罪である」とする法案が上下両院で可決された。

ただしこの法の文言には植民地主義、あるいは植民地化の過去が含まれていないことには注意しておきたい。フランスでは歴史的に文明化と表現されてきた植民地化をプラスの価値としてとらえる傾向は、今でも根強い。本章でも述べたように、奴隷制廃止の後においてこそ、海外に大きく飛躍していったのがフランスの歴史であった。一方に奴隷制や奴隷貿易、他方に植民地化の歴史と、截然と分ける姿勢が垣間見られることを、今一度指摘しておこう。

第三点として未完の脱植民地化の問題があげられる。第二次世界大戦後に海外県になった地域については「もう一つの脱植民地化」と言われることもあるが、海外県化の後に、独立派が誕生した地域もある。これは今独立に向けて動いているニューカレドニアの状況などともあわせて、今後検討されるべき課題であろう。

以上の諸点を総合すれば、最後に第四点として、植民地化の歴史にどう向き合うのか、あるいはどう記憶していくのか、という論点が浮かび上がる。独立二〇〇周年を翌年に控えた二〇〇三年、ハイチは独立のために支払った賠償金の返還をフランス政府に求めた。今日の額でおよそ二一七億ドルである。フランス政府はこの要求を受け入れてはいない。

もちろん賠償金の返還のみが重要なのではない。フランスでは近年、植民地時代の記憶が社会の前面に出てきているが、複数の「記憶の主体」の間で厳しいせめぎ合いが展開されている。政府も「記憶」の重要性を強調しながら、アルジェリア戦争にまつわる記念碑を建設するなどしたが、他方で一九三一年の植民地博覧会のときに建てられた植民地博物館（一九六〇年からアフリカ・オセアニア美術館）は閉鎖され、建物は移民の歴史に関する博物館へと全面的に改められて、二〇〇七年一〇月に正式に開館の運びとなった。植民地時代に海外への玄関口であったマルセイユには、新たに「海外フランス」を掲げた博物館が開館される予定である。多様な出身の人びととの共存が重要な今日、これらの博物館は植民地の過去をどのように包摂しながら発展していくのか、今後注目されよう。

参考文献

フランツ・ファノン著、海老坂武・加藤晴久ほか訳『フランツ・ファノン著作集』一～四、みすず書房、一九六九～七〇年。

桜井由躬雄・石澤良昭『東南アジア現代史Ⅲ――ヴェトナム・カンボジア・ラオス』山川出版社、一九七七年。

宮治一雄『アフリカ現代史Ⅴ――北アフリカ』山川出版社、一九七八年。

ジャック・カルチエ、アンドレ・テヴェ、ジャン・ド・レリーほか著、二宮敬・宮下志郎ほか訳『フランスとアメリカ大陸』大航海時代叢書第Ⅱ期第一九、二〇巻、岩波書店、一九八二、八七年。

林瑞枝『フランスの異邦人』中央公論社、一九八四年。

服部春彦『フランス近代貿易の生成と展開』ミネルヴァ書房、一九九二年。

杉本淑彦『文明の帝国――ジュール・ヴェルヌとフランス帝国主義文化』山川出版社、一九九五年。

エメ・セゼール著、砂野幸稔訳『帰郷ノート・植民地主義論』平凡社、一九九七年。

海原峻『ヨーロッパがみた日本・アジア・アフリカ』梨の木舎、一九九八年。

グザヴィエ・ヤコノ著、平野千果子訳『フランス植民地帝国の歴史』白水社、一九九八年。

平野千果子「第二次世界大戦とフランス植民地――『克服すべき過去』とは何か」『思想』第八九五号、一九九九年。

ジャン・ポール・サルトル著、多田道太郎ほか訳、海老坂武解説『植民地の問題』人文書院、二〇〇〇年。

藤井真理『フランス・インド会社と黒人奴隷貿易』九州大学出版会、二〇〇〇年。

竹沢尚一郎『表象の植民地帝国――近代フランスと人文諸科学』世界思想社、二〇〇一年。

ツヴェタン・トドロフ著、小野潮・江口修訳『われわれと他者』法政大学出版局、二〇〇一年。

シャルル・ロベール・アジュロン著、私市正年・中島節子訳『アルジェリア近現代史』白水社、二〇〇二年。

平野千果子『フランス植民地主義の歴史――奴隷制廃止から植民地帝国の崩壊まで』人文書院、二〇〇二年。

浜忠雄『カリブからの問い――ハイチ革命と近代世界』岩波書店、二〇〇三年。

石井洋二郎・工藤庸子編『フランスとその〈外部〉』東京大学出版会、二〇〇四年。

レイモンド・ベッツ著、今林直樹・加茂省三訳『フランスと脱植民地化』晃洋書房、二〇〇四年。

扉図出典：Nicolas Bancel et Pascal Blanchard, *De l'indigène à l'immigré*, Paris, Gallimard, 1998, p. 63.

コラムXVI

パリのモスク

平野千果子

パリ、カルチエ・ラタンのほど近くにイスラーム教寺院＝モスクがある。寺院の用意している紹介文では、第一次世界大戦、とりわけ一九一六年のヴェルダンの戦いで、フランスのために命を落としたイスラーム教徒の犠牲者数万人に敬意を表する場として、フランス政府が建設を決定したという。五年をかけて一九二六年に完成したこの寺院は、フランス初のモスクである。

しかしこのモスクの背景は、もう少し複雑である。第一次世界大戦中にすでにモスク建設を決定したフランス政府の狙いはドイツであった。大戦中のドイツはイスラームの擁護者を自任して、中東から北アフリカのイスラーム圏に向けて宣伝活動をおこなっていた。一九一三年、ドイツとオスマン帝国の間に軍事協定が結ばれていたことが、その背景としてある。北アフリカからブラックアフリカまで、広大なイスラーム圏を植民地としていたフランスが、それへの対抗措置として考えたのが、首都パリでのモスク建設だった。戦争で財源が不足していたこともあり、イスラーム諸国に広く支援を呼びかけもした。

これに最も熱心に応じたのが、北アフリカのモロッコとアルジェリアであった。後にモスクの初代代表になるアルジェリア人のベン・ガブリは、モロッコでも研鑽を積み、モロッコの行政府に登用されていた人物である。この事業の責任者となったベン・ガブリは、モスクや同時に設立されるイスラーム学院を通して「フランスのイスラーム」を形にしようとした。当時の民族運動は、独立よりはさらなる権利を求める立場が大勢を占めており、ベン・ガブリのような在仏の聖職者も、フランスに敵対するよりは国際情勢を利用して、まずはエリートの交流を深めようとしたのである。こうした企画にフランスの植民地が積極的に貢献したことは、ドイツ向けにとどまらず、フランス支配の正当性を世界に誇示するのに一役買ったであろう。モスクの落成式にはモロッコのスルタンも出席している。

注意したいのは、当時は北アフリカの出身者がフランス人と同等の権利を得るには、イスラームの棄教が前提とされていたことである。そのような状況に照らしてみると、モスクの特異性が浮かび上がる。ベン・ガブリに代表されるモスクの目的は、イスラームを拒否しようとするフランスにおいて、むしろイスラームであることを武器に発言権を得ようとするものだからだ。それが可能だったのは、このモスクの存在自体がフランスの利害に合致していたためである。逆説的だが、モスクはイスラーム教徒が、個々人の市民権はないままに、公にフランスに協力することで、イスラーム教徒として活動することを可能にしたのである。

　しかもフランスでは、一九〇五年に政教分離法が成立していた。この法によれば、本来いかなる宗教も公的な財政支援は得られないはずである。そうした制約を逃れるため、フランス政府は一九一七年に創設した「イスラームの聖地の永代財産協会」を、非宗教団体と規定しなおして、モスク建設の主体とした。この協会は第一次世界大戦中、いわゆるフセイン・マクマホン協定によって、聖地メッカが明確にオスマン帝国に反旗を翻したのをきっかけとして創られた。つまりフランスは、聖地がオスマン帝国に敵対する立場、言い換えればドイツに敵対する立場になったのを機に、フランス在住のイスラーム教徒たちのメッカ巡礼を保障すべく、聖地に彼ら専用の建造物を購入するための組織をまず創っていたのである。植民地には政教分離の原則が厳密には適用されていなかったこともあり、協会の本部はアルジェに移され、この協会がパリにモスクを建設する形を取った。

図XVI－1　パリのモスク
出典：http://www.mosquee-de-paris.net/musulman.html（2005年8月8日）

　もちろん実質的にはフランス政府が公的支援をしたことに、変わりはない。第一次世界大戦後には、政教分離や公的空間の世俗性《ライシテ》の厳格さをめぐる議論が低下していたという状況も、このような政策を後押しする要因とはなっただろう。戦間期のフランスではイスラームは「脅威」というよりは、何らかの形で利用すべき対象であったようである。

　それではこのモスクは、現在五〇〇万を超えるとされる在仏イスラーム系住民の「記憶の場」となっているだろうか。モスクはアルジェに本部が置かれたこともあって、当初からアルジェリア寄りの組織となっているが、今日のフランスには数多くのイスラーム系の団体が存在し、はっきりとアルジェリア寄りの立場に立つモスクが、それらをすべて束ねているわけではない。モスクの内部はガイドつきで見学でき、レストランもあって、パリ市民や観光客が数多く訪れている。併設のトルコ風呂でくつろぐこともできる。イスラーム系の人々が「フランス国民」のなかに十分な位置を確保していない現在、この建物はむしろ部外者に、いくばくかの異国趣味を提供する場のようにもみえる。

コラムXVII

アルジェリア独立戦争

平野千果子

インドといえばガンジー、ベトナムといえばホー・チ・ミン。かつての植民地では、独立運動の中心人物が国名とセットで語られる場合が多い。ではアルジェリアはどうだろう。アルジェリアの独立の闘士は、と聞かれて、すぐに浮かぶ名前があるだろうか。

フランス領のなかで別格の位置づけだったアルジェリアは、フランス国籍をもつ人口が増えるにつれ、イタリアから得たサヴォワやニースより古いフランス領だとも言われた。第二次世界大戦後に植民地帝国を組み替えたフランス連合にもアルジェリアは含まれず、一九四七年九月のアルジェリア組織法で別個にその地位が定められている。一九五〇年代、歴史の流れが植民地の独立に向かっているとき、フランスはアルジェリアに執着し、八年にわたる独立戦争が展開されるのである。はじめにこの戦争の過程を簡単に追っておこう。

一九五四年一一月の蜂起にさいして創設された民族解放戦線＝FLNは、独立戦争を中心になって戦い、独立後は一九八九年まで一党制をとることになる。一九五六年のスエズ戦争の一因には、当時FLNの背後にナセルのエジプトがあると考えたフランスが、カイロ攻撃を狙ったことがある。一九五七年一月からは、ジッロ・ポンテコルヴォ監督の映画「アルジェの戦い」でも知られるように、都市ゲリラの掃討作戦が一年近くにわたって展開され、戦いは泥沼化。五八年五月にはアルジェリア駐留フランス軍の反乱により、フランス政府は統制力を失って、第四共和政は崩壊した。

それを受けて政界に復帰したドゴールには、当初は植民地アルジェリアの維持という期待が集まった。だが状況を見きわめたドゴールは、五九年九月にはアルジェリアの自決を容認する方向を打ち出した。もっとも一年前に樹立されていたアルジェリア共和国臨時政府を合法的な交渉相手とは認めなかったため、事態は進展しない。むしろ自決の方向が出されたことで、六〇年に入ると在アルジェリアのフランス人たちが「ドゴール退陣」と「フランスのアルジェリア」をスローガンにバリケードを築くなどの実力行使に出る。その後さらに事態は悪化し、無差別テロの破壊活動が続いたうえに、フランス軍部のクーデタも起きた。クーデタを収めたドゴールはようやく臨時政府と交渉を始め、六二年三月、ついに停戦とアルジェリアの脱植民地化を定めたエヴィアン協定が締結されるにいたる。アルジェリアは住民投票を経て、独立を達成した。一三二年に及ぶフランス支配の終焉であった。

この戦争は双方に深い傷を残し、今日まで尾を引いている。まずアルジェリアは、独立後がまた苦難の連続であった。そもそもアルジェリア内部では路線の対立が鋭く、蜂起の翌月に結成されたアルジェリア民族運動＝MNAとFLNの抗争が戦争中も続いた。独立戦争は共通の目的をもちながら、この二つの大きな潮流の間の対立としても展開されたのである。FLN自体も一枚岩ではなかった。独立戦争の「顔」の不在は、そうしたことにも由来する。亀裂を抑え込むためにも、FLNは独立後に独裁体制を敷くのである。

フランス側では「フランスのアルジェリア」と「アルジェリアのアルジェリア」のいずれを支持するかで、国論は分かれた。現実には頑強に独立に反対し続けたのは、アルジェリア生まれのフランス人が中心である。独立戦争が始まった当時、ほぼ一〇〇〇万人のアルジェリア人口の約一割をヨーロッパ系が占めていた。ピエ・ノワール（黒い足）と呼ばれるこれらアルジェリア生まれのフランス人は、独立後は大半が、見知らぬ祖国フランスに「引き揚げ」てきた。彼らは高度経済成長期真っ只中のフランスで、とりあえずそれぞれの生活の場を得ていくが、フランス人の間にしこりを残した。

双方で分裂を抱えていたこの戦争は、双方で忘却されるという事態を招いていたが、近年ようやく、フランスでこの戦争を見直す気運が高まっている。当時から言われていたフランス軍部による拷問の問題が、それに先立つインドシナ戦争でもおこなわれていたことを含め、明るみに出されてきたのである。暴行をした側、受けた側、それぞれの証言も出され、現実の歴史の体験者が顔を見せ始めている。まだ数は少ないが、フランス兵の暴行でアルジェリア人の母から生まれた人の現状なども、認められつつある。

さまざまな理由からフランスについて戦ったアルジェリア人もいた。ハルキと呼ばれる彼らは、独立直後は多くが惨殺され、生き残った者もアルジェリアでは裏切り者、フランスでは邪魔者扱いをされてきたが、今日子孫も含め四〇万人いるとされる彼らの一部が、被疑者不詳のまま、自分たちハルキの蒙った悲劇的な状況の責任者を問うて「人道に対する罪」で二〇〇一年、告訴に踏み切った。歴史に忘却された、あるいは抹消されてきた者たちからの告発である。

考えさせられる展開もある。この戦争はアルジェリアが「内地」だったため公式には「事件」とされてきたが、九九年に立法措置が取られ「戦争」と認定された。ただしこれは旧出征軍人が、「戦争」だった方が手当てが厚いので、他の戦争と同等の扱いを求めてロビー活動をした結果である。また二〇〇二年一二月には、パリのエッフェル塔近くにアルジェリア戦争に関連して北アフリカを舞台とした戦争の記念碑が建てられた。ここに刻まれた二万二九五九人の戦死者名にはアルジェリア人も含まれるが、すべて「フランスのために」死んだ者たちばかりである。アルジェリア側の死者数はいまだに確定されておらず、二〇～三〇万人とする数字や、五〇～六〇万という数字もある。「記憶の義務」を唱えるフランスにとって、彼らはあくまで「他者」なのだろうか。

第十章　移民と外国人のフランス

渡辺和行

20世紀初頭，パリ北駅に到着したベルギー人労働者

移民が住むパリ地域のバラック（1970年頃）

1789	6.全国三部会，国民議会と改称。8.人権宣言
1790	8.外国人遺産没収権の廃止
1791	9.1791年憲法
1792	8.外国人にフランス市民の称号授与。9.戸籍の世俗化（国民の国家への登録）
1793	2.募兵令。8.外国人の公民審査法。9.反革命容疑者法
1795	7.1792.1.1.以降に入国した外国人の追放を決定
1798	10.秩序を乱す外国人を追放する法
1804	3.民法典にフランス人の資格
1850	7.共済組合法（非フランス人も排除せず）
1851	2.移民第3世代に国籍付与
1888	10.外国人身分証導入
1889	6.国籍法（移民第2世代に国籍付与）
1892	11.医師会，外国人を医療から締め出す
1893	8.エグ・モルト事件
1894	6.カルノー大統領，イタリア人によって暗殺
1899	8.ミルラン法（公共事業で外国人を制限）
1914	第一次世界大戦に外国人労働者や植民地兵を動員（～18）
1917	4.職業別の外国人身分証
1924	5.総合移民会社設立
1927	8.帰化法（帰化条件の緩和）
1932	5.ドゥーメル大統領，ロシア人によって暗殺。8.外国人労働者の産業別割り当て
1933	4.各県に外国人問題専門部設置
1935	2.内務省に中央指紋カード室。8.外国人の職人に職業を付した特別身分証
1938	5.外国人を規制する法
1940	7～10.ユダヤ人取締法。9.外国人労働者団成立
1942	7.ヴェル・ディヴ事件でユダヤ人移送
1945	10.国籍条項の再定義
1972	7.反人種主義法
1973	9.マルセイユで反アラブ暴動
1974	7.移民の新規受け入れ停止
1976	4.移民の家族呼びよせ
1980	1.ボネ法（不法滞在者の追放）
1981	5.ミッテラン社会党政権誕生
1983	10～12.ブールの行進
1985	6.シェンゲン協定調印
1989	10.ムスリム女生徒のスカーフ事件
1990	6.シェンゲン補足条約調印（国境検問の廃止）
1992	2.マーストリヒト条約調印
1996	6.サン・パピエによる教会占拠事件
2002	4.国民戦線党首，大統領選挙で決選投票に
2004	3.宗教シンボル禁止法

1　国民・移民・外国人

外国人問題

移民や外国人の存在を抜きにして、フランス文明を語ることはできない。フランスで活躍した著名人には、外国にルーツを持つ者が多いからである。第二帝政期の知事オスマン男爵はドイツ、マクマオン元帥はアイルランド、ヴィヴィアニ首相はイタリア、科学者のキュリー夫人や哲学者のベルクソンはポーランド、詩人ヴェルレーヌはベルギー、作家ゾラや歌手のイヴ・モンタンはイタリア、画家のピカソはスペイン、音楽家のオッフェンバックはドイツ、女優サラ・ベルナールはオランダ、歌手のアズナブールはアルメニアなど。また、一九九八年のサッカーのワールドカップで優勝したフランス・チームに有色人種が多かったのも、現在のフランスを映し出している。このように、フランスはこれまで多くの外国人を受け入れてきたが、外国人のフランス社会への参入は順風満帆ではなく、そのつど問題が起きていた。

ムスリム（イスラーム教徒）女生徒のスカーフ事件も、そうした問題のひとつである。公立学校におけるスカーフ問題は、一九八九年以来政府を巻きこんで議論されてきたものだが、二〇〇四年春、フランス議会は公立学校においてムスリム女生徒のスカーフ着用を禁止する法案を可決した。スカーフは宗教的シンボルであると認定され、政教分離という共和国の価値が再確認された。こうした問題が生じた背景として、今日、フランスに居住するムスリムが約四〇〇万人に達してカトリックにつぐ第二の宗教勢力となり、モスクの建設運動、工場や公団住宅内に祈りの場を確保する運動などによって力をつけてきたこと、それにイスラーム原理主義の影響などが考えられる（ムスリムも多国籍であって、一枚岩の集団ではないことを忘れてはならない）。ムスリムのフランス社会への参入方法が政治問題となったのは二〇世紀後半のことであり、それとともに文化摩擦による排外的な事件が起きて、移民に死傷者がたびたび出ていた。このように、フランスにとって定住外国人といかに暮らしていくのかという問題は喫緊の課題となっているが、移民や外国人との本格的な交流は一九世紀後半に遡る。

一九世紀以降、人口の停滞に悩むフランスは、庇護権という人権の観点からだけではなくて労働力を確保するために移民を受け入れてきた。特に、フランス経済の発展とともに、一八五一年には三八万人であった外国人は一八八一年に一〇〇万人を超え、一九三一年には二七一万人に達した。恐慌と戦争によって移民は減少するが、第二次世界大戦後の経済成長によって一九七五年には三四四万人になった。一九世紀後半にはイタリアやベルギーから、二〇世紀前半にはイタリアやポーランドから主に移民を受け入れてきたが、これら移民の宗教文化はフランスと同じカトリックであり、文化摩擦の度合は、二〇世紀後半にマグレブ諸国から移民してきたムスリムとは比較にならないほど小さかった。それでも、一九世紀末のイタリア移民への襲撃事件のように排外的な事件は起きていた。不況によって失業が増加し排外主義が高まったとき、真っ先に犠牲になったのが外国人であった。ヴィシー期のユダヤ人追放はその典型である。

「外人嫌い」の感情は、程度の差はあれ、どこのコミュニティーにも見られるものだろうが、ボーダーレスに人が行きかう二一世紀には、国民と外国人との新たな関係が構築されねばならない。そのためにも、移民先進国であるフランスの事例から学ぶことも多いだろう。本章では、フランスが外国人や移民といかにかかわってきたのかを通観してみるが、こうした外国人問題は、近代化を進める社会と相関関係にあったことを付け加えておこう。なぜなら、近代国民国家は均質な国民を作り出そうとして国民優先の社会を築いてきたからである。国民を統合する過程は、国民共同体の構成員から外国人を排除する過程でもあった。国民の誕生とは、法制上の外国人の誕生を意味し、その端的な指標が国籍である。フランスで国籍法が成立するのは一八八九年のことだが、参政権や兵役のように権利と義務は常に国籍保持と関係づけられ、外国人はこうした関係の外に置かれていた。このように、外国人の同化と排除の問題は、近代国民国家の本質に関わる問題となったのである。

フランス革命と外国人

中世には所領外の「よそ者《エトランジェ》」を意味していた外国人は、一八世紀には、王国以外で生まれフランスに居住ないし滞在する者と定義され、相続権の否定など法的な規制下に置かれていた。しかし、王権も工業や商業上の優遇措置を講じて外国人の定住を促したこともあり、外国人の排除と監視に専念していたのではない。国境（地理的境界）が定まっていない時代には、フランス人と外国人の境界も曖昧であり、パリ人にとっては、フランス中部のオーヴェルニュ人はドイツ人同様に「よそ者」であった。近世のフランスには外国人が数万人いたと推定されているが、イタリア人のマザランやジュネーヴ人のネッケルが政府の要職についたように、外国人が重用されたこともあった。外国人に対する管理統制が強まるのが近代と言ってよい。フランスにおいては、「国民」を高らかに謳いあげる一方で、外国人を差異化し、外国人への友愛と追放が同時進行したのがフランス革命であった。フランス革命は、国民と外国人の関係について原理的問題を提出したのである。一七八九年六月、全国三部会が国民議会と改称したときが、国民誕生の転機となった。国民議会への名称変更は、君主主権から国民主権への転換を原理的に示し、この精神が、人権宣言第三条「すべて主権の根源は本質的に国民のうちに存する」に刻みこまれた。国民観念は、フランス人に統一をもたらす概念と見なされたのである。この意味で、フランス革命とは「国民革命」にほかならず、政治の言説体系に国民やナショナリズムが登場する。それは、同時に外国人を識別するプロセスでもあった。

一七九一年憲法でフランス国民が定義された。属地主義と属人主義の両原理が取り入れられ、革命の普遍主義を窺うことができる。フランス人を父としてフランスで生まれた者、外国人を父としてフランスで生まれ王国内にその住居を定めた者、フランス人を父として外国で生まれ、フランスに帰って居を定め、公民の宣誓をした者、外国生まれとはいえ、宗教的理由で国外追放されていたフランス人の男女の子孫で、フランスに帰国して居を定め、公民の宣誓をする者。以上がフランス国民であり、これに該当しない者が法律上の外国人であった。しかし、外国人もフランスに五年間居留すればフランス市民になることができた。一七九三年憲法には、フランス滞在一年でも二一歳以上の外国人に国籍を付与するケースが列挙されている。また、九〇年八月には外国人遺産没収権が廃止されていた。このように、革命初期には友愛や歓待などの普遍主義が優位を占め、普遍性を体現する外国人は受け入れられた。一七九二年八月に「世界市民」が擁護され、革命を支持する外国人が「フランス市民」の称号を授与されたのがその例である。そのなかには、イギリス人のトーマス・ペインやドイツ人貴族アナカルシス・クローツなどがいた。

しかし、フランスが外国軍に包囲され、王党派や連邦主義者の反乱が起きるという内憂外患の前で、革命の防衛がすべてに優先されるようになり、ナショナリズムが強まる。内外の敵を前にして心理的国境が築かれた。一七九三年二月に導入された募兵令が、国民と外国人の境界を鮮明にする。不審な外国人は、革命の原理や法を裏切った者であり、陰謀家であり犯罪者であるという言説が公然と飛びかい、フランス人の敵は人類の敵であり、「国民の敵」だと断定され、外国人に対する不寛容が強まるのである。

外国人の監視

一七九三年三月に公安委員会は外国人の弾圧を要求し、山岳派のカンボンやバレールは、外国人が共和国の領土から立ち去ることを求めた。市ごとに一二名からなる審査委員会が設けられて、申告をおこなった外国人に対し、居住証明を発行される者と、「二四時間以内に地区を退去し、一週間以内に共和国を離れるべき者」を審査した。外見だけで外国人を識別しえないので、「公民審査」を通った者には、「歓待」の文字と出身国名が入った三色リボンを左腕につけることとした（一七九三年八月三日デクレ、未実施）。外国人への眼差しは厳しさを増し、ロベスピエールは、九三年四月にフランス軍を指揮する外国人の将軍を追放すべきことを命じ、七月にカンボンは経済危機も外国人のせいにした。こうして、バスチーユ奪取の日以前からフランスに居住していなかった交戦国の者は逮捕され、身分証や財産の差し押さえが決められた。ロベスピエールも、一二月にあらゆる危機の原因は外国人にあると非難するにいたった。このため、人類の世界共和国を主張してきたクローツは、ロベスピエールによって、敵と内通する「ドイツ人男爵」とか「外国人」として断罪され、九四年三月にギロチンにかけられてしまう。しかし、こうした外国人の追放政策は、イギリス政府のそれと大きく異なっていたわけではなかった。

ロベスピエールの失脚後も外国人の統制は続く。国民公会は、一七九五年七月一一日法によって、一七九二年の元旦以後に入国したすべての外国人をフランスから追放することを決定した。被追放者の帰路は旅券に記入された。逆にフランスに入国しようとする外国人は、国境で旅券を市当局に提出し、保安委員会の査証を受ける。滞在許可がおりた者は、人相が記された身分証を受け取ることになる。その身分証には「歓待と安全」と記され、友好国の国民であれば「友愛」と記された。総裁政府になっても、外国人に対する旅券規制は緩和されることはなく、秩序を乱す外国人を追放する法律が一七九八年一〇月に制定されている。以上のように、革命政府が戦時下にとった外国人対策（旅券や身分証による管理と排除）は、一九世紀にも引き継がれていく。

2　一九世紀の移民とフランス社会

一九世紀の移民

一九世紀の移民は、物乞いや浮浪者を取り締まる法によって監視されてきたが、秩序を乱す外国人の追放は一八四九年一二月三日法によって再確認された。しかし一九世紀前半には、治安制度や行政組織が万全でなかったことや、自由主義の影響もあり、外国人に対する統制が緩められすらした。七月王政期に、数千人の亡命ポーランド人を受け入れたのがその証拠である。ショパンもそうした亡命者の一人であった。七月王政期のパリではドイツ人が比較的多く、洋服屋や高級家具師として働いていたが、世紀中葉を過ぎると仕事も機械化されることで、職人から労働者へと移民もその姿を変えていく。このように一九世紀の移民の特色は、前半に多かった亡命者や技能を持つ移民から後半の労働者移民へと推移したこと、ベルギーやイタリア出身の出稼ぎ単身男性が多かったことである。フランス北部の製糸工場や鉄道建設工事現場には多くのベルギー人が働いており、羊毛の町ルーベでは、一八五〇年に住民の半数以上がベルギー人であった。イタリア移民には北イタリア出身者が多く、ピエモンテからガラス屋が、パルマからボイラー職人がパリにやってきた。イタリア人は、南仏の鉄道工事現場やアルプス地方の道路建設工事に携わることが多かった。移民が多い県は、工業地域の北部から東部国境沿いの諸県と地中海沿岸の諸県であり、移民は、農業、繊維、皮革、製鉄、土木建設業などに従事した。

ところで、ラルース大事典の「移民」の項目が植民地への移民の説明に終始したように、一八七〇年代まで国内の移

表10－1　フランスの外国人（1851～1911年）

（単位：千人）

	1851	1861	1872	1881	1891	1901	1911
ベルギー人	128	205	348	432	466	323	287
イタリア人	63	77	113	241	286	330	419
ドイツ人			39	82	83	90	102
スイス人	25	35	43	66	83	72	73
スペイン人	30	35	53	74	78	80	106
合計	381	506	676	1,001	1,130	1,052	1,160
対人口比　%	1.06	1.35	1.87	2.68	2.96	2.69	2.96

注：合計には5カ国以外の外国人も含まれている。
出典：Marie-Claude Blanc-Chaléard, *Histoire de l'immigration*, Paris, 2001, p. 9.

民は知識人の関心を集めていなかった。不況に直面した一九世紀末に、移民問題が国民的課題となった。外国人は失業と賃下げの元凶だと主張され、フランス人の雇用を優先する保護主義の要求が出される。このように、フランスでは外国人問題は、経済と軍事的考慮が常に働く分野であった。人口の伸び悩みの前で、労働力と兵員不足を補うために外国人に頼らざるをえないという事態が、移民問題を中心問題に押しあげる。一九世紀末の外国人一一〇万人のうち、四二万人はフランス生まれであり、だからこそ国籍法が議論され、フランス生まれの外国人の兵役免除が問題となったのである。一八八八年から八九年にかけて、外国人身分証と国籍法が制定される。

　フランスでは国籍法にあたるものは、一八〇四年の民法典の中で規定されてきたが、それを継承した国籍法が一八八九年六月に制定された。属地主義の強化と帰化の促進を内容としていた。一八五一年二月七日法で移民第三世代に適用していた属地主義を、第二世代にも適用したのである。また帰化の要件は、フランス滞在歴一〇年の品行方正な成人であった。この国籍法を支持したのは、労働力の確保に躍起となっていた大企業の経営陣と兵士を増やしたい軍、それに外国人との競争を阻止したい労働者代表であった。国籍法は属人主義派への譲歩として、外国人を公務員職から遠ざけ、帰化したフランス人に一〇年間選挙権を禁じた。その理由は、国民になるための同化期間が必要だというものであった。同化を可能にする義務教育（一八八一年）と一般徴兵制（一八八九年）が設けられていた。こうして新たに国民の範囲が定められ、一八七二年から一九一〇年までの国籍取得者は一〇〇万人となる。

　第三共和政の社会法の多くは、当然のことながら国民を対象としていた。一八五一年の救貧法は、出自にかかわらず貧者や病人を助けることを施療院に義務づけ、前年の共済組合法も国籍によって労働者を区別しなかったが、一九世紀末の諸立法には、フランス人と外国人の間に格差を設けるものが多かった。一八八四年の労働組合法は執行部から外国人を排除し、労使調停法は外国人に労働者代表を選出する権利を認めなかった。鉱山労働の安全や退職金に関する一八九〇年と一八九四年の法律に典型的なように、移民は不利な扱いを受けた。また、一八九八年の労働災害に関する法律は、移民が労災にあっても家族がフランスに住んでいなければ年金の支払いを受けることができず、働けなくなって帰国を望む移民労働者には、三年分の年金と引き換えに年金の支払いは停止された。あるベルギー紙は、この法について、フランス共和国は、かつて国王が持っていた外国人遺産没収権をふたたび立法化したと非難したほどである。

移民と労働市場

「イナゴの大群」とは、移民に対して発せられた恐怖と軽蔑の入り交じった言葉であるが、不況時には「イナゴの大群」から国民を保護せよという要求が前面に出てくる。労働市場で競争の犠牲になっていると感じるとき、パリの労働者の敵意は外国人労働者に向かった。なぜなら、移民は低賃金で長時間働き、残業もこなし、また経営者にも従順であるからだ。一八九三年の選挙でモーリス・バレスも、フランス人労働者の保護を求めて「外国人に反対」していた。一八九二年一一月、医師会はフランスの学位を持たない外国人を医療から締め出したが、その運動の先頭には『群集心理学』の著者ルボンの姿もあった。また労働組合も世紀末に、公共事業に雇われる外国人の数を制限する法律を要求し、一八九九年に、公共工事現場において外国人労働者の割合を制限する法が可決されている（ミルラン法、パリでは一〇％）。

外国人への課税や犯罪記録簿が要求される。愛国心に訴え、外国人の排除に乗り出す組合も出てきた。一八九二年に北フランスのドロクール鉱山で働いていたベルギー人が、フランス人によって暴力的に職場から追放される事件があったが、この鉱山で働く労働者の四分の三がベルギー人であった。イタリア人への暴力事件は、一八九三年八月にエグ・モルトで起きたリンチ事件に代表されるだろう。南仏の塩田で働くフランス人とイタリア人の季節労働者同士の争いが、ラングドック地方の塩田からイタリア人の追放を求める騒動へと拡大したのである。公式発表によると、八人が死亡し五〇人が重傷を負った。また、スト破りにベルギー人労働者を雇った例はゾラの『ジェルミナル』に描かれているが、マルセイユの石鹸工場でイタリア人が雇われたのもそうした例である。反イタリア人感情は、一八九四年に大統領がイタリア人アナキストによって暗殺されたことで高まり、パリではイタリア人労働者の排除を要求するストやデモが展開され、リヨンでは暴力事件も起きている。こうした反外国人暴動には三色旗が打ち振られ国歌が口ずさまれたように、フランス人労働者の国民化は移民との衝突を通しても進むのである。

こうして外国人の監視が徐々に進む。一八八〇年代以降、郡長は、外国人の状態について毎月知事に報告書を送っていた。一八九三年八月八日に制定された「フランスにおける外国人の滞在と国民労働の保護に関する法」は、すべての外国人労働者に対し、自治体に申告して登録することを義務づけた。経営者は、未登録の労働者を雇うことはできなかった。住所が変わるたびに申告が求められ、収入印紙代を納めると登録簿の抄本が転出先の自治体に送られる。登録などからあがる印紙税収入は、一八九三年で二〇万フランに達した。移民の増加を物語っている。そこで必要になったのが、増加した移民を管理する技術である。人間を識別する技術は、犯罪者を対象とした人体測定法によって磨きあげられてきた。人体測定法による身分証システムは、一八八八年一〇月二日デクレによって、フランスに在住する全外国人に拡大されていた（厳格には実施されない）。二〇世紀初めに外国人アナキストの人名カードが整えられ、すぐにその方式が一般移民にも適用され、「国民的見地による不審者の個人カード」が作成されたのである。

3　二〇世紀前半の移民とフランス社会

大戦下の外国人

二〇世紀前半の移民問題の大きな特徴は、世界恐慌とともに国民優先の保護主義がとられ、「外人嫌い」のムードが高まり、ヴィシー政権によるユダヤ人追放につながったことである。一九三一年に外国人が二七一万人に達し、外国人の管理や同化の問題が強く意識されるようになったのが三〇年代であった。フランス人の資格が再度問われたのである。それでは、第一次世界大戦から検討しよう。第一次世界大戦をフランスは外国人の力を借りて戦った。ヨーロッパを中心とした四万三〇〇〇人の外国人が外人部隊として戦い、さらに植民地から六〇万人の兵士と二二万五〇〇〇人の労働者（三万七〇〇〇人の中国人を含む）が動員された。イタリア人やポーランド人は、自由のための戦いという大義や無料で帰化取得という魅力もあって兵役についた。三〇〇〇人のイタリア人連隊は、シャンパーニュ戦線でその多くが命を落としている。他方で外国人への警戒も強まり、初めて敵性外国人は収容所に入れられ、その財産は供託となった。一九一五年の時点で二万一〇〇〇人が収容されている。クリミア戦争やイタリア統一戦争や普仏戦争のとき、ナポレオン三世は、パリにいたロシア人やオーストリア人やドイツ人を敵性外国人と見なさなかったことを想起しよう。半世紀の間に、国民意識が強まったのである。

戦場とほぼ同数の外国人が農場や工場で働いていた。フランスは、スペイン、イタリア、ポルトガルと協定を結んで労働力の確保に乗り出す。こうして、一九一五～一八年の間に四四万人の外国人がフランスに入国し、その三分の一は農業に従事した。外国人労働者は軍備省や農務省の管轄であったが、植民地先住民は工場であれ前線であれ、陸軍省の管轄下に置かれた。徴兵は、アルジェリアでは一九一七年九月から強制となり、個人的な徴兵忌避や集団による反対運動を引き起こしたこともあった。労働者の徴募は、一九一六年に発足した植民地労働者編成課によっておこなわれた。労働者はバラックに住まわされ、点呼と規律の軍隊式の生活を強いられた。黒人は労働に不向きであるとの理由で前線に送られ、「怠け者だが器用な」アジア系は工場労働に駆り出された。ここに人種主義の反映を見ることができる。一九二二年に政府の諮問会議が、非白人移民の流入は「わが種族の心身の健康にとって有害である」という報告書を出すように、「同化不能」とされた移民に対する警戒心が為政者に共有されていく。

図 10－1　タルブの兵器庫で砲弾を前にした中国人労働者

出典：D. Assouline, M. Lallaoui, *Un siècle d'immigrations en France*, t. 1 1851-1918, Paris, 1996, p. 114.

一九一七年に、外国人身分証中央室が設けられ、フランスに住む一五歳以上の外国人は、旅券を提示して警察から滞在許可証の交付を受けることになった。許可証は職業ごとに色によって識別された。たとえば、緑色が工業の移民労働者、淡黄色が農業の移民労働者に割り当てられた。戦時中ということで正当化されたこの制度は、外国人の監視の機能も合わせ持った。滞在許可証は戦後も維持され、外国人の監視は警察の主たる関心になっていく。とりわけ、外国人の共産主義者やアナキストは、混乱の煽動者として監視の対象であり、些細なことで逮捕された。事件に外国人が関与していれば、それを強調する新聞も出てくる。こうしたなかで一九二七年、サッコとヴァンゼッティ事件に対する連帯集会やデモが、フランス左翼とイタリア移民の間で何度も組織されたことを指摘しておこう。

一九二〇年代の移民

第一次世界大戦で一四〇万人の死者が出たこともあり、労働力不足に拍車がかかった。フランスは、一九一九年にポーランドとイタリア、一九二〇年にチェコスロヴァキアと協定を結んで、移民労働者にフランス人と同一の労働条件を保証した。しかし、疾病の際に扶助を得るには五年の滞在が必要とされ、また老人や障害者が福祉を受けるには一五年の滞在が必要とされた。それでも、一九二〇年代のマルセイユでは、福祉の恩恵を受けた一万三〇〇〇人の老人のうち、三〇〇〇人がイタリア人であった。

マルセイユとルアーヴルを結ぶ線の東側の県に移民が多かった。鉄鉱山で働く労働者の七一%が外国人であり、セメント製造業でも五〇%が外国人であった。パリでは、イタリア人家具師、ユダヤ人の仕立屋、ギリシア人の靴修理屋、ロシア人のタクシー運転手などが多かった。イタリア農民は、南西部のジェール県やロット・エ・ガロンヌ県に向かった。戦間期にはポーランドやスペインからの移民が多くなり、全人口に占める外国人の割合は、一九一一年の三%から一九三一年には七%へと倍増していた。一九二一年には四万六〇〇〇人でしかなかったポーランド移民が、一九三一年には五〇万七〇〇〇人に達し、八〇万八〇〇〇人のイタリア人に次ぐ移民集団となった。この時期の移民には夫婦での移民が多く、ポーランド移民のように坑夫住宅に家族で移住してきた。ポーランド人のコミュニティーには、ポーランド人司祭がおり、北仏炭鉱のポーランド人学校では、ポーランド語による教育がおこなわれていた。アイデンティティの確保が重視されたのである。こうした移民の補充に大きく関与していたのが、一九二四年に設立された総合移民会社である。この会社は、炭鉱業や北東部の農業と結びついており、北欧や東欧に支社を置いて、一九三〇年までに四〇万人の移民を集めていた。

表10－2　1931年の外国人人口構成

ベルギー人	253,000	イタリア人	808,000	ポーランド人	507,000
ドイツ人	71,700	スペイン人	351,900	ロシア人	71,900
スイス人	98,500	南欧出身者	100,000	チェコ人	47,400
イギリス人	47,400	トルコ人	36,100	中東欧出身者	44,300
		北アフリカ人	102,000	その他	175,500

出典：Marie-Claude Blanc-Chaléard, *Histoire de l'immigration*, Paris, 2001, p. 31.

移民を受け入れるべく帰化条件の緩和がおこなわれる（一九二七年八月一〇日法）。フランス生まれの外国人の父親からフランスで生まれた子、帰化した父親の子、フランス人の母親からフランスで生まれた子には、フランス国籍が付与されることになる。居住許可証が廃止され、帰化申請年齢が引き下げられた（二一歳から一八歳へ）。さらに、帰化申請に必要な滞在期間は三年に短縮されたが、これらの措置はヨーロッパ人にのみ適用された。新フランス人は一〇年間被選挙権が付与されず、国家反逆罪の場合には帰化の失効原則も盛りこまれた。それでも、この法によって一九四〇年までに約六〇万人が帰化することになる。イタリア人や亡命者に帰化した者が多く、ポーランド人やスペイン人は帰化率の低い集団であった。二七年の帰化法は、右翼から帰化の安売りだと非難され、帰化した人々は「ペーパー・フランス人」と嘲笑された。

一九三〇年代の移民

経済恐慌により、一九二〇年代に求人の多かった建築・製鉄・炭鉱から外国人は大量に解雇された。景気の「調節弁」として解雇されたポーランド移民が三等車で帰国する光景は、サン・テグジュペリの『人間の大地』末尾に描かれている。外国人労働者の雇用制限を目的とした一九三二年八月一〇日法は、外国人の産業別割り当てを決めたが、慢性的な人手不足に悩む農業部門ではこの法は適用されず、農場は工場を解雇された外国人の受け皿となった。三〇年代前半に、農業は三万人の外国人に職を提供したのである。北部の農業はベルギー移民によって、南西部の農業はイタリア移民によって復活し、移民のおかげでフランス農村は過疎化を回避しえた。ヴィシー期に主張される「大地に根づいたフランス農民」という表象は、神話と化しつつあった。

恐慌の到来で労働者の間にも「外人嫌い」が再燃する。移住してきたユダヤ人による職場進出に警戒心が表明された。労働総同盟の機関紙『ル・プープル』（一九三五年一月二日）にも、そのような心性が反映されている。セーヌ県の衣料業界の労働者の間に不満が広がっており、国際主義は分かるけれども、ユダヤ人の職場進出によってフランス人を破産させる「外国人」を擁護したくない空気が出てきている旨の記事が載った。一九三三年三月の下院では、右翼議員が「外国人労働者がフランスを離れるなら、失業問題は解決するだろう」と述べていたが、外国人労働者の削減を要求する声は左翼からも出されていた。三三年末には、ユダヤ系ロシア移民スタヴィスキーによる疑獄事件が発覚し、「外人《メテック》詐欺師」「つい最近の帰化人」に対する反発が強まった。「フランス人のフランス」を叫び、フランスは「世界のゴミ捨て場なのか」と煽動する右翼の主張に耳を傾ける聴衆が増え、「外人嫌い」の感情が広まる。また、一九三一年にポール・ドゥーメル大統領がロシア人によって暗殺され、三四年にはマルセイユでルイ・バルトゥー外相がクロアチア人によって暗殺されていた。こうした事件は外国人を追放する口実になった。とりわけ、フランス共産党系の組織で、移民のために活動をしていた外国人が狙い撃ちにあった。帰化したポーランド人炭鉱夫トマ・オルシャンスキの追放や（一九三四年四月）、パ・ド・カレ県の炭鉱でストをおこなった七一名のポーランド人労働者の追放がその例である。

三〇年代には、一〇万人ともいわれる亡命者がナチズムを逃れてやってきた。医者・弁護士・教師などが比較的多かった。最初「ヒトラーから追放された人々」は同情の的であったが、次第に公文書の中ですら「自称難民」とか「好ましからざるイスラエル人」と表現されるようになる。それには、三八年のパリで発覚した亡命ドイツ人ヴァイドマンによる六名の殺害事件も与っていたことだろう。庇護権は働く権利を意味しないことが確認されたとはいえ、自由業者の中に外国人との競合に対する不安が表面化する。三三年四月に政府は、医者になる条件としてフランス人であること、フランスの学位取得をあげ、さらに三五年七月の法律によって、帰化して兵役をすませた外国人にのみ医者を許可した。全国弁護士連合会も反帰化人キャンペーンを展開し、三四年七月一九日法によって帰化人は一〇年間法曹界から遠ざけられた。

移民の規制

フランスに到着する移民を管理する必要性が高まり、法が整備される。一九二六年八月一一日法によって身分証は、それまでの登録原簿の抄本ではなくて、「無帽で正面」を向いた写真つきの正式の身分証に替えられ、戸籍や職業のデータも記載された。身分証は二～三年おきに更新され、外国人は、住所の変更ごとに四八時間以内に当局で査証を受けねばならなかった。一九三五年二月には、身分証は県内でのみ有効とされた。密入国者の不法就労を防ぐために、三五年八月には、外国人の職人は職業を付した特別身分証の保持を義務づけられた。三六年一一月、人民戦線政府は「職人」と大きく太字で記載された身分証を設け、三八年一一月には外国人商人の身分証が作られている。このように一九三〇年代に、外国人データのカード化が進められる。三三年四月、各県に外国人問題専門部が作られ、外国人中央カード室が設置された。三五年二月に内務省に中央指紋カード室が設けられ、三八年には、外国人担当の警察や憲兵、防諜組織の増員が認められた。

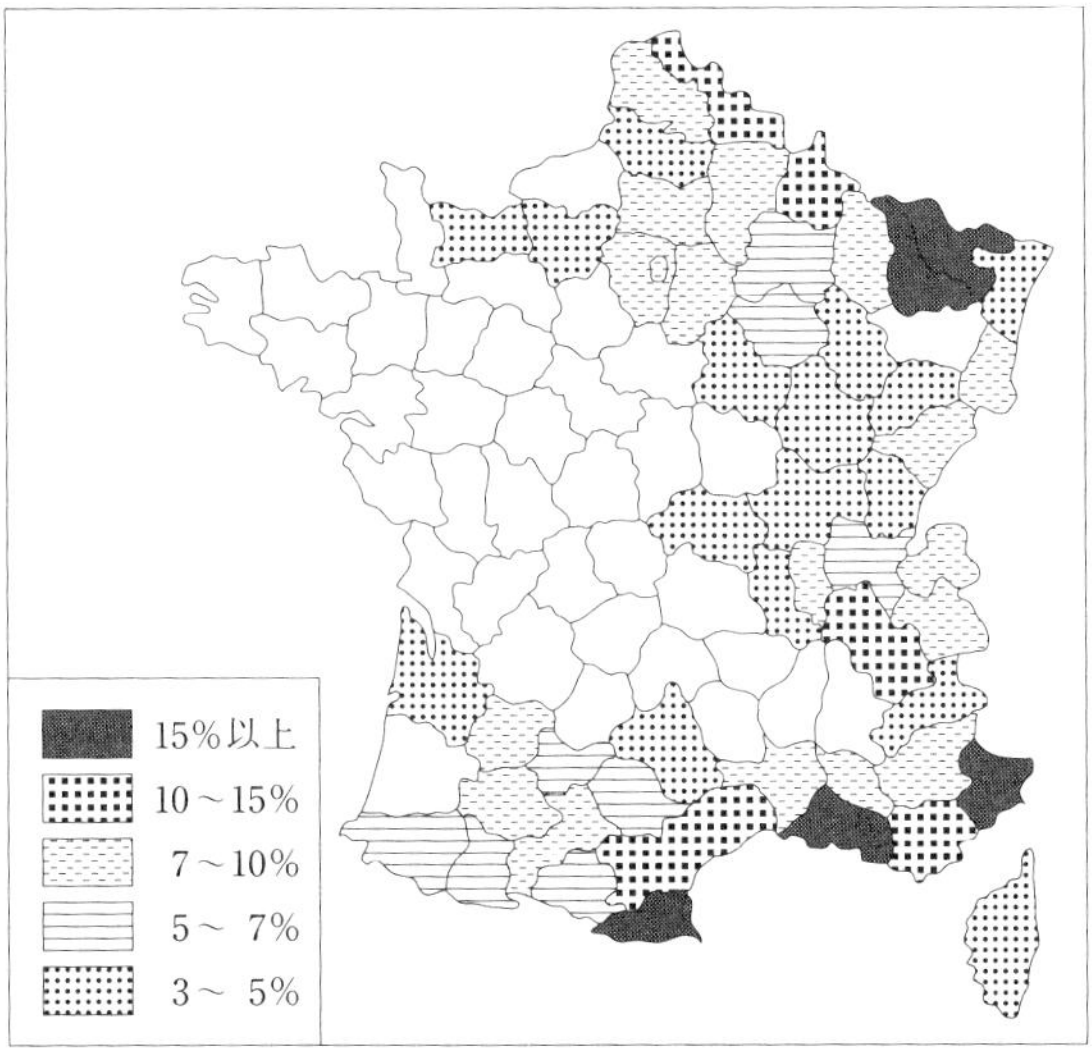

図10－2　1931年の外国人の県人口に占める割合

出典：Marie-Claude Blanc-Chaléard, *Histoire de l'immigration*, Paris, 2001, p. 33.

　三八年のダラディエ政権下で制定された緊急令やデクレは、治安と自国労働者の保護を優先していた。特定の職業分野で外国人の商人や職人の数を制限したり、外国人が会社を起こす数を制限したり、労働許可証を持たない外国人を追放する一連のデクレを発したのである。また、新帰化人はフランスで兵役をすませないなら、五年間選挙権を奪われることになる。三八年五月二日の緊急令は、「健康で勤勉な外国人」と「フランスの歓待に値しない道徳的に疑わしい個人」とを区別し、期限内に身分証の交付申請をしない外国人への罰金と投獄、外国人を不法入国させたり滞在させたフランス人の処罰も明記していた。六月には、病気の移民を把握するために、治療内容を記した「健康手帳」が作られた。さらに一一月一二日の緊急令は、より抑圧的となり、送還しえない外国人用の「収容所」の設置を決定していた。

戦雲が垂れ込めた三八年後半には、外国人は政治的危険人物と見なされるようになる。三八年六月にスパイ罪は死刑となった。一二月にムッソリーニが、ニースとコルス（コルシカ）の返還を要求して煽動を強めたこともあり、「外国人の陰謀」という固定観念が息を吹き返す。一九三九年に、ピレネーを越えて逃げてきた五〇万人のスペイン難民は、中世の大移動とか「人間の津波」と形容され、「好ましからざる人々」として、フランス南西部の町で「外人嫌い」の感情を煽り立てた。以上のように、恐慌に突入した一九三〇年代の自国民を優先する政策は、結果として外国人の排除を伴った。ヴィシー政府は、この政策を徹底的に推進することになる（コラムⅩⅧ参照）。

4　二〇世紀後半の移民とフランス社会

繁栄の三〇年

二〇世紀後半の移民史は、労働力の確保のために積極的に移民を求めた繁栄の三〇年と、移民の受け入れを停止した一九七四年以降に区分できる。この間に、移民の構成がヨーロッパ系から非ヨーロッパ系へと変わっていた。ヨーロッパ系移民の第二世代は、職業上の地位上昇やフランス人女性との婚姻を通して徐々に統合されていったが、この時期のフランスは、高度経済成長期に入国したマグレブ諸国の移民とその二世をいかに統合していくのかという問題に直面した。今日まで続く移民問題の発生であり、そこには、同化、統合、「編入《アンセルシオン》」、差異の承認、多文化社会などの問題群が横たわっている。

一九四五年三月にドゴールが、「よき移民」の受け入れ計画について語ったように、戦後も人口不足を移民で補う方針に変わりはなかった。移民政策は、一九四五年秋の二政令によって方向づけられた。国籍条項を再定義した一〇月一九日政令と、移民を滞在期間によって三分した一一月二日政令である。年末には移民公団や人口省が設置されている。一〇月政令で一八八九年以来の属地主義が再確認されるとともに、フランス人男性と結婚する外国人女性や、フランス人を母に持つ外国生まれの子にも国籍が拡大された。帰化については一九二七年より後退し、五年間の居住期間、充分なフランス語能力、心身の健康が新たな要件となった。帰化した外国人は、選挙権が五年間、被選挙権が一〇年間禁止された。選挙権と被選挙権の制限が撤廃されるのは、それぞれ一九七三年と八三年であり、一九七八年に帰化した外国人の就業制限が撤廃されたこともあって、法的差別はなくなった。とはいえ一九七二年でも、帰化した外国人の名前をフランス風に変えることが公に議論されていたところに、同化政策の根強さを垣間見ることができる。

表10－3　フランスの外国人（1954～75年）

（単位：千人）

	1954	1968	1975
ベルギー人	107	65	56
イタリア人	508	572	463
ポーランド人	269	132	94
スペイン人	289	607	497
ポルトガル人	20	296	759
ヨーロッパ人の合計と	1,397	1,876	2,090
外国人内での割合	79%	72%	61%
アルジェリア人	212	474	711
モロッコ人	11	94	260
外国人総計	1,765	2,621	3,442
対人口比	4.1%	5.3%	6.5%

出典：Marie-Claude Blanc-Chaléard, *Histoire de l'immigration*, Paris, 2001, p. 65.

一九四五年政令によって人口の増加が期待されたが、三〇万人が予定されたイタリア移民が実際には一〇万人であったように、政令の効果はあまりなかった。その理由として、経済回復の立ち遅れ、三〇年代に制定された就業規制の存続、管轄が内務・労働・農務の三省にまたがるという繁雑な手続きを指摘できる。不足する移民を補ったのが、アルジェリア人（国籍上はフランス人）である。一九四六年の国勢調査ではアルジェリア人は二万人であったのが、一九五四年には二〇万人となり、政府に管理されない移民が多数を占めるにいたった。アルジェリア人には農業従事者は少なく、化学・製鉄・建築などの工業従事者が多かった。その大半は男子の未熟練労働者であった。一九六四年にフランスはアルジェリアと協定を結んで、アルジェリア移民の抑制に努める。それでも、一九六八年には年三万五〇〇〇人の移民が割り当てられた。アルジェリア独立戦争の後遺症もあって、フランス人の対アルジェリア感情は複雑であり、アルジェリア移民の増加とともに人種差別も増えてくる。一九七二年七月一日法によって人種主義は犯罪となったが、毎年のように事件が起きていた。一九七三年九月のマルセイユでは、アルジェリア人によるバス運転手の殺害を契機に、反アラブ暴動が起きて五名の北アフリカ人が殺害された。このため、アルジェリア政府もフランスへの移民停止を決定したほどである。

景気が回復した一九五六年以降、移民は年一〇万人の割合で増え、一九七五年に人口の六・五％を占めるにいたった。一九七一年、ポルトガルとの協定で年六万五〇〇〇人を受け入れることにしたように、一九七五年の外国人の六割がヨーロッパ系であり、アルジェリア人は二割を占めていた。八〇年代には非ヨーロッパ系移民が上回る。ヨーロッパ系でもポーランド移民は減少し、イベリア半島出身者が増えていた。一九六八年には六〇万七〇〇〇人のスペイン人が第一位を占め、一九七五年には七五万九〇〇〇人のポルトガル人が一位となった。これらの「移民が、高速道路と低家賃住宅のフランスを造った」のである。

移民の増加とともに、掘立小屋のバラック集落（ビドンヴィル）が都市周辺の環境劣悪地区に誕生し、ポルトガル人とアラブ人が住みついていた。一九七〇年には、四万六〇〇〇人がパリ周辺のビドンヴィルに住んでいる（章扉写真）。同年のオーベルヴィリエで、水道・ガス・電気もないあばら屋で起きた火災で五人のマリ人が死亡したことを契機に、ビドンヴィルの撤去が命じられ、一九七六年以降ビドンヴィルは徐々に消滅していく。また一九五六年に、ソナコトラと呼ばれる労働者住宅建設公団も設立されていたが、圧倒的に供給不足であり、一九七一年のローヌ県では八万人の移民労働者に対して八三一一人分のベッドしか提供できなかった。移民に対する社会政策は、社会行動基金の設立（一九五八年）とともに行われてきたが、一九七〇年代の移民担当大臣ポール・ディジューの時代に、住宅政策とフランス語が話せない子どもへの特別措置がとられている（小学校の入門学級や中学校の適応学級によるフランス語教育）。一九七三年から、移民子弟のアイデンティティの確保や移民の帰国を促すために、フランスと移民送出国の協定によって、母国の言語と文化の授業を移民送出国の教師によって行う制度がスタートしていた。トルコ移民の子弟に受講生が多いが、この制度は統合への障害だとして今日では批判が多い。

現代の移民問題

六八年五月には移民労働者との連帯を叫ぶ若者も現れたが、多くのフランス人は、戦前と同様、移民の滞在は一時的であってほしいと考えており、また失業対策は移民の制限によるという意見であった。一九八〇年代の世論調査でも、移民を抑制できないなら、フランスはナショナル・アイデンティティを失う恐れがあると考えるフランス人が多かった。移民排斥を唱える国民戦線が、一九八〇年代以降、選挙のたびに票を延ばし、二〇〇二年の大統領選挙で党首が決選投票に勝ち残ることができたのも、こうした草の根レヴェルの排外感情を利用したからだろう。

政府は一九七四年七月に移民の新規受け入れを停止したが、七六年四月に家族の呼び寄せを認めたことや、東欧やインドシナからの亡命者受け入れによって、外国人は増えた。景気後退と失業の悪化により、移民問題は強い政治課題となる。一九七六年に失業者が一〇〇万人を超え、移民の削減が求められた。政府は、補助金の支給による自発的帰国を奨励したり、四年間で五〇万人を帰国させるという強制的な方針を打ち出したが、国務院や国民議会からも反対の声があがり失敗した。それでも一九八〇年一月のボネ法で、移民の監視強化と不法滞在者の拘束と追放を決定する。翌年誕生した社会党政権は、移民も社会の一員という認識の下、寛容な政策を取り、ボネ法を破棄してフランス生まれの外国人の追放を禁止した。このように、石油ショック以降の移民政策は、景況と政権党の方針によってジグザグを繰り返す。保守政府は移民に対する規制の強化を打ち出し（国境閉鎖、入国管理の強化、国籍取得の厳格化）、左翼政府は移民に寛大ではあるが慎重に対応した。とはいえ左右両翼に、新規移民の停止、不法入国者の取締り、既存移民の統合推進などについて合意があることも事実である。

一九八二年に失業者は二〇〇万人に達し、人種主義が頭をもたげた。一九八二年だけで二三件の外国人襲撃事件が起きている。一九八三年の市町村議会選挙の頃、右派のトゥーロン市長は、フランスは「ヨーロッパのゴミ箱」ではないと叫んでいた。しかし、人種差別に対して反撃が起きるのもフランスである。人権擁護団体、人種主義に反対する知識人や聖職者が行動を起こす。「仲間に手を出すな」をスローガンにかかげて反響を巻き起こした「ＳＯＳラシスム」が、一九八四年に創設された。また一九八三年秋に、ブールと呼ばれる移民第二世代も立ち上がった。フランス市民でありながら民族的出自ゆえに貶められていると感じていた第二世代は、法的平等・異文化の受容・永住資格の要求を掲げてマルセイユからパリまで行進した（「ブールの行進」）。この結果、一九八四年に、滞在許可と労働許可を一本化し一〇年有効で自動更新の新しい滞在許可証が創設された。

一九九〇年代も「移民ゼロ」を目指す保守政府による不法移民の取締り強化と、社会党政権による柔軟な対応というジグザグが続く。一九九六年には、「滞在許可証不保持者《サン・パピエ》」による教会占拠事件が起きた。政府は不法滞在者の正規化を図ったが、その後もサン・パピエ問題は起きている。一九八二年に「教育優先地区」が設けられて、移民子弟の学業困難者に特別措置が講じられたり、「地区社会開発」事業による住環境の改善など、移民の統合政策はいろいろと行われてきた。一世紀前の社会法と異なり、国籍にかかわらず住宅手当や家族給付を受けることができ、また合法移民は社会保険にも加入できた。それでも、移民労働者に失業者が多いなど、なお問題を抱えている。一九九三年でも、移民の結核罹患率はフランス人の一〇倍から二〇倍に及んでおり、社会格差が健康格差を生んでいた。しかも、移民とフランス人の棲み分けが生じ、移民集団別の組織も数多く誕生し、モザイク状態のフランスが生じているかのようである。フランスの多様性は力となるのか否か、移民との共存を目指すフランスの実験は続く。

参考文献

林瑞枝『フランスの異邦人』中公新書、一九八四年。

宮島喬・梶田孝道・伊藤るり『先進社会のジレンマ』有斐閣、一九八五年。

中木康夫編『現代フランスの国家と政治』有斐閣、一九八七年。

フランソワーズ・ギャスパールほか著、林信弘監訳『外国人労働者のフランス』法律文化社、一九八九年。

ジュリア・クリステヴァ著、池田和子訳『外国人』法政大学出版局、一九九〇年。

久塚純一『フランス社会保障医療形成史』九州大学出版会、一九九一年。

梶田孝道・伊豫谷登士翁編『外国人労働者論』弘文堂、一九九二年。

百瀬宏・小倉充夫編『現代国家と移民労働者』有信堂、一九九二年。

長部重康『変貌するフランス』中央公論社、一九九五年。

内藤正典『アッラーのヨーロッパ』東京大学出版会、一九九六年。

中野裕二『フランス国家とマイノリティ』国際書院、一九九六年。

宮島喬・梶田孝道編『外国人労働者から市民へ』有斐閣、一九九六年。

畑山敏夫『フランス極右の新展開』国際書院、一九九七年。

アリック・G・ハーグリーヴス著、石井伸一訳『現代フランス』明石書店、一九九七年。

海原峻『ヨーロッパがみた日本・アジア・アフリカ』梨の木舎、一九九八年。

渡辺和行『ホロコーストのフランス』人文書院、一九九八年。

エマニュエル・トッド著、石崎晴己・東松秀雄訳『移民の運命』藤原書店、一九九九年。

池田賢市『フランスの移民と学校教育』明石書店、二〇〇一年。

竹沢尚一郎『表象の植民地帝国』世界思想社、二〇〇一年。

三浦信孝編『普遍性か差異か』藤原書店、二〇〇一年。

木村靖二・中野隆生・中嶋毅編『現代国家の正統性と危機』山川出版社、二〇〇二年。

平野千果子『フランス植民地主義の歴史』人文書院、二〇〇二年。

三浦信孝『現代フランスを読む』大修館書店、二〇〇二年。

パトリシア・モルトン著、長谷川章訳『パリ植民地博覧会』ブリュッケ、二〇〇二年。

阿河雄二郎「オーバン考」『エクス・オリエンテ』（大阪外国語大学）七号、二〇〇二年。

工藤庸子『ヨーロッパ文明批判序説』東京大学出版会、二〇〇三年。

渡辺公三『司法的同一性の誕生』言叢社、二〇〇三年。

ミュリエル・ジョリヴェ著、鳥取絹子訳『移民と現代フランス』集英社新書、二〇〇三年。

石井洋二郎・工藤庸子編『フランスとその〈外部〉』東京大学出版会、二〇〇四年。

扉図出典：（上）D. Assouline, M. Lallaoui, *Un siècle d'immigration en France*, t. 1 1851-1918, Paris, 1996, p. 16.（下）D. Assouline, M. Lallaoui, *Un siècle d'immigrations en France*, t. 3, 1945 à nos jours, Paris, 1997, p. 69.

コラムXⅧ

ヴィシーと外国人

渡辺和行

ヴィシーは、「大地のナショナリズム」に依拠し、土地や血統によるエスニックな国民概念を掲げ、定住しないユダヤ人やロマ民族を移送し、庇護を求めたドイツやスペインの亡命者をヒトラーとフランコに引き渡した。このように反体制派以外で、ヴィシー政府が排除の対象としたのは、帰化した外国人とユダヤ人であった。フランスから移送された七万六〇〇〇人のユダヤ人の三分の二は、外国籍のユダヤ人、つまり外国人であった。

ユダヤ人の排除は、一九四〇年後半の一連の取締法によっておこなわれた。ヴィシー政府が成立して一週間後の一九四〇年七月一七日に、外国人を父とする官吏の罷免に着手した。さらに、七月二二日法によって帰化の見直しをおこなう。一九二七年以降の約五〇万人の帰化書類がチェックされ、一万五一五四人の帰化手続きが無効とされた。このなかには六三〇七人のユダヤ人も含まれていた。八月と九月には、ユダヤ人が医師と弁護士に就くことを規制する法が制定された。一〇月三日にはフランス国籍を持つユダヤ人を公職から追放し、翌四日には、外国籍ユダヤ人は居住地の県知事により収容所に拘禁されることになる。ユダヤ人の取締りを効率よくするために、ユダヤ人登録カードが導入され、四〇年一〇月と四一年六月の二回実施された。初回には、北部占領地区に住む一五万人が登録され、二回目には南部自由地区の一万人が登録された。調査項目は、氏名・生年月日・出生地・性別・家族構成・職業・宗教など、多岐に渡っている。「ユダヤ人狩り」は、これらのカードを警察が利用することによって実施されたのである。

他方、移送対象でない外国人は、ドイツの労働力不足を補うために利用された。一九四〇年秋にドイツに志願した労働者はポーランド人が一万七〇〇〇人、イタリア人が七〇〇〇人であった。一九四〇年九月二七日法によって自由地区の外国人は、外国人労働者団に再編され、四一年一月で四万八〇〇〇人を数えた。亡命スペイン人の監視を目的として設けられた労働者団は、労働力の貯蔵庫となった。彼らは、農業・炭鉱・公共事業などで働き、四一年末からは大西洋岸の防壁工事に動員されている。さらに、四三年一〇月にヴィシー政府は、強制労働徴用にイタリア人を駆り出すべくフランス在住イタリア人の人口調査を予定していた。四四年二月には、労働省の通達でドイツにより多くの外国人労働者を提供すべく知事に協力が求められている。このようにヴィシーの対独協力は、外国人を利用する形でも行われたのである。

第十一章　フランス「国民経済」の発展と変容

中島俊克

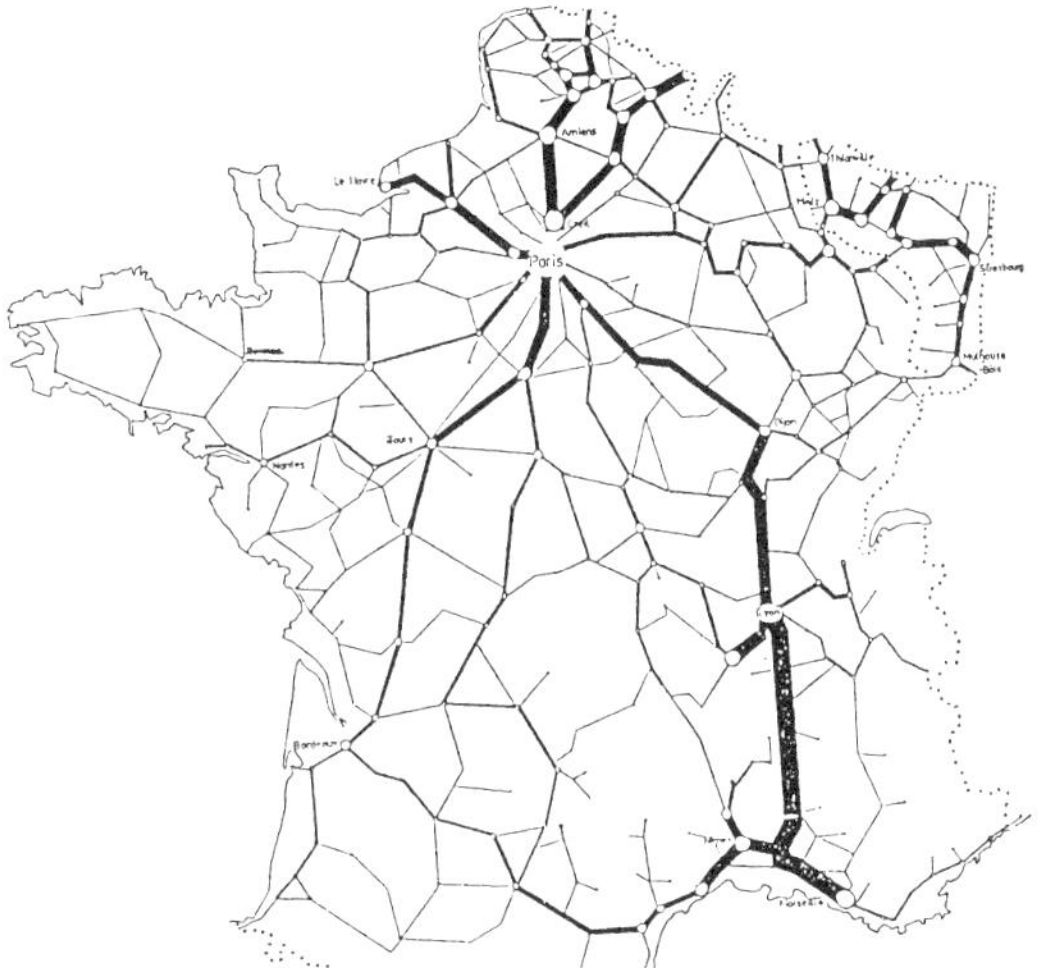

フランスの鉄道網（1878年）
線の太さは各区間の貨物輸送量の大小を表す。

1873	5.オーストリア・ドイツ・イギリスで恐慌勃発，「大不況」開始
1877	12.フレシネ・プラン（～81）
1884	3.職業組合法
1892	1.メリーヌ関税
1906	10.労働省設立
1916	12.軍需省設立
1919	3.8時間労働日が実現
1926	7.ポワンカレ首相に復帰，財政再建開始
1928	6.フランス・フラン，戦前の5分の1の平価で金本位制に復帰
1929	10.ニューヨーク株価大暴落，世界恐慌
1931	5.金融恐慌が欧州に波及。9.英ポンド・スターリング金本位制離脱
1933	7.ロンドン国際金融会議決裂，フランス・フランを中心に「金ブロック」形成
1936	6.人民戦線内閣，購買力政策を実施（ブルムの実験），週40時間労働と有給休暇2週間が実現。8.航空機（機体）製造国有化。10.フランス・フラン35%切り下げ，金本位制離脱
1937	8.鉄道国有化
1938	10.週40時間制の実施条件の緩和
1940	9.工業生産省・産業組織委員会による経済統制開始
1942	9.STO（熟練工のドイツでの強制労働）開始
1944	12.基幹産業（石炭・ガス・電力・自動車・航空機エンジン）国有化（～46）
1946	1.フランス銀行・四大預金銀行国有化
1947	1.第一次経済計画（～52）
1952	7.ECSC（欧州石炭鉄鋼共同体）発足
1954	1.TVA（付加価値税）導入
1957	3.ローマ条約調印（翌年発効）。6.債務支払停止，IMF等から緊急融資
1958	12.リュエフ・プラン始動，フランス・フラン17.5%下げ
1960	1.新フラン流通開始
1962	8.農業構造改善基金創設
1968	5.グルネル協定（大幅賃上げ・物価スライド）
1969	8.フランス・フラン12.5%切下げ
1971	8.ドルの金兌換停止，欧州は共同フロートに
1973	10.第一次石油危機
1976	8.バール・プラン（緊縮政策）
1979	3.EMS（欧州通貨制度）創設，第二次石油危機
1981	5.ミッテラン政権の景気浮揚策
1982	1.週39時間労働，有給休暇5週間に。6.引き締め政策に転換
1986	3.シラク内閣，民営化・規制緩和政策開始
2002	1.ユーロ全面流通，週35時間制完全実施

1　世界経済の一体化とフランス

アルザス・ロレーヌの喪失とフランス経済

第二帝政期に展開された、イギリスと同様の自立的工業国家建設を目指す経済発展戦略は、普仏戦争の敗北で一頓挫をきたした。この敗北により、戦争そのものの物的損害に加え、五〇億フランの賠償金の負担が、国民に重くのしかかった。三年で完済すべく定められたこの賠償金はフランスの年間GDPの四分の一に近い額であり、経済拡大への大きなブレーキとなった。さらに重大なのは、アルザスの全域とロレーヌの東半分が新生ドイツ帝国に割譲されたことである。アルザス南部はフランス最大の綿業中心地であったし、ロレーヌの鉄鉱石資源も重要性を増しつつあった。この割譲によりフランスは、一五〇万の人口とともに綿業生産額の三分の一と銑鉄生産量の二割以上を失ったのである。ドイツへの併合を嫌う企業がフランス領内に多数移転し、また併合地域に残った企業もフランス各地との従来の関係を維持する例が多かったが、それでもフランスの産業発展の路線は、それまでと大きく異なったものにならざるを得なかった。

もし一九世紀前半の増勢がその後も保たれていれば、フランスの人口は第一次世界大戦までに五〇〇〇万を超えていたであろう。実際には世紀半ばから七〇年代はじめにかけて、恐慌、革命、疫病、対外戦争、内戦と、人口増加にとって不利な出来事が相次いだ。特に一八七〇～七一年の諸事件では、青・壮年を中心に五〇万以上の人命が直接・間接に失われた。第二帝政期にかろうじて人口一〇〇〇人中二六前後の水準を保っていた出生率（単位はパーミル）は、七〇年代末から急激な下落に転じ、その結果人口の伸びは世紀末までほとんど停止した。二〇世紀に入ると死亡率の低下からいくぶん増勢をとりもどしたが、フランスの人口が成長を再開するには一九四五年を待たねばならない。

いわゆる新中間層を中心に、少産化の傾向がますます進んだことが、出生率低下の主要な原因である。その背景にあるのは、農村から都市への大量の人口移動である。一九世紀初頭にすでに始まっていたこの移動は、七〇年代以降、交通網の整備、都市の繁栄、農業危機等の要因により加速された。離村者数は一八〇六年から七六年までほぼ年間九万人のペースであった（第二帝政期のみ例外的に一三万人）が、七六年から八一年までの時期にこの数字は一六万四〇〇〇人に跳ね上がり、その後も二〇世紀初頭にかけて、毎年一〇～一五万人の農民が都市を目指した。その結果一八〇六年に五一〇万人にすぎなかった都市人口は、一九一一年には一八五〇万人に達した。特にパリ、リヨン等の大都市の成長が、出生率の急落を伴いながら進行した。

政府は人口停滞を問題として強く意識するようになったが、二〇世紀に入り鉄道業などに産休制度がわずかに導入されたものの、家族手当等、出産奨励のための真に実効ある施策が一九一四年以前に実現することはなかった。もし隣国からの移民の流入がなければ、停滞はより深刻になっていたであろう。一八五一年に総人口の一％を占めるにすぎなかった外国人数は、一八八六年には二・九％にまで増加した。その後の帰化促進策により一九〇六年には二・五％にまで低下したこの数字は、大戦前夜の好況から一九一一年には再び二・八六％に上昇した。国別にみると、はじめ多かったのはベルギー人で八六年には外国人の四割以上に達したが、一九一一年には四分の一にすぎなくなった。一九〇一年からイタリア人がトップにたち、一一年には四二万人、外国人総数の三六％を占めた。この二国のほかに多かったのはスペイン人、ドイツ人、スイス人などである。彼らの多くは一般のフランス人が嫌う職業に就くことで、フランス経済を支えた。たとえば後述するロレーヌ鉱山業の発展は、イタリア人鉱夫の貢献によるところが大きい。

不況と農業危機

一八七三年以降、イギリスを中心とする世界経済は「大不況」と呼ばれる時期に突入する。その原因は、西欧主要国の幹線鉄道網の建設が一段落したことと、農産物の過剰生産にあるとされているが、フランスについては、工業に関する限り、景気後退はイギリスほど顕著でなく、右に述べたような戦争や体制変革、領土喪失にもかかわらず、大方の分野で少なくとも八〇年代初頭まではかなりの繁栄を維持した。しかし農業では事情が異なる。一八七〇年代末から、フランス農業は二〇年以上にわたり深刻な不況を経験した。人口の停滞に加え、所得水準の向上によって食生活が変化し、たとえば一人あたりのパン消費量は第二帝政末から第三共和政初期がピークで、世紀末以後は減少に転じた。工業の構

図11-1　小麦価格の変動（9年移動平均）

出典：E. Juillard, dir., *Histoire de la France rurale*, t. III, 1976, Paris, Seuil, p. 396.

造変化により工業原料農作物の市況も低迷した。第二帝政期に急拡大した葡萄栽培は、病害虫フィロクセラの蔓延で打撃を被り、一八七八年には総栽培面積の四分の一に当る六五万ヘクタールが壊滅した。危機をさらに激しいものにしたのは、輸送手段の改善を背景とし、七〇年代末の不作を契機とする、外国農産物（特に北米の穀物と南米の畜産物）の輸入急増である。図11-1からわかるとおり、一八七二～七六年から一八九二～九六年までの二〇年間に、小麦の価格は三分の二になった。圧倒的な価格競争力を有する新大陸農産物の流入は、西ヨーロッパ農業の大幅な構造変化を促したのであるが、農業国フランスにとってそれは特に重大な問題であった。

政府は当面の対策として、八〇年代から二〇世紀初頭にかけ、農産物の輸入関税を大幅に引き上げた。さらに一八八二年の農務省発足を手始めに、体系的な農業政策展開のための機構を徐々に整えた。農業学校や農業協同組合の相次ぐ設立は、技術的・経営的な構造改善のための大きな力となった。北東部の小麦生産農家は機械化と品種改良によって生産性を向上させ、その結果今日みるようなフランスのコーンベルトが形成された。葡萄栽培では、害虫に強い新品種への植替え費用を負担できる農園のみが生き残った結果、作付面積は減ったものの生産性は向上した。畜産でも西部の酪農と南東部の肉牛飼育が分化するなど、全体に農業の地域的専門化が一層進んだ。こうした努力の結果、第一次世界大戦前夜のフランス農業はある程度の繁栄を取り戻し、多くの分野で輸出余力が生じるまでになった。しかし国内市場のダイナミズムの欠如は、個々の農家の経営規模拡大を困難にしていた。国土の隅々にまで近代的な農業技術が普及し、フランス農村が今日的な姿をとり始めるのはようやく第二次世界大戦後のことである。

旧産業の苦闘

工業が比較的好調を保ったといっても、業種により濃淡がある。産業革命期の花形であった繊維工業は、段々と主役の座を譲りつつあった。すでに一八六〇年代から、アメリカ南北戦争に伴う「綿花飢饉」で成長を鈍化させていた綿業は、アルザスがドイツ領になったことでさらに大きな痛手を受けた。多くのアルザス企業がフランス領に移転し、また他の産地、ことにノールが活況を呈したので、まったくの停滞に陥ることは避けられたが、八〇年代末まで生産の伸びは年平均二%に満たなかった。九〇年代からは需要の回復と自動紡績機・力織機の普及により三%の成長を取り戻したが、次第に植民地市場への輸出を頼みの綱とするようになった。麻工業でも同様の技術革新が進み、経営の大規模化とノール地方への集中が進展したが、この産業は全体として縮小に向かうことを免れなかった。

輸出依存度の高かった絹業・羊毛業は、諸外国ことにアメリカの高関税政策の結果深刻な危機に直面した。八〇年代末から世紀転換期にかけ、技術革新や製品転換の努力が実ってある程度の活況を取り戻したが、それは両大戦間期に深刻な不況が到来するまでの束の間の繁栄でしかなかった。パリの工芸品やその他の日用品産業もまた、高まる関税障壁に加え大衆品では安価なドイツ製品との競争から大きく市場を失うことになった。

一方製鉄業では新しい動きがみられた。一八七八年に開発された塩基性製鋼法は、それまで眠っていたミネット鉱床を利用可能とし、その結果仏領ロレーヌの製鋼業が急成長を開始したのである。一九一三年にはロレーヌは欧州最大の鉄鋼石産地（年産二〇〇〇万トン）となっていた。銑鉄生産は三五〇万トン（全仏の七割弱）で、一八八〇年以後八倍の伸びを示した。八〇年にほとんどゼロであった粗鋼生産も二三〇万トン（同五割）に達していた。製銑・精錬に要する石炭・コークスは四分の三近くをドイツ等からの輸入に頼ったが、四分の一は国内から調達した。その結果急速に開発されたのが北部のヴァランシエンヌ炭田である。北部の炭鉱は一八五七年には全仏産炭量の四分の一の比重しかなかったのが、一八七三年からの四〇年間に生産を四倍増させ、一九一三年には二七〇〇万トンを出炭してフランス全体の三分の二を占めた。北部の石炭・コークスは水路・鉄道によってロレーヌへもたらされた。同じルートをたどってロレーヌの銑鉄・粗鋼が北部へ運ばれた結果、北部には重機械生産が発達し、産業革命期に近代製鉄業の揺籃となったがこの時期すでに鉱物資源の枯渇のため機械生産に傾斜しつつあった中部とともに、ドイツに対抗しつつフランス国民経済のなかで生産財生産を担うこととなった。こうした部分的重工業化にもかかわらず、第一次世界大戦前夜には依然として、繊維・衣料・皮革の合計が製造業付加価値の四割を占めていた。ドイツ重工業の側圧の下、フランスの工業活動の重点は結局のところ、素材・生産財産業以外のところに見いだされるしかなかったのである。

新産業の発達

一九世紀末から世界各地に発達した新しい工業の三大分野は、化学・電気・自動車である。この三者のうちフランスでは特に自動車産業が急速な展開をみた。化学では人造繊維なども重要であるが、のちの有機化学工業発展の出発点となったのは合成染料の開発である。もともとこの分野で第二帝政期のフランスは、イギリスと並ぶ先進国であった。特にリヨンは、フクシンの工業的製法の発見（一八五九年）が多数の発明を誘発したことから、一時期染料工業の中心地となった。ところがこの製法の特許をめぐる裁判で、一八六三年に裁判所が製品特許の原則を確認したため、製法改良に携わる化学者・工業家は国内で活躍の場を失い、次々とスイスへ居を移した。その結果七〇年代以降、ドイツのタール系染料の圧倒的優位の下で、フランス化学工業は雌伏の数十年を送ることになったのである。

電気についてもフランスは、電信の時代まで最先進国の一つであった。しかしながら一八八二年に白熱電球が実用化の段階に入り、以後電灯照明が電気産業の中心分野となるにつれて、ガス会社が大都市の照明事業を独占するフランスは遅れをとるようになっていった。それでも一九一三年には蒸気機関の全馬力数の二二%が発電に向けられており、水力と合わせた総発電量は一八億キロワット時に達した。この数字はアメリカの一四分の一、ドイツの四分の一、イギリスの七割で、イタリアをもやや下回る。

これに反し自動車製造はもっぱらフランスの産業として発達した。ガソリン・エンジンを搭載した最初の自動車は一八八六年にカール・ベンツが作ったとされるが、これはまだ三輪車であった。エンジンを前置した今日的な乗用車は一八九一年、ゴットリープ・ダイムラーの協力の下に、アルマン・プジョーとエミール・ルヴァソールが製作したのである。九四年には史上初の自動車レースがパリ―ルアン間でおこなわれ、この両者が優勝を分けあった。九八年にルイ・ルノーがシャフト・ドライブ車を開発し、以後タクシー市場を徐々に開拓したが、全仏生産台数が二万台に達した一九〇五年頃まで自動車はもっぱらスポーツ用で、生産も分散的であった。一九〇七年の恐慌で群小メーカーは淘汰され、以後生産は十数社に集中する傾向をみせた。一九一四年の生産台数は五万台弱で、ルノー・プジョーの両雄がそれぞれ五〇〇〇台ほどを生産していた。世界中で年間五〇〇〇万台もの自動車が生産される現代と比較すれば、この数字は実に微々たるものである。ことに、同じ一九一四年の時点でアメリカにおける生産台数がすでに五六万台に達し、フォードT型（一九〇八年に登場した）の生産だけでも年間二〇万台を上回っていたことを考えると、大戦前夜にはもはやフランスは自動車産業の中心でなくなりつつあったと言わざるを得ない。けれどもフランスは依然欧州最大の生産国であり、世界最大の輸出国でもあった（輸出先は主にイギリス）。欧州でも自動車は贅沢品の域を脱し、小市民の生活に着実に定着し始めていた。それに応じて主要メーカーもフォードに学びながら量産体制を整えつつあった。欧州自動車産業の本格的な量産時代突入は、第一次世界大戦終了後、アンドレ・シトロエンの活躍まで待たねばならないが、戦前すでに自動車製造は二〇世紀フランス経済の牽引車としての地位を固めていたのである。

金融と貿易

このような工業諸分野の繁栄、また農業の復調の結果、フランスの貨幣ストック総量は一八四五年の三九億から一九一〇年には二三四億フランに増加した。その構成は、正貨が依然三分の一であったが、銀行券が二三%、銀行預金は四四%を占めるまでになっていた。横線小切手が禁止されているフランスでは預金通貨の発達はイギリスほどでなかったが、それでもかなりの水準に達していたことがわかる。

こうした信用拡大のなかで、金融機関の機能分化が進んだ。長期金融の担い手となったのは、産業革命期のオート・バンクの流れをくむパリバ銀行、パリ連合銀行などの大事業銀行で、それらは国内のみならずヨーロッパ大陸や地中海域を中心とする国外において、鉄道建設や鉱山開発などに大規模な融資をおこなった。フランスの工業企業は基本的に自己金融であったが、九〇年代後半から経済が再び拡大局面に入ると、北部・東部の工業家などに自ら銀行を設立・拡大する動きが生じ（いわゆる「地方銀行の覚醒」）、金融機構は厚みを増すことになった。

これに対し、第二帝政期には多彩な業務を展開していたクレディ・リヨネ、ソシエテ・ジェネラルなどは、第三共和政期に入ると急速に支店網を充実させるとともに経営の重点を短期金融に移し、次第に産業金融から手を引いていった。上記二行にパリ国民割引銀行を加えた三行の支店数合計は、一九一二年には一三〇三に達したが、それらは地方の富裕者の貯蓄を預金の形で吸収すると同時に、彼らへ外国証券等を販売する窓口となった。

かつて地方の企業家とパリのオート・バンク、フランス銀行との間を媒介する役割を演じていた地方の個人銀行は、こうした大預金銀行の地方進出によって打撃を受け、あるものはそれら大銀行の支店と化し、他のものも経営が悪化した。大銀行は支店においても優良企業の手形しか割引かなかったため、かつて小銀行から信用を供与されていた地方の中小企業は、短期資金の欠乏に苦しむようになった。結局フランス銀行が、中小企業向けの地方金融機関を後見すると同時に、中小企業の手形の一部を直接割り引くようになっていった。八〇年代に入ってからの相次ぐ改革、特に一八九七年の特権更新以後の活発な支店展開により、フランス銀行は大幅に「民主化」した。政治的な圧力もあってフランス銀行は、「銀行の銀行」・「通貨の番人」という中央銀行本来の機能に加えて、「国民全体の銀行」の機能をも期待されるにいたったのである。このことが一九三六年の全面改組、四五年の国有化の伏線となる。

こうしてフランスの中小企業は、不況期にも安定した低い割引率で手形の割引を受けられる体制が整えられた。この体制を支えたのは、フランス銀行による膨大な量の金地金の備蓄である。それは一八八〇年代後半に早くも一〇億フランを突破して世界の中央銀行中第一位となり、一九〇八年までに世界の金準備高の七分の一に当る三〇億フランを集めている。この高水準の正貨準備をもってフランス銀行は、世紀転換期に構築されたポンドを基軸とする国際金本位制のなかで、恐慌時のバッファー、いわゆる「金の最終貯蔵所」としての役割を果たしていくことになる。この膨大な金備蓄は、経常収支の黒字がなければ不可能であった。大不況の下でそれを実現することには困難が伴った。前述のように七〇年代以降、農産物などの輸入が増加するとともに、フランスの伝統的輸出品の市場は収縮したからである。

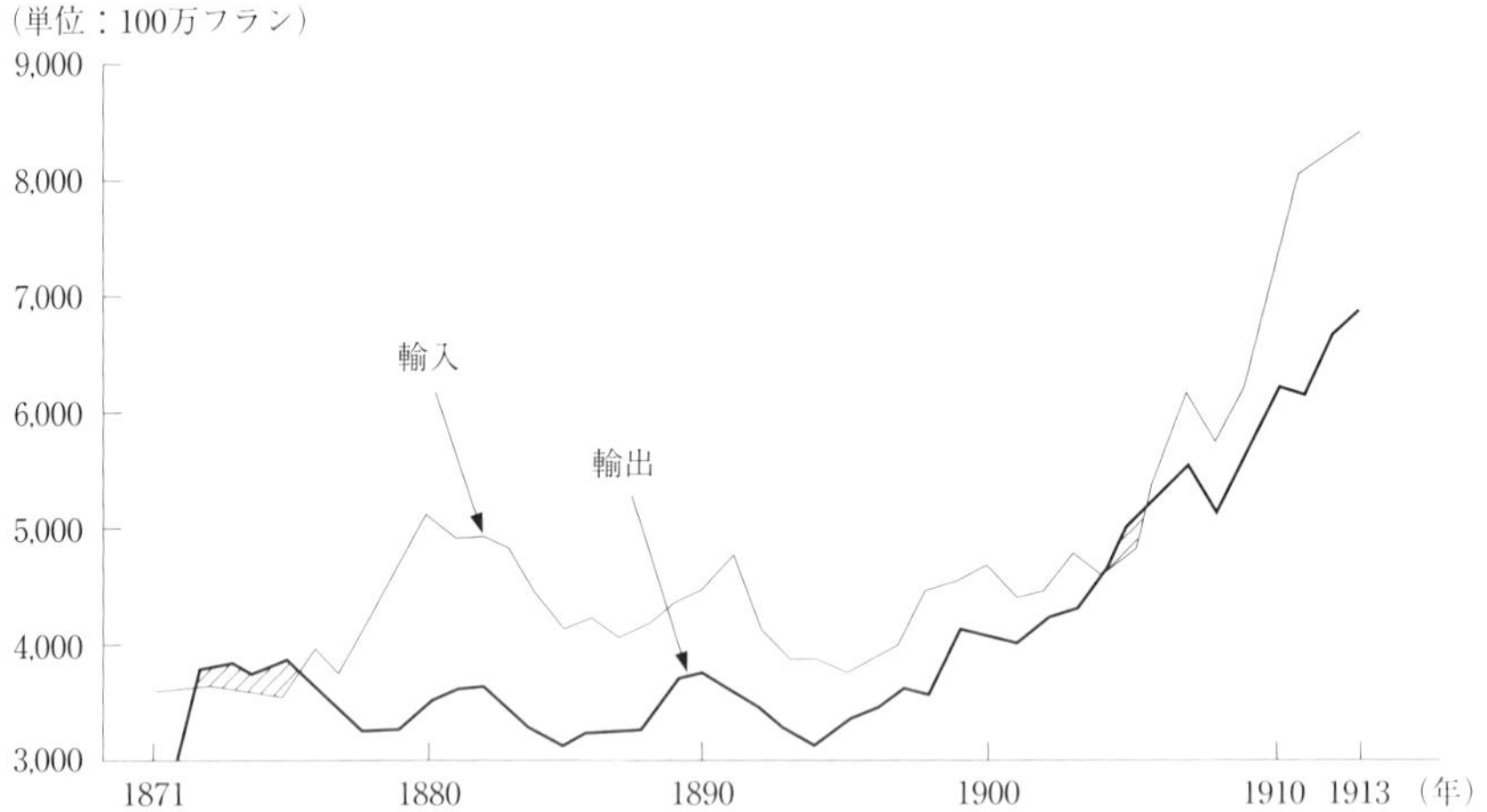

図 11－2　商品輸出入の推移

出典：吉井明「貿易収支『均衡』構造の崩壊と大戦前夜のフランス資本主義」『イギリス資本主義と帝国主義世界』九州大学出版会，1990年。

一八六〇年以来の自由貿易政策の転換を求める動きが、農業界・工業界の双方で次第に強まった。七八年には国内市場に依存する一部の繊維工業家を中心にフランス産業協会（ＡＩＦ）が結成された。従来自由貿易を支持していたフランス農業者連盟（ＳＡＦ）も、八〇年には路線を転換して関税引き上げを求めるようになった。しかし、普仏戦争後の復興ブームとその後のフレシネ・プラン等のために大不況の発現が遅れたフランスでは、多くの産業分野で依然輸出指向が強かった。工業家にとり農産物関税の引き上げは高賃金を、したがってその製品の競争力低下を意味していた。そのため関税をめぐる議論で農業の利害は圧殺され、一八八〇～八一年の関税改訂でも自由貿易の路線が基本的に維持された。風向きが変わるのは八〇年代初頭に恐慌が勃発し、農業危機が深刻の度を加えて以降である。工業家の間にＡＩＦへの支持が広がるとともに、農業の利害を容認する雰囲気が強まった。国外市場獲得よりも関税引き上げによる農村市場再建の方が急務であると考えられるようになったのである。その結果、八五年・八七年に農産物関税が相次いで引き上げられた。さらにＡＩＦとＳＡＦは八八年に合同でキャンペーンを開始し、それは九二年に保護主義的な一般関税法、いわゆるメリーヌ関税となって結実した。

この関税体系によって国内市場が保護され、かつ輸出が着実に増大したため、一八八〇年には一五億フランを上回っていた貿易赤字は次第に減少し、一九〇五年にはついに黒字を記録した（図11-2参照）。輸出の拡大に主に貢献したのは繊維完成品と重化学工業品、特に自動車である。この間貿易外収支は常に黒字であったので、経常収支の黒字幅は拡大した。これによって大量の金の輸入が可能となったのである。ところが一九〇六年以降、貿易収支は再び赤字に転落し、その額は一九一一年には二〇億フラン弱と、第三共和政に入って以来最大を記録する。その原因は輸入の急増で、それにはドイツ・アメリカなどが高い生産力を背景に輸出拡大策をとったことも関係しているが、基本的には鉄鋼業や新産業の発展を基軸とするフランス経済の復調が、食料・原料・生産財などの需要拡大を引き起こしたのである。これに対し輸出は、各国が独自に自動車産業を発達させたためフランス製自動車の需要が伸び悩むなど、全体に輸入の伸びに追いつかなかった。植民地向けの輸出が次第に比重を増し、一九一三年には輸出全体の一三%に達したが、その拡大は量的に限界があった。一九一〇年の関税改訂で最高関税率が大幅に引き上げられたが、状況は逆転しなかった。

これは高正貨準備を基礎とするフランスの経済体制を脅かすものであった。低金利が呼び水となって、パリは世界有数の外債発行市場に成長していた。上述の金融システムを通じてフランスは一八九五年から一九一三年までに年平均一一億フランの資本をロシア等に輸出した。その結果二〇世紀に入る頃から対外利子収入が累増し、それが経常収支を支えるようになっていた。しかしそうした構造は、一九一〇年以後の国際関係緊張によって変化を迫られる。一八世紀以来の負の遺産を引きずるフランス経済が、二〇世紀的状況に真に適応するには、二度の大戦と世界恐慌の試練を経なければならなかったのである。

2　大戦と恐慌

第一次世界大戦と経済の軍事化

一九一四年夏に始まったドイツとの戦争は、予期に反し、足かけ五年にわたって戦われ、ジュラ山脈からドーバー海峡にいたる長大な塹壕の両側から両軍が毎日二〇万発の砲弾を撃ち合うという、フランスにとっては空前絶後の消耗戦になった。その過程でフランス経済は大きく変貌した。死者・行方不明一四〇万という人的損耗に加え、工業地帯である東部・北部を中心に被った物的被害は、直接のものだけでフランスの年間GDPに匹敵した。軍需品の供給体制は当初、普仏戦争時と同様の暫定的なものであったが、戦争の長期化につれ動員の範囲が拡大した。一九一五年七月以降、社会主義政治家トマが主導する形で体制整備が進められ、最盛時には二万近い軍需工場が全国で稼働していた。多くの分野で価格は統制され、物資は配給制となった。資源配分を効率化するため、業界団体を主な担い手に生産活動を統御するしくみが形成された。工場内でも「科学的管理」の導入が進んだ。それらは戦後に大きく進展する重化学工業化の助走とも言える動きであった。直接戦火にさらされた東部・北部および戦線に近いパリ地域から、多くの工場が、比較的安全な中部・西部・南部に、一時的にせよ生産拠点を移したことで、産業活動の地理的分散の種がまかれた。

しかし、生産拡大のための資金の多くを国債発行と借款に頼ったため、国家財政の構造が脆弱化した。より重大なのは産業構造面での変化である。一九一七年、ロシアで革命が起こり東部戦線が崩壊したため、翌年には西部戦線でドイツ軍の大攻勢が予想される事態となった。このため政府は、国民経済の再生産に不可欠な産業分野（たとえば工作機械）の工場までも軍備に動員する必要に迫られた。こうした措置の結果フランス経済は、軍需品の生産に特化した厖大な生産設備と労働力を、構造的に抱え込むことになったのである。本国のみならず海外領土・植民地からも物資や人員の動員がなされ、それが戦勝に貢献したと考えられたので、戦後も植民地経営の維持拡大が図られることにもなった。

低為替下の繁栄

第一次世界大戦の終結から一九二〇年代の半ばにいたるまでの時期、フランス経済は大きく混乱した。戦時期の息苦しさへの反動から経済的自由主義が世を覆ったため、戦争中に作られた統制のしくみを使って大幅な経済合理化を図ろうとした商工相クレマンテルらの試みは挫折し、多くの分野で統制メカニズムは雲散霧消した。激しいインフレのため、通貨価値は戦前の八分の一に下落した。企業家は平和産業への転換に苦しみ、労働者は他国と同様、戦時期になされた待遇改善の約束の全面実施を企業家に迫った。アルザス・ロレーヌは戻ってきたが、その生産力を当時のフランス経済は十分に生かすことができなかった。賠償金問題のもつれからルールに出兵したことは、さらなる財政悪化を招いた。

一九二六年七月、首相に復帰したポワンカレが財政再建に積極的に取り組み始めたことで、混乱はようやく収束に向かった。同年暮れには通貨情勢も安定し、最終的に一九二八年六月、フランス・フランは戦前の五分の一の平価で金本位制に復することとなった。これより先、イギリスは国際金本位制を再建すべく一九二五年に旧平価のままで金兌換を再開していたので、貿易に際しフランス経済はきわめて有利な条件を享受することになった。一九二一～二九年のフランスの経済成長率は年平均五・七％で、ドイツ・イギリス・イタリアを上回る勢いであったが、特に一九二八～二九年には七％台に達した。一九一三年を一〇〇とする鉱工業生産指数は、一九一九年には五七まで落ちたが、一九三〇年夏には一四四まで上昇した。特に鉄鋼、石炭、化学といった素材産業の伸びが顕著であった。繊維工業は相変わらず多額の外貨を稼ぎ、機械工業がこれに続いた。

しかし、こうした成果をもたらしたポワンカレのフラン安定化政策は、小貯蓄者、特に大戦中の農産物価格高騰で小金を貯めた農民の犠牲の上に成り立っていた。戦後、ロシア公債が紙屑になったうえに、インフレ（農工間鋏状価格差）に痛めつけられていた彼らにとって、通貨切り下げは最後の一撃であった。輸出を拡大しようにも新大陸の新興農業国が行く手を阻んでいた。働き手が不足するなか、生産性を高めるには機械化や化学肥料の導入が不可欠であったが、その資金は農民の手から奪われていた。結局フランス農業の本格的な近代化は第二次世界大戦後に持ち越されたのである。

金本位制の桎梏

一九二九年一〇月のニューヨーク株価暴落に端を発する世界恐慌は、アメリカからの投資で経済を回転させていたドイツを直撃したが、フランスへの波及は遅れた。一九三一年前半まで工業生産は大きく下降せず、金準備も増大を続けた。ただし農業は別で、一九二六年に始まっていた農産物価格の下落は恐慌で加速され、フランスの伝統的農業は崩壊へと向かった。しかし低為替を利して成長を続けるフランス工業への資本流入が続いていたので、経済全体では何とか好調を保っていたのである。

しかし三一年五月、オーストリアのクレディット・アンシュタルト破産を契機に金融恐慌は欧州でも本格化し、破綻したドイツ金融界はフランスへの賠償金支払いを停止した。九月にはイギリス・ポンドが金兌換を停止し、再建国際金本位制が事実上崩壊して、各国通貨は切り下げ合戦に突入した。低為替の神通力が失われたフランスからは資本の流出が始まり、不況がようやく工業界・金融界を押し包んだ。一九二九〜三五年に工業生産は二三%低下し、貿易量は三分の一になった。六〇〇以上の地方銀行が潰れて大銀行に吸収された。通貨を大幅に切り下げたイギリスや、ヒトラー政権下で再軍備に走ったドイツの急速な経済回復に反比例する形で、フランスの不況は深刻化した。それまでに厖大な金準備を蓄積していたフランスは、国際通貨制度を調整する場でも金本位制に固執する立場を譲らず、三三年四月にアメリカがドルを切り下げ、金兌換を停止すると、なお金本位制にとどまっていたベルギー・オランダ・スイス・イタリアとともに、六月に「金ブロック」を形成して状況の逆転を試みた。しかしこのブロックは加盟国がいずれも工業国だったためうまく機能せず、フランスは通貨政策で国際的に孤立し、産業界は高為替という貿易上の不利を被り続けた。保守政権では結局事態を打開できず、四六万人の失業者（部分失業を加えれば二〇〇万人以上）と一〇〇億フラン（歳出総額の二割）の財政赤字を背景に、三六年六月、左翼が総選挙に勝利し、人民戦線ブルム内閣が成立したのである。

購買力の回復を目指す「ブルムの実験」は、アメリカのニューディールをまねたものだったが、生産力増強のための体系的な産業政策・公共事業の展開を欠いた、単なる賃金引き上げに帰結した。物価上昇を見越した企業は原料の買い占めに走り、インフレーションが爆発した。九月末についに金本位制から離脱したフランス・フランは、以後三八年五月までに三度の切り下げを余儀なくされ、ポワンカレ・フランの四二%まで価値を下落させた末に、英ポンドの衛星通貨となった。「実験」開始当初上向きかかった工業生産は、金融混乱のため再び下落し、資本は流出し、財政赤字も貿易赤字も拡大して、国民経済は縮小再生産に陥った。三八年三月に第二次ブルム内閣に参画したマンデス・フランスらが試みたケインズ的積極財政は、わずか一カ月で、内閣の瓦解のため挫折を余儀なくされた。結局「ブルムの実験」は、成果としては団体協約や労働時間短縮、農産物価格支持などで、戦後に実現する労働分配率向上・消費基盤拡大策の制度的基礎を部分的に構築したにとどまり、不況対策としては完全に失敗したのである。

再軍備から占領経済へ

三八年一一月、レノー蔵相の企業減税政策開始とともにようやく資本流出が止まり、貿易赤字も縮小に向かった。夏前から活況が戻りつつあった工業生産も本格的な回復軌道に乗り、三九年七月までに一五％も増大した。しかしその背景にあるのは、ドイツとの緊張激化に伴う軍備増強の動きである。

二〇年代末から、マジノ線の構築に厖大な資源を蕩尽してきたフランスであるが、ドイツ軍がラインラントに進駐する三六年三月まで、本格的な再軍備開始を決断できなかった。以後も、同時代のイギリスが「シャドー・ファクトリー」等の仕組みを通じて機敏に国家資金を投入し戦備を整えたのに引き替え、財政危機が深刻であったフランスでは体制整備が思うに任せず、軍需品の生産は、その仕組みの構築も含め、もっぱら業界団体頼みであった。あいかわらず東部・北部に集中している生産拠点を、安全な南西部に移すべく政府は努力したが、企業家にこれを強制する手段が乏しく、容易に実効があがらなかった。それでも三八年末以降のスパートが功を奏し、三九年九月の開戦を経て四〇年五月の本格対決にいたるまでに、軍備は急速に充実して、主要兵器ではほぼドイツと同等の水準に達していた。しかし航空兵力の配備が決定的に不足していたことが、ドイツに電撃的勝利を許す大きな要因となった。機体生産は三六年夏に国有化されていたが、総花的な開発計画は概して成果をあげず、しかもエンジンの増産が軌道に乗らなかったのである。

四〇年六月の敗戦によって、アルザス・ロレーヌは再びドイツに割譲され、フランスの残りの部分もドイツを中心とする「ヨーロッパ広域経済圏」の分業体制に組み入れられた。ヴィシー政府の手に残ったフランス南西部では、農業のほかに軽工業のみが許され、工業地帯である北東部の生産施設も、多くは経営継続を認められたものの、ドイツ企業の後見の下におかれた。東ヨーロッパのドイツ軍占領地域と異なり、生産設備が丸ごとドイツに持ち去られるケースが比較的少なかったのは、ドイツの軍需相シュペーアが、フランスの生産力をできる限りドイツの戦争遂行に役立てる方針をとったからである。ドイツで不足している民生品を生産させる場合が多かったが、それと並んでかなりの量の兵器・

軍需品が、フランスの工場に直接発注された。

ヴィシー政府は公式には、時代錯誤の農本主義的「国民革命」を鼓吹していたが、新設された工業生産省などに働く技術官僚の若手のうちには、第一次世界大戦後および人民戦線期に部分的に試みられて挫折したフランス経済の近代化を、ドイツ軍の権威の下に実現しようとする者も多数含まれていた。彼らは各業界にわたって張り巡らされた二三〇もの「組織委員会」を通じ、計画経済の仕組みを実現しようとしたが、中小企業が反発し、また結局のところ原・燃料の供給を握るドイツ軍需省の風下に立つ組織であったため、ほとんど成果を得られなかった。しかしそこで形成された制度的・人的資源の少なからぬ部分は、戦後のモネ・プランの策定・運営に生かされた。四〇年の敗戦直後にある程度の活況を取り戻したフランスの生産活動は、年を追うごとに低下を余儀なくされた。一五〇万人の捕虜がドイツに抑留されているうえ、厖大な占領費負担が財政を押しつぶした。原料・エネルギーの供給は途絶えがちとなり、一九三八年を一〇〇とする鉱工業生産指数は、四四年には四一となった。ドイツの労働相ザウケルは、捕虜の釈放と引き替えにフランス人熟練工をドイツの軍需工場に徴発する政策を強化し、フランスの多くの労働者を対独抵抗へと追いやった。

3　戦後の成長

戦後改革

一九四四年六月に始まった連合国側の総反撃は、同年中にほぼフランス全土の解放を果たし、四五年五月にドイツが降伏して戦闘は終わりを迎えた。この戦争でのフランスの犠牲者は五四万人で、第一次世界大戦に比べ少なかったが、交通・通信網が寸断され生産設備が老朽化していたため、復興は困難をきわめた。特にドイツ軍が退却の過程でフランス東部に防衛線を敷いたため、鉱山・冶金業をはじめとするこの地域の産業は再び深刻な損害を被った。

戦後成立した左翼政権の下で、国家資金の注入による経済再建が積極的に進められた。先端産業のなかからは、ドイツの軍需生産に深くコミットしていた自動車のルノーと、航空機エンジンのグノームが、懲罰的国有化の対象となった。

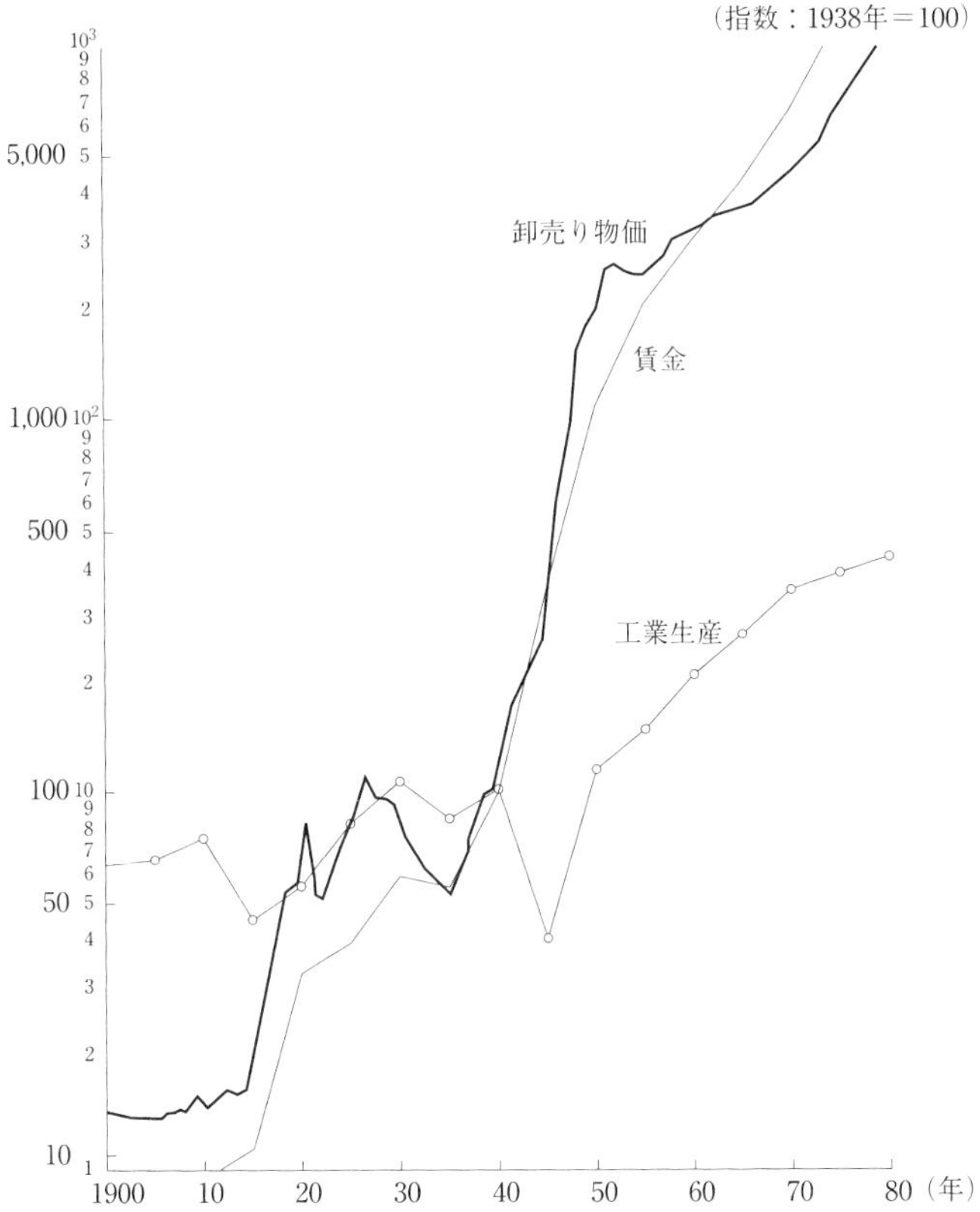

図 11－3　価格および賃金，工業生産（1900～80年）

出典：モーリス・レヴィ＝ルボワイエ著，中山裕史訳『市場の創出――現代フランス経済史』日本経済評論社，2003年。

復興の鍵を握るエネルギー産業は特に重視され、主要炭鉱と電力企業が国有化されて、フランス電力が四六年に設立された。他にもガス、保険、フランス銀行および四大預金銀行などが同年中に国有化された。すでに三〇年代に国有化されていた鉄道などを加えると、労働者の十分の一、全投資額の四分の一が政府のコントロールに入ることとなり、混合経済体制が確立した。その後も航空輸送や鉄鋼などが、国有化政策の対象となった。

敗戦の反省をふまえた経済近代化の路線がようやくある程度の国民的合意を獲得し、対独抵抗運動が戦われるなかで満を持していた技術官僚たちの手で、生産設備近代化のための第一次経済計画、いわゆるモネ・プランが策定されて、四七年一月から実施に移された。それは、復興援助を引き出す過程でフランスがアメリカに与えた約束を果たすことでもあった。冷戦が激化するなかでアメリカの国務長官マーシャルは、西欧諸国の復興を急がせるため巨額の無償援助をおこなうことを決断し、フランスにも多額の資金が贈られた。これに力を得た計画庁は、石炭・鉄鋼・電力・運輸・石油精製・農業機械・セメント・化学肥料の基礎八部門に集中的に資源を投入し、生産のボトルネックの解消につとめた。一九四九年にはGDPの二割以上が設備投資に回される事態となったが、こうした努力の結果、計画最終年の五三年には工業生産は、戦前の繁栄の絶頂期であった一九二九年の水準を一割以上、上回った（図11-3参照）。翌年からの第二次経済計画では、対象領域は消費財生産にまで拡大され、手法も、資金・原料等の配分を武器にした強制的なものから、より誘導的なものに変化したが、計画庁はその後も永く、フランス経済のバランスのとれた発展を導く水先案内人であり続けた。

敗戦の反省が生かされたいまひとつの領域に、人口政策がある。両大戦間期に種々試みられた出産奨励策は、ヴィシー政権初期の四二年三月に導入された本格的な扶養控除によってようやく実質化したと言える。戦後設立された人口問題研究所（ＩＮＥＤ）の下で政策はさらに体系化され、その結果ベビーブーム期に三〇パーミル近くまで跳ね上がった出生率は、その後も六〇年代にいたるまで、西欧諸国中の最高水準を維持した。戦後強力になった労働組合が獲得した高賃金が、住宅や耐久消費財の購入に回されることで、「栄光の三〇年」と呼ばれる戦後フランスの高度成長が消費の面から支えられたのである。

農業の近代化も、マーシャル援助で大量の農業機械がもたらされた一九五〇年頃、ようやくその緒についた。戦前すでに、農業危機のなか、先進地域である北東部の若手農業経営者を中心に、市場性の高い高付加価値生産物に特化し、経営規模を拡大して生産性を高め、自らも流通を担うことで高収益を実現しようとする動きが存在した。化学肥料も、英・独ほどでないにしろ普及が始まっていた。しかし市場面・金融面で山積する問題が、こうした動きの拡大を阻んだのである。戦後のインフレは不在地主が農地を手放す動きを加速し、農業機械利用協同組合の結成などもあって、能力の高い中堅農家が低コストの農業を実現しうる条件が徐々に整った。トラクターは一九五〇年の一二万台から六〇年には四六万台へと増加し、それに反比例する形で、労働人口に占める農業従事者の割合は四五年の三六％から五八年には二二％にまで減少した。離村した若者の多くは工業生産活動に吸収された。六〇年代に本格的な農業近代化政策が推進される以前に、フランス農業の構造はすでにかなり、一九世紀とは様変わりしていたのである。

植民地戦争の重圧

こうした近代化・経済合理化の強行は、少なからぬ社会的摩擦を伴った。それに油を注ぐことになったのが、インフレーションの進行である。戦前に引き続き政権を中心的に担っていた急進主義勢力が、支持基盤である小営業者（特に農民）をなだめるためにおこなった過度の保護政策が財政赤字の恒常化を招き、植民地戦争の泥沼化による軍事支出の増大がそれに拍車をかけた。解放直後から一九四七年までに物価を四・六倍に騰貴させたギャロッピング・インフレは、四八年、マイエール蔵相のデフレ政策でペースダウンしたが、その後一〇年間でフランスの物価はさらに倍になった。フランス・フランは四六年暮れから対ドル相場を固定して国際金融市場に復帰していたが、五八年までに九度の切り下げを余儀なくされ、平価は一〇分の一に下落した。

五〇年代初め頃には歳出の一割程度に収まっていた財政赤字は、五七年にはついに一兆フランの大台を超え、歳出の二割に達した。一九五一～五二年に、朝鮮戦争に伴う景気過熱から輸入が急増したときは、首相ピネーが主導するデフレ政策で何とかしのいだが、スエズ危機後の景気過熱にアルジェリア戦費の急増が重なった五七年の経済危機では、輸入が再び急増して外貨が底をつき、ＩＭＦ等から六億ドル以上のつなぎ融資を受ける事態となった。植民地政策の失敗で政治的信任を失いつつあった第四共和国の政府は、経済政策の面でも対内的・対外的に破綻を来していたのである。

強力な労働組合の力で、ある程度の賃上げを獲得できた工業労働者は、他の社会階層に比べ、まだしも混乱の被害を被る度合いが少なかったと言える。零細農民や、職人・商店主といった伝統的小営業者は、インフレと増税の重圧をもろに受け、不満を鬱積させた。一九五三年、文房具店主プジャードが南仏で始めた過激な反税運動は、たちまち全国から支持を集め、五六年の総選挙では投票総数の一二％近い票を獲得し議員五〇人を当選させた。この運動は第五共和国の成立とともに、ゴーリスト左派へと吸収されていく。伝統的な均衡財政と場当たり的な歳出拡大の間を往復する、拙劣な経済運営を何とかしようという動きは、政府部内でも生じていた。一九五四年六月から翌年二月まで首相を務めたマンデス・フランスの下に結集した技術官僚たちは、植民地の放棄と国内有効需要拡大に焦点を当てた近代化路線を政府主導で実現しようとし、機動的な財政金融政策の活用で景気変動をならすしくみを作ろうと試みたが、議会勢力に行く手を阻まれた。執行権の強化を求める動きは、彼ら技術官僚の間でも高まったのである。

共同市場の選択

フランスの生産物の国外市場を、植民地でなく欧州域内に求めるという路線転換が、一九五〇年代に大きく進展したことも、「栄光の三〇年」を基礎付ける要因の一つである。初代計画庁長官モネは、第一次経済計画遂行のために必要な石炭資源を当初イギリスに求めたが、自国経済復興の課題を抱えるイギリスは肯んじなかった。他方、アメリカの対西欧政策は、冷戦の激化とともに、西ドイツの非工業化から重化学工業復興支援へと転換しつつあったので、モネの関心は西ドイツに向けられ、資源的に補完関係にあるロレーヌの鉄鉱石とルールの石炭を、仏独伊およびベネルクス三国で共同管理するという「欧州石炭鉄鋼共同体」ECSCの案が練られた。この案は五〇年五月、フランス外相シューマンによって正式に提唱され、五一年四月に調印された条約が各国の批准を経て翌年七月に発効し、五三年春から運用が開始された。

このECSCの結成こそが、今日欧州連合（EU）として知られる巨大経済圏形成の第一歩である。これに続いて、原子力共同体（ユーラトム）および欧州経済共同体（EEC）を設立する構想が浮上し、五六年五月の「スパーク報告」を経て、五七年三月にローマで調印された条約は、各国の批准を経て五八年一月に発効した。その後域内関税は段階的に引き下げられ、六八年半ばに完全撤廃されるとともに、域外関税も統一された。この間、六七年に、EEC・ECSC・ユーラトムは一本化されて欧州共同体（EC）となった。西欧近隣諸国、特にかつての敵国西ドイツとの厳しい競争に身をさらすことになる共同市場案を、フランスの産業界が受け入れるにいたったのにはいくつかの理由がある。植民地市場の維持に固執する繊維工業等の地位が財界内で低下し、逆に欧州域内の市場確保に積極的な自動車産業等が力を増しつつあったこと、環境の激変を危惧する企業を安心させる移行措置が条約に多く盛り込まれたこと、また、西ドイツ再軍備との間の二者択一を迫る形で、案が議会およびフランス世論に提示されたこと、ECSC運用の経験、当時のフランスの政治状況や貿易・金融環境など、さまざまな要因を挙げることができよう。

いずれにせよ、共同市場を選択することでフランス経済は、技術官僚たちが第一次世界大戦以来目指していた一九世紀的構造からの決別を、決定的に運命づけられることになった。競争激化によって消滅する業界もあったが、輸送機械をはじめとするフランスの得意分野が、広大な市場を得て大きく花開き、場合によっては奇跡と呼ばれるほどの成長を遂げたのである。同時に、国境を越えた企業活動により、フランス経済の「国民経済」としての特質が希薄化する端緒も、ここに与えられた。

第五共和政の開始とリュエフ改革

アルジェリアの危機を受けて五八年六月に首相となったドゴールは、経済学者リュエフを長とする諮問委員会に経済改革案の策定を委ねた。第五共和政開始直後の一二月末、委員会の答申に基づき、貿易自由化、賃上げ、公共投資の活用によるエネルギーコスト削減と生産性向上を柱とする「新経済政策」が発表された。しかしより緊急の課題はフラン危機への対応である。初代蔵相に起用され、再び経済政策の舵を握ることになったピネーは、大幅なフラン切り下げ（六〇年初頭には一〇〇分の一のデノミネーションが実施された）と金融引き締め・均衡予算により、インフレを収束させ、以後一〇年にわたる通貨の安定を達成した。大幅な切り下げの結果貿易相手国との間の価格ギャップは解消され、五〇年代の対外赤字の累積は一掃されて六〇年代初頭には貿易収支の均衡が実現した。しかしこうした強力な通貨安定政策の結果、経済成長には一時的に急ブレーキがかかった。これに対し、リュエフ委員会に結集していた技術官僚は、首相ドブレを突き上げ、「新経済政策」に盛られた構想の全面的な実現を迫った。その結果六〇年一月、ピネーは解任され、野心的な政策路線が、新たに蔵相となったボームガルトネルらの手により実施に移された。

共同市場創設後の暫定措置の期限切れと、来るべき資本自由化を前に、競争力強化が至上命令とされた。まずは公的資金を投じて、他国に比べ遅れの目立つエネルギー、交通・通信等の産業基盤を整備することに重点が置かれた。六二年農相に就任したピザニは「新農業憲章」を打ち出し、構造改善基金を設立して零細農民の離農を促進するとともに、地主権を制限して企業家的農業の全面展開のための制度環境を整えた。工業相ジャヌネーは石炭産業の整理に辣腕をふるい、ダンケルク、フォス両コンビナートの建設に道筋をつけた。特に外貨獲得のための戦略分野である自動車産業の振興にむけて諸政策が整序され、ガソリン税の引き下げ、高速道路網建設計画の策定などがなされた。税制上の優遇措置を武器に、当局が企業を巧みに誘導した結果、大型合併が続いて各分野に国際水準の巨大企業が続々誕生し（「ナショナル・チャンピオン」育成政策）、首都圏および北部・東部に集中していた生産施設は他地域に拡散して、雇用創出面での地域格差が是正される方向に向かった。官僚国家フランスの利点を生かそうというこうした政策は、欧州統合の理念を掲げるものの結局はナショナリズムの伝統に立ち、絶対王政期のコルベルティズムや、第二帝政期の鉄道建設をテコとした工業化政策の系譜に連なるものであったといえる。

「フランスの奇跡」と五月危機

「新経済政策」は劇的な成功を収めた。一九五九〜七三年の間の年平均ＧＤＰ成長率は五・五％で、イギリス・西ドイツはもちろんイタリアをも上回った。産業別の付加価値総額をみると、一九六九年には農業・食品が全体の二割を切ったのに反比例して工業の比重が増し、特に鉄鋼・機械部門が四分の一近くに達した。就業構造では、農林漁業従事者の比重が一五％近くにまで減少し、工業・建設業従事者が四割を超えた。競争力の向上を反映して、輸出額の対ＧＤＰ比は、五八年の八・九％から七三年には一七・三％に増大した。相手国も、旧植民地が三八％から三％に急減したのに対し、ＥＣ諸国が二二％から、五五％へと増大し過半を占めるに至った。

植民地依存から脱却し、先進国を相手とする競争力強化に賭けた新政策はこのような成功を収め、他国からは「フランスの奇跡」と賞賛されたが、それは重税と賃金抑制という犠牲を払って得た成果であった。輸出の伸びは家計支出の伸びの二・五倍であった。ベルギーの値を一〇〇とする賃金水準比較で、一九五八年には西ドイツ九五・一、フランス一〇一・四だったのに対し、六五年には西ドイツ一一〇、フランス八八・三と逆転した。産業構造の転換と競争激化により失業が増加した。けれども社会保障費は切りつめられ、さらに伝統的小営業者とくに小農の切り捨てが進行したので、農民たちは六〇年代始めにしばしば騒擾を起こした。より重大なのは、住宅、教育といった面での社会資本整備が後回しになったことである。これらは国内有効需要の拡大という面からも、より長期的には労働力の質的向上という面からも、本来なら国民経済の健全な発展のために真剣に取り組むべき課題だったのに放置されていたのである。

一九六八年五月、学生反乱に端を発する騒擾が、労働運動の主要部分を押し包んで広範な反政府運動に発展したのは、そうした背景があったからである。結局、大幅賃上げや労働時間短縮、企業委員会の改組による労働組合権限の拡大、教育改革等の措置により、ドゴールと首相ポンピドゥーは事態の収拾に何とか成功したが、六九年四月にドゴールは退陣し、八月にはフランが一〇年ぶりに切り下げられた。代わって大統領の座についたポンピドゥーはゴーリスト左派のシャバン・デルマスを首相に起用し、その下で団体協約制の改革、最低賃金への物価スライド制導入といった労使融和の政策が推進された。ドゴールが拒否していたイギリスのEC加盟も、七三年に実現した。そうした政策はドゴール政権時代の権威主義・ナショナリズムを緩和し、労使間の国民的合意を強固にすることには役立ったが、賃金圧力から物価が徐々に上昇して高失業と共存するに至り、財政・金融政策を担う蔵相ジスカール・デスタンは難しい舵取りを迫られるようになった。七一年八月、アメリカはドルの金兌換を停止し、戦後永きにわたって西側先進国の繁栄を支えてきた固定相場制が崩壊したが、結局フランスはじめ欧州諸国は自国通貨をドイツマルクにリンクする「欧州共同フロート」を立ち上げたので、欧州域内で為替リスクが発生する事態は避けられた。しかしドル危機によりフランスに短資が流入し外貨準備が急増したことは、国内でインフレ圧力がさらに強まる要因となった。

4　欧州への賭け

石油危機と福祉国家の選択

一九七三年末、第四次中東戦争の結果生じた石油危機により、世界経済は繁栄から一転して、一〇年以上にわたる混乱と低成長の時代に突入した。先進国は、西ドイツや日本のように厳しい引き締めによりインフレを抑制し危機を乗り切った国と、アメリカ・イギリス・イタリアのように失業対策を優先した放漫な経済運営で危機を深刻化させた国とに二分された。フランスはといえば、一九七四年に大統領に就任したジスカール・デスタンは、当初物価抑制を重視する姿勢を見せたが、失業増に恐れをなし、すぐに景気浮揚へと政策を転換した。しかし失業は減少しなかった。フランスの失業増には循環的な要因に加え、右に述べたような構造的要因が大きく作用していたからである。ともに優秀な技術官僚であった、大統領ジスカール・デスタン、首相シラクのコンビの、経済通としての評判は地に落ちた。ケインズ的総需要管理だけではもはや難局を乗り切ることは不可能になっていたのである。

七六年八月、シラクに代って首相となったバールは、引き締めと競争力強化の政策への転換を試みたが、労働組合の反発を招き、性急な価格自由化政策は、七九年末にイラン革命から第二次石油危機が生じたこともあり、かえってインフレを激化させた。貿易収支は改善せず、失業者数は一九八〇年末に一六〇万人を超えた。八一年の大統領選挙でジスカール・デスタンは再選を阻まれ、社会党のミッテランが新たに政権を担うこととなった。

ミッテランは初めは公約通り、国有化を推進し、賃上げと財政拡大・金融緩和で景気浮揚を図った。しかし米英等の近隣諸国が引き締めに急旋回するなかでのこうした政策は、膨張した需要を国外へ漏出させただけであった。八一年の物価上昇率が一四％に達したばかりか、翌年には貿易赤字が一〇〇〇万フランに迫り、八三年に失業は二〇〇万人を突破した。数度にわたるフラン切り下げも奏功せず、政府は八二年六月以降、政策を引き締めへと一八〇度転換せざるを得なかった。逆オイルショックと呼ばれる原油価格暴落にも幸いされ、八〇年代後半にインフレは何とか抑え込まれたが、失業はさらに増大して八五年には三〇〇万人に達した。その後も九〇年代初頭、ドイツ統一に伴う欧州全体の不況に巻き込まれたりしたため、失業率は一〇％前後の数値で今日まで推移している。一四年間にわたるミッテランの大統領在任中に、社会党は二度にわたり総選挙に敗北し、首相の座を保守に明け渡した。その後九五年に大統領は保守派のシラクに替わったが、九七年の総選挙は社会党の勝利となり、三回目の保革共存となった。そうした変化のたびに産業政策は国有化と民営化の間を、マクロ経済政策は緩和と引き締めの間を細かく揺れ動いたが、世界経済の状況に大きく規定されるようになっていた政策選択の幅は結局のところ狭く、全体としては規制緩和・競争促進へと流れていった。

重要なのは、そうした変動のなかでも、左翼政権誕生のたびに提起された、弱者救済と労働分配率向上のための諸施策の多くが、曲折を経ながらも定着し、世紀半ばには考えられなかった「豊かなフランス」が、世紀末に出現したことであろう。代表的なものは、ミッテラン政権初期に導入され、のちにEUの生活保護政策の規範となった「参入最低限所得制度」と、数次にわたる非合法移民の「正規化」である。歴史の歯車は後ろへは回らない。六〇年代末以来追求されてきた西欧型福祉国家の理想の相当部分が、超保守派の抵抗や経済困難を乗り越えて実現したのである。

欧州統合の進展とフランス経済

この間、欧州統合は着実に拡大・深化した。まず拡大の方からいうと、原加盟は六カ国であったが、一九七三年以降現在までの数次にわたる追加で加盟国は今日二七カ国となり、ロシアを除く欧州のほぼ全域を覆っている。こうした拡大の動きの中心となったのはドイツであったが、フランスも国内の農業関係者らの反対を抑えつつ、もっぱら拡大を推進する側に回った。しかしフランスがより積極的だったのは深化の方である。通貨の面でいうと、固定相場制崩壊後におこなわれていた欧州共同フロートは七九年に欧州通貨制度（EMS）となり、九二年に締結されたマーストリヒト条約（このときECはEUに改称された）のプログラムに従い、二〇〇二年には統一通貨ユーロの全面流通が開始された。これに先立ち、八六年には人の移動が、九三年にはモノやカネの移動がほぼ完全に自由化された。八五年から一〇年近くEC委員長を務めたドロールをはじめとするフランスの多くの有力政治家が、こうした流れの立役者であった。

そうした動きの背景にあるのは、理想主義ばかりではない。拡大を志向するドイツを牽制するため、フランスはもっぱら深化の政策を推進してきたという側面もあるかもしれない。しかしそれ以上に、こと経済に関して言うと、一九五八年の共同市場創設以来（あるいは四〇年の敗戦以来と言ってもいいかもしれない）「外圧」を利用して国内の近代化を進めるというのが、フランスの開明的リーダーの基本スタンスになっているのである。左右を問わず、統合を掲げることで為政者は既得権益を打破し、二〇世紀後半の激動する世界状況に老大国フランスの経済を適応させてきた。今日、フランス企業は欧州を自在に駆け回り、また他の欧州諸国の企業もフランスで庞大な雇用を創出している。経済人にとってもはや、フランスというアイデンティティは過去のものとなりつつある。しかし、今後政治統合が多少の進展をみせたとしても、フランス国民経済という単位は当分の間、意味を持ち続けるであろう。企業の立地を決めるのは結局のところ労働力の質であり、それを規定するのは、地域および国の社会構造そのものだからである。

参考文献

ジャン・ブーヴィエ著、権上康男・中原嘉子訳『フランス帝国主義研究――一九～二〇世紀』御茶の水書房、一九七四年。

原輝史編『フランス経営史』有斐閣、一九八〇年。

フランソワ・キャロン著、原輝史訳『フランス現代経済史』早稲田大学出版部、一九八三年。

長部重康『現代フランス経済論――歴史・現状・改革』有斐閣、一九八三年。

原輝史『フランス資本主義成立と展開』日本経済評論社、一九八六年。

古賀和文『二〇世紀フランス経済史の研究――戦間期の国家と産業』同文舘出版、一九八八年。

廣田功『現代フランスの史的形成――両大戦間期の経済と社会』東京大学出版会、一九九四年。

大森弘喜『フランス鉄鋼業史――大不況からベル＝エポックまで』ミネルヴァ書房、一九九六年。

菊池孝美『フランス対外経済関係の研究――資本輸出・貿易・植民地』八朔社、一九九六年。

アラン・ベルトラン／パスカル・グリゼ著、原輝史監訳『フランス戦間期経済史』早稲田大学出版部、一九九七年。

ケネス・ムーレ著、山口正之監訳『大恐慌とフランス通貨政策』晃洋書房、一九九七年。

権上康男『フランス資本主義と中央銀行――フランス銀行近代化の歴史』東京大学出版会、一九九九年。

古賀和文『欧州統合とフランス産業』九州大学出版会、二〇〇〇年。

ジュリアン・ジャクスン著、向井喜典監訳『大恐慌期のフランス経済政策』大阪経済法科大学出版部、二〇〇一年。

亀井克之『フランス企業の経営戦略とリスクマネジメント（新版）』法律文化社、二〇〇一年。

モーリス・レヴィ＝ルボワイエ著、中山裕史訳『市場の創出――現代フランス経済史』日本経済評論社、二〇〇三年。

ミッシェル・マルゲラズ著、廣田功・権上康男訳『二〇世紀フランス資本主義史論』日本経済評論社、二〇〇四年。

扉図出典：D. Renouard, *Les transports de marchandises par fer, route et eau depuis 1850*, Paris, 1960.

コラムXIX

フランス人は働き者

中島俊克

日本人が一般的に抱いているイメージに反するかもしれないが、元来、フランス人は非常な働き者である。現在でも、農民は朝の五時から働く。パン屋などもそうである。「怠け者」のイメージは、正午から二時までの昼休みに正餐をとる習慣から来ている面が大きいであろう。緯度が高いフランスの農村では、農繁期には日の出から日没までが非常に長いので、涼しい朝と夕方に集中的に働き、暑い昼間は休憩に充てるのが合理的なのである。この慣習が尾を引き、近年まで工業・サービス業でも、二時間の昼休みの間に、労働者は家に帰って昼食をとるのが普通であった。その代わり夕方は六時・七時まで働くのであるから、日本に比べダラダラしているようにみえるのは見かけだけで、通算すると労働時間は長いし、密度も結構濃いのである。

元々一九世紀のフランスは、欧州内で最も労働時間が長い部類に属した。年間の休みは、あってもクリスマスから元旦までの間だけで（しかも無給）、日曜以外は土曜も終日働いていたので、土曜半ドンを「イギリスの週」（スメーヌ・アングレーズ）といって羨ましがっていたほどである。この一日一〇～一二時間労働、週六日という、多くの生産現場で一九世紀末までに個別に実現していた制限は、労働運動が実力で勝ち取ったものである。一九世紀後半、児童労働・婦人労働の制限は法制化されたが、一般成人男子の労働時間を包括的に制限する法律は、経済的自由主義に反するということで、二〇世紀初めまでフランスではまったく制定されなかった。日曜定休の法制化（正確に言うと復活）すら、一九〇六年末にようやく実現したのである。

しかし工業化の進展で労働密度が増してくると、さすがにこうした状況に対し労働側の非難が高まった。労働力の再生産という観点からも、過度の長時間労働は望ましくなくなる。CGTが八時間労働日を要求に掲げた一九〇六年のゼネスト計画は、内相クレマンソーに粉砕されたが、他方でクレマンソーは、首相に就任するや労働省を設立し、労働政策に意を用いた。第一次世界大戦時には、軍需生産への協力をとりつけるため政府は、労働組合に対し多数の譲歩を約束し、その結果戦後の一九一九年にはついに週四八時間制（一日八時間、週六日）が実現した。内容もさることながら、一般的な労働時間制限が初めて法制化されたことの意義が大きい。制限を守らせるための労働基準監督官の制度も、以後段々と整備された。次いで三六年の人民戦線内閣で、週四〇時間労働と、年二週間の有給休暇が勝ち取られた。このとき、二週間の休暇をいきなり与えられた労働者は、それをどのように過ごしたらいいのかわからなかったので、コラムXにもあるように、政府がわざわざ指導したという。今から考えると夢のような話である。

ところが有給休暇はともかく、週四〇時間労働の実施は、フランス経済に少なからぬ混乱をひきおこした。元々フランスは英独などと産業構造が異なるので、労働時間短縮を急に厳格に実施すること自体に無理があったのである。公的セクターが大きいばかりでなく、大企業のかわりに中小企業のネットワークでかろうじて量産体制を支えている場合が多かった。大企業なら、急激な労働時間短縮による混乱は組織内の資源移動である程度緩和できるのだが、ネットワークの要素である個々の中小企業で一斉に労働時間が縮まると、納期の遅れが累積して生産活動全体が計画通りにおこなえなくなり、麻痺してしまうのである。三八年にレノー蔵相が週四〇時間制の実施方法を見直した（「四〇時間」を拘束時間でなく実働時間についての制限と解釈することで、実質的に労働時間延長をはかり、また残業についての規制を緩和した）ことで、生産活動はようやく調子を取り戻したのであった。

戦後も労働側の要求は高まり、経営側は譲歩を重ねて、一九八一年の社会党ミッテラン政権成立とともに、有給休暇は五週間、週労働時間は三九時間となった。ドイツ並みの週三五時間労働の実現がその後の労働組合の目標となり、労働コストの上昇を恐れる財界と厳しく対立していたが、一九九七年に成立した社会党ジョスパン内閣のオブリー雇用相の辣腕により、二〇〇二年ついに完全実施が果たされた。フランスは世界で最も労働時間が短い国に仲間入りしたのである。しかし近年、こうした規制の見直しの議論が盛んである。

労働時間短縮が進む一方で年々、失業率が上昇してきていた。一人あたりの労働時間を大きく縮めることによって雇用の数を増やそうというワークシェアリングの議論が一時盛んにおこなわれたが、現在では下火になりつつある。政府が労働時間の上限を定め、一律にこれを規制しさえすれば労働者の利益は保たれるという考え方自体が、時代遅れになってきたのである。労働の質の変化とともに働き方が多様化し、フレックスタイムや裁量労働制がフランスでもかなり広まった。お手本であったはずのドイツでも近年、週三五時間制を見直す動きが強まっている。労組の要求も、育休の完全実施などに重点が移ってきている。

ハイテク産業等を盛んにして経済を真に活性化させなければ、失業問題は根本的に解決せず、そのためには自由にのびのびと働ける環境を作ることが、経営側にも労働側にも利益になるということが、ようやく合意されつつあるが、まだ労使の間の隔たりは大きいというのが、現在の状況であろう。もともと労働時間を厳格に定めるというのは、アングロ・サクソンやドイツの「大工場」の発想で、フランスにはそういうものが少なかったのであるから、フランスの労働はその本来の姿に帰りつつあるといえるのかもしれない。

コラムXX

究極の大衆課税

中島俊克

第四共和政が重税のために倒れたのは本章にある通りだが、植民地戦争の重圧が軽減されたその後も、社会保障負担という伏兵が現れ、政府財政が苦しいことは現在でも変わらない。現代に近づくにつれ、国民経済に占める政府の役割が増してきているのは、先進国共通の現象である。社会保障政策には、市場経済の発達に伴って崩壊した地域共同体の弱者救済メカニズムを肩代わりするという消極的役割のほかに、所得の再分配で消費基盤を拡大し経済成長を促すという積極的役割もあるのだから、むやみに予算を削るわけにいかないのである。

それにしても政府機構の膨張が著しいのは、いわゆるパーキンソンの法則によるのであろう。フランスでは、一九一三年に一割程度であった中央政府支出の対GDP比は、戦争のたびに急増し、一九六〇年代に一時低下したものの、七〇年代末には軽く三割を突破して、その後も上昇を続けている。二〇世紀半ばの「ケインズ革命」以来、中央政府の経済的役割には、公共財供給という本来の機能のほかに、景気変動調整と所得再分配という大仕事が付け加わっているのだから、政府財政で墨守されている単年度主義という仕組み自体が時代に合わないのである。不況期には歳入が減るのに、景気浮揚のため歳出はかえって増えるのだから、必然的に赤字になる。好況時にこれとは逆に、歳入が増えても歳出を減らし、余剰を不況時に発行した国債の償還にきちんと充てていれれば、問題は生じない（これを補完主義財政という）。しかし現在の日本を見てもわかるように、そうした決断は政治的に下しにくい。歳出の増加分を、その時点で必要性が叫ばれている各種政策の実現に使ってしまい、債務はほったらかしということになりがちである。そうしたアンバランスな事態が続くと、いずれは利払いだけで財政がパンクするという状況にいたる。それを避けるため、政府当局は歳出の増加に見合うだけの歳入の確保に、血眼にならざるを得ないのである。

そもそもフランスという国は官僚制が強いと言われながら、徴税基盤が伝統的に脆弱で、一九世紀にはもっぱら「旧四税」といわれる地税、営業税、戸窓税（固定資産税にあたる）、関税によって、細々と財政を維持していた。二〇世紀になって右のように政府の役割も増し、さすがにそれでは足りなくなったので、法人・個人の所得税の導入が進められたが、税収ははかばかしく増加しなかった。所得の把握が困難だったからである。

大企業を中心とする仕組みが出来上がるのが遅かった

のが、その大きな原因である。今日でも、フランスの（特に個人の）経営者は三つの帳簿を付けていると言われる。一つは税務所対策、一つは女房に見せるため、最後の一つは自分用のヘソクリ帳、というわけである。賃金台帳そのものがいい加減だとすれば、日本でおこなわれているような給料からの天引きという手も使えないわけである。

そこで、税収不足に苦しんだ財務官僚が窮余の一策として、一九五四年に史上初めて考案・実施したのが、TVAと呼ばれる付加価値税である。日本の現在の消費税などと違って完全な帳票方式（包括的な売上高に対してでなく、個々の取引に対して厳格に課税する）なので、どんな中小企業も、闇取引をおこなわない限り課税を逃れるすべがない。伝統的に営業免許（パタント）の仕組みが社会の隅々にまで浸透しているフランスでは、地下経済が存在するにしてもイタリアなどよりは遙かに規模が小さく、課税されない領域は経済全体のうちきわめてわずかであった。大衆課税であるという非難を浴びながらも、フランス政府はようやく、ある程度安定した財源を得ることができたのである。

周知のようにこの仕組みはその後、六〇～七〇年代に先進各国に急速に普及し、福祉国家路線を追求するための大きな柱になった。さらにEU諸国では各国の付加価値税収入の一％が、EU委員会に拠出され、欧州全体の利益のためにおこなわれる政策の費用に充てられている。つまり欧州統合を推進する役割をも、この税金は併せ担っているわけである。

現在のフランスでは、品目別に一二～二五％のTVAが課され、それは法人税・個人所得税を遙かに抜いて、政府の歳入の半分近くを担う大黒柱になっている。しかし問題も指摘されている。大衆課税であるという非難を免れるため、基礎食料品などには低い税率が適用されているので、その分、耐久消費財等に対する税率が高くなってしまうのである。

現在でもフランス人は、家具調度はもちろん、車や家電製品などはめったに新品を買わない。親の代から使っているなどというのも珍しくなく、買ったら大事に使用し、多少壊れてもたいていの場合、自分で直してしまう（だからホームセンターの類が大繁盛である）。中古市場も、それぞれの分野で非常によく発達している。それはモノを大事にする国民性もあるのかもしれないが、何よりも、新品を買うと税金が異常に高いからである。元来財布の紐が固い国民から何とか税金を巻き上げようとする財務官僚に、庶民は新品を買い控えることで対抗してきたのである。

政府はタバコやガソリンなどに対する税金を、ほとんど限界に近い水準にまで引き上げ、財源確保に躍起となっているが、対GDP比で三％以内の財政赤字という、ユーロへの参加条件を死守できない状況に追い込まれつつある。今後インターネットの普及で、個人間取引が増大すれば、TVAの神通力は通じなくなるので、財務官僚はさらに新たな課税方法を模索せざるを得ないであろう。

終章　二一世紀のフランス

渡辺和行

サン・パピエを支援するデモ（1996年8月）

1987	7.バルビー裁判，ナチ戦犯を「人道に対する罪」で裁く。この年，ユーグ・カペー即位ミレニアム
1988	5.ミッテランの大統領再選，ロカール内閣
1989	7.フランス革命200周年，人権のコメモラシオン。10.ムスリム女生徒のスカーフ事件，政教分離原則に抵触。11.ベルリンの壁崩壊
1990	5.カルパントラでユダヤ人墓地が荒らされる
1991	5.エディット・クレソン，初の女性首相に
1992	2.マーストリヒト条約調印。6.憲法改正「共和国の言語はフランス語である」
1993	3.社会党総選挙で歴史的敗北。バラデュール内閣（第2次保革共存）。6.ヴィシー時代の警察長官ルネ・ブスケの暗殺。7.国籍法改正（申告制導入），移民規制強化（パスクワ法）。秋.GATT ウルグアイ・ラウンドの貿易自由化交渉で「文化特例」獲得
1994	1.私立学校への補助金をめぐる反対デモ。4.元民兵団員トゥヴィエに終身刑。5.「ウェルキンゲトリクスとアレシア」展始まる。8.フランス語の使用に関するトゥーボン法。パリ解放50周年式典。9.ミッテランの右翼的過去が暴露
1995	5.シラク大統領誕生，ジュペ内閣。6.三都市に国民戦線派の市長誕生。7.シラク，ユダヤ人迫害についてフランス国家の責任を語る
1996	2.シラク，徴兵制の廃止を声明。4.ピエール神父ホロコースト否定論に荷担。6.サン・パピエによるサン・ベルナール教会占拠（～8.）9.クロヴィス受洗1500年祭
1997	2.出入国管理を厳格にするドブレ法案への反対高まる。6.総選挙で保守派の敗北。ジョスパン内閣（第3次保革共存）。9.カトリック教会が「悔悟声明」を発し，第二次世界大戦中のユダヤ人迫害に対して沈黙していたことを謝罪。10.元ジロンド県総務局長パポンに対する裁判開始（1998.4.に結審し禁錮10年）。12.国籍法と移民管理法の改正
1998	2.コルシカ県知事クロード・エリニャック殺害。この年，ナント王令400周年。
1999	1.ユーロ誕生。3.国籍法改正（申告制破棄）。7.憲法にパリテ（男女同数代表制）を導入。8.農民同盟によるマクドナルド襲撃事件。11.パックス法成立（連帯民事契約）
2000	2.週35時間労働開始。6.男女同数代表制（パリテ法）成立。9.大統領5年任期制に
2002	5.大統領選挙の決選投票に国民戦線のルペン候補。シラク再選，ラファラン内閣。11.大統領与党連合＝民衆運動連合結成
2003	3.憲法改正し地方分権化を明記。イラク戦争
2004	3.宗教シンボル禁止法。この年，ナポレオン戴冠200周年。
2005	2.憲法前文に環境権を明記。5.国民投票で EU 憲法条約の批准に反対。ドヴィルパン内閣。10～11.移民2世・3世による暴動事件あいつぐ
2006	3～4.若者向け雇用制度法案 CPE をめぐるデモやストで，同法案撤回
2007	5.サルコジ大統領誕生，フィヨン内閣

模索するフランス

ルペン・ショック。これは、二〇〇二年春の大統領選挙で、極右政党の国民戦線党首ジャン・マリ・ルペンが決選投票に勝ち残ったときの驚きを表した言葉である。ルペンの躍進の理由として、第一回投票の棄権率が高かったことや左翼候補の間で票が分散したことを指摘できるが、決選投票では、危機意識を高めた共和派の結束によりジャック・シラクが再選を果たした。国民戦線は、欧州統合やグローバリズムの波に洗われて失業にあえぐフランス人のナショナリズムに訴えるかたちで、移民排斥やホロコースト否定論を展開して票をのばしてきた政党である。共和国の理念から最も遠い国民戦線に票が集まる政治状況は、共和国の価値の揺らぎを示しているのであろうか。フランスはどこへ行く。

宗教シンボル禁止法。二〇〇四年春の国会で可決されたこの法律によって、同年末までに、校内でスカーフを脱ぐのを拒んだムスリム女生徒四〇名が退学処分になった。この法に反発するイラクの武装勢力が、イラクで取材中のフランス人ジャーナリストを誘拐するという事件も生じたが、スカーフ問題では、政教分離という共和国の原理が再確認された。しかし、宗教的寛容や多文化主義などの原理的議論もからんで、フランス人を熱くした争点のひとつであった。フランスはどこへ行く。

マクドナルド襲撃。一九九九年八月に南仏ミヨーで起きた事件である。この事件は、成長ホルモンを使ったアメリカ産牛肉の輸入問題に端を発し、食の安全や農民の保護などの主張を掲げた農民同盟（会長ジョゼ・ボヴェ）が、建設中のマクドナルドの店舗を損壊して、反米・反グローバリズムの象徴となった。こうした反米意識は、二〇〇三年のイラク戦争への対応にも現れていないだろうか。フランスは、帝国化したアメリカに対して、国民国家モデルに基づく国際法秩序を優先する立場を表明し、米英両国による開戦を批判したのである。フランスはどこへ行く。

記憶の内戦。ネオナチによるユダヤ人墓地荒らしなどの反ユダヤ主義的事件が跡を絶たないフランスで、ヴィシー時代の「過去の克服」をめぐる戦いが、一九九〇年代に繰り広げられ、二人のフランス人が、戦争中のユダヤ人迫害という「人道に対する罪」で裁かれた。一九九四年に、元民兵団員ポール・トゥヴィエに対して終身刑が、一九九八年には元ジロンド県総務局長のモーリス・パポンに対して禁錮一〇年の刑が下された。パポン裁判では、大戦中のユダヤ人迫害だけでなく、アルジェリア独立戦争中の一九六一年一〇月一七日事件にも関心が集まった。この日、夜間外出禁止令に抗議してパリでおこなわれたアルジェリア人による三万人デモを鎮圧して、多くの死傷者を出した責任者が、当時のパリ警視総監パポンであった。このように、第二次世界大戦のみならず、植民地における「戦争の記憶」も改めて問い直されたのである。二〇〇五年一月にルペンが、ナチ占領は「非人道的ではなかった」と発言して物議をかもしたように、「戦争の記憶」をめぐる戦いは現在も続けられている。

以上のように、ここ一〇年ほどの事件を挙げただけでも、フランスが模索状態にあることが分かるだろう。いや、フランスだけではない。二〇世紀の世界は、戦争の三〇年（一九一四〜四四年）と繁栄の三〇年（一九四四〜七三年）を経て、模索の三〇年（一九七四年〜）に突入したまま二一世紀を迎えていた。模索の二〇年に生じた構造変動は、ナショナル・アイデンティティを揺るがし、その反作用としてナショナリズムや宗教的原理主義を賦活させ、フランス社会にも影響を及ぼした。とりわけ冷戦の終焉が、東欧の民族紛争やドイツ統一という政治的ナショナリズムを顕在化させただけでなく、グローバル・エコノミーは、反グローバリズムという経済ナショナリズムを生んでいた。農民同盟の反グローバリズムにも、フランス農業の保護という一面があった。

これ以外にも、ナショナリズムを刺激する理由が存在した。EU憲法論議に象徴されるように、国家主権を制約する欧州統合の進展や、NGOやNPOなどの国境を越えるアクターの叢生という状況は、従来の国民国家モデルを再考させ、また移民の存在が国民のカテゴリーに再検討を迫ったからである。さらに、ポストモダンの多文化主義やマイノリティの尊重は、ナショナル・アイデンティティを希薄にしかねず、対抗措置として後述するような文化ナショナリズムの強化をもたらした。一九九六年のクロヴィス改宗一五〇〇年祭や、一九九八年のナント王令四〇〇周年、二〇〇四年のナポレオン戴冠二〇〇周年などの行事は、フランス史の英雄や建国神話といった「国民史」への関心の高まりを示している。このように模索の三〇年には、国境を越える普遍主義と国境にとどまるナショナリズムとのせめぎ合いが展開されたのである。終章では、ここ二〇年ほどの「模索するフランス」を概観してみよう。

ミッテランからシラクへ

一九八八年に、ミッテランは、再国有化も民営化もしないという路線で国民に安心感を与える戦略をとって大統領に再選された。大統領選後の総選挙でも社会党は勝利して与党に復帰し、ミシェル・ロカール内閣が発足する。一九八八年から始まる第二期ミッテラン政権は、ソ連圏の崩壊とドイツ統一という戦後の国際社会を規定していた冷戦構造が解体するという大激変が起きると同時に、ヨーロッパ統合のベクトルが勢いを増したときでもある。一九八八年にミッテランが、「ヨーロッパの父」ジャン・モネをパンテオンに移葬したところに、その決意を窺うことができる。ミッテランとドイツ首相ヘルムート・コールとEC委員長ジャック・ドロールのトロイカ体制によって統合への歩みが進められ、一九九二年二月のマーストリヒト条約調印と九月の国民投票（辛勝）によって、ECからEUへとヨーロッパは統合の動きを加速した。九九年一月からは共通通貨ユーロが流通し始め、経済統合の進展を見、二〇〇四年にはEU加盟国は二五カ国となった。EUの東方拡大とともにフランスのEU内での地盤沈下も否めず、また、二〇〇五年五月の国民投票でEU憲法条約に反対の意思表示がなされ、戦略の練り直しを余儀なくされている。

内政面では、ミッテランはあまりふるわなかった。一九九二年春の地方選挙についで、翌春の総選挙でも社会党は歴史的敗北を喫し、獲得議席は急進党系を合わせても改選前の二七六議席から七〇議席へと激減した。失業問題を解決できず、景況も好転しないうえに、前首相ピエール・ベレゴヴォワのピストル自殺にあるように、社会党の閣僚や有力議員が汚職やスキャンダルに巻き込まれて清潔さをなくしたことが敗北の主因である。こうして、エドアール・バラデュール内閣による第二次保革共存が始まる。晩年のミッテランは、左右の対立の上に立つ国父のイメージを保つが、一九三〇年代からヴィシー時代にかけての右翼的過去が、パリ解放五〇周年式典直後の一九九四年九月に公表されて政界にセンセーションを巻き起こし、また隠し子問題がイエロー・ジャーナリズムに暴露されたりして晩節を汚した。

一九九五年の大統領選挙では、予想通りドゴール派のシラクが当選したが、社会党候補のリオネル・ジョスパンの善戦が注目された。それが、一九九七年五月の繰り上げ総選挙における左翼の勝利につながり、ジョスパン首相の第三次保革共存政府が生まれ、ドゴール派のアラン・ジュペ首相は退陣を強いられることになる。単独で過半数の議席を占める政党がないこともあり、社共と急進党系と緑の党による「多元的左翼」政権がスタートした。失業の減少という追い風もあり、週三五時間労働や大統領五年任期制などの改革がおこなわれた（二〇〇五年三月に週三九時間労働まで延長が可能）。しかし、二〇〇二年の総選挙では、保守派の「大統領与党連合（ＵＭＰ）」が三六九議席を獲得して圧勝し（左翼の獲得議席は一七八議席）、国民には無名のジャン・ピエール・ラファラン内閣が誕生する。規制緩和と民営化を掲げるラファラン政府は、閣僚二七人中の二一人が初入閣と、フレッシュではあるが地味な内閣であった。政府の年金や健康保険の見直しが国民の反発を呼び、二〇〇四年春の地方選挙では与党が大敗して左翼が伸張するという振り子現象が見られた。さらに翌年五月、失業率が一〇％に達するなかでのＥＵ憲法をめぐる国民投票の敗北をうけて、シラク大統領は、ラファランに代えてドミニク・ドヴィルパンを首相に任命し、雇用の安定を目指した。なお、二〇〇二年一一月に、大統領与党連合＝民衆運動連合（ＵＭＰ）が正式に旗揚げし、ドゴール派の共和国連合は解党するにいたった。

人権のデモクラシーと共生社会

模索の三〇年に、フランス革命以来のジャコバン的共和国を再考する波が押し寄せた。そのうねりは、すでに一九七〇年代から始まっていた。その頃、エコロジー・フェミニズム・「相違への権利」を主張して地域言語や地域文化を擁護する「新しい社会運動」が生まれた。「取り残された地域」である西部のブルターニュや南部のオクシタニー、さらにコルス（コルシカ）などの周縁からの分離主義的な運動は、従来のフランスという国民国家の枠を問い直すことになった。中央集権的なジャコバン的共和国（単一不可分の共和国）を否定し、地方分権や連邦化を要求するそれらの運動は、新たなフランス像を模索せざるをえない。ミッテラン政権による地方分権法（一九八二年）は、こうした運動への回答であり、シラク政権による二〇〇三年の憲法改正（第一条に共和国の「組織は地方分権化される」を挿入）も、ネオ・リベラリズムの色彩があるとはいえ、新たな対応であった。

一九六八年「五月事件」の影響から生まれた新しい運動が、環境倫理、多文化主義や多言語主義、ポスト・コロニアリズムへと思想的転回をとげるなか、フランスは、一九八九年のフランス革命二〇〇周年で、継承すべき革命の遺産として「人権」を前面に押し出した。その一〇年後に、同性愛カップルの婚姻を合法化する「連帯民事契約」（パックス）や選挙における「男女同数代表制」（パリテ）を可決して、「人権のデモクラシー」を推し進めている。パリテの成果は、二〇〇一年春の地方選挙で、人口三五〇〇人以上の市町村議会議員の半数近くを女性議員が占めて倍増したところに現れている。一九九一年には、フランス初の女性首相（エディット・クレソン）も誕生していた。九七年のジョスパン内閣には八名の女性が、ラファラン内閣にも六名の女性が入閣している。また、二〇〇五年二月には、環境権を憲法前文に明記する改正をおこない、環境保全を義務づけた。

このように、民主的で価値相対的で遠心的な動きがあるかと思えば、国民性の強化を目指す求心的な動きもフランスには根強く存在する。それは、経済成長期に入国したイスラーム文化圏の移民労働者の登場によって、アイデンティティの再構築がいっそう求められたからであり、グローバリズムという名のアメリカ化に対して即自的な反発が広がったからである。一九九二年の憲法改正で「共和国の言語はフランス語である」ことが明記され、翌年のガットのウルグアイ・ラウンドで、フランスは「文化特例」を勝ち取って音響映像分野でのアメリカ文化の進出にストップをかけた。さらに、一九九四年のシャンソン保護法やフランス語使用法の成立も、ナショナル・アイデンティティを強化するための文化防衛策であった。

こうした動きに拍車をかけたのが移民の存在である。移民は、フランス人のナショナリズムを刺激し、フランス人のなかに「外人嫌い」という排外主義をふたたび蘇らせることになる。一九八〇年一二月には、共産党市政下のヴィトリ市でも市長が率先して移民の追い出しにかかるというショッキングな事件が起きていた（マリ人の宿泊所をブルドーザーによって解体）。失業問題が、「フランス人の職を奪う移民」という国民戦線の排外的な宣伝を浸透させる土壌になっているが、実際には移民が就いている職域とフランス人のそれとは重なっていない。

ともあれ左右を問わず、移民問題はフランスにとって大きな課題となった。北アフリカ出身の移民労働者の排斥を叫ぶ国民戦線が、一九八〇年代以降の選挙で票を伸ばしている現状は、草の根レベルでの排外感情の払拭がいかに困難であるのかを示している。一九八二年五月から八三年一〇月までのフランス人によるマグレブ出身者への殺傷事件は、五〇件を越した。それでも、移民やユダヤ人への襲撃事件が起きるたびに反人種差別デモが組織されるのもフランスである。一九九八年末に国民戦線の指導部が分裂したとはいえ、アラブ人を「歓迎されない人々」として締め出すのか、「フランス社会を移民に対して開放する」（『社会主義プロジェクト』）のか、今後も問われることだろう。二〇〇七年五月に当選したサルコジ大統領（ハンガリー移民の二世で、二〇〇五年秋の都市郊外の若者による暴動事件を強硬態度で乗り切って人気を得た前内相）は、移民規制の強化策を打ち出しており、リベラルな移民政策は期待しがたい。

たしかに近代の主権国家は、治安や失業問題に対処するために、外国人の入国管理をおこなうことが認められてきた。しかし、ハイブリッドな「移民社会」の足音が戸口まで聞こえる今ほど、従来の国民国家を越える発想が求められるときはない。おそらく排除か寛容か、同化か差異の承認かという単純な二者択一の問題ではないだろう。過度に差異を強調し差異を崇拝することは、人種主義的な考え方にいきつくからである。普遍主義の持つ多様性を許容する能力が求められるだろう。相違への権利は相違の絶対化になってはならず、「平等のなかの相違」が必要である。それは「普遍主義的な開かれた同化」（トッド）の道ではなく、「同化なき共生」という困難だが、新しい開かれた市民権（市民的・政治的・経済的権利）の道へと踏み出すことでなければならない。二〇〇四年春のEUの世論調査によると、ヨーロッパ人意識を持つフランス人は他の西欧諸国より比較的多いという。ヨーロッパ市民権が、フランス市民権と肩を並べる日もそう遠くはないかもしれない。

参考文献

フランス社会党編著、大津真作訳『社会主義プロジェクト』合同出版、一九八二年。

原聖『周縁的文化の変貌』三元社、一九九〇年。

清水弟『フランスの憂鬱』岩波書店、一九九二年。

タハール・ベン・ジェルーン著、高橋治男・相磯佳正訳『歓迎されない人々』晶文社、一九九四年。

ディートリヒ・トレンハルト編著、宮島喬ほか訳『新しい移民大陸ヨーロッパ』明石書店、一九九四年。

藤村信『美し国フランス』岩波書店、一九九五年。

西川長夫『フランスの解体？』人文書院、一九九九年。

安達功『知っていそうで知らないフランス』平凡社、二〇〇一年。

長谷川秀樹『コルシカの形成と変容』三元社、二〇〇二年。

軍司泰史『シラクのフランス』岩波書店、二〇〇三年。

中村睦男ほか編『欧州統合とフランス憲法の変容』有斐閣、二〇〇三年。

アンドレア・センプリーニ著、三浦信孝・長谷川英樹訳『多文化主義とは何か』白水社、二〇〇三年。

エマニュエル・トッド著、石崎晴己訳『帝国以後』藤原書店、二〇〇三年。

アントニオ・ネグリ／マイケル・ハート著、水嶋一憲ほか訳『帝国』以文社、二〇〇三年。

宇野重規『政治哲学へ――現代フランスとの対話』東京大学出版会、二〇〇四年。

宮島喬『ヨーロッパ市民の誕生』岩波書店、二〇〇四年。

マルコム・アンダーソン著、土倉莞爾・古田雅雄訳『戦後ヨーロッパの国家とナショナリズム』ナカニシヤ出版、二〇〇四年。

モーリス・ラーキン著、向井喜典監訳『フランス現代史』大阪経済法科大学出版部、二〇〇四年。

小田中直樹『フランス7つの謎』文藝春秋、二〇〇五年。

ルーブナ・メリアンヌ著、堀田一陽訳『自由に生きる』社会評論社、二〇〇五年。

山田文比古『フランスの外交力』集英社、二〇〇五年。

国末憲人『ポピュリズムに蝕まれるフランス』草思社、二〇〇五年。

宮島喬『移民社会フランスの危機』岩波書店、二〇〇六年。

畑山敏夫『現代フランスの新しい右翼』法律文化社、二〇〇七年。

扉図出典：Pascal Blanchard et Nicolas Bancel, *De l'indigène à l'immigré*, Paris, 1998, p. 119.

あとがき

本書の企画は、数年前、服部春彦・谷川稔編著『フランス近代史』（一九九三年）にかわる全面改訂新版として、出版社から編者の一人に提起された。たしかに時代は二一世紀に入り、フランスもヨーロッパも旧版執筆時点から大きく変貌しようとしていることから、その要請は客観的には理解できた。しかし、一〇年以上前に書かれたとはいえ、旧版は政治史と経済史のバランスもよく、社会史的成果も取り入れた重層的フランス史像を提示しており、順調に版を重ねていた。手前味噌だが、一部の読者のあいだでは、たんなる概説のレヴェルを超えた読み物として今も根強い支持を得ている。現代史の部分だけ加筆増補して対応することも選択肢としてはありえた。だが、一年ほどの逡巡ののち、やはり私たち外国史家は、変貌してやまない現代世界と向き合い、過去との対話をとおして、たえず「今」を意識した通史を書き直す努力を怠ってはならないと考え、この企画の要請を受諾することにした。

歴史家は、九・一一以降の世界が直面している不毛な「文明の衝突」、「非対称な世界戦争」の現実を直視しなければならないが、ただその不条理を嘆くだけでは済まされない。ましてや西欧がもたらした国民国家や市場主義システムをその元凶と断罪し（それ自体は正しい認識だが）、アジア主義や日本主義に回帰するのは、あまりに安易な態度である。ここは今一度、フランスであれ、ドイツであれ、ヨーロッパ諸国の近代国民国家形成のあとを冷静に振り返り、彼らが今なお呻吟しながら取り組んでいる、新たな実験の歴史的意味を探る必要があるだろう。なぜなら、今日の世界構造の骨格を作ったのは、善きにつけ悪しきにつけ近代西欧文明であり、アメリカ帝国や旧ソ連もその派生物にすぎないからだ。

したがって、フランスの近代を再考することは、もうひとつの、ありえたかもしれない人と社会、社会と国家、さらには国家と国家のあり方の歴史を探る試みでもある。それは、フランスとヨーロッパの過去を冷静かつ批判的に読み解いていく作業であり、たんなる現状追認のための検証、たとえば「恵み深き文明の帝国」の顕彰などであってはならない。その意味でも、私たちは、ともすればアングロ・サクソン的な西洋理解に偏しがちな、この国のヨーロッパ認識を修正することに、本書が少しでも役立ってくれることを願っている。

このたびの全面改訂にあたっては、新たな執筆者として五人の方に依頼し、他方で旧版のメリットを継承する意味で、四人が書き手として残ることになった。旧版と大きく異なる点は、政治社会史的な通史（第Ⅰ部）と、個別テーマに焦点をしぼった問題史的通史（第Ⅱ部）という二部構成をとったことである。旧版では、女性史・家族史のみ特論をもうけたが、新版ではこれに、「植民地帝国としてのフランス」、「移民と外国人の統合に苦悩するフランス」、さらには「EU統合に賭けたフランス国民経済のジレンマ」を分析する章などを加え、「もうひとつの近代フランス」として前面に押し出すことにした。さまざまな角度からフランス的政治文化の展開を照射することによって、旧版の特質でもあった重層的フランスをさらに浮き彫りにしようという試みである。「多様性のなかの統一、その共生のあり方に苦悶するフランス」という問題意識は、第Ⅰ部「国民国家の成立と展開」の各章においても共有されている。それはまた、国民国家フランスの枠を超えて、今日のヨーロッパ連合および国際社会が直面している重い課題である。

なお、紙幅の関係で今回は図版を大幅に削っている。それは本文を圧縮しすぎて、テキストの知的レヴェルが低下することを避けたかったからである。本論で論じ尽くせなかった専門的テーマや新しい解釈をコラム欄で掘り下げたものが多いのも同様である。これも私たちなりの学問的良心の表現と解していただけるようお願いしたい。また今回は、当初執筆を予定していた方がたが、体調不良などで降板を余儀なくされたり、最終段階で大幅に超過した原稿の縮約が必要になるなど、思わぬアクシデントが重なった。のみならず編者の二人もけっして壮健とは言い難い状態にあったため大幅に作業が遅れた。辛抱強く見守ってくださったミネルヴァ書房編集部の冨永雅史氏に御礼申し上げたい。

二〇〇五年七月二一日

谷川　稔
渡辺和行

《編著者紹介》

谷川　稔（たにがわ・みのる）

1946年　京都府に生まれる。

1975年　京都大学大学院文学研究科博士課程修了。

現　在　歴史家。

主　著　『フランス社会運動史――アソシアシオンとサンディカリスム』山川出版社，1983年。

『フランス近代史――ブルボン王朝から第五共和政へ』（共編著）ミネルヴァ書房，1993年。

『十字架と三色旗――もうひとつの近代フランス』山川出版社，1997年。

『近代ヨーロッパの情熱と苦悩』（「世界の歴史」22巻，共著）中央公論新社，1999年。

『国民国家とナショナリズム』山川出版社，1999年。

『フランス史からの問い』（共編著）山川出版社，2000年。

『規範としての文化――文化統合の近代史』（共著）新装版，ミネルヴァ書房，2003年。

『歴史としてのヨーロッパ・アイデンティティ』（編著）山川出版社，2003年。

主訳書　ミシェル・ヴォヴェル『フランス革命と教会』（共訳）人文書院，1992年。

ピエール・ノラ編『記憶の場』全３巻（監訳）岩波書店，2002～03年。

渡辺　和行（わたなべ・かずゆき）

1952年　岐阜県に生まれる。
1983年　京都大学大学院法学研究科博士後期課程単位取得退学。
現　在　奈良女子大学文学部教授。博士（法学）。
主　著　『ナチ占領下のフランス』講談社，1994年。
『ホロコーストのフランス』人文書院，1998年。
『フランス人とスペイン内戦』ミネルヴァ書房，2003年。
『エトランジェのフランス史』山川出版社，2007年。
主訳書　ロバート・パクストン『ヴィシー時代のフランス』（共訳）柏書房，2004年。

近代フランスの歴史
――国民国家形成の彼方に――

2006年２月25日　初版第１刷発行　　検印廃止
2008年２月20日　初版第２刷発行

定価はカバーに
表示しています

編著者　谷川　稔
　　　　渡辺和行
発行者　杉田啓三
印刷者　江戸宏介

発行所　株式会社　ミネルヴァ書房
607-8494　京都市山科区日ノ岡堤谷町１
電話代表　(075)581-5191番
振替口座　01020-0-8076番

共同印刷工業・藤沢製本

ISBN 978-4-623-04495-5

Printed in Japan

執筆者紹介（所属，執筆分担，執筆順，＊は編者）

＊谷《たに》　川《がわ》　　稔《みのる》（元京都大学大学院教授，序章・第二章１～３・第四章・コラムⅢ・Ⅵ・Ⅶ）

高《たか》　澤《ざわ》　紀《のり》　恵《え》（国際基督教大学教養学部社会科学科教授，第一章・コラムⅠ・Ⅱ）

上《うえ》　垣《がき》　　豊《ゆたか》（龍谷大学法学部教授，第二章４・第三章・コラムⅣ・Ⅴ）

長《なが》　井《い》　伸《のぶ》　仁《ひと》（徳島大学総合科学部准教授，第五章・コラムⅧ・Ⅸ）

＊渡《わた》　辺《なべ》　和《かず》　行《ゆき》（奈良女子大学文学部教授，第六章・第十章・終章・コラムⅩ・ⅩⅠ・ⅩⅧ）

中《なか》　山《やま》　洋《よう》　平《へい》（東京大学大学院法学政治学研究科准教授，第七章・コラムⅫ・ⅩⅢ）

長谷川《はせがわ》　まゆ帆《ほ》（東京大学大学院総合文化研究科准教授，第八章・コラムⅩⅣ・ⅩⅤ）

平《ひら》　野《の》　千果子《ちかこ》（武蔵大学人文学部教授，第九章・コラムⅩⅥ・ⅩⅦ）

中《なか》　島《じま》　俊《とし》　克《かつ》（立教大学経済学部教授，第十一章・コラムⅩⅨ・ⅩⅩ）

人名索引

［ア　行］

アラゴ（Dominuque François Arago　1786-1853）　112, 121, 124
アルトワ伯（シャルル10世）（Comte d'Artois〔Charles X〕　1757-1836）　50, 100, 102-104, 106
アンファンタン（Prosper Enfantin　1796-1864）　116, 264
アンリ２世（Henri II　1519-59）　14, 33, 44, 243
アンリ３世（Henri III　1551-89）　14
アンリ４世（Henri IV　1553-1610）　14-16, 277
ヴァルデック・ルソー（René Waldeck-Rousseau　1846-1904）　164
ヴァロワ（Georges Valois　1878-1945）　184
ヴィヴィアニ（René Viviani　1863-1925）　175, 305
ヴィルヘルム１世（Wilhelm I　1797-1888）　136, 148
ヴィルヘルム２世（Wilhelm II　1859-1941）　167
ヴィレール（Jean-Baptiste de Villèle　1773-1854）　100, 102, 103
ヴェイユ（Simone Veil　1927-　）　267
ヴォルテール（Voltaire　1694-1778）　72, 74, 100, 172, 259
エブエ（Félix Éboué　1884-1944）　293
エベール（Jacques René Hébert　1757-94）　59, 61, 62, 75
エリオ（Edouard Herriot　1872-1957）　182, 183, 188, 193
オザナム（Frédéric Ozanam　1813-53）　115, 117
オスマン（Georges-Eugène Haussmann　1809-91）　138, 305
オリー（Philibert Orry　1689-1747）　36

［カ　行］

カイヨー（Joseph Caillaux　1863-1944）　193
カヴェニャック（Louis Eugène Cavaignac　1802-57）　125-127
カトリーヌ・ド・メディシス（Catherine de Médicis　1519-89）　14
カベ（Etienne Cabet　1788-1856）　112, 117
カルヴァン（Jean Calvin　1509-64）　12
カルティエ（Jacques Cartier　1492-1557）　277
カルノー，イポリット（Hippolyte Carnot　1801-88）　124
カルノー，サディ（Sadi Carnot　1837-94）　162
カルノー，ラザール（Lazar Nicolas Carnot　1753-1823）　64, 155
カロンヌ（Charles Alexandre de Calonne　1734-1802）　28, 45
ガンベッタ（Léon Gambetta　1838-82）　152, 153, 160, 170-172
キアップ（Jean Chiappe　1870-1940）　188
ギゾー（François Guizot　1787-1874）　99, 105-107, 110, 112, 121, 140, 154
キネ（Edgar Quinet　1803-75）　110
キュリー夫人（Marie Curie　1867-1934）　305
クーヴ・ド・ミュルヴィル（Maurice Couve de Murville　1907-1999）　221
グレヴィ（Jules Grévy　1807-91）　152

グレゴワール（Henri Baptiste Grégoire　1750-1831）　71, 78, 157
クレマンソー（Georges Clémenceau　1841-1929）　149, 153, 161, 162, 178, 181, 185, 288, 351
クレマンテル（Etienne Clémentel　1864-1936）　336
クレミュー（Adolphe Crémieux　1796-1880）　286, 287
ゲード（Jules Guesde　1845-1922）　153, 175
ケネー（François Quesnay　1694-1774）　27
コルベール（Jean Baptiste Colbert　1619-83）　20, 27, 31, 278, 291
コルボン（Claude Anthime Corbon　1808-91）　125
コンシデラン（Victor Considérant　1808-93）　117, 125
コンスタン（Benjamin Constant　1767-1830）　98, 100
コンデ親王（Prince de Condé　1621-86）　19
コンドルセ（Marie Jean Antoine Nicolas de Caritat, Marquis de Condorcet　1743-94）　73, 251, 259
コンブ（Emile Combes　1835-1921）　164

［サ　行］

サルトル（Jean-Paul Sartre　1905-80）　204
サンゴール（Léopold Sédar Senghor　1906-2001）　292
サン・シモン（Claude Henri de Rouvroy Saint-Simon　1760-1825）　111, 116
サン・ジュスト（Louis Antoine Léon de Saint-Just　1767-94）　58, 62
サンド（Georges Sand　1804-96）　265
サンバ（Marcel Sembat　1862-1922）　175
サン・ピエール（Abbé de Saint Pierre　1658-1743）　257
シエイエス（Abbé Sieyès　1748-1836）　47, 48, 64, 81
シェルシェール（Victor Schoelcher　1804-93）　285
ジスカール・デスタン（Valéry Giscard d'Estaing　1926-　）　215, 216, 221-223, 225, 226, 347, 348
シモン（Jules Simon　1814-96）　152
シャバン・デルマス（Jacques Chaban-Delmas　1915-2000）　221, 222, 347
シャリエ（Joseph Chalier　1757-93）　72
シャルル10世（Charles X　1757-1836）→ アルトワ伯参照
シャンガルニエ将軍（Nicolas Changarnier　1793-1877）　127, 128
シャンボール伯（Comte de Chambord　1820-83）　151
シュー（Eugène Sue　1804-57）　111
シューマン（Robert Schumann　1886-1963）　344
ジュペ（Alain Juppé　1945-　）　229, 231, 359
シュリー（Duc de Sully　1560-1641）　15
ジョスパン（Lionel Jospin　1937-　）　228, 229, 359
ショータン（Camille Chautemps　1885-1963）　193
ジョレス（Jean Jaurès　1859-1914）　162, 167
シラク（Jacques Chirac　1932-　）　222, 228, 229, 295, 348, 357
スターリン（Iosif Vissarionovich Stalin　1879-1953）　189, 194
スタヴィスキー（Serge Stavisky　1886-1934）　188, 316
セヴィニエ夫人（Marquise de Sévigné　1626-96）　254
セゼール（Aimé Césaire　1913-　）　292
ゾラ（Emile Zola　1840-1902）　163, 311

[タ　行]

ダヴィド（Jacques Louis David　1748-1825）　75, 82, 83, 92
ダラディエ（Edouard Daladier　1884-1970）　188, 190, 191, 193, 317
ダランベール（Jean Le Rond d'Alembert　1717-83）　38, 251
タルデュー（André Tardieu　1876-1945）　187
ダルラン（François Darlan　1881-1942）　195, 196
タレイラン（Charles Maurice Talleyrand　1754-1838）　67, 68, 73, 97, 99, 103, 104
ダントン（Georges Jacques Danton　1759-94）　61, 62, 74, 75, 92
チエール（Louis Adolphe Thiers　1797-1877）　103, 105, 107, 109, 128, 137, 148, 149, 151
チュルゴ（Anne Robert Jacques Turgot　1727-81）　27
ディアニュ（Blaise Diagne　1872-1934）　290
ディジュー（Paul Dijoud　1938-　）　320
ディドロ（Denis Diderot　1713-84）　38, 251, 257, 259
テタンジェ（Pierre Taittinger　1877-1965）　184
デュポン・ド・ルール（Jacques Charles Dupont de l'Eure　1767-1855）　121
デュリュイ（Vitor Duruy　1811-94）　141
デュルケーム（Emile Durkheim　1858-1917）　163
デルレード（Paul Déroulède　1846-1914）　161
ドヴィルパン（Dominique de Villepin　1953-　）　360
トゥヴィエ（Paul Touvier　1915-1996）　357
トゥサン・ルヴェルチュール（François Toussaint Louverture　1744-1803）　281, 282
ドゥーメルグ（Gaston Doumerugue　1863-1937）　188, 193
トゥーレ，サモリ（Samory Touré　1830-1900）　289, 295
トゥーレ，セク（Sékou Touré　1922-1984）　295
ドカーズ（Élie Decazes et de Glückberg　1780-1860）　99
トクヴィル（Alexis de Tocqueville　1805-59）　126
ド・グージュ（Olympe de Gouges　1748-93）　53, 60, 259
ドゴール（Charles de Gaulle　1890-1970）　93, 198-201, 207, 209, 210, 212-224, 293, 295, 301, 318, 345, 347
ドブレ（Michel Dobré　1912-　）　212-214
トマ（Albert Thomas　1878-1932）　176, 178, 336
ドラクロワ（Ferdinand Victor Eugène Delacroix　1798-1863）　109
トレーズ（Maurice Thorez　1900-64）　189, 190, 200
ドレフュス（Alfred Dreyfus　1859-1936）　162
トレラ（Ulysse Trélat　1795-1879）　125
ドロール（Jacques Delors　1928-　）　221, 225, 349, 359

[ナ　行]

ナポレオン1世（Napoléon I〔Napoléon Bonaparte〕　1769-1821）　63, 64, 77-84, 86, 88, 92, 93, 97, 98, 107, 282-284
ナポレオン3世（Napoléon III〔Louis Napoléon Bonaparte〕　1808-73）　93, 126, 127, 129-131, 133-136, 138, 141, 147, 287, 313
ニヴェル（Georges Nivelle　1856-1924）　178
ネッケル（Jacques Necker　1732-1804）　27, 28, 46, 48-50, 172, 307

［ハ　行］

バイイ（Jean Sylvain Bailly　1736-93）　50
バブーフ（François Noël Babeuf　1760-97）　63
パポン（Maurice Papon　1910-　）　357, 358
バラス（Vicomte de Barras　1755-1829）　64
バラデュール（Edouard Balladur　1929-　）　229, 359
パリ伯（Comte de Paris　1838-94）　151
バール（Raymond Barre　1924-　）　225, 348
バルテルミ（Balthazard François de Barthélemy　1747-1830）　64
バルトゥー（Louis Barthou　1862-1934）　193, 316
バルナーヴ（Antoine Pierre Joseph Marie Barnave　1761-93）　55, 60
バルビュス（Henri Barbusse　1873-1935）　180
バルベス（Armand Barbès　1809-70）　125
バレス（Maurice Barrès　1862-1923）　93, 311
バロ（Odilon Barrot　1791-1873）　107, 121, 127
パンルヴェ（Paul Painlevé　1863-1933）　178
ビスマルク（Leopold von Bismarck　1815-98）　135, 136, 148, 156
ヒトラー（Adolf Hitler　1889-1945）　185, 194, 195
ピネー（Antoine Pinay　1891-1994）　343, 345
ビュシェ（Philippe Buchez　1796-1865）　116
ファビウス（Laurent Fabius　1946-　）　226, 227
ファルー（Frédéric Albert Falloux　1811-86）　125, 127, 128, 140
フィリップ・エガリテ（Philippe-Égalité　1747-93）　48, 61
フィリップ（オルレアン公）（Philippe II, duc d'Orléans　1674-1723）　24, 25
フェリー（Jules Ferry　1832-93）　153, 154, 160-162, 288
ブオナロッティ（Filippo Michele Buonarotti　1761-1837）　63
ブキエ（Gabriel Bouquier　1739-1810）　74
フーケ（Nicolas Fouquet　1615-80）　19, 20
フーシェ（Joseph Fouché　1759-1820）　72, 83, 99
プジャード（Pierre Poujade　1920-2003）　211, 343
ブランキ（Louis Auguste Blanqui　1805-81）　125, 147, 153
ブーランジェ（Georges Boulanger　1837-91）　155, 156
フランソワ・ド・サル（François de Sales　1567-1622）　34, 271
フランソワ１世（François I　1494-1547）　12, 277
フランソワ２世（François II　1544-60）　14
ブリアン（Aristide Briand　1863-1932）　180, 181, 183, 186
フーリエ（François Marie Charles Fourier　1772-1837）　111, 117
ブリエンヌ（Loménie de Brienne　1722-94）　45
ブリソ（Jacques Pierre Brissot　1754-93）　55, 60
プルードン（Pierre Joseph Proudhon　1809-65）　112, 127
ブルム（Léon Blum　1872-1950）　181, 190-193, 208, 338
フルリー（André Hercule de Fleury　1653-1743）　26
フレシネ（Charles de Freycinet　1828-1923）　159
ペタン（Philippe Pétain　1856-1951）　178, 195-197, 201, 293

ペリエ（Casimir Pierre Périer　1777-1832）　106
ボーヴォワール（Simone de Beauvoir　1908-86）　204, 251, 267
ボダン（Jean Bodin　1530-96）　15, 30, 40, 41, 241, 257
ホー・チ・ミン（Ho Chi Min　1890-1975）　292, 294, 301
ポリニャック（Auguste Jules Armand Marie de Polignac　1780-1847）　103, 283
ポワンカレ（Raymond Poincaré　1860-1934）　175, 180-185
ポンパドール夫人（Marquise de Pompadour　1721-64）　256
ポンピドゥー（Georges Pompidou　1911-74）　214, 220-222, 347

［マ　行］

マクマオン（Patrice de Mac-Mahon　1808-93）　151, 152, 188, 305
マザラン（Jules Mazarin　1602-61）　19, 247, 307
マラー（Jean Paul Marat　1743-93）　59, 72, 172
マリ・アントワネット（Marie-Antoinette　1755-93）　60, 98, 103, 256, 259, 260
マリ・テレーズ（Marie-Thérèse　1638-83）　22
マリ・ド・メディシス（Marie de Médicis　1573-1642）　16, 17
マリヤック（Charles de Marillac　1501-60）　17
マリ・ルイーズ（Marie Louise　1791-1847）　82
マルヴィ（André Louis Malvy　1875-1949）　178
マルティニャック（Comte de Martignac　1778-1832）　103
マンデス・フランス（Pierre Mendès-France　1907-82）　210, 211, 338, 343
マントノン夫人（Marquise de Maintenon　1635-1719）　249
ミシェル（Louise Michel　1830-1905）　265
ミシュレ（Jules Michelet　1798-1874）　110
ミッテラン（François Mitterrand　1916-96）　201, 220, 222-228, 348, 349, 359, 360
ミラボー（Honoré Gabriel Riqueti Mirabeau　1749-91）　48, 92, 172
ミルラン（Alexandre Millerand　1859-1943）　164, 180, 181, 311
ムッソリーニ（Benito Mussolini　1883-1945）　194, 318
ムーラン（Jean Moulin　1899-1943）　200
メリーヌ（Jules Méline　1838-1925）　163, 334
メルシエ（Louis-Sébastien Mercier　1740-1814）　75, 252, 255
モネ（Jean Monet　1888-1979）　340, 341, 344, 359
モプー（Charles Augustin de Maupeou　1714-92）　26, 27, 98
モーラス（Charles Maurras　1868-1952）　184
モレ（Guy Mollet　1905-75）　211, 218, 223
モーロワ（Pierre Mauroy　1928-　）　225
モンタランベール（Charles Forbes de Montalembert　1810-70）　110, 114
モンテスキュー（Charles Louis de Secondat Montesquieu　1689-1755）　74, 83, 251, 254, 260

［ヤ　行］

ユゴー（Victor Marie Hugo　1802-85）　92, 109, 128, 129

［ラ　行］

ラヴァル（Pierre Laval　1883-1945）　187,

194-196, 201
ラグランジュ（Léo Lagrange　1900-40）　203
ラファイエット（Marie Joseph Paul de La Fayette　1757-1834）　50, 54, 55, 100, 104
ラフィット（Jacques Laffitte　1767-1844）　103, 107
ラマルチーヌ（Alphonse Marie-Louis de Lamartine　1790-1869）　121-125
ラムネ（Félicité Robert de Lamennais　1782-1854）　114, 117
ランブイエ侯爵夫人（Marquise de Rambouillet　1588-1665）　248
リシュリュー（Duc de Richelieu　1585-1642）　16-18, 33, 247, 277
リュエフ（Jacques Rueff　1896-1978）　213, 345
ルイ・フィリップ（Louis Philippe　1773-1850）　100, 104, 106, 121
ルイ・ブラン（Jean Joseph Louis Blanc　1811-82）　112, 117, 122, 123, 125
ルイ13世（Louis XIII　1601-43）　17, 18, 24, 31
ルイ14世（Louis XIV　1638-1715）　12, 18-21, 24, 25, 31, 35, 36, 42, 45, 248
ルイ15世（Louis XV　1710-74）　24-27, 36, 256
ルイ16世（Louis XVI　1754-93）　27, 28, 46, 47, 50, 52, 58, 98, 256
ルイ18世（Louis XVIII　1755-1824）　97-100
ルシャプリエ（Isaac René Guy Le Chapelier　1754-94）　53
ルソー（Jean-Jacques Rousseau　1712-78）　72, 74, 100, 172, 251, 252, 254
ル・テリエ（Michel Le Tellier　1603-85）　20, 23, 31
ルドリュ・ロラン（Alexandre Auguste Ledru-Rollin　1807-74）　112, 121, 124, 125, 128
ルナン（Ernest Renan　1823-92）　158
ル・ブレ（Cardin Le Bret　1558-1655）　31, 41
ルペン（Jean-Marie Le Pen　1927-　）　229, 357
ロカール（Michel Rocard　1930-　）　224, 359
ロベスピエール（Maximilien Marie Isidore Robespierre　1758-94）　55, 58, 61, 62, 74, 75, 92, 117, 172, 308

付　図

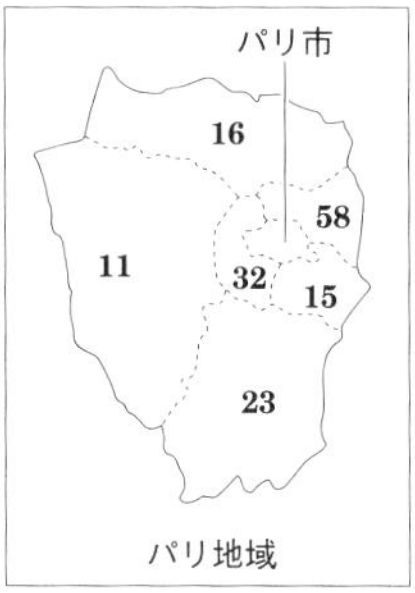

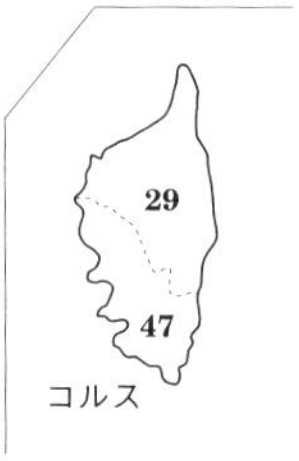

＊　サヴォワとコンテ・ド・ニースについては，1792～1814年まで併合。1860年以降，最終的にフランス領になる。

フランスの県と旧州

1 アヴェロン
2 アリエ
3 アリエージュ
4 アルデシュ
5 アルデンヌ
6 アルプ・ド・オート・プロヴァンス
(旧バス・ザルプ)
7 アルプ・マリティム
8 アン
9 アンドル
10 アンドル・エ・ロワール
11 イヴリーヌ
(旧セーヌ・エ・オワーズ)
12 イゼール
13 イル・エ・ヴィレーヌ
14 ヴァール
15 ヴァル・ド・マルヌ
(旧セーヌ)
16 ヴァル・ドワーズ
(旧セーヌ・エ・オワーズ)
17 ヴァンデ
18 ヴィエンヌ
19 ヴォクリューズ
20 ヴォージュ
21 ウール
22 ウール・エ・ロワール
23 エソンヌ
(旧セーヌ・エ・オワーズ)
24 エーヌ
25 エロー
26 オード
27 オート・ヴィエンヌ
28 オート・ガロンヌ
29 オート・コルス
(旧コルス)
30 オート・サヴォワ
31 オート・ザルプ
32 オ・ド・セーヌ
(旧セーヌ)
33 オート・ソーヌ
34 オート・ピレネ
35 オート・マルヌ
36 オート・ロワール
37 オーブ
38 オ・ラン
39 オルヌ
40 オワーズ
41 ガール
42 カルヴァドス
43 カンタル
44 クルーズ
45 コート・ダルモール
(旧コート・デュ・ノール)
46 コート・ドール
47 コルス・デュ・スュッド
(旧コルス)
48 コレーズ
49 サヴォワ
50 サルト
51 シェール
52 ジェール
53 シャラント
54 シャラント・マリティム
(旧シャラント・アンフェリュール)
55 ジュラ
56 ジロンド
57 セーヌ・エ・マルヌ
58 セーヌ・サン・ドニ
(旧セーヌ)
59 セーヌ・マリティム
(旧セーヌ・アンフェリュール)
60 ソーヌ・エ・ロワール
61 ソンム
62 タルン
63 タルン・エ・ガロンヌ
64 ベルフォール
65 ドゥー
66 ドゥー・セーヴル
67 ドルドーニュ
68 ドローム
69 ニエーヴル
70 ノール
71 パ・ド・カレ
72 バ・ラン
73 ピュイ・ド・ドーム
74 ピレネ・ザトランティク
(旧バス・ピレネ)
75 ピレネ・ゾリアンタル
76 フィニステール
77 ブーシュ・デュ・ローヌ
78 マイエンヌ
79 マルヌ
80 マンシュ
81 ムーズ
82 ムルト・エ・モーゼル
83 メーヌ・エ・ロワール
84 モーゼル
85 モルビアン
86 ヨンヌ
87 ランド
88 ロゼール
89 ロット
90 ロット・エ・ガロンヌ
91 ローヌ
92 ロワール
93 ロワール・アトランティク
(旧ロワール・アンフェリュール)
94 ロワール・エ・シェール
95 ロワレ

＊ 海外県と海外領土については，279頁の図 9 - 1 を参照。